TOUT SUR LES VERBES ESPAGNOLS

Gabrielle Lloret Linares

LAROUSSE

21, rue du Montparnasse 75283 Paris cedex 06

Conception et rédaction
de l'introduction, des tableaux des verbes modèles et du précis grammatical
Gabrielle Lloret Linares

Direction éditoriale
Ralf Brockmeier

Rédaction et traduction
Cécile Desprairies,
Paloma Cabot, David Tarradas Agéa

Coordination éditoriale
Marc Chabrier

Conseil pour la langue espagnole
Elvira de Moragas

Lecture-vérification
Juan J. Alonso Pereda, Sylvie Pontez, Silvia Syriani

Gestion des ressources informatiques
Monika Al Mourabit, Aurélie Prissette

Informatique éditoriale
Anna Bardon, Fabrice Jansen

Conception graphique et mise en pages
Nord Compo, Villeneuve d'Ascq

Conception graphique de la couverture
Gribouille Industry

Fabrication
Nicolas Perrier

Remerciements à
Agnès Gualtieri, Julieta Lencina, Xavier Truchet

ASSISTANCE TECHNIQUE pour le cédérom
Du lundi au vendredi de 9h à 13h et de 14h à 18h
Tél. : 33 (0) 891 022 220 (0,244 € TTC/minute en France Métropolitaine)
E mail : *support@emme.fr*

21, rue du Montparnasse F-75283 Paris Cedex 06
www.larousse-bilingues.com
ISBN: 2-03-582515-6

SOMMAIRE

SOMMAIRE

INTRODUCTION

Quiconque se lance dans l'apprentissage de l'espagnol se heurte à deux difficultés majeures préalables à toute communication : la connaissance d'un certain vocabulaire, le lexique ; la maîtrise de la grammaire, avec, au centre de cette organisation, le verbe, le noyau de la phrase.

La conjugaison du verbe espagnol est réputée difficile car assortie de nombreux verbes irréguliers. Pour les aborder et en faire l'acquisition, un classement autre qu'alphabétique est indispensable. C'est ce que nous vous proposons dans *Tout sur les verbes espagnols* : un classement logique et ordonné des verbes irréguliers servant de modèles.

Une telle organisation est parfaitement complétée par la démarche du CD-Rom : d'un côté, un accès direct, immédiat, à l'information – la conjugaison d'un verbe –, de l'autre, un classement des tableaux de conjugaison obéissant à un ordre raisonné, conçu autour de la notion d'irrégularité, suivis d'un Précis grammatical.

Ces trois angles d'attaque (CD-Rom, classement des verbes modèles, fiches grammaticales), toujours conçus dans une perspective contrastive avec le français, vous amènent à dépasser cette urgence dans la connaissance ou la vérification d'une forme verbale, pour réfléchir à l'organisation d'un système verbal cohérent.

Cette réflexion nécessite la maîtrise de termes grammaticaux rudimentaires : un glossaire, situé en début d'ouvrage, permet à tout moment de vérifier la définition de ces termes utilisés dans le commentaire accompagnant les tableaux des verbes modèles et dans les fiches du Précis grammatical. Chaque définition est assortie d'un ou de plusieurs exemples.

Les différentes parties de l'ouvrage

1. Les tableaux des verbes modèles

Le choix d'un verbe modèle obéit à deux critères : être d'un emploi courant (sauf quelques rares cas de verbes défectifs peu utilisés mais ayant une conjugaison remarquable), et réunir un certain nombre de caractéristiques communes à toute une classe de verbes se conjuguant sur le même « modèle ». Ce sont ces caractéristiques communes qui précèdent le tableau et se trouvent résumées sous forme de « fiche d'identité » dans l'encadré introductif.

Toute une classe de verbes irréguliers dotés de multiples irrégularités ne comportent que la « fiche d'identité ». Les formes verbales ne sont pas accompagnées des pronoms personnels sujets **yo**, **tú**, **él**, etc., mais de l'indication de personne : 1re personne du singulier, 2e personne du singulier, etc.

Ce choix est motivé par l'une des caractéristiques essentielles du verbe espagnol, expliquée dans la première fiche du Précis grammatical, à savoir que le verbe espagnol contient dans sa désinence l'indication de personne, contrairement au verbe français.

Les principes du classement

Tous les verbes de la conjugaison espagnole, réguliers et irréguliers, se divisent en trois groupes repérables par la terminaison de leur infinitif.

Premier groupe : radical + **ar** : **amar**, **soñar**, **estar**...

Deuxième groupe : radical + **er** : **temer**, **hacer**, **poder**...

Troisième groupe : radical + **ir** : **partir**, **pedir**, **decir**...

La formation des temps simples fait appel à trois radicaux.

- Avec le radical du verbe sans la terminaison de l'infinitif, on forme le présent de l'indicatif et du subjonctif, l'impératif, l'imparfait de l'indicatif, le gérondif et le participe passé.
- Avec l'infinitif du verbe dans son entier, on forme les temps du futur : le futur de l'indicatif et le conditionnel.
- À partir de la 3e personne du pluriel du prétérit, à laquelle on soustrait la dernière syllabe, on obtient un autre radical pour former l'imparfait et le futur du subjonctif.

On appellera donc « verbe irrégulier » tout verbe comptant dans sa conjugaison un radical, ou plusieurs radicaux non régulier(s), comprenant une ou des modifications vocaliques ou consonantiques.

Le classement des verbes modèles est fondé sur deux principes.

Premier principe de classement

Il ne faut pas confondre irrégularité du radical et modification orthographique.

« No parece necesario advertir que en la clasificación de las irregularidades no entran para nada las variaciones simplemente ortográficas, como sigo/sigue, dirigimos/dirijamos, hice/hizo, etc. »

« Inutile de préciser que, dans le classement des irrégularités, les modifications orthographiques n'entrent pas en ligne de compte... »,

Esbozo de una nueva gramática de la lengua española, Real Academia Española, 2004, Madrid, Espasa Calpe, p. 274.

La modification orthographique est là uniquement pour préserver le son. Ce n'est pas une irrégularité. La modification orthographique touche autant les verbes réguliers que les verbes irréguliers.

Par exemple, pour maintenir le son de la dernière consonne du radical, de nombreux verbes subissent une modification orthographique. En dehors de cette petite transformation, ces verbes sont absolument réguliers.

Par ailleurs, un verbe irrégulier peut cumuler une ou plusieurs irrégularités du radical et une modification orthographique. Ce qui prime dans la cohérence du classement, c'est l'irrégularité du radical. Ce classement permet, dans la phase d'apprentissage, de ne pas mettre tout sur le même plan, de faire la distinction entre ce qui est primordial – l'irrégularité du radical – et ce qui est secondaire – la modification orthographique.

Terminaison	Verbe modèle	Orthographe
-car	sacar (13)	c → qu devant e
-cer	vencer (14)	c → z devant a, o
-cir	zurcir (15)	c → z devant a, o
-zar	cazar (16)	z → c devant e
-ger	proteger (17)	g → j devant a, o
-gir	dirigir (18)	g → j devant a, o
-gar	llegar (19)	g → gu devant e
-guir	distinguir (20)	gu → g devant a, o
-quir	delinquir (21)	qu → c devant a, o

Exemple : le verbe trocar (29) est irrégulier car la voyelle de son radical s'ouvre en diphtongue, ue, à certains modes, temps et personnes. Par ailleurs, le radical contient le son [k] représenté graphiquement en espagnol par c devant les voyelles a et o, mais par qu devant les voyelles e et i. Ce verbe subit donc une modification orthographique lorsque la désinence commence par e ou i. Cet « aménagement » orthographique est secondaire par rapport au régime d'irrégularité du verbe, la diphtongue. (Voir page 9, « Comment utiliser un tableau-modèle ».)

Second principe du classement

Les verbes les plus irréguliers, c'est-à-dire, ceux dont le radical se modifie plusieurs fois, sont, en espagnol, les verbes les plus utilisés dans la conversation courante, ceux dont on a besoin immédiatement pour communiquer. Ce sont, des verbes « fondamentaux » : **ser**, **estar**, **haber**, **tener**, **poder**, **poner**, **ir**, **saber**... Ce sont les verbes qui sont utilisés comme auxiliaires ou semi-auxiliaires parce qu'ils portent en eux, dans leur signification, des notions aussi fondamentales que l'existence, la possession, mais aussi ce que l'on appelle les « modalités » : *pouvoir*, *savoir*, *vouloir*...

Le classement des verbes modèles que nous proposons suit ces irrégularités croissantes : de 1 à 82 (dont quatre verbes défectifs), les verbes sont de plus en plus irréguliers, c'est-à-dire que le nombre de radicaux irréguliers va en augmentant. Il est donc logique que ces verbes très irréguliers, formant un groupe relativement homogène – notamment le groupe des seize prétérits « forts » – soient placés en fin de classement. Cette place, loin de les marginaliser, témoigne au contraire de la place prépondérante qu'ils occupent dans la langue espagnole. Rien d'étonnant, donc, à ce que les verbes employés comme « auxiliaires » n'apparaissent pas en tête de classement, mais dans l'ordre correspondant à leur degré d'irrégularité, en fin de classement.

Le classement général

Le classement est donc le suivant :

1. Trois verbes parfaitement réguliers des trois groupes.

2. Verbes réguliers avec modification orthographique (voyelle/consonne).

3. Verbes irréguliers à irrégularités croissantes. Ces verbes peuvent aussi subir des modifications orthographiques.

4. Verbes défectifs.

2. Le Précis grammatical

Le système verbal espagnol méritait également une grammaire ordonnée, sous forme de fiches rendant aisée la consultation. Ce Précis offre une large place, tant à la formation des temps simples et composés, qu'à la syntaxe, c'est-à-dire aux relations que le verbe entretient, dans la phrase, avec d'autres parties du discours : pronoms personnels, pronoms compléments, compléments circonstanciels, prépositions.

Deux objectifs ont inspiré la conception de ce Précis, en parfaite complémentarité avec les tableaux des verbes modèles :

- Donner une image cohérente du système verbal. Chaque fiche propose une méthode d'explication rigoureuse : en premier lieu, la formation, par exemple d'un mode (le subjonctif) ; en second lieu, l'emploi de ce mode en espagnol.
- Alimenter la réflexion autour du système verbal espagnol par des remarques sur les ressemblances et les différences avec la langue source, le français.

3. Le Dictionnaire des verbes

Ce dictionnaire, élaboré collectivement par la rédaction des dictionnaires bilingues Larousse, assure la continuité avec la syntaxe du verbe, décrite dans le Précis, et plus particulièrement dans les dernières fiches traitant du système prépositionnel espagnol, Toujours dans une perspective contrastive avec le français, ce dictionnaire recense de très nombreux verbes parmi les plus courants, accompagnés de leur(s) régime(s) prépositionnel(s), d'exemples et de traductions. Il est suivi d'un répertoire des formes de type gustar et d'une liste des tournures impersonnelles.

4. L'Index

L'Index des verbes, élaboré par la rédaction des dictionnaires bilingues Larousse, réunit plus de 9 500 verbes espagnols, renvoyant chacun à un numéro de verbe modèle. Cette partie communique ainsi étroitement avec la première partie de l'ouvrage constituée par les tableaux des verbes modèles. Une entrée « Index » apporte les informations suivantes : nature du verbe (transitif, intransitif, pronominal, impersonnel), une ou deux traductions représentatives des principaux emplois de ce verbe, de son usage courant, enfin registre de langue : « fam » pour « familier » par exemple. Certains verbes ou certains emplois de verbes, spécifiques à l'Amérique latine, portent la mention précisant le pays concerné (*Mex*, *Arg*, etc.).

5. Le CD-Rom

Le nombre total de verbes espagnols réunis dans le CD-Rom s'élève à plus de 11 000. L'ampleur de cette ressource permet donc de conjuguer à tous les temps, à tous les modes et à toutes les personnes, plus d'une dizaine de milliers de verbes.

Deux modes de recherche donnent accès aux formes verbales.

- À partir de l'Index, il suffit de choisir l'infinitif du verbe.
- Par une recherche à partir de n'importe quelle forme conjuguée : grâce au moteur de recherche extrêmement rapide du « conjugateur », l'information est disponible en quelques secondes et la forme recherchée est mise en valeur dans le tableau.

L'ouvrage *Tout sur les verbes espagnols*, outre le fait qu'il offre un classement des verbes modèles innovant et efficace, fait le tour complet de tous les aspects du verbe espagnol. La maîtrise de la conjugaison espagnole en est grandement facilitée.

La structure et la présentation du livre et du CD-Rom garantissent à tous les utilisateurs une approche raisonnée et explicative du système verbal, mais aussi une réponse immédiate à des interrogations ponctuelles et ciblées.

Gabrielle Lloret Linares,
Agrégée d'espagnol,
Docteur en linguistique hispanique,
Maître de conférences à l'Université de Rennes II

COMMENT UTILISER UN TABLEAU-MODÈLE

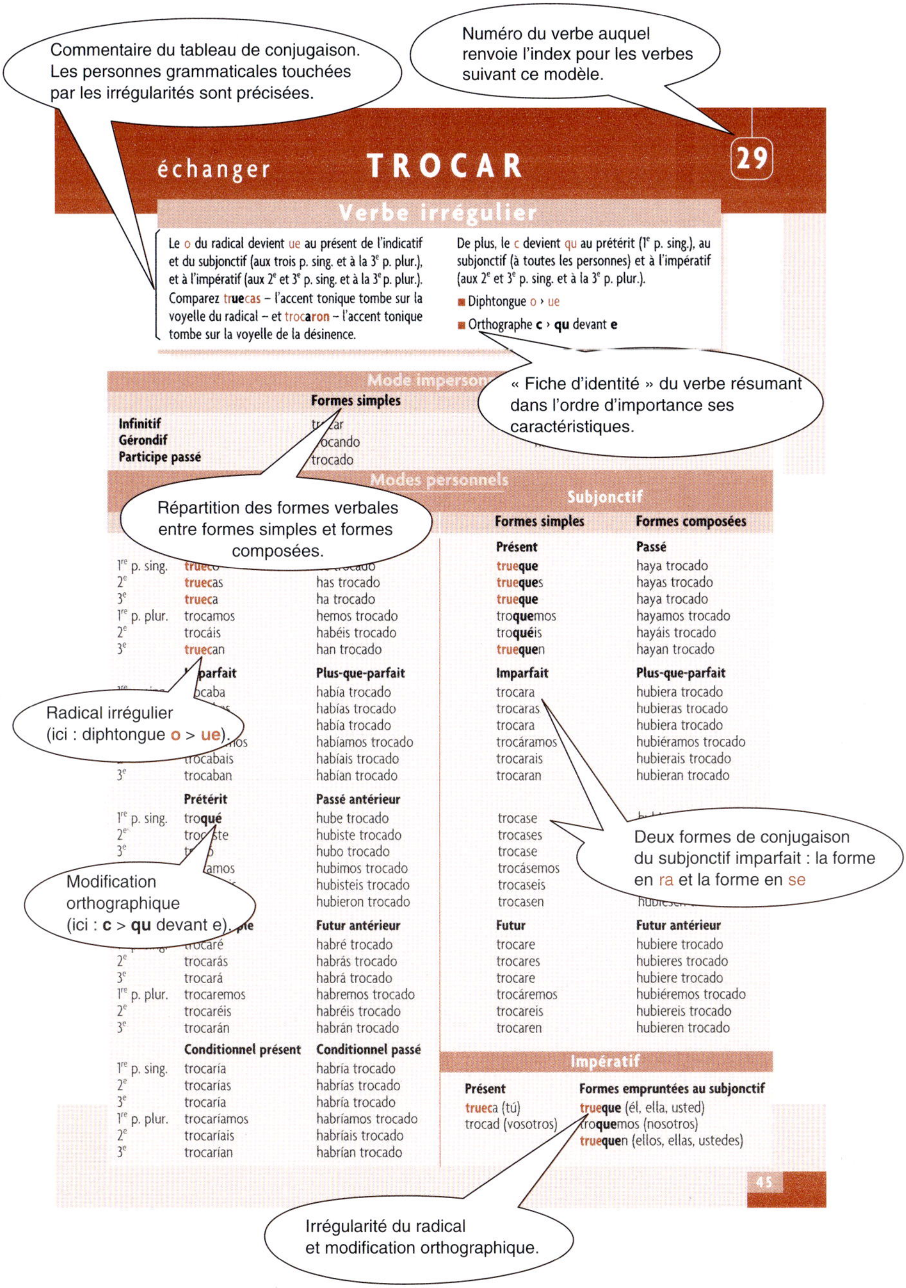

échanger **TROCAR** 29

Verbe irrégulier

Le o du radical devient ue au présent de l'indicatif et du subjonctif (aux trois p. sing. et à la 3e p. plur.), et à l'impératif (aux 2e et 3e p. sing. et à la 3e p. plur.). Comparez **truec**as – l'accent tonique tombe sur la voyelle du radical – et troc**aron** – l'accent tonique tombe sur la voyelle de la désinence.

De plus, le c devient qu au prétérit (1re p. sing.), au subjonctif (à toutes les personnes) et à l'impératif (aux 2e et 3e p. sing. et à la 3e p. plur.).

■ Diphtongue o › ue

■ Orthographe **c** › **qu** devant **e**

Mode impersonnel

	Formes simples
Infinitif	trocar
Gérondif	trocando
Participe passé	trocado

Modes personnels

			Subjonctif	
			Formes simples	**Formes composées**
			Présent	**Passé**
1re p. sing.	trueco		**trueque**	haya trocado
2e	**truec**as	has trocado	**trueque**s	hayas trocado
3e	**truec**a	ha trocado	**trueque**	haya trocado
1re p. plur.	trocamos	hemos trocado	tro**que**mos	hayamos trocado
2e	trocáis	habéis trocado	tro**qué**is	hayáis trocado
3e	**truec**an	han trocado	**trueque**n	hayan trocado
	Imparfait	**Plus-que-parfait**	**Imparfait**	**Plus-que-parfait**
	trocaba	había trocado	trocara	hubiera trocado
		habías trocado	trocaras	hubieras trocado
		había trocado	trocara	hubiera trocado
		habíamos trocado	trocáramos	hubiéramos trocado
	trocabais	habíais trocado	trocarais	hubierais trocado
3e	trocaban	habían trocado	trocaran	hubieran trocado
	Prétérit	**Passé antérieur**		
1re p. sing.	tro**qué**	hube trocado	trocase	
2e		hubiste trocado	trocases	
3e		hubo trocado	trocase	
		hubimos trocado	trocásemos	
		hubisteis trocado	trocaseis	
		hubieron trocado	trocasen	
		Futur antérieur	**Futur**	**Futur antérieur**
	trocaré	habré trocado	trocare	hubiere trocado
2e	trocarás	habrás trocado	trocares	hubieres trocado
3e	trocará	habrá trocado	trocare	hubiere trocado
1re p. plur.	trocaremos	habremos trocado	trocáremos	hubiéremos trocado
2e	trocaréis	habréis trocado	trocareis	hubiereis trocado
3e	trocarán	habrán trocado	trocaren	hubieren trocado
	Conditionnel présent	**Conditionnel passé**		
1re p. sing.	trocaría	habría trocado		
2e	trocarías	habrías trocado		
3e	trocaría	habría trocado		
1re p. plur.	trocaríamos	habríamos trocado		
2e	trocaríais	habríais trocado		
3e	trocarían	habrían trocado		

Impératif

Présent	**Formes empruntées au subjonctif**
trueca (tú)	**trueque** (él, ella, usted)
trocad (vosotros)	tro**que**mos (nosotros)
	truequen (ellos, ellas, ustedes)

45

GLOSSAIRE

Accent tonique

Dans un mot, l'accent tonique a pour rôle de mettre en relief une voyelle ou une syllabe plutôt qu'une autre. Cet accent se manifeste par une augmentation de hauteur, de ton. Cet accent est dynamique : on parle alors d'accent tonique.

- Dans tout mot terminé par une voyelle, par n ou s, l'accent tonique tombe sur l'avant-dernière syllabe.

Dans manzana (*pomme*), l'accent tonique frappe la 2e syllabe, za : on l'entend davantage que les deux autres.

Dans comía (*il/elle/on mangeait*), l'accent tonique met en relief la voyelle i et crée un *hiatus**.

- Dans un mot terminé par une consonne (sauf n et s), l'accent tonique frappe la dernière syllabe : cantar (*chanter*), Madrid, pastel (*gâteau*)...

Dans pájaro (*oiseau*), l'accent tonique, qui tombe sur la première syllabe, est marqué d'un accent graphique. La graphie signale l'irrégularité : en effet, selon la règle générale, l'accent tonique devrait tomber sur l'avant-dernière syllabe, ici ja.

Aspect

On appelle « aspect » l'information donnée par la forme verbale sur le déroulement de l'événement : son commencement, sa durée, son achèvement.
Tout événement s'inscrit dans le temps (présent, passé, futur).

Pablo comía.
Pablo mangeait.

Pablo había comido.
Pablo avait mangé.

L'opposition entre ces deux exemples n'est pas liée au temps (le passé dans les deux cas), mais à l'aspect : soit une action est en train de se dérouler, **Pablo comía**, soit elle est terminée, **había comido**.

Auxiliaire

On appelle « auxiliaire » un verbe qui aide à la formation des temps composés et de la *voix passive**.

- En espagnol, les temps composés se forment avec l'auxiliaire haber.

He dormido.
J'ai dormi.

- La voix passive se forme avec deux auxiliaires, ser et estar.

La puerta es cerrada por el profesor.
La porte est fermée par le professeur.

El rey está acompañado por la reina.
Le roi est accompagné de la reine.

Désinence

La désinence est la partie finale du mot (nom, pronom, article, adjectif, verbe) portant les informations grammaticales. Avec le *radical** (qui contient le sens), elle constitue une forme fléchie. (Voir *flexion**.)

Libros (*des livres*).
Dans libros, os porte le genre (masculin) et le nombre (pluriel).

Dans le verbe, la désinence porte le *mode**, le temps et la personne.

Canto (*je chante*).
Dans ce verbe, la désinence o indique le mode (indicatif), le temps (présent) et la personne (1re p. sing.).

Diphtongue

La diphtongue est une voyelle complexe (deux voyelles conséquentes) qui change de timbre au cours de son émission. Elle constitue une seule syllabe. Il existe deux cas de figure.

- La diphtongue part d'une voyelle fermée et se termine par une voyelle ouverte.

Empiezo.
Je commence.

Dans ie, on commence par le *yod**, ou semi-consonne fermée [j], et on termine par [e], voyelle ouverte.

- La diphtongue débute par la voyelle la plus ouverte, [a], et se termine par le yod.

Hay.
Il y a.

Dans ay, on commence par [a], voyelle ouverte, et on termine par le yod.

Enclise

L'enclise consiste à souder à un mot, par exemple un verbe, un autre mot, très souvent un pronom. L'ensemble constitue une seule unité portant un seul accent. Le cas le plus fréquent, en espagnol, concerne l'infinitif, le gérondif et l'impératif.

Estaba escribiéndole.
Je lui écrivais.

Le pronom le est soudé au gérondif escribiendo par enclise.

Flexion

La flexion consiste à réunir le *radical** d'un mot, porteur de sens, et une *désinence** contenant les informations grammaticales.
Dans un nom, la désinence indique sa fonction dans la phrase.
Dans un verbe, la désinence informe sur le mode, le temps, la personne : c'est le cas en espagnol, à la différence du français.

Escribo.
J'écris.

Toutes les informations sont contenues dans la seule forme verbale.

Hiatus

Lorsque deux voyelles sont voisines, il existe deux façons de les prononcer : soit le hiatus, soit la *diphtongue**.

– Chaque voyelle forme une syllabe : c'est un *hiatus**.

Escribía : es/cri/bí/a
Il écrivait.

– Les deux voyelles ne forment qu'une syllabe (complexe) : c'est une diphtongue.

Puedo : pue/do
Je peux.

Impersonnel

« Impersonnel » peut se dire d'un *mode** ou d'un verbe, et, de façon générale, de tout ce qui ne contient pas de sujet renvoyant à une personne.

On classe dans le « mode impersonnel » les formes verbales ne donnant pas d'indication de personne : infinitif, gérondif, participe passé.

concluir
conclure

Llueve.
Il pleut.

Langues romanes

Les langues romanes forment une famille de langues ayant une origine commune : le latin parlé. Cette famille comprend le français, l'espagnol, le portugais, l'italien, le roumain, le catalan, le galicien, le provençal...
Ainsi, à partir d'une même « langue mère », le latin, le français et l'espagnol, deux « langues sœurs », ont évolué différemment.

Canto.
Du latin, l'espagnol a conservé la *flexion**.
Je chante.
Le français a choisi d'utiliser un pronom personnel sujet. **(Voir p. 100.)**

Locuteur

Le locuteur est un être qui prend la parole pour communiquer. Il peut s'exprimer à l'oral, par écrit, ou par gestes. Dans le système verbal, le point de repère temporel est toujours le présent du locuteur.

Cantabais.
Vous chantiez.

Moi, locuteur, à partir de mon présent, je dis que vous chantiez.

Locution verbale

Une locution est un groupe de mots formé au moins d'un nom (locution nominale), d'un verbe (locution verbale) ou d'un adverbe (locution adverbiale). L'usage en fait ce que l'on appelle une « expression toute faite » ou une « expression figée ».

ser de
être originaire de, être fait de
Verbe + préposition de

haber que
falloir
Verbe + pronom relatif que

Mode

On appelle « mode » la prise de position du *locuteur** vis-à-vis de l'événement qu'il évoque.
Dans la formation du verbe, le choix du mode est la première étape, avant l'*aspect**, la *voix**, le temps et la personne.

Es verdad que has venido.
C'est vrai que tu es venue.

No me gusta que hayas venido.
Ça ne me plaît pas que tu sois venue.

La différence ne tient pas à la réalité de l'événement : dans les deux cas, « elle est venue ».
La différence tient à la prise de position du locuteur .
Dans le 1er exemple, il affirme juste un fait, sans s'impliquer : mode indicatif.
Dans le 2e exemple, il prend position (no me gusta ou me gusta) : mode subjonctif.

Mode quasi nominal ou mode impersonnel

Le mode « quasinominal » est l'autre nom que l'on donne en français au mode *impersonnel**.
Il regroupe les formes verbales dépourvues de *désinence** personnelle : infinitif, participe présent (ou gérondif) et participe passé.
Toute forme du mode « quasi-nominal » est à la limite entre le verbe et le nom.
devoir : infinitif (pas d'indication de personne)
Les devoirs : l'infinitif est « presque un nom ». On l'utilise comme substantif en le faisant précéder d'un déterminant, ici l'article défini masculin pluriel.

Préposition

Une préposition sert à relier deux membres de phrase. On l'appelle aussi relateur : sans elle, de nombreux mots ne peuvent être reliés directement.
Le choix de la préposition sert à préciser quelle est la nature de la relation entre les deux membres de phrase. **(Voir p. 130-131.)**

El reloj de mi hermana.
La montre de ma sœur.

De met en relation deux groupes nominaux : el reloj et mi hermana.

Voy a París.
Je vais à Paris.

A met en relation le verbe et le nom propre (complément circonstanciel).

Se lo diré a mi hermana.
Je le dirai à ma sœur.

A relie le verbe et le groupe nominal (complément d'objet indirect du verbe).

Proposition principale

Une phrase simple ne contient qu'une proposition.
Une phrase complexe en contient au moins deux.
La proposition principale est une phrase élémentaire contenant un sujet et un verbe.
Elle est une phrase à elle seule. C'est d'elle que dépend la *proposition subordonnée**.

Me parece increíble.
Proposition indépendante (sujet + verbe)
Je trouve cela incroyable.

Me parece increíble **que lo hayas hecho.**
Proposition principale (toujours indépendante) par rapport à la subordonnée.
Je trouve incroyable que tu l'aies fait.

Proposition subordonnée

La proposition subordonnée se trouve toujours dans la dépendance de la *proposition principale**. La subordonnée n'est jamais une phrase à elle seule.

Me parece increíble que lo hayas hecho.
Proposition subordonnée dépendante de la proposition principale.
Je trouve incroyable que tu l'aies fait.

Que lo hayas hecho n'est pas une phrase à elle seule.

Radical

Le radical est l'élément lexical que contient tout mot de la langue : il porte la signification du mot, l'idée essentielle.
Dans la formation du verbe, on ajoute à ce radical les *désinences** qui portent les informations grammaticales.
L'ensemble constitue la conjugaison du verbe.
Les verbes se conjuguent à partir de plusieurs radicaux.

Canto *je chante*
Sur le radical **cant**, on forme le présent de l'indicatif et du subjonctif, le prétérit...

Cantaré *je chanterai*
Sur le radical **cantar** (infinitif), on forme les temps du futur (futur et conditionnel).

Cantaron *ils chantèrent*
Sur le radical **canta**, on forme le subjonctif imparfait (en **ra** ou en **se**) et le subjonctif futur.
Plus un verbe est irrégulier, plus le nombre de ses radicaux augmente.
poder → **pued**, **pod**, **pud**, **podr**

Régime des verbes

On appelle « régime » le mot ou le groupe de mots qui se trouve dans la dépendance d'un autre mot de la phrase. Le verbe peut avoir un régime direct (sans *préposition**) ou un régime indirect (avec préposition).

Hoy pienso terminar.
Je pense terminer aujourd'hui.

Le complément d'objet, **terminar**, est le régime du verbe **pienso**.
Il vient compléter le verbe directement, sans préposition : on l'appelle « complément d'objet direct » (C.O.D.).

Pienso en las vacaciones.
Je pense aux vacances.

Las vacaciones est le régime du verbe **pienso**.
Introduit par la préposition **en**, on l'appelle « complément d'objet indirect » (C.O.I.).

Voix active

Dans la formation du verbe, le choix de la voix dépend de la relation qui existe entre le verbe, son sujet et l'objet.
Lorsque le sujet du verbe est un être qui agit, c'est-à-dire un agent, le verbe est à la voix active.

Marta come **la manzana.**
Présent simple
Marta mange la pomme.

Marta ha comido **la manzana.**
Passé composé
Marta a mangé la pomme.

Marta est le sujet du verbe et l'agent de l'action **come**.
Cette action s'exerce sur un objet, **la manzana**, qui est le patient.

Voix passive

Lorsque le sujet du verbe est un être qui subit une action, le verbe est à la voix passive.

La puerta es cerrada por Marta.
La porte est fermée par Marta.

La puerta est le sujet du verbe **es cerrada**.
Ici, le sujet subit une action exercée par un agent, **Marta**.

Yod

Lorsque la voyelle /i/ se trouve en position de *diphtongue**, elle peut se prononcer de deux façons : on parle de « yod ».

- Elle est semi-consonne comme premier élément de diphtongue : **empiezo** (*je commence*).
- Elle est semi-voyelle comme deuxième élément de diphtongue : **hay** (*il y a*).

Tableaux des verbes modèles

CLASSEMENT DES VERBES MODÈLES

AMAR

Verbe régulier

Un verbe régulier présente un *radical** stable, auquel viennent s'ajouter les *désinences** : am**an**, am**ábamos**, am**aron**, am**éis**...
À l'indicatif, le futur simple et le conditionnel présent sont formés à partir de l'infinitif. Au subjonctif, l'imparfait et le futur sont formés à partir de la 3e p. plur. du prétérit de l'indicatif. (Voir p. 124.)

■ 1er groupe

Mode impersonnel

	Formes simples	Formes composées
Infinitif	amar	haber amado
Gérondif	amando	habiendo amado
Participe passé	amado	

Modes personnels

	Indicatif		Subjonctif	
	Formes simples	**Formes composées**	**Formes simples**	**Formes composées**
	Présent	**Passé composé**	**Présent**	**Passé**
1re p. sing.	amo	he amado	ame	haya amado
2e	amas	has amado	ames	hayas amado
3e	ama	ha amado	ame	haya amado
1re p. plur.	amamos	hemos amado	amemos	hayamos amado
2e	amáis	habéis amado	améis	hayáis amado
3e	aman	han amado	amen	hayan amado
	Imparfait	**Plus-que-parfait**	**Imparfait**	**Plus-que-parfait**
1re p. sing.	amaba	había amado	amara	hubiera amado
2e	amabas	habías amado	amaras	hubieras amado
3e	amaba	había amado	amara	hubiera amado
1re p. plur.	amábamos	habíamos amado	amáramos	hubiéramos amado
2e	amabais	habíais amado	amarais	hubierais amado
3e	amaban	habían amado	amaran	hubieran amado
	Prétérit	**Passé antérieur**		
1re p. sing.	amé	hube amado	amase	hubiese amado
2e	amaste	hubiste amado	amases	hubieses amado
3e	amó	hubo amado	amase	hubiese amado
1re p. plur.	amamos	hubimos amado	amásemos	hubiésemos amado
2e	amasteis	hubisteis amado	amaseis	hubieseis amado
3e	amaron	hubieron amado	amasen	hubiesen amado
	Futur simple	**Futur antérieur**	**Futur**	**Futur antérieur**
1re p. sing.	amaré	habré amado	amare	hubiere amado
2e	amarás	habrás amado	amares	hubieres amado
3e	amará	habrá amado	amare	hubiere amado
1re p. plur.	amaremos	habremos amado	amáremos	hubiéremos amado
2e	amaréis	habréis amado	amareis	hubiereis amado
3e	amarán	habrán amado	amaren	hubieren amado
	Conditionnel présent	**Conditionnel passé**		
1re p. sing.	amaría	habría amado		
2e	amarías	habrías amado		
3e	amaría	habría amado		
1re p. plur.	amaríamos	habríamos amado		
2e	amaríais	habríais amado		
3e	amarían	habrían amado		

Impératif

Présent	Formes empruntées au subjonctif
ama (tú)	ame (él, ella, usted)
amad (vosotros)	amemos (nosotros)
	amen (ellos, ellas, ustedes)

TEMER craindre

Verbe régulier

À chaque forme verbale simple (temo, temía, temí...) correspond une forme composée, exclusivement construite avec le verbe haber : he temido, había temido, hube temido...

Le verbe espagnol est pourvu d'une *désinence** personnelle, rendant inutile la présence des pronoms personnels sujets. (Voir p. 100.)

Les verbes tañer et atañer, verbes parfaitement réguliers, perdent le **i** de la désinence au gérondif (tañendo), aux 3e p. du prétérit (tañó, tañeron) et aux formes de subjonctif qui en dérivent (tañera, tañese...).

■ 2e groupe

Mode impersonnel

	Formes simples	Formes composées
Infinitif	temer	haber temido
Gérondif	temiendo	habiendo temido
Participe passé	temido	

Modes personnels

Indicatif

	Formes simples	Formes composées
	Présent	**Passé composé**
1re p. sing.	temo	he temido
2e	temes	has temido
3e	teme	ha temido
1re p. plur.	tememos	hemos temido
2e	teméis	habéis temido
3e	temen	han temido
	Imparfait	**Plus-que-parfait**
1re p. sing.	temía	había temido
2e	temías	habías temido
3e	temía	había temido
1re p. plur.	temíamos	habíamos temido
2e	temíais	habíais temido
3e	temían	habían temido
	Prétérit	**Passé antérieur**
1re p. sing.	temí	hube temido
2e	temiste	hubiste temido
3e	temió	hubo temido
1re p. plur.	temimos	hubimos temido
2e	temisteis	hubisteis temido
3e	temieron	hubieron temido
	Futur simple	**Futur antérieur**
1re p. sing.	temeré	habré temido
2e	temerás	habrás temido
3e	temerá	habrá temido
1re p. plur.	temeremos	habremos temido
2e	temeréis	habréis temido
3e	temerán	habrán temido
	Conditionnel présent	**Conditionnel passé**
1re p. sing.	temería	habría temido
2e	temerías	habrías temido
3e	temería	habría temido
1re p. plur.	temeríamos	habríamos temido
2e	temeríais	habríais temido
3e	temerían	habrían temido

Subjonctif

Formes simples	Formes composées
Présent	**Passé**
tema	haya temido
temas	hayas temido
tema	haya temido
temamos	hayamos temido
temáis	hayáis temido
teman	hayan temido
Imparfait	**Plus-que-parfait**
temiera	hubiera temido
temieras	hubieras temido
temiera	hubiera temido
temiéramos	hubiéramos temido
temierais	hubierais temido
temieran	hubieran temido
temiese	hubiese temido
temieses	hubieses temido
temiese	hubiese temido
temiésemos	hubiésemos temido
temieseis	hubieseis temido
temiesen	hubiesen temido
Futur	**Futur antérieur**
temiere	hubiere temido
temieres	hubieres temido
temiere	hubiere temido
temiéremos	hubiéremos temido
temiereis	hubiereis temido
temieren	hubieren temido

Impératif

Présent	Formes empruntées au subjonctif
teme (tú)	tema (él, ella, usted)
temed (vosotros)	temamos (nosotros)
	teman (ellos, ellas, ustedes)

diviser, couper PARTIR

Verbe régulier

La conjugaison des verbes réguliers des 2e et 3e groupes diffère peu. Les seules formes spécifiques sont : l'infinitif, les 1re et 2e p. plur. de l'indicatif présent, la 2e p. plur. de l'impératif.

Les verbes en -añir (plañir), -iñir (restriñir), -uñir (gruñir), et -ullir (mullir), parfaitement réguliers, perdent le **i** de la *désinence** au gérondif (restri**ñendo**, mul**lendo**...), aux 3e p. du prétérit (gru**ñó**, gru**ñeron**) et aux formes de subjonctif qui en dérivent (gru**ñera**, gru**ñese**...).

■ 3e groupe

Mode impersonnel

	Formes simples	Formes composées
Infinitif	partir	haber partido
Gérondif	partiendo	habiendo partido
Participe passé	partido	

Modes personnels

Indicatif

	Formes simples	Formes composées
	Présent	**Passé composé**
1re p. sing.	parto	he partido
2e	partes	has partido
3e	parte	ha partido
1re p. plur.	partimos	hemos partido
2e	partís	habéis partido
3e	parten	han partido
	Imparfait	**Plus-que-parfait**
1re p. sing.	partía	había partido
2e	partías	habías partido
3e	partía	había partido
1re p. plur.	partíamos	habíamos partido
2e	partíais	habíais partido
3e	partían	habían partido
	Prétérit	**Passé antérieur**
1re p. sing.	partí	hube partido
2e	partiste	hubiste partido
3e	partió	hubo partido
1re p. plur.	partimos	hubimos partido
2e	partisteis	hubisteis partido
3e	partieron	hubieron partido
	Futur simple	**Futur antérieur**
1re p. sing.	partiré	habré partido
2e	partirás	habrás partido
3e	partirá	habrá partido
1re p. plur.	partiremos	habremos partido
2e	partiréis	habréis partido
3e	partirán	habrán partido
	Conditionnel présent	**Conditionnel passé**
1re p. sing.	partiría	habría partido
2e	partirías	habrías partido
3e	partiría	habría partido
1re p. plur.	partiríamos	habríamos partido
2e	partiríais	habríais partido
3e	partirían	habrían partido

Subjonctif

Formes simples	Formes composées
Présent	**Passé**
parta	haya partido
partas	hayas partido
parta	haya partido
partamos	hayamos partido
partáis	hayáis partido
partan	hayan partido
Imparfait	**Plus-que-parfait**
partiera	hubiera partido
partieras	hubieras partido
partiera	hubiera partido
partiéramos	hubiéramos partido
partierais	hubierais partido
partieran	hubieran partido
partiese	hubiese partido
partieses	hubieses partido
partiese	hubiese partido
partiésemos	hubiésemos partido
partieseis	hubieseis partido
partiesen	hubiesen partido
Futur	**Futur antérieur**
partiere	hubiere partido
partieres	hubieres partido
partiere	hubiere partido
partiéremos	hubiéremos partido
partiereis	hubiereis partido
partieren	hubieren partido

Impératif

Présent	Formes empruntées au subjonctif
parte (tú)	parta (él, ella, usted)
partid (vosotros)	partamos (nosotros)
	partan (ellos, ellas, ustedes)

AISLAR isoler

Verbe régulier

Lorsque le i du radical porte l'*accent tonique** se crée le *hiatus** aí : au présent de l'indicatif et du subjonctif (aux 1re, 2e et 3e p. sing. et à la 3e p. plur.), et à l'impératif (aux 2e et 3e p. sing. et à la 3e p. plur.). Le i porte un accent écrit, í.

■ Orthographe **ai** › **aí**

Mode impersonnel

	Formes simples	Formes composées
Infinitif	aislar	haber aislado
Gérondif	aislando	habiendo aislado
Participe passé	aislado	

Modes personnels

	Indicatif		Subjonctif	
	Formes simples	**Formes composées**	**Formes simples**	**Formes composées**
	Présent	**Passé composé**	**Présent**	**Passé**
1re p. sing.	**aí**slo	he aislado	**aí**sle	haya aislado
2e	**aí**slas	has aislado	**aí**sles	hayas aislado
3e	**aí**sla	ha aislado	**aí**sle	haya aislado
1re p. plur.	aislamos	hemos aislado	aislemos	hayamos aislado
2e	aisláis	habéis aislado	aisléis	hayáis aislado
3e	**aí**slan	han aislado	**aí**slen	hayan aislado
	Imparfait	**Plus-que-parfait**	**Imparfait**	**Plus-que-parfait**
1re p. sing.	aislaba	había aislado	aislara	hubiera aislado
2e	aislabas	habías aislado	aislaras	hubieras aislado
3e	aislaba	había aislado	aislara	hubiera aislado
1re p. plur.	aislábamos	habíamos aislado	aisláramos	hubiéramos aislado
2e	aislabais	habíais aislado	aislarais	hubierais aislado
3e	aislaban	habían aislado	aislaran	hubieran aislado
	Prétérit	**Passé antérieur**		
1re p. sing.	aislé	hube aislado	aislase	hubiese aislado
2e	aislaste	hubiste aislado	aislases	hubieses aislado
3e	aisló	hubo aislado	aislase	hubiese aislado
1re p. plur.	aislamos	hubimos aislado	aislásemos	hubiésemos aislado
2e	aislasteis	hubisteis aislado	aislaseis	hubieseis aislado
3e	aislaron	hubieron aislado	aislasen	hubiesen aislado
	Futur simple	**Futur antérieur**	**Futur**	**Futur antérieur**
1re p. sing.	aislaré	habré aislado	aislare	hubiere aislado
2e	aislarás	habrás aislado	aislares	hubieres aislado
3e	aislará	habrá aislado	aislare	hubiere aislado
1re p. plur.	aislaremos	habremos aislado	aisláremos	hubiéremos aislado
2e	aislaréis	habréis aislado	aislareis	hubiereis aislado
3e	aislarán	habrán aislado	aislaren	hubieren aislado
	Conditionnel présent	**Conditionnel passé**		
1re p. sing.	aislaría	habría aislado		
2e	aislarías	habrías aislado		
3e	aislaría	habría aislado		
1re p. plur.	aislaríamos	habríamos aislado		
2e	aislaríais	habríais aislado		
3e	aislarían	habrían aislado		

Impératif

Présent	Formes empruntées au subjonctif
aísla (tú)	**aí**sle (él, ella, usted)
aislad (vosotros)	aislemos (nosotros)
	aíslen (ellos, ellas, ustedes)

AULLAR

Verbe régulier

Lorsque le u du radical porte l'*accent tonique** se crée le *hiatus** aú : au présent de l'indicatif et du subjonctif (aux 1re, 2e, 3e p. sing. et à la 3e p. plur.), et à l'impératif (aux 2e et 3e p. sing. et à la 3e p. plur.). Le u porte un accent écrit, ú.

■ Orthographe **au** › **aú**

Mode impersonnel

	Formes simples	Formes composées
Infinitif	aullar	haber aullado
Gérondif	aullando	habiendo aullado
Participe passé	aullado	

Modes personnels

	Indicatif – Formes simples	Indicatif – Formes composées	Subjonctif – Formes simples	Subjonctif – Formes composées
	Présent	**Passé composé**	**Présent**	**Passé**
1re p. sing.	**aú**llo	he aullado	**aú**lle	haya aullado
2e	**aú**llas	has aullado	**aú**lles	hayas aullado
3e	**aú**lla	ha aullado	**aú**lle	haya aullado
1re p. plur.	aullamos	hemos aullado	aullemos	hayamos aullado
2e	aulláis	habéis aullado	aulléis	hayáis aullado
3e	**aú**llan	han aullado	**aú**llen	hayan aullado
	Imparfait	**Plus-que-parfait**	**Imparfait**	**Plus-que-parfait**
1re p. sing.	aullaba	había aullado	aullara	hubiera aullado
2e	aullabas	habías aullado	aullaras	hubieras aullado
3e	aullaba	había aullado	aullara	hubiera aullado
1re p. plur.	aullábamos	habíamos aullado	aulláramos	hubiéramos aullado
2e	aullabais	habíais aullado	aullarais	hubierais aullado
3e	aullaban	habían aullado	aullaran	hubieran aullado
	Prétérit	**Passé antérieur**		
1re p. sing.	aullé	hube aullado	aullase	hubiese aullado
2e	aullaste	hubiste aullado	aullases	hubieses aullado
3e	aulló	hubo aullado	aullase	hubiese aullado
1re p. plur.	aullamos	hubimos aullado	aullásemos	hubiésemos aullado
2e	aullasteis	hubisteis aullado	aullaseis	hubieseis aullado
3e	aullaron	hubieron aullado	aullasen	hubiesen aullado
	Futur simple	**Futur antérieur**	**Futur**	**Futur antérieur**
1re p. sing.	aullaré	habré aullado	aullare	hubiere aullado
2e	aullarás	habrás aullado	aullares	hubieres aullado
3e	aullará	habrá aullado	aullare	hubiere aullado
1re p. plur.	aullaremos	habremos aullado	aulláremos	hubiéremos aullado
2e	aullaréis	habréis aullado	aullareis	hubiereis aullado
3e	aullarán	habrán aullado	aullaren	hubieren aullado
	Conditionnel présent	**Conditionnel passé**		
1re p. sing.	aullaría	habría aullado		
2e	aullarías	habrías aullado		
3e	aullaría	habría aullado		
1re p. plur.	aullaríamos	habríamos aullado		
2e	aullaríais	habríais aullado		
3e	aullarían	habrían aullado		

Impératif

Présent	Formes empruntées au subjonctif
aúlla (tú)	**aú**lle (él, ella, usted)
aullad (vosotros)	aullemos (nosotros)
	aúllen (ellos, ellas, ustedes)

AHINCAR insister

Verbe régulier

Lorsque le i du *radical** porte l'*accent tonique** se crée le *hiatus** aí : au présent de l'indicatif et du subjonctif (aux 1re, 2e et 3e p. sing. et à la 3e p. plur.), et à l'impératif (aux 2e et 3e p. sing. et à la 3e p. plur.).

Pour maintenir le son [k] devant e, c devient qu: au prétérit (à la 1re p. sing.), à toutes les formes de présent du subjonctif et à l'impératif (à la 3e p. sing. et aux 1re et 3e p. plur.).

■ Orthographe **ahi** › **ahí** et **c** › **qu** devant **e**

Mode impersonnel

	Formes simples	Formes composées
Infinitif	ahincar	haber ahincado
Gérondif	ahincando	habiendo ahincado
Participe passé	ahincado	

Modes personnels

Indicatif

	Formes simples	Formes composées
	Présent	**Passé composé**
1re p. sing.	**ahí**nco	he ahincado
2e	**ahí**ncas	has ahincado
3e	**ahí**nca	ha ahincado
1re p. plur.	ahincamos	hemos ahincado
2e	ahincáis	habéis ahincado
3e	**ahí**ncan	han ahincado
	Imparfait	**Plus-que-parfait**
1re p. sing.	ahincaba	había ahincado
2e	ahincabas	habías ahincado
3e	ahincaba	había ahincado
1re p. plur.	ahincábamos	habíamos ahincado
2e	ahincabais	habíais ahincado
3e	ahincaban	habían ahincado
	Prétérit	**Passé antérieur**
1re p. sing.	ahin**qué**	hube ahincado
2e	ahincaste	hubiste ahincado
3e	ahincó	hubo ahincado
1re p. plur.	ahincamos	hubimos ahincado
2e	ahincasteis	hubisteis ahincado
3e	ahincaron	hubieron ahincado
	Futur simple	**Futur antérieur**
1re p. sing.	ahincaré	habré ahincado
2e	ahincarás	habrás ahincado
3e	ahincará	habrá ahincado
1re p. plur.	ahincaremos	habremos ahincado
2e	ahincaréis	habréis ahincado
3e	ahincarán	habrán ahincado
	Conditionnel présent	**Conditionnel passé**
1re p. sing.	ahincaría	habría ahincado
2e	ahincarías	habrías ahincado
3e	ahincaría	habría ahincado
1re p. plur.	ahincaríamos	habríamos ahincado
2e	ahincaríais	habríais ahincado
3e	ahincarían	habrían ahincado

Subjonctif

Formes simples	Formes composées
Présent	**Passé**
ahínque	haya ahincado
ahínques	hayas ahincado
ahínque	haya ahincado
ahin**que**mos	hayamos ahincado
ahin**qué**is	hayáis ahincado
ahínquen	hayan ahincado
Imparfait	**Plus-que-parfait**
ahincara	hubiera ahincado
ahincaras	hubieras ahincado
ahincara	hubiera ahincado
ahincáramos	hubiéramos ahincado
ahincarais	hubierais ahincado
ahincaran	hubieran ahincado
ahincase	hubiese ahincado
ahincases	hubieses ahincado
ahincase	hubiese ahincado
ahincásemos	hubiésemos ahincado
ahincaseis	hubieseis ahincado
ahincasen	hubiesen ahincado
Futur	**Futur antérieur**
ahincare	hubiere ahincado
ahincares	hubieres ahincado
ahincare	hubiere ahincado
ahincáremos	hubiéremos ahincado
ahincareis	hubiereis ahincado
ahincaren	hubieren ahincado

Impératif

Présent	Formes empruntées au subjonctif
ahínca (tú)	**ahínque** (él, ella, usted)
ahincad (vosotros)	ahin**que**mos (nosotros)
	ahínquen (ellos, ellas, ustedes)

guider

GUIAR

07

Verbe régulier

Le i du *radical** porte l'*accent tonique** et forme un *hiatus** avec la voyelle de la *désinence** au présent de l'indicatif et du subjonctif (aux 1re, 2e et 3e p. sing. et à la 3e p. plur.), et à l'impératif (aux 2e et 3e p. sing. et à la 3e p. plur.).

■ Orthographe **i › í**

Mode impersonnel

	Formes simples	Formes composées
Infinitif	guiar	haber guiado
Gérondif	guiando	habiendo guiado
Participe passé	guiado	

Modes personnels

Indicatif

	Formes simples	Formes composées
	Présent	**Passé composé**
1re p. sing.	guío	he guiado
2e	guías	has guiado
3e	guía	ha guiado
1re p. plur.	guiamos	hemos guiado
2e	guiais	habéis guiado
3e	guían	han guiado
	Imparfait	**Plus-que-parfait**
1re p. sing.	guiaba	había guiado
2e	guiabas	habías guiado
3e	guiaba	había guiado
1re p. plur.	guiábamos	habíamos guiado
2e	guiabais	habíais guiado
3e	guiaban	habían guiado
	Prétérit	**Passé antérieur**
1re p. sing.	guie	hube guiado
2e	guiaste	hubiste guiado
3e	guio	hubo guiado
1re p. plur.	guiamos	hubimos guiado
2e	guiasteis	hubisteis guiado
3e	guiaron	hubieron guiado
	Futur simple	**Futur antérieur**
1re p. sing.	guiaré	habré guiado
2e	guiarás	habrás guiado
3e	guiará	habrá guiado
1re p. plur.	guiaremos	habremos guiado
2e	guiaréis	habréis guiado
3e	guiarán	habrán guiado
	Conditionnel présent	**Conditionnel passé**
1re p. sing.	guiaría	habría guiado
2e	guiarías	habrías guiado
3e	guiaría	habría guiado
1re p. plur.	guiaríamos	habríamos guiado
2e	guiaríais	habríais guiado
3e	guiarían	habrían guiado

Subjonctif

Formes simples	Formes composées
Présent	**Passé**
guíe	haya guiado
guíes	hayas guiado
guíe	haya guiado
guiemos	hayamos guiado
guieis	hayáis guiado
guíen	hayan guiado
Imparfait	**Plus-que-parfait**
guiara	hubiera guiado
guiaras	hubieras guiado
guiara	hubiera guiado
guiáramos	hubiéramos guiado
guiarais	hubierais guiado
guiaran	hubieran guiado
guiase	hubiese guiado
guiases	hubieses guiado
guiase	hubiese guiado
guiásemos	hubiésemos guiado
guiaseis	hubieseis guiado
guiasen	hubiesen guiado
Futur	**Futur antérieur**
guiare	hubiere guiado
guiares	hubieres guiado
guiare	hubiere guiado
guiáremos	hubiéremos guiado
guiareis	hubiereis guiado
guiaren	hubieren guiado

Impératif

Présent	Formes empruntées au subjonctif
guía (tú)	guíe (él, ella, usted)
guiad (vosotros)	guiemos (nosotros)
	guíen (ellos, ellas, ustedes)

08

CAMBIAR changer

Verbe régulier

Le i du *radical** forme toujours une *diphtongue** avec la voyelle de la *désinence** : comparez **cambio** et **guío**.

■ Orthographe **i = i**

Mode impersonnel

	Formes simples	Formes composées
Infinitif	cambiar	haber cambiado
Gérondif	cambiando	habiendo cambiado
Participe passé	cambiado	

Modes personnels

Indicatif

	Formes simples	Formes composées
	Présent	**Passé composé**
1re p. sing.	cambio	he cambiado
2e	cambias	has cambiado
3e	cambia	ha cambiado
1re p. plur.	cambiamos	hemos cambiado
2e	cambiáis	habéis cambiado
3e	cambian	han cambiado
	Imparfait	**Plus-que-parfait**
1re p. sing.	cambiaba	había cambiado
2e	cambiabas	habías cambiado
3e	cambiaba	había cambiado
1re p. plur.	cambiábamos	habíamos cambiado
2e	cambiabais	habíais cambiado
3e	cambiaban	habían cambiado
	Prétérit	**Passé antérieur**
1re p. sing.	cambié	hube cambiado
2e	cambiaste	hubiste cambiado
3e	cambió	hubo cambiado
1re p. plur.	cambiamos	hubimos cambiado
2e	cambiasteis	hubisteis cambiado
3e	cambiaron	hubieron cambiado
	Futur simple	**Futur antérieur**
1re p. sing.	cambiaré	habré cambiado
2e	cambiarás	habrás cambiado
3e	cambiará	habrá cambiado
1re p. plur.	cambiaremos	habremos cambiado
2e	cambiaréis	habréis cambiado
3e	cambiarán	habrán cambiado
	Conditionnel présent	**Conditionnel passé**
1re p. sing.	cambiaría	habría cambiado
2e	cambiarías	habrías cambiado
3e	cambiaría	habría cambiado
1re p. plur.	cambiaríamos	habríamos cambiado
2e	cambiaríais	habríais cambiado
3e	cambiarían	habrían cambiado

Subjonctif

Formes simples	Formes composées
Présent	**Passé**
cambie	haya cambiado
cambies	hayas cambiado
cambie	haya cambiado
cambiemos	hayamos cambiado
cambiéis	hayáis cambiado
cambien	hayan cambiado
Imparfait	**Plus-que-parfait**
cambiara	hubiera cambiado
cambiaras	hubieras cambiado
cambiara	hubiera cambiado
cambiáramos	hubiéramos cambiado
cambiarais	hubierais cambiado
cambiaran	hubieran cambiado
cambiase	hubiese cambiado
cambiases	hubieses cambiado
cambiase	hubiese cambiado
cambiásemos	hubiésemos cambiado
cambiaseis	hubieseis cambiado
cambiasen	hubiesen cambiado
Futur	**Futur antérieur**
cambiare	hubiere cambiado
cambiares	hubieres cambiado
cambiare	hubiere cambiado
cambiáremos	hubiéremos cambiado
cambiareis	hubiereis cambiado
cambiaren	hubieren cambiado

Impératif

Présent	Formes empruntées au subjonctif
cambia (tú)	cambie (él, ella, usted)
cambiad (vosotros)	cambiemos (nosotros)
	cambien (ellos, ellas, ustedes)

ACTUAR

Verbe régulier

Lorsque le u du *radical** porte l'*accent tonique** se crée le *hiatus** úa, úe et úo pour les verbes du 1er groupe (actúa) et le hiatus úe pour les verbes du 2e groupe (reúne, se reúne) : au présent de l'indicatif et du subjonctif (aux 1re, 2e et 3e p. sing. et à la 3e p. plur.), à l'impératif (aux 2e et 3e p. sing. et à la 3e p. plur.).

■ Orthographe **ua › úa, ue › úe** et **uo › úo**

Mode impersonnel

	Formes simples	Formes composées
Infinitif	actuar	haber actuado
Gérondif	actuando	habiendo actuado
Participe passé	actuado	

Modes personnels

	Indicatif – Formes simples	Indicatif – Formes composées	Subjonctif – Formes simples	Subjonctif – Formes composées
	Présent	**Passé composé**	**Présent**	**Passé**
1re p. sing.	act**úo**	he actuado	act**úe**	haya actuado
2e	act**úa**s	has actuado	act**úe**s	hayas actuado
3e	act**úa**	ha actuado	act**úe**	haya actuado
1re p. plur.	actuamos	hemos actuado	actuemos	hayamos actuado
2e	actuáis	habéis actuado	actuéis	hayáis actuado
3e	act**úa**n	han actuado	act**úe**n	hayan actuado
	Imparfait	**Plus-que-parfait**	**Imparfait**	**Plus-que-parfait**
1re p. sing.	actuaba	había actuado	actuara	hubiera actuado
2e	actuabas	habías actuado	actuaras	hubieras actuado
3e	actuaba	había actuado	actuara	hubiera actuado
1re p. plur.	actuábamos	habíamos actuado	actuáramos	hubiéramos actuado
2e	actuabais	habíais actuado	actuarais	hubierais actuado
3e	actuaban	habían actuado	actuaran	hubieran actuado
	Prétérit	**Passé antérieur**		
1re p. sing.	actué	hube actuado	actuase	hubiese actuado
2e	actuaste	hubiste actuado	actuases	hubieses actuado
3e	actuó	hubo actuado	actuase	hubiese actuado
1re p. plur.	actuamos	hubimos actuado	actuásemos	hubiésemos actuado
2e	actuasteis	hubisteis actuado	actuaseis	hubieseis actuado
3e	actuaron	hubieron actuado	actuasen	hubiesen actuado
	Futur simple	**Futur antérieur**	**Futur**	**Futur antérieur**
1re p. sing.	actuaré	habré actuado	actuare	hubiere actuado
2e	actuarás	habrás actuado	actuares	hubieres actuado
3e	actuará	habrá actuado	actuare	hubiere actuado
1re p. plur.	actuaremos	habremos actuado	actuáremos	hubiéremos actuado
2e	actuaréis	habréis actuado	actuareis	hubiereis actuado
3e	actuarán	habrán actuado	actuaren	hubieren actuado
	Conditionnel présent	**Conditionnel passé**		
1re p. sing.	actuaría	habría actuado		
2e	actuarías	habrías actuado		
3e	actuaría	habría actuado		
1re p. plur.	actuaríamos	habríamos actuado		
2e	actuaríais	habríais actuado		
3e	actuarían	habrían actuado		

Impératif

Présent	Formes empruntées au subjonctif
act**úa** (tú)	act**úe** (él, ella, usted)
actuad (vosotros)	actuemos (nosotros)
	act**úe**n (ellos, ellas, ustedes)

ADECUAR adapter

Verbe régulier

Les verbes terminés en **-cuar** présentent deux variantes : maintien de la *diphtongue** ou création de l'*hiatus**.

■ Orthographe **u** = **u**

Mode impersonnel

	Formes simples	Formes composées
Infinitif	adecuar	haber adecuado
Gérondif	adecuando	habiendo adecuado
Participe passé	adecuado	

Modes personnels

Indicatif

	Formes simples	Formes composées
	Présent	**Passé composé**
1re p. sing.	adecuo o adecúo	he adecuado
2e	adecuas o adecúas	has adecuado
3e	adecua o adecúa	ha adecuado
1re p. plur.	adecuamos	hemos adecuado
2e	adecuáis	habéis adecuado
3e	adecuan o adecúan	han adecuado
	Imparfait	**Plus-que-parfait**
1re p. sing.	adecuaba	había adecuado
2e	adecuabas	habías adecuado
3e	adecuaba	había adecuado
1re p. plur.	adecuábamos	habíamos adecuado
2e	adecuabais	habíais adecuado
3e	adecuaban	habían adecuado
	Prétérit	**Passé antérieur**
1re p. sing.	adecué	hube adecuado
2e	adecuaste	hubiste adecuado
3e	adecuó	hubo adecuado
1re p. plur.	adecuamos	hubimos adecuado
2e	adecuasteis	hubisteis adecuado
3e	adecuaron	hubieron adecuado
	Futur simple	**Futur antérieur**
1re p. sing.	adecuaré	habré adecuado
2e	adecuarás	habrás adecuado
3e	adecuará	habrá adecuado
1re p. plur.	adecuaremos	habremos adecuado
2e	adecuaréis	habréis adecuado
3e	adecuarán	habrán adecuado
	Conditionnel présent	**Conditionnel passé**
1re p. sing.	adecuaría	habría adecuado
2e	adecuarías	habrías adecuado
3e	adecuaría	habría adecuado
1re p. plur.	adecuaríamos	habríamos adecuado
2e	adecuaríais	habríais adecuado
3e	adecuarían	habrían adecuado

Subjonctif

Formes simples	Formes composées
Présent	**Passé**
adecue o adecúe	haya adecuado
adecues o adecúes	hayas adecuado
adecue o adecúe	haya adecuado
adecuemos	hayamos adecuado
adecuéis	hayáis adecuado
adecuen o adecúen	hayan adecuado
Imparfait	**Plus-que-parfait**
adecuara	hubiera adecuado
adecuaras	hubieras adecuado
adecuara	hubiera adecuado
adecuáramos	hubiéramos adecuado
adecuarais	hubierais adecuado
adecuaran	hubieran adecuado
adecuase	hubiese adecuado
adecuases	hubieses adecuado
adecuase	hubiese adecuado
adecuásemos	hubiésemos adecuado
adecuaseis	hubieseis adecuado
adecuasen	hubiesen adecuado
Futur	**Futur antérieur**
adecuare	hubiere adecuado
adecuares	hubieres adecuado
adecuare	hubiere adecuado
adecuáremos	hubiéremos adecuado
adecuareis	hubiereis adecuado
adecuaren	hubieren adecuado

Impératif

Présent	Formes empruntées au subjonctif
adecua (tú)	adecue (él, ella, usted)
adecuad (vosotros)	adecuemos (nosotros)
	adecuen (ellos, ellas, ustedes)

enquêter sur AVERIGUAR

Verbe régulier

Le u du *radical** forme toujours une *diphtongue** avec la voyelle de la *désinence**.
Comparez actúo / averiguo.

Pour maintenir le son [gw] devant e, le u porte le tréma au prétérit (à la 1re p. sing.), au subjonctif présent (à toutes les personnes), et à l'impératif (à la 3e p. sing. et aux 1re et 3e p. plur.).

■ Orthographe **u** = **u** et **g** › **gü**

Mode impersonnel

	Formes simples	Formes composées
Infinitif	averiguar	haber averiguado
Gérondif	averiguando	habiendo averiguado
Participe passé	averiguado	

Modes personnels

	Indicatif – Formes simples	Indicatif – Formes composées	Subjonctif – Formes simples	Subjonctif – Formes composées
	Présent	**Passé composé**	**Présent**	**Passé**
1re p. sing.	averiguo	he averiguado	ageri**güe**	haya averiguado
2e	averiguas	has averiguado	averi**güe**s	hayas averiguado
3e	averigua	ha averiguado	averi**güe**	haya averiguado
1re p. plur.	averiguamos	hemos averiguado	averi**güe**mos	hayamos averiguado
2e	averiguáis	habéis averiguado	averi**güé**is	hayáis averiguado
3e	averiguan	han averiguado	averi**güe**n	hayan averiguado
	Imparfait	**Plus-que-parfait**	**Imparfait**	**Plus-que-parfait**
1re p. sing.	averiguaba	había averiguado	averiguara	hubiera averiguado
2e	averiguabas	habías averiguado	averiguaras	hubieras averiguado
3e	averiguaba	había averiguado	averiguara	hubiera averiguado
1re p. plur.	averiguábamos	habíamos averiguado	averiguáramos	hubiéramos averiguado
2e	averiguabais	habíais averiguado	averiguarais	hubierais averiguado
3e	averiguaban	habían averiguado	averiguaran	hubieran averiguado
	Prétérit	**Passé antérieur**		
1re p. sing.	averi**güé**	hube averiguado	averiguase	hubiese averiguado
2e	averiguaste	hubiste averiguado	averiguases	hubieses averiguado
3e	averiguó	hubo averiguado	averiguase	hubiese averiguado
1re p. plur.	averiguamos	hubimos averiguado	averiguásemos	hubiésemos averiguado
2e	averiguasteis	hubisteis averiguado	averiguaseis	hubieseis averiguado
3e	averiguaron	hubieron averiguado	averiguasen	hubiesen averiguado
	Futur simple	**Futur antérieur**	**Futur**	**Futur antérieur**
1re p. sing.	averiguaré	habré averiguado	averiguare	hubiere averiguado
2e	averiguarás	habrás averiguado	averiguares	hubieres averiguado
3e	averiguará	habrá averiguado	averiguare	hubiere averiguado
1re p. plur.	averiguaremos	habremos averiguado	averiguáremos	hubiéremos averiguado
2e	averiguaréis	habréis averiguado	averiguareis	hubiereis averiguado
3e	averiguarán	habrán averiguado	averiguaren	hubieren averiguado
	Conditionnel présent	**Conditionnel passé**		
1re p. sing.	averiguaría	habría averiguado		
2e	averiguarías	habrías averiguado		
3e	averiguaría	habría averiguado		
1re p. plur.	averiguaríamos	habríamos averiguado		
2e	averiguaríais	habríais averiguado		
3e	averiguarían	habrían averiguado		

Impératif

Présent	Formes empruntées au subjonctif
averigua (tú)	averi**güe** (él, ella, usted)
averiguad (vosotros)	averi**güe**mos (nosotros)
	averi**güe**n (ellos, ellas, ustedes)

LEER lire

Verbe régulier

Le i se transforme en *yod** quand il est non accentué et placé entre deux voyelles.
Comparez leí / leyó.
L'apparition du yod au gérondif, au prétérit (aux 3e p. sing. et plur.), au subjonctif imparfait et futur, à la place du i des *désinences** (**iendo**, **ió**, **ieron**, **iera**, **iere**) est une modification orthographique.

■ Orthographe **i** › **y** devant **e**, **o**

Mode impersonnel

	Formes simples	Formes composées
Infinitif	leer	haber leído
Gérondif	le**y**endo	habiendo leído
Participe passé	leído	

Modes personnels

Indicatif

	Formes simples	Formes composées
	Présent	**Passé composé**
1re p. sing.	leo	he leído
2e	lees	has leído
3e	lee	ha leído
1re p. plur.	leemos	hemos leído
2e	leéis	habéis leído
3e	leen	han leído
	Imparfait	**Plus-que-parfait**
1re p. sing.	leía	había leído
2e	leías	habías leído
3e	leía	había leído
1re p. plur.	leíamos	habíamos leído
2e	leíais	habíais leído
3e	leían	habían leído
	Prétérit	**Passé antérieur**
1re p. sing.	leí	hube leído
2e	leíste	hubiste leído
3e	le**yó**	hubo leído
1re p. plur.	leímos	hubimos leído
2e	leísteis	hubisteis leído
3e	le**ye**ron	hubieron leído
	Futur simple	**Futur antérieur**
1re p. sing.	leeré	habré leído
2e	leerás	habrás leído
3e	leerá	habrá leído
1re p. plur.	leeremos	habremos leído
2e	leeréis	habréis leído
3e	leerán	habrán leído
	Conditionnel présent	**Conditionnel passé**
1re p. sing.	leería	habría leído
2e	leerías	habrías leído
3e	leería	habría leído
1re p. plur.	leeríamos	habríamos leído
2e	leeríais	habríais leído
3e	leerían	habrían leído

Subjonctif

Formes simples	Formes composées
Présent	**Passé**
lea	haya leído
leas	hayas leído
lea	haya leído
leamos	hayamos leído
leáis	hayáis leído
lean	hayan leído
Imparfait	**Plus-que-parfait**
le**ye**ra	hubiera leído
le**ye**ras	hubieras leído
le**ye**ra	hubiera leído
le**yé**ramos	hubiéramos leído
le**ye**rais	hubierais leído
le**ye**ran	hubieran leído
le**ye**se	hubiese leído
le**ye**ses	hubieses leído
le**ye**se	hubiese leído
le**yé**semos	hubiésemos leído
le**ye**seis	hubieseis leído
le**ye**sen	hubiesen leído
Futur	**Futur antérieur**
le**ye**re	hubiere leído
le**ye**res	hubieres leído
le**ye**re	hubiere leído
le**yé**remos	hubiéremos leído
le**ye**reis	hubiereis leído
le**ye**ren	hubieren leído

Impératif

Présent	Formes empruntées au subjonctif
lee (tú)	lea (él, ella, usted)
leed (vosotros)	leamos (nosotros)
	lean (ellos, ellas, ustedes)

sortir, tirer SACAR

Verbe régulier

Dans les verbes se terminant par car, qu apparaît devant e au prétérit (à la 1re p. sing.), au présent du subjonctif (à toutes les personnes), et aux personnes de l'impératif empruntées au subjonctif (3e p. sing., 2e et 3e p. plur.).

Cette modification s'étend à tous les verbes réguliers et irréguliers terminés par car. (Voir trocar.)

■ Orthographe **c › qu** devant **e**

Mode impersonnel

	Formes simples	Formes composées
Infinitif	sacar	haber sacado
Gérondif	sacando	habiendo sacado
Participe passé	sacado	

Modes personnels

	Indicatif – Formes simples	Indicatif – Formes composées	Subjonctif – Formes simples	Subjonctif – Formes composées
	Présent	**Passé composé**	**Présent**	**Passé**
1re p. sing.	saco	he sacado	sa**que**	haya sacado
2e	sacas	has sacado	sa**que**s	hayas sacado
3e	saca	ha sacado	sa**que**	haya sacado
1re p. plur.	sacamos	hemos sacado	sa**que**mos	hayamos sacado
2e	sacáis	habéis sacado	sa**qué**is	hayáis sacado
3e	sacan	han sacado	sa**que**n	hayan sacado
	Imparfait	**Plus-que-parfait**	**Imparfait**	**Plus-que-parfait**
1re p. sing.	sacaba	había sacado	sacara	hubiera sacado
2e	sacabas	habías sacado	sacaras	hubieras sacado
3e	sacaba	había sacado	sacara	hubiera sacado
1re p. plur.	sacábamos	habíamos sacado	sacáramos	hubiéramos sacado
2e	sacabais	habíais sacado	sacarais	hubierais sacado
3e	sacaban	habían sacado	sacaran	hubieran sacado
	Prétérit	**Passé antérieur**		
1re p. sing.	sa**qué**	hube sacado	sacase	hubiese sacado
2e	sacaste	hubiste sacado	sacases	hubieses sacado
3e	sacó	hubo sacado	sacase	hubiese sacado
1re p. plur.	sacamos	hubimos sacado	sacásemos	hubiésemos sacado
2e	sacasteis	hubisteis sacado	sacaseis	hubieseis sacado
3e	sacaron	hubieron sacado	sacasen	hubiesen sacado
	Futur simple	**Futur antérieur**	**Futur**	**Futur antérieur**
1re p. sing.	sacaré	habré sacado	sacare	hubiere sacado
2e	sacarás	habrás sacado	sacares	hubieres sacado
3e	sacará	habrá sacado	sacare	hubiere sacado
1re p. plur.	sacaremos	habremos sacado	sacáremos	hubiéremos sacado
2e	sacaréis	habréis sacado	sacareis	hubiereis sacado
3e	sacarán	habrán sacado	sacaren	hubieren sacado
	Conditionnel présent	**Conditionnel passé**		
1re p. sing.	sacaría	habría sacado		
2e	sacarías	habrías sacado		
3e	sacaría	habría sacado		
1re p. plur.	sacaríamos	habríamos sacado		
2e	sacaríais	habríais sacado		
3e	sacarían	habrían sacado		

Impératif

Présent	Formes empruntées au subjonctif
saca (tú)	sa**que** (él, ella, usted)
sacad (vosotros)	sa**que**mos (nosotros)
	sa**que**n (ellos, ellas, ustedes)

VENCER vaincre

Verbe régulier

Dans les verbes terminés par consonne + -cer et quelques verbes terminés par -cer, z apparaît devant **a** et **o**, au présent de l'indicatif (à la 1re p. sing. uniquement) et du subjonctif (à toutes les personnes), à l'impératif (à la 3e p. sing. et aux 1re et 3e p. plur.).
Attention: cocer, escocer, mecer et recocer suivent ce modèle et non celui de parecer (› zc).

■ Orthographe **c** › **z** devant **a**, **o**

Mode impersonnel

	Formes simples	Formes composées
Infinitif	vencer	haber vencido
Gérondif	venciendo	habiendo vencido
Participe passé	vencido	

Modes personnels

	Indicatif – Formes simples	Indicatif – Formes composées	Subjonctif – Formes simples	Subjonctif – Formes composées
	Présent	**Passé composé**	**Présent**	**Passé**
1re p. sing.	ven**zo**	he vencido	ven**za**	haya vencido
2e	vences	has vencido	ven**za**s	hayas vencido
3e	vence	ha vencido	ven**za**	haya vencido
1re p. plur.	vencemos	hemos vencido	ven**za**mos	hayamos vencido
2e	vencéis	habéis vencido	ven**zá**is	hayáis vencido
3e	vencen	han vencido	ven**za**n	hayan vencido
	Imparfait	**Plus-que-parfait**	**Imparfait**	**Plus-que-parfait**
1re p. sing.	vencía	había vencido	venciera	hubiera vencido
2e	vencías	habías vencido	vencieras	hubieras vencido
3e	vencía	había vencido	venciera	hubiera vencido
1re p. plur.	vencíamos	habíamos vencido	venciéramos	hubiéramos vencido
2e	vencíais	habíais vencido	vencierais	hubierais vencido
3e	vencían	habían vencido	vencieran	hubieran vencido
	Prétérit	**Passé antérieur**		
1re p. sing.	vencí	hube vencido	venciese	hubiese vencido
2e	venciste	hubiste vencido	vencieses	hubieses vencido
3e	venció	hubo vencido	venciese	hubiese vencido
1re p. plur.	vencimos	hubimos vencido	venciésemos	hubiésemos vencido
2e	vencisteis	hubisteis vencido	vencieseis	hubieseis vencido
3e	vencieron	hubieron vencido	venciesen	hubiesen vencido
	Futur simple	**Futur antérieur**	**Futur**	**Futur antérieur**
1re p. sing.	venceré	habré vencido	venciere	hubiere vencido
2e	vencerás	habrás vencido	vencieres	hubieres vencido
3e	vencerá	habrá vencido	venciere	hubiere vencido
1re p. plur.	venceremos	habremos vencido	venciéremos	hubiéremos vencido
2e	venceréis	habréis vencido	venciereis	hubiereis vencido
3e	vencerán	habrán vencido	vencieren	hubieren vencido
	Conditionnel présent	**Conditionnel passé**		
1re p. sing.	vencería	habría vencido		
2e	vencerías	habrías vencido		
3e	vencería	habría vencido		
1re p. plur.	venceríamos	habríamos vencido		
2e	venceríais	habríais vencido		
3e	vencerían	habrían vencido		

Impératif

Présent	Formes empruntées au subjonctif
vence (tú)	ven**za** (él, ella, usted)
venced (vosotros)	ven**za**mos (nosotros)
	ven**za**n (ellos, ellas, ustedes)

raccommoder **ZURCIR**

Verbe régulier

Dans les verbes terminés par consonne + -cir, z apparaît devant **a** et **o**, au présent de l'indicatif (à la 1re p. sing.) et du subjonctif (à toutes les personnes), et à l'impératif (à la 3e p. sing. et aux 1re et 3e p. plur.).
Les verbes suivant ce modèle sont donc réguliers, à la différence des verbes irréguliers en -cir, qui suivent le modèle de lucir (› zc).

■ Orthographe **c** › **z** devant **a**, **o**

Mode impersonnel

	Formes simples	Formes composées
Infinitif	zurcir	haber zurcido
Gérondif	zurciendo	habiendo zurcido
Participe passé	zurcido	

Modes personnels

Indicatif

	Formes simples	Formes composées
	Présent	**Passé composé**
1re p. sing.	zur**zo**	he zurcido
2e	zurces	has zurcido
3e	zurce	ha zurcido
1re p. plur.	zurcimos	hemos zurcido
2e	zurcís	habéis zurcido
3e	zurcen	han zurcido
	Imparfait	**Plus-que-parfait**
1re p. sing.	zurcía	había zurcido
2e	zurcías	habías zurcido
3e	zurcía	había zurcido
1re p. plur.	zurcíamos	habíamos zurcido
2e	zurcíais	habíais zurcido
3e	zurcían	habían zurcido
	Prétérit	**Passé antérieur**
1re p. sing.	zurcí	hube zurcido
2e	zurciste	hubiste zurcido
3e	zurció	hubo zurcido
1re p. plur.	zurcimos	hubimos zurcido
2e	zurcisteis	hubisteis zurcido
3e	zurcieron	hubieron zurcido
	Futur simple	**Futur antérieur**
1re p. sing.	zurciré	habré zurcido
2e	zurcirás	habrás zurcido
3e	zurcirá	habrá zurcido
1re p. plur.	zurciremos	habremos zurcido
2e	zurciréis	habréis zurcido
3e	zurcirán	habrán zurcido
	Conditionnel présent	**Conditionnel passé**
1re p. sing.	zurciría	habría zurcido
2e	zurcirías	habrías zurcido
3e	zurciría	habría zurcido
1re p. plur.	zurciríamos	habríamos zurcido
2e	zurciríais	habríais zurcido
3e	zurcirían	habrían zurcido

Subjonctif

Formes simples	Formes composées
Présent	**Passé**
zur**za**	haya zurcido
zur**za**s	hayas zurcido
zur**za**	haya zurcido
zur**za**mos	hayamos zurcido
zur**zá**is	hayáis zurcido
zur**za**n	hayan zurcido
Imparfait	**Plus-que-parfait**
zurciera	hubiera zurcido
zurcieras	hubieras zurcido
zurciera	hubiera zurcido
zurciéramos	hubiéramos zurcido
zurcierais	hubierais zurcido
zurcieran	hubieran zurcido
zurciese	hubiese zurcido
zurcieses	hubieses zurcido
zurciese	hubiese zurcido
zurciésemos	hubiésemos zurcido
zurcieseis	hubieseis zurcido
zurciesen	hubiesen zurcido
Futur	**Futur antérieur**
zurciere	hubiere zurcido
zurcieres	hubieres zurcido
zurciere	hubiere zurcido
zurciéremos	hubiéremos zurcido
zurciereis	hubiereis zurcido
zurcieren	hubieren zurcido

Impératif

Présent	Formes empruntées au subjonctif
zurce (tú)	zur**za** (él, ella, usted)
zurcid (vosotros)	zur**za**mos (nosotros)
	zur**za**n (ellos, ellas, ustedes)

CAZAR chasser

Verbe régulier

Dans les verbes terminés par -zar, c apparaît devant **e** au prétérit (à la 1re p. sing.), au présent du subjonctif (à toutes les personnes), et à l'impératif (à la 3e p. sing., aux 1re et 3e p. plur.).
Cette modification se produit dans tous les verbes, réguliers et irréguliers, terminés par zar. (Voir avergonzar et forzar.)

■ Orthographe **z** › **c** devant **e**

Mode impersonnel

	Formes simples	Formes composées
Infinitif	cazar	haber cazado
Gérondif	cazando	habiendo cazado
Participe passé	cazado	

Modes personnels

	Indicatif – Formes simples	Indicatif – Formes composées	Subjonctif – Formes simples	Subjonctif – Formes composées
	Présent	**Passé composé**	**Présent**	**Passé**
1re p. sing.	cazo	he cazado	ca**ce**	haya cazado
2e	cazas	has cazado	ca**ces**	hayas cazado
3e	caza	ha cazado	ca**ce**	haya cazado
1re p. plur.	cazamos	hemos cazado	ca**ce**mos	hayamos cazado
2e	cazáis	habéis cazado	ca**céi**s	hayáis cazado
3e	cazan	han cazado	ca**ce**n	hayan cazado
	Imparfait	**Plus-que-parfait**	**Imparfait**	**Plus-que-parfait**
1re p. sing.	cazaba	había cazado	cazara	hubiera cazado
2e	cazabas	habías cazado	cazaras	hubieras cazado
3e	cazaba	había cazado	cazara	hubiera cazado
1re p. plur.	cazábamos	habíamos cazado	cazáramos	hubiéramos cazado
2e	cazabais	habíais cazado	cazarais	hubierais cazado
3e	cazaban	habían cazado	cazaran	hubieran cazado
	Prétérit	**Passé antérieur**		
1re p. sing.	ca**cé**	hube cazado	cazase	hubiese cazado
2e	cazaste	hubiste cazado	cazases	hubieses cazado
3e	cazó	hubo cazado	cazase	hubiese cazado
1re p. plur.	cazamos	hubimos cazado	cazásemos	hubiésemos cazado
2e	cazasteis	hubisteis cazado	cazaseis	hubieseis cazado
3e	cazaron	hubieron cazado	cazasen	hubiesen cazado
	Futur simple	**Futur antérieur**	**Futur**	**Futur antérieur**
1re p. sing.	cazaré	habré cazado	cazare	hubiere cazado
2e	cazarás	habrás cazado	cazares	hubieres cazado
3e	cazará	habrá cazado	cazare	hubiere cazado
1re p. plur.	cazaremos	habremos cazado	cazáremos	hubiéremos cazado
2e	cazaréis	habréis cazado	cazareis	hubiereis cazado
3e	cazarán	habrán cazado	cazaren	hubieren cazado
	Conditionnel présent	**Conditionnel passé**		
1re p. sing.	cazaría	habría cazado		
2e	cazarías	habrías cazado		
3e	cazaría	habría cazado		
1re p. plur.	cazaríamos	habríamos cazado		
2e	cazaríais	habríais cazado		
3e	cazarían	habrían cazado		

Impératif

Présent	Formes empruntées au subjonctif
caza (tú)	ca**ce** (él, ella, usted)
cazad (vosotros)	ca**ce**mos (nosotros)
	ca**ce**n (ellos, ellas, ustedes)

Verbe régulier

Dans les verbes terminés en -ger, j (jota) apparaît devant a et o - sinon prononciation [go], [ga] -, au présent de l'indicatif (à la 1re p. sing. uniquement), du subjonctif (à toutes les personnes) et à l'impératif (à la 3e p. sing. et aux 1re et 3e p. plur.).

■ Orthographe **g › j** devant **a**, **o**

Mode impersonnel

	Formes simples	Formes composées
Infinitif	proteger	haber protegido
Gérondif	protegiendo	habiendo protegido
Participe passé	protegido	

Modes personnels

Indicatif

	Formes simples	Formes composées
	Présent	**Passé composé**
1re p. sing.	prote**jo**	he protegido
2e	proteges	has protegido
3e	protege	ha protegido
1re p. plur.	protegemos	hemos protegido
2e	protegéis	habéis protegido
3e	protegen	han protegido
	Imparfait	**Plus-que-parfait**
1re p. sing.	protegía	había protegido
2e	protegías	habías protegido
3e	protegía	había protegido
1re p. plur.	protegíamos	habíamos protegido
2e	protegíais	habíais protegido
3e	protegían	habían protegido
	Prétérit	**Passé antérieur**
1re p. sing.	protegí	hube protegido
2e	protegiste	hubiste protegido
3e	protegió	hubo protegido
1re p. plur.	protegimos	hubimos protegido
2e	protegisteis	hubisteis protegido
3e	protegieron	hubieron protegido
	Futur simple	**Futur antérieur**
1re p. sing.	protegeré	habré protegido
2e	protegerás	habrás protegido
3e	protegerá	habrá protegido
1re p. plur.	protegeremos	habremos protegido
2e	protegeréis	habréis protegido
3e	protegerán	habrán protegido
	Conditionnel présent	**Conditionnel passé**
1re p. sing.	protegería	habría protegido
2e	protegerías	habrías protegido
3e	protegería	habría protegido
1re p. plur.	protegeríamos	habríamos protegido
2e	protegeríais	habríais protegido
3e	protegerían	habrían protegido

Subjonctif

Formes simples	Formes composées
Présent	**Passé**
prote**ja**	haya protegido
prote**ja**s	hayas protegido
prote**ja**	haya protegido
prote**ja**mos	hayamos protegido
prote**já**is	hayáis protegido
prote**ja**n	hayan protegido
Imparfait	**Plus-que-parfait**
protegiera	hubiera protegido
protegieras	hubieras protegido
protegiera	hubiera protegido
protegiéramos	hubiéramos protegido
protegierais	hubierais protegido
protegieran	hubieran protegido
protegiese	hubiese protegido
protegieses	hubieses protegido
protegiese	hubiese protegido
protegiésemos	hubiésemos protegido
protegieseis	hubieseis protegido
protegiesen	hubiesen protegido
Futur	**Futur antérieur**
protegiere	hubiere protegido
protegieres	hubieres protegido
protegiere	hubiere protegido
protegiéremos	hubiéremos protegido
protegiereis	hubiereis protegido
protegieren	hubieren protegido

Impératif

Présent	Formes empruntées au subjonctif
protege (tú)	prote**ja** (él, ella, usted)
proteged (vosotros)	prote**ja**mos (nosotros)
	prote**ja**n (ellos, ellas, ustedes)

18 DIRIGIR diriger

Verbe régulier

Dans les verbes terminés en gir, j (jota) apparaît devant a et o au présent de l'indicatif (à la 1re p. sing.), au subjonctif (à toutes les personnes) et à l'impératif (à la 3e p. sing. et aux 1re et 3e p. plur.). Sinon, la prononciation est [ga], [go].

- Orthographe **g › j** devant **a**, **o**

Mode impersonnel

	Formes simples	Formes composées
Infinitif	dirigir	haber dirigido
Gérondif	dirigiendo	habiendo dirigido
Participe passé	dirigido	

Modes personnels

Indicatif

	Formes simples	Formes composées
	Présent	**Passé composé**
1re p. sing.	diri**jo**	he dirigido
2e	diriges	has dirigido
3e	dirige	ha dirigido
1re p. plur.	dirigimos	hemos dirigido
2e	dirigís	habéis dirigido
3e	dirigen	han dirigido
	Imparfait	**Plus-que-parfait**
1re p. sing.	dirigía	había dirigido
2e	dirigías	habías dirigido
3e	dirigía	había dirigido
1re p. plur.	dirigíamos	habíamos dirigido
2e	dirigíais	habíais dirigido
3e	dirigían	habían dirigido
	Prétérit	**Passé antérieur**
1re p. sing.	dirigí	hube dirigido
2e	dirigiste	hubiste dirigido
3e	dirigió	hubo dirigido
1re p. plur.	dirigimos	hubimos dirigido
2e	dirigisteis	hubisteis dirigido
3e	dirigieron	hubieron dirigido
	Futur simple	**Futur antérieur**
1re p. sing.	dirigiré	habré dirigido
2e	dirigirás	habrás dirigido
3e	dirigirá	habrá dirigido
1re p. plur.	dirigiremos	habremos dirigido
2e	dirigiréis	habréis dirigido
3e	dirigirán	habrán dirigido
	Conditionnel présent	**Conditionnel passé**
1re p. sing.	dirigiría	habría dirigido
2e	dirigirías	habrías dirigido
3e	dirigiría	habría dirigido
1re p. plur.	dirigiríamos	habríamos dirigido
2e	dirigiríais	habríais dirigido
3e	dirigirían	habrían dirigido

Subjonctif

Formes simples	Formes composées
Présent	**Passé**
diri**ja**	haya dirigido
diri**ja**s	hayas dirigido
diri**ja**	haya dirigido
diri**ja**mos	hayamos dirigido
diri**já**is	hayáis dirigido
diri**ja**n	hayan dirigido
Imparfait	**Plus-que-parfait**
dirigiera	hubiera dirigido
dirigieras	hubieras dirigido
dirigiera	hubiera dirigido
dirigiéramos	hubiéramos dirigido
dirigierais	hubierais dirigido
dirigieran	hubieran dirigido
dirigiese	hubiese dirigido
dirigieses	hubieses dirigido
dirigiese	hubiese dirigido
dirigiésemos	hubiésemos dirigido
dirigieseis	hubieseis dirigido
dirigiesen	hubiesen dirigido
Futur	**Futur antérieur**
dirigiere	hubiere dirigido
dirigieres	hubieres dirigido
dirigiere	hubiere dirigido
dirigiéremos	hubiéremos dirigido
dirigiereis	hubiereis dirigido
dirigieren	hubieren dirigido

Impératif

Présent	Formes empruntées au subjonctif
dirige (tú)	diri**ja** (él, ella, usted)
dirigid (vosotros)	diri**ja**mos (nosotros)
	diri**ja**n (ellos, ellas, ustedes)

arriver

LLEGAR

Verbe régulier

Dans les verbes terminés en -gar, g est suivi de u devant e, au prétérit (à la 1re p. sing.), au subjonctif présent (à toutes les personnes) et à l'impératif (à la 3e p. sing. et aux 1re et 3e p. plur.).
Cette modification concerne tous les verbes, réguliers et irréguliers. (Voir negar, colgar et jugar.)

- Orthographe **g** › **gu** devant **e**

Mode impersonnel

	Formes simples	Formes composées
Infinitif	llegar	haber llegado
Gérondif	llegando	habiendo llegado
Participe passé	llegado	

Modes personnels

Indicatif

	Formes simples	Formes composées
	Présent	**Passé composé**
1re p. sing.	llego	he llegado
2e	llegas	has llegado
3e	llega	ha llegado
1re p. plur.	llegamos	hemos llegado
2e	llegáis	habéis llegado
3e	llegan	han llegado
	Imparfait	**Plus-que-parfait**
1re p. sing.	llegaba	había llegado
2e	llegabas	habías llegado
3e	llegaba	había llegado
1re p. plur.	llegábamos	habíamos llegado
2e	llegabais	habíais llegado
3e	llegaban	habían llegado
	Prétérit	**Passé antérieur**
1re p. sing.	lle**gué**	hube llegado
2e	llegaste	hubiste llegado
3e	llegó	hubo llegado
1re p. plur.	llegamos	hubimos llegado
2e	llegasteis	hubisteis llegado
3e	llegaron	hubieron llegado
	Futur simple	**Futur antérieur**
1re p. sing.	llegaré	habré llegado
2e	llegarás	habrás llegado
3e	llegará	habrá llegado
1re p. plur.	llegaremos	habremos llegado
2e	llegaréis	habréis llegado
3e	llegarán	habrán llegado
	Conditionnel présent	**Conditionnel passé**
1re p. sing.	llegaría	habría llegado
2e	llegarías	habrías llegado
3e	llegaría	habría llegado
1re p. plur.	llegaríamos	habríamos llegado
2e	llegaríais	habríais llegado
3e	llegarían	habrían llegado

Subjonctif

Formes simples	Formes composées
Présent	**Passé**
lle**gue**	haya llegado
lle**gue**s	hayas llegado
lle**gue**	haya llegado
lle**gue**mos	hayamos llegado
lle**gué**is	hayáis llegado
lle**gue**n	hayan llegado
Imparfait	**Plus-que-parfait**
llegara	hubiera llegado
llegaras	hubieras llegado
llegara	hubiera llegado
llegáramos	hubiéramos llegado
llegarais	hubierais llegado
llegaran	hubieran llegado
llegase	hubiese llegado
llegases	hubieses llegado
llegase	hubiese llegado
llegásemos	hubiésemos llegado
llegaseis	hubieseis llegado
llegasen	hubiesen llegado
Futur	**Futur antérieur**
llegare	hubiere llegado
llegares	hubieres llegado
llegare	hubiere llegado
llegáremos	hubiéremos llegado
llegareis	hubiereis llegado
llegaren	hubieren llegado

Impératif

Présent	Formes empruntées au subjonctif
llega (tú)	lle**gue** (él, ella, usted)
llegad (vosotros)	lle**gue**mos (nosotros)
	lle**gue**n (ellos, ellas, ustedes)

20 DISTINGUIR distinguer

Verbe régulier

Dans les verbes en -guir, pour conserver la prononciation, le u disparaît devant a et o au présent de l'indicatif (à la 1re p. sing.), du subjonctif (à toutes les personnes) et à l'impératif (à la 3e p. sing. et aux 1re et 3e p. plur.). Cette modification concerne les verbes réguliers (extinguir, subdistinguir) ainsi que seguir et ses dérivés.

- Orthographe **gu** › **g** devant **a**, **o**

Mode impersonnel

	Formes simples	Formes composées
Infinitif	distinguir	haber distinguido
Gérondif	distinguiendo	habiendo distinguido
Participe passé	distinguido	

Modes personnels

Indicatif

	Formes simples	Formes composées
	Présent	**Passé composé**
1re p. sing.	distin**go**	he distinguido
2e	distingues	has distinguido
3e	distingue	ha distinguido
1re p. plur.	distinguimos	hemos distinguido
2e	distinguís	habéis distinguido
3e	distinguen	han distinguido
	Imparfait	**Plus-que-parfait**
1re p. sing.	distinguía	había distinguido
2e	distinguías	habías distinguido
3e	distinguía	había distinguido
1re p. plur.	distinguíamos	habíamos distinguido
2e	distinguíais	habíais distinguido
3e	distinguían	habían distinguido
	Prétérit	**Passé antérieur**
1re p. sing.	distinguí	hube distinguido
2e	distinguiste	hubiste distinguido
3e	distinguió	hubo distinguido
1re p. plur.	distinguimos	hubimos distinguido
2e	distinguisteis	hubisteis distinguido
3e	distinguieron	hubieron distinguido
	Futur simple	**Futur antérieur**
1re p. sing.	distinguiré	habré distinguido
2e	distinguirás	habrás distinguido
3e	distinguirá	habrá distinguido
1re p. plur.	distinguiremos	habremos distinguido
2e	distinguiréis	habréis distinguido
3e	distinguirán	habrán distinguido
	Conditionnel présent	**Conditionnel passé**
1re p. sing.	distinguiría	habría distinguido
2e	distinguirías	habrías distinguido
3e	distinguiría	habría distinguido
1re p. plur.	distinguiríamos	habríamos distinguido
2e	distinguiríais	habríais distinguido
3e	distinguirían	habrían distinguido

Subjonctif

Formes simples	Formes composées
Présent	**Passé**
distin**ga**	haya distinguido
distin**ga**s	hayas distinguido
distin**ga**	haya distinguido
distin**ga**mos	hayamos distinguido
distin**gá**is	hayáis distinguido
distin**ga**n	hayan distinguido
Imparfait	**Plus-que-parfait**
distinguiera	hubiera distinguido
distinguieras	hubieras distinguido
distinguiera	hubiera distinguido
distinguiéramos	hubiéramos distinguido
distinguierais	hubierais distinguido
distinguieran	hubieran distinguido
distinguiese	hubiese distinguido
distinguieses	hubieses distinguido
distinguiese	hubiese distinguido
distinguiésemos	hubiésemos distinguido
distinguieseis	hubieseis distinguido
distinguiesen	hubiesen distinguido
Futur	**Futur antérieur**
distinguiere	hubiere distinguido
distinguieres	hubieres distinguido
distinguiere	hubiere distinguido
distinguiéremos	hubiéremos distinguido
distinguiereis	hubiereis distinguido
distinguieren	hubieren distinguido

Impératif

Présent	Formes empruntées au subjonctif
distingue (tú)	distin**ga** (él, ella, usted)
distinguid (vosotros)	distin**ga**mos (nosotros)
	distin**ga**n (ellos, ellas, ustedes)

commettre un délit DELINQUIR

Verbe régulier

Dans les verbes en -quir, pour conserver la prononciation, c apparaît devant **a** et **o** au présent de l'indicatif (à la 1re p. sing.), du subjonctif (à toutes les personnes) et aux formes de l'impératif empruntées au subjonctif (à la 3e p. sing. et aux 1re et 3e p. plur.).
Le verbe derrelinquir adopte également cette modification.

■ Orthographe **qu** › **c** devant **a**, **o**

Mode impersonnel

	Formes simples	Formes composées
Infinitif	delinquir	haber delinquido
Gérondif	delinquiendo	habiendo delinquido
Participe passé	delinquido	

Modes personnels

Indicatif

	Formes simples	Formes composées
	Présent	**Passé composé**
1re p. sing.	delin**co**	he delinquido
2e	delinques	has delinquido
3e	delinque	ha delinquido
1re p. plur.	delinquimos	hemos delinquido
2e	delinquís	habéis delinquido
3e	delinquen	han delinquido
	Imparfait	**Plus-que-parfait**
1re p. sing.	delinquía	había delinquido
2e	delinquías	habías delinquido
3e	delinquía	había delinquido
1re p. plur.	delinquíamos	habíamos delinquido
2e	delinquíais	habíais delinquido
3e	delinquían	habían delinquido
	Prétérit	**Passé antérieur**
1re p. sing.	delinquí	hube delinquido
2e	delinquiste	hubiste delinquido
3e	delinquió	hubo delinquido
1re p. plur.	delinquimos	hubimos delinquido
2e	delinquisteis	hubisteis delinquido
3e	delinquieron	hubieron delinquido
	Futur simple	**Futur antérieur**
1re p. sing.	delinquiré	habré delinquido
2e	delinquirás	habrás delinquido
3e	delinquirá	habrá delinquido
1re p. plur.	delinquiremos	habremos delinquido
2e	delinquiréis	habréis delinquido
3e	delinquirán	habrán delinquido
	Conditionnel présent	**Conditionnel passé**
1re p. sing.	delinquiría	habría delinquido
2e	delinquirías	habrías delinquido
3e	delinquiría	habría delinquido
1re p. plur.	delinquiríamos	habríamos delinquido
2e	delinquiríais	habríais delinquido
3e	delinquirían	habrían delinquido

Subjonctif

Formes simples	Formes composées
Présent	**Passé**
delin**ca**	haya delinquido
delin**ca**s	hayas delinquido
delin**ca**	haya delinquido
delin**ca**mos	hayamos delinquido
delin**cá**is	hayáis delinquido
delin**ca**n	hayan delinquido
Imparfait	**Plus-que-parfait**
delinquiera	hubiera delinquido
delinquieras	hubieras delinquido
delinquiera	hubiera delinquido
delinquiéramos	hubiéramos delinquido
delinquierais	hubierais delinquido
delinquieran	hubieran delinquido
delinquiese	hubiese delinquido
delinquieses	hubieses delinquido
delinquiese	hubiese delinquido
delinquiésemos	hubiésemos delinquido
delinquieseis	hubieseis delinquido
delinquiesen	hubiesen delinquido
Futur	**Futur antérieur**
delinquiere	hubiere delinquido
delinquieres	hubieres delinquido
delinquiere	hubiere delinquido
delinquiéremos	hubiéremos delinquido
delinquiereis	hubiereis delinquido
delinquieren	hubieren delinquido

Impératif

Présent	Formes empruntées au subjonctif
delinque (tú)	delin**ca** (él, ella, usted)
delinquid (vosotros)	delin**ca**mos (nosotros)
	delin**ca**n (ellos, ellas, ustedes)

ACERTAR réussir, deviner

Verbe irrégulier

Le e du *radical** *diphtongue** en ie au présent de l'indicatif (aux 1re, 2e et 3e p. sing. et à la 3e p. plur.) et du subjonctif (aux 1re, 2e et 3e p. sing. et à la 3e p. plur.), à l'impératif (aux 2e et 3e p. sing. et à la 3e p. plur.).

Comparez: ac**ie**rto (l'*accent tonique** tombe sur la voyelle du radical) / acert**amos** (l'accent tonique tombe sur la voyelle de la *désinence**).

■ Diphtongue **e › ie**

Mode impersonnel

	Formes simples	Formes composées
Infinitif	acertar	haber acertado
Gérondif	acertando	habiendo acertado
Participe passé	acertado	

Modes personnels

	Indicatif – Formes simples	Indicatif – Formes composées	Subjonctif – Formes simples	Subjonctif – Formes composées
	Présent	**Passé composé**	**Présent**	**Passé**
1re p. sing.	**aciert**o	he acertado	**aciert**e	haya acertado
2e	**aciert**as	has acertado	**aciert**es	hayas acertado
3e	**aciert**a	ha acertado	**aciert**e	haya acertado
1re p. plur.	acertamos	hemos acertado	acertemos	hayamos acertado
2e	acertáis	habéis acertado	acertéis	hayáis acertado
3e	**aciert**an	han acertado	**aciert**en	hayan acertado
	Imparfait	**Plus-que-parfait**	**Imparfait**	**Plus-que-parfait**
1re p. sing.	acertaba	había acertado	acertara	hubiera acertado
2e	acertabas	habías acertado	acertaras	hubieras acertado
3e	acertaba	había acertado	acertara	hubiera acertado
1re p. plur.	acertábamos	habíamos acertado	acertáramos	hubiéramos acertado
2e	acertabais	habíais acertado	acertarais	hubierais acertado
3e	acertaban	habían acertado	acertaran	hubieran acertado
	Prétérit	**Passé antérieur**		
1re p. sing.	acerté	hube acertado	acertase	hubiese acertado
2e	acertaste	hubiste acertado	acertases	hubieses acertado
3e	acertó	hubo acertado	acertase	hubiese acertado
1re p. plur.	acertamos	hubimos acertado	acertásemos	hubiésemos acertado
2e	acertasteis	hubisteis acertado	acertaseis	hubieseis acertado
3e	acertaron	hubieron acertado	acertasen	hubiesen acertado
	Futur simple	**Futur antérieur**	**Futur**	**Futur antérieur**
1re p. sing.	acertaré	habré acertado	acertare	hubiere acertado
2e	acertarás	habrás acertado	acertares	hubieres acertado
3e	acertará	habrá acertado	acertare	hubiere acertado
1re p. plur.	acertaremos	habremos acertado	acertáremos	hubiéremos acertado
2e	acertaréis	habréis acertado	acertareis	hubiereis acertado
3e	acertarán	habrán acertado	acertaren	hubieren acertado
	Conditionnel présent	**Conditionnel passé**		
1re p. sing.	acertaría	habría acertado		
2e	acertarías	habrías acertado		
3e	acertaría	habría acertado		
1re p. plur.	acertaríamos	habríamos acertado		
2e	acertaríais	habríais acertado		
3e	acertarían	habrían acertado		

Impératif

Présent	Formes empruntées au subjonctif
acierta (tú)	**aciert**e (él, ella, usted)
acertad (vosotros)	acertemos (nosotros)
	acierten (ellos, ellas, ustedes)

commencer COMENZAR

Verbe irrégulier

L'*accent tonique** qui frappe le e du *radical** provoque la *diphtongue** e › ie aux trois p. sing. et à la 3e p. plur. du présent de l'indicatif et du subjonctif, aux 2e et 3e p. sing. et à la 3e p. plur. de l'impératif.
Comme dans tout verbe en -zar (voir cazar), c apparaît devant e au prétérit (à la 1re p. sing.), au subjonctif présent (à toutes les personnes) et à l'impératif (à la 3e p. sing. et aux 1re et 3e p. plur.).

- Diphtongue e › ie
- Orthographe **z** › **c** devant **e**

Mode impersonnel

	Formes simples	Formes composées
Infinitif	comenzar	haber comenzado
Gérondif	comenzando	habiendo comenzado
Participe passé	comenzado	

Modes personnels

Indicatif

	Formes simples	Formes composées
	Présent	**Passé composé**
1re p. sing.	**comienz**o	he comenzado
2e	**comienz**as	has comenzado
3e	**comienz**a	ha comenzado
1re p. plur.	comenzamos	hemos comenzado
2e	comenzáis	habéis comenzado
3e	**comienz**an	han comenzado
	Imparfait	**Plus-que-parfait**
1re p. sing.	comenzaba	había comenzado
2e	comenzabas	habías comenzado
3e	comenzaba	había comenzado
1re p. plur.	comenzábamos	habíamos comenzado
2e	comenzabais	habíais comenzado
3e	comenzaban	habían comenzado
	Prétérit	**Passé antérieur**
1re p. sing.	comen**cé**	hube comenzado
2e	comenzaste	hubiste comenzado
3e	comenzó	hubo comenzado
1re p. plur.	comenzamos	hubimos comenzado
2e	comenzasteis	hubisteis comenzado
3e	comenzaron	hubieron comenzado
	Futur simple	**Futur antérieur**
1re p. sing.	comenzaré	habré comenzado
2e	comenzarás	habrás comenzado
3e	comenzará	habrá comenzado
1re p. plur.	comenzaremos	habremos comenzado
2e	comenzaréis	habréis comenzado
3e	comenzarán	habrán comenzado
	Conditionnel présent	**Conditionnel passé**
1re p. sing.	comenzaría	habría comenzado
2e	comenzarías	habrías comenzado
3e	comenzaría	habría comenzado
1re p. plur.	comenzaríamos	habríamos comenzado
2e	comenzaríais	habríais comenzado
3e	comenzaría	habría comenzado

Subjonctif

Formes simples	Formes composées
Présent	**Passé**
comience	haya comenzado
comiences	hayas comenzado
comience	haya comenzado
comenc**e**mos	hayamos comenzado
comen**céi**s	hayáis comenzado
comiencen	hayan comenzado
Imparfait	**Plus-que-parfait**
comenzara	hubiera comenzado
comenzaras	hubieras comenzado
comenzara	hubiera comenzado
comenzáramos	hubiéramos comenzado
comenzarais	hubierais comenzado
comenzaran	hubieran comenzado
comenzase	hubiese comenzado
comenzases	hubieses comenzado
comenzase	hubiese comenzado
comenzásemos	hubiésemos comenzado
comenzaseis	hubieseis comenzado
comenzasen	hubiesen comenzado
Futur	**Futur antérieur**
comenzare	hubiere comenzado
comenzares	hubieres comenzado
comenzare	hubiere comenzado
comenzáremos	hubiéremos comenzado
comenzareis	hubiereis comenzado
comenzaren	hubieren comenzado

Impératif

Présent	Formes empruntées au subjonctif
comienza (tú)	**comience** (él, ella, usted)
comenzad (vosotros)	comencemos (nosotros)
	comiencen (ellos, ellas, ustedes)

NEGAR nier, refuser

Verbe irrégulier

L'*accent tonique** qui frappe le e du *radical** provoque la *diphtongue** e › ie au présent de l'indicatif et du subjonctif (aux trois p. sing. et à la 3e p. plur.), à l'impératif (aux 2e et 3e p. sing. et à la 3e p. plur.).
Comme dans tout verbe en -gar (voir llegar), g est suivi de u devant e au prétérit (à la 1re p. sing.), au subjonctif présent (à toutes les personnes), et à l'impératif (à la 3e p. sing. et aux 1re et 3e p. plur.).

- Diphtongue e › ie
- Orthographe **g** › **gu** devant **e**

Mode impersonnel

	Formes simples	Formes composées
Infinitif	negar	haber negado
Gérondif	negando	habiendo negado
Participe passé	negado	

Modes personnels

Indicatif

	Formes simples	Formes composées
	Présent	**Passé composé**
1re p. sing.	**nieg**o	he negado
2e	**nieg**as	has negado
3e	**nieg**a	ha negado
1re p. plur.	negamos	hemos negado
2e	negáis	habéis negado
3e	**nieg**an	han negado
	Imparfait	**Plus-que-parfait**
1re p. sing.	negaba	había negado
2e	negabas	habías negado
3e	negaba	había negado
1re p. plur.	negábamos	habíamos negado
2e	negabais	habíais negado
3e	negaban	habían negado
	Prétérit	**Passé antérieur**
1re p. sing.	ne**gué**	hube negado
2e	negaste	hubiste negado
3e	negó	hubo negado
1re p. plur.	negamos	hubimos negado
2e	negasteis	hubisteis negado
3e	negaron	hubieron negado
	Futur simple	**Futur antérieur**
1re p. sing.	negaré	habré negado
2e	negarás	habrás negado
3e	negará	habrá negado
1re p. plur.	negaremos	habremos negado
2e	negaréis	habréis negado
3e	negarán	habrán negado
	Conditionnel présent	**Conditionnel passé**
1re p. sing.	negaría	habría negado
2e	negarías	habrías negado
3e	negaría	habría negado
1re p. plur.	negaríamos	habríamos negado
2e	negaríais	habríais negado
3e	negarían	habrían negado

Subjonctif

Formes simples	Formes composées
Présent	**Passé**
niegue	haya negado
niegues	hayas negado
niegue	haya negado
ne**gue**mos	hayamos negado
ne**gué**is	hayáis negado
nieguen	hayan negado
Imparfait	**Plus-que-parfait**
negara	hubiera negado
negaras	hubieras negado
negara	hubiera negado
negáramos	hubiéramos negado
negarais	hubierais negado
negaran	hubieran negado
negase	hubiese negado
negases	hubieses negado
negase	hubiese negado
negásemos	hubiésemos negado
negaseis	hubieseis negado
negasen	hubiesen negado
Futur	**Futur antérieur**
negare	hubiere negado
negares	hubieres negado
negare	hubiere negado
negáremos	hubiéremos negado
negareis	hubiereis negado
negaren	hubieren negado

Impératif

Présent	Formes empruntées au subjonctif
niega (tú)	**niegue** (él, ella, usted)
negad (vosotros)	ne**gue**mos (nosotros)
	nieguen (ellos, ellas, ustedes)

ERRAR

Verbe irrégulier

L'*accent tonique** qui frappe le e du *radical** peut provoquer la *diphtongue** e › ie au présent de l'indicatif et du subjonctif (aux trois p. sing. et à la 3e p. plur.), à l'impératif (aux 2e et 3e p. sing. et à la 3e p. plur.).
La voyelle i, en position de diphtongue, est graphiée y (*yod**) dans yerro.
Cette irrégularité ne concerne que ce verbe.

- Diphtongue e › ye

Mode impersonnel

	Formes simples	Formes composées
Infinitif	errar	haber errado
Gérondif	errando	habiendo errado
Participe passé	errado	

Modes personnels

Indicatif

	Formes simples	Formes composées
	Présent	**Passé composé**
1re p. sing.	**yerr**o o erro	he errado
2e	**yerr**as o erras	has errado
3e	**yerr**a o erra	ha errado
1re p. plur.	erramos	hemos errado
2e	erráis	habéis errado
3e	**yerr**an o erran	han errado
	Imparfait	**Plus-que-parfait**
1re p. sing.	erraba	había errado
2e	errabas	habías errado
3e	erraba	había errado
1re p. plur.	errábamos	habíamos errado
2e	errabais	habíais errado
3e	erraban	habían errado
	Prétérit	**Passé antérieur**
1re p. sing.	erré	hube errado
2e	erraste	hubiste errado
3e	erró	hubo errado
1re p. plur.	erramos	hubimos errado
2e	errasteis	hubisteis errado
3e	erraron	hubieron errado
	Futur simple	**Futur antérieur**
1re p. sing.	erraré	habré errado
2e	errarás	habrás errado
3e	errará	habrá errado
1re p. plur.	erraremos	habremos errado
2e	erraréis	habréis errado
3e	errarán	habrán errado
	Conditionnel présent	**Conditionnel passé**
1re p. sing.	erraría	habría errado
2e	errarías	habrías errado
3e	erraría	habría errado
1re p. plur.	erraríamos	habríamos errado
2e	erraríais	habríais errado
3e	errarían	habrían errado

Subjonctif

Formes simples	Formes composées
Présent	**Passé**
yerre o erre	haya errado
yerres o erres	hayas errado
yerre o erre	haya errado
erremos	hayamos errado
erréis	hayáis errado
yerren o erren	hayan errado
Imparfait	**Plus-que-parfait**
errara	hubiera errado
erraras	hubieras errado
errara	hubiera errado
erráramos	hubiéramos errado
errarais	hubierais errado
erraran	hubieran errado
errase	hubiese errado
errases	hubieses errado
errase	hubiese errado
errásemos	hubiésemos errado
erraseis	hubieseis errado
errasen	hubiesen errado
Futur	**Futur antérieur**
errare	hubiere errado
errares	hubieres errado
errare	hubiere errado
erráremos	hubiéremos errado
errareis	hubiereis errado
erraren	hubieren errado

Impératif

Présent	Formes empruntées au subjonctif
yerra o erra (tú)	**yerr**e o erre (él, ella, usted)
errad (vosotros)	erremos (nosotros)
	yerren o erren (ellos, ellas, ustedes)

TENDER tendre

Verbe irrégulier

Le e du *radical** recevant l'*accent tonique** devient ie au présent de l'indicatif et du subjonctif (aux trois p. sing. et à la 3e p. plur.), à l'impératif (aux 2e et 3e p. sing. et à la 3e p. plur.).
Comparez : **tie**nda / ten**damos**.

■ Diphtongue e › ie

Mode impersonnel

	Formes simples	Formes composées
Infinitif	tender	haber tendido
Gérondif	tendiendo	habiendo tendido
Participe passé	tendido	

Modes personnels

	Indicatif – Formes simples	Indicatif – Formes composées	Subjonctif – Formes simples	Subjonctif – Formes composées
	Présent	**Passé composé**	**Présent**	**Passé**
1re p. sing.	**tiend**o	he tendido	**tiend**a	haya tendido
2e	**tiend**es	has tendido	**tiend**as	hayas tendido
3e	**tiend**e	ha tendido	**tiend**a	haya tendido
1re p. plur.	tendemos	hemos tendido	tendamos	hayamos tendido
2e	tendéis	habéis tendido	tendáis	hayáis tendido
3e	**tiend**en	han tendido	**tiend**an	hayan tendido
	Imparfait	**Plus-que-parfait**	**Imparfait**	**Plus-que-parfait**
1re p. sing.	tendía	había tendido	tendiera	hubiera tendido
2e	tendías	habías tendido	tendieras	hubieras tendido
3e	tendía	había tendido	tendiera	hubiera tendido
1re p. plur.	tendíamos	habíamos tendido	tendiéramos	hubiéramos tendido
2e	tendíais	habíais tendido	tendierais	hubierais tendido
3e	tendían	habían tendido	tendieran	hubieran tendido
	Prétérit	**Passé antérieur**		
1re p. sing.	tendí	hube tendido	tendiese	hubiese tendido
2e	tendiste	hubiste tendido	tendieses	hubieses tendido
3e	tendió	hubo tendido	tendiese	hubiese tendido
1re p. plur.	tendimos	hubimos tendido	tendiésemos	hubiésemos tendido
2e	tendisteis	hubisteis tendido	tendieseis	hubieseis tendido
3e	tendieron	hubieron tendido	tendiesen	hubiesen tendido
	Futur simple	**Futur antérieur**	**Futur**	**Futur antérieur**
1re p. sing.	tenderé	habré tendido	tendiere	hubiere tendido
2e	tenderás	habrás tendido	tendieres	hubieres tendido
3e	tenderá	habrá tendido	tendiere	hubiere tendido
1re p. plur.	tenderemos	habremos tendido	tendiéremos	hubiéremos tendido
2e	tenderéis	habréis tendido	tendiereis	hubiereis tendido
3e	tenderán	habrán tendido	tendieren	hubieren tendido
	Conditionnel présent	**Conditionnel passé**		
1re p. sing.	tendería	habría tendido		
2e	tenderías	habrías tendido		
3e	tendería	habría tendido)		
1re p. plur.	tenderíamos	habríamos tendido		
2e	tenderíais	habríais tendido		
3e	tenderían	habrían tendido		

Impératif

Présent	Formes empruntées au subjonctif
tiende (tú)	**tiend**a (él, ella, usted)
tended (vosotros)	tendamos (nosotros)
	tiendan (ellos, ellas, ustedes)

discerner DISCERNIR

Verbe irrégulier

Sous l'effet de l'*accent tonique**, le e du *radical** devient ie au présent de l'indicatif et du subjonctif (aux trois p. sing. et à la 3e p. plur.), à l'impératif (aux 2e et 3e p. sing. et à la 3e p. plur.).
Comparez : discierno / discernimos.

- Diphtongue e › ie

Mode impersonnel

	Formes simples	Formes composées
Infinitif	discernir	haber discernido
Gérondif	discerniendo	habiendo discernido
Participe passé	discernido	

Modes personnels

	Indicatif – Formes simples	Indicatif – Formes composées	Subjonctif – Formes simples	Subjonctif – Formes composées
	Présent	**Passé composé**	**Présent**	**Passé**
1re p. sing.	**discierno**	he discernido	**discierna**	haya discernido
2e	**disciernes**	has discernido	**disciernas**	hayas discernido
3e	**discierne**	ha discernido	**discierna**	haya discernido
1re p. plur.	discernimos	hemos discernido	discernamos	hayamos discernido
2e	discernís	habéis discernido	discernáis	hayáis discernido
3e	**disciernen**	han discernido	**disciernan**	hayan discernido
	Imparfait	**Plus-que-parfait**	**Imparfait**	**Plus-que-parfait**
1re p. sing.	discernía	había discernido	**discerniera**	hubiera discernido
2e	discernías	habías discernido	**discernieras**	hubieras discernido
3e	discernía	había discernido	**discerniera**	hubiera discernido
1re p. plur.	discerníamos	habíamos discernido	**discerniéramos**	hubiéramos discernido
2e	discerníais	habíais discernido	**discernierais**	hubierais discernido
3e	discernían	habían discernido	**discernieran**	hubieran discernido
	Prétérit	**Passé antérieur**		
1re p. sing.	discerní	hube discernido	**discerniese**	hubiese discernido
2e	discerniste	hubiste discernido	**discernieses**	hubieses discernido
3e	discernió	hubo discernido	**discerniese**	hubiese discernido
1re p. plur.	discernimos	hubimos discernido	**discerniésemos**	hubiésemos discernido
2e	discernisteis	hubisteis discernido	**discernieseis**	hubieseis discernido
3e	**discernieron**	hubieron discernido	**discerniesen**	hubiesen discernido
	Futur simple	**Futur antérieur**	**Futur**	**Futur antérieur**
1re p. sing.	discerniré	habré discernido	**discerniere**	hubiere discernido
2e	discernirás	habrás discernido	**discernieres**	hubieres discernido
3e	discernirá	habrá discernido	**discerniere**	hubiere discernido
1re p. plur.	discerniremos	habremos discernido	**discerniéremos**	hubiéremos discernido
2e	discerniréis	habréis discernido	**discerniereis**	hubiereis discernido
3e	discernirán	habrán discernido	**discernieren**	hubieren discernido
	Conditionnel présent	**Conditionnel passé**		
1re p. sing.	discerniría	habría discernido		
2e	discernirías	habrías discernido		
3e	discerniría	habría discernido		
1re p. plur.	discerniríamos	habríamos discernido		
2e	discerniríais	habríais discernido		
3e	discernirían	habrían discernido		

Impératif

Présent	Formes empruntées au subjonctif
discierne (tú)	**discierna** (él, ella, usted)
discernid (vosotros)	discernamos (nosotros)
	disciernan (ellos, ellas, ustedes)

SONAR sonner

Verbe irrégulier

Sous l'effet de l'*accent tonique**, le o du *radical** devient ue au présent de l'indicatif et du subjonctif (aux trois p. sing. et à la 3e p. plur.), à l'impératif (aux 2e et 3e p. sing. et à la 3e p. plur.). Comparez: suenes / sonemos.

Le verbe desosar, très peu utilisé, voit la diphtongue ue être précédée d'un h au présent de l'indicatif et du subjonctif (aux trois p. sing. et à la 3e p. plur.), aux formes de l'impératif qui en dérivent (deshuesa, deshuese, deshuesen).

■ Diphtongue o › ue

Mode impersonnel

	Formes simples	Formes composées
Infinitif	sonar	haber sonado
Gérondif	sonando	habiendo sonado
Participe passé	sonado	

Modes personnels

	Indicatif – Formes simples	Indicatif – Formes composées	Subjonctif – Formes simples	Subjonctif – Formes composées
	Présent	**Passé composé**	**Présent**	**Passé**
1re p. sing.	**suen**o	he sonado	**suen**e	haya sonado
2e	**suen**as	has sonado	**suen**es	hayas sonado
3e	**suen**a	ha sonado	**suen**e	haya sonado
1re p. plur.	sonamos	hemos sonado	sonemos	hayamos sonado
2e	sonáis	habéis sonado	sonéis	hayáis sonado
3e	**suen**an	han sonado	**suen**en	hayan sonado
	Imparfait	**Plus-que-parfait**	**Imparfait**	**Plus-que-parfait**
1re p. sing.	sonaba	había sonado	sonara	hubiera sonado
2e	sonabas	habías sonado	sonaras	hubieras sonado
3e	sonaba	había sonado	sonara	hubiera sonado
1re p. plur.	sonábamos	habíamos sonado	sonáramos	hubiéramos sonado
2e	sonabais	habíais sonado	sonarais	hubierais sonado
3e	sonaban	habían sonado	sonaran	hubieran sonado
	Prétérit	**Passé antérieur**		
1re p. sing.	soné	hube sonado	sonase	hubiese sonado
2e	sonaste	hubiste sonado	sonases	hubieses sonado
3e	sonó	hubo sonado	sonase	hubiese sonado
1re p. plur.	sonamos	hubimos sonado	sonásemos	hubiésemos sonado
2e	sonasteis	hubisteis sonado	sonaseis	hubieseis sonado
3e	sonaron	hubieron sonado	sonasen	hubiesen sonado
	Futur simple	**Futur antérieur**	**Futur**	**Futur antérieur**
1re p. sing.	sonaré	habré sonado	sonare	hubiere sonado
2e	sonarás	habrás sonado	sonares	hubieres sonado
3e	sonará	habrá sonado	sonare	hubiere sonado
1re p. plur.	sonaremos	habremos sonado	sonáremos	hubiéremos sonado
2e	sonaréis	habréis sonado	sonareis	hubiereis sonado
3e	sonarán	habrán sonado	sonaren	hubieren sonado
	Conditionnel présent	**Conditionnel passé**		
1re p. sing.	sonaría	habría sonado		
2e	sonarías	habrías sonado		
3e	sonaría	habría sonado		
1re p. plur.	sonaríamos	habríamos sonado		
2e	sonaríais	habríais sonado		
3e	sonarían	habrían sonado		

Impératif

Présent	Formes empruntées au subjonctif
suena (tú)	**suen**e (él, ella, usted)
sonad (vosotros)	sonemos (nosotros)
	suenen (ellos, ellas, ustedes)

Verbe irrégulier

Le o du radical devient ue au présent de l'indicatif et du subjonctif (aux trois p. sing. et à la 3e p. plur.), et à l'impératif (aux 2e et 3e p. sing. et à la 3e p. plur.). Comparez **truecas** – l'accent tonique tombe sur la voyelle du radical – et **trocaron** – l'accent tonique tombe sur la voyelle de la désinence.

De plus, le c devient qu au prétérit (1e p. sing.), au subjonctif (à toutes les personnes) et à l'impératif (aux 2e et 3e p. sing. et à la 3e p. plur.).

- Diphtongue o › ue
- Orthographe **c** › **qu** devant **e**

Mode impersonnel

	Formes simples	Formes composées
Infinitif	trocar	haber trocado
Gérondif	trocando	habiendo trocado
Participe passé	trocado	

Modes personnels

Indicatif

	Formes simples	Formes composées
	Présent	**Passé composé**
1re p. sing.	**trueco**	he trocado
2e	**truecas**	has trocado
3e	**trueca**	ha trocado
1re p. plur.	trocamos	hemos trocado
2e	trocáis	habéis trocado
3e	**truecan**	han trocado
	Imparfait	**Plus-que-parfait**
1re p. sing.	trocaba	había trocado
2e	trocabas	habías trocado
3e	trocaba	había trocado
1re p. plur.	trocábamos	habíamos trocado
2e	trocabais	habíais trocado
3e	trocaban	habían trocado
	Prétérit	**Passé antérieur**
1re p. sing.	**troqué**	hube trocado
2e	trocaste	hubiste trocado
3e	trocó	hubo trocado
1re p. plur.	trocamos	hubimos trocado
2e	trocasteis	hubisteis trocado
3e	trocaron	hubieron trocado
	Futur simple	**Futur antérieur**
1re p. sing.	trocaré	habré trocado
2e	trocarás	habrás trocado
3e	trocará	habrá trocado
1re p. plur.	trocaremos	habremos trocado
2e	trocaréis	habréis trocado
3e	trocarán	habrán trocado
	Conditionnel présent	**Conditionnel passé**
1re p. sing.	trocaría	habría trocado
2e	trocarías	habrías trocado
3e	trocaría	habría trocado
1re p. plur.	trocaríamos	habríamos trocado
2e	trocaríais	habríais trocado
3e	trocarían	habrían trocado

Subjonctif

Formes simples	Formes composées
Présent	**Passé**
trueque	haya trocado
trueques	hayas trocado
trueque	haya trocado
troquemos	hayamos trocado
troquéis	hayáis trocado
truequen	hayan trocado
Imparfait	**Plus-que-parfait**
trocara	hubiera trocado
trocaras	hubieras trocado
trocara	hubiera trocado
trocáramos	hubiéramos trocado
trocarais	hubierais trocado
trocaran	hubieran trocado
trocase	hubiese trocado
trocases	hubieses trocado
trocase	hubiese trocado
trocásemos	hubiésemos trocado
trocaseis	hubieseis trocado
trocasen	hubiesen trocado
Futur	**Futur antérieur**
trocare	hubiere trocado
trocares	hubieres trocado
trocare	hubiere trocado
trocáremos	hubiéremos trocado
trocareis	hubiereis trocado
trocaren	hubieren trocado

Impératif

Présent	Formes empruntées au subjonctif
trueca (tú)	**trueque** (él, ella, usted)
trocad (vosotros)	**troquemos** (nosotros)
	truequen (ellos, ellas, ustedes)

COLGAR pendre

Verbe irrégulier

Sous l'effet de l'*accent tonique**, le o du *radical** devient ue au présent de l'indicatif et du subjonctif (aux trois p. sing. et à la 3e p. plur.), à l'impératif (aux 2e et 3e p. sing. et à la 3e p. plur.). Comparez : **cuelgan** / **colgaran**.
Comme dans tout verbe en -gar (voir llegar), g est suivi de u devant **e** au prétérit (à la 1re p. sing.), au subjonctif présent (à toutes les personnes), et à l'impératif (à la 3e p. sing. et aux 1re et 3e p. plur.).

- Diphtongue o › ue
- Orthographe **g** › **gu** devant **e**

Mode impersonnel

	Formes simples	Formes composées
Infinitif	colgar	haber colgado
Gérondif	colgando	habiendo colgado
Participe passé	colgado	

Modes personnels

Indicatif

	Formes simples	Formes composées
	Présent	**Passé composé**
1re p. sing.	**cuelgo**	he colgado
2e	**cuelgas**	has colgado
3e	**cuelga**	ha colgado
1re p. plur.	colgamos	hemos colgado
2e	colgáis	habéis colgado
3e	**cuelgan**	han colgado
	Imparfait	**Plus-que-parfait**
1re p. sing.	colgaba	había colgado
2e	colgabas	habías colgado
3e	colgaba	había colgado
1re p. plur.	colgábamos	habíamos colgado
2e	colgabais	habíais colgado
3e	colgaban	habían colgado
	Prétérit	**Passé antérieur**
1re p. sing.	col**gué**	hube colgado
2e	colgaste	hubiste colgado
3e	colgó	hubo colgado
1re p. plur.	colgamos	hubimos colgado
2e	colgasteis	hubisteis colgado
3e	colgaron	hubieron colgado
	Futur simple	**Futur antérieur**
1re p. sing.	colgaré	habré colgado
2e	colgarás	habrás colgado
3e	colgará	habrá colgado
1re p. plur.	colgaremos	habremos colgado
2e	colgaréis	habréis colgado
3e	colgarán	habrán colgado
	Conditionnel présent	**Conditionnel passé**
1re p. sing.	colgaría	habría colgado
2e	colgarías	habrías colgado
3e	colgaría	habría colgado
1re p. plur.	colgaríamos	habríamos colgado
2e	colgaríais	habríais colgado
3e	colgarían	habrían colgado

Subjonctif

Formes simples	Formes composées
Présent	**Passé**
cuelgue	haya colgado
cuelgues	hayas colgado
cuelgue	haya colgado
col**gue**mos	hayamos colgado
col**guéis**	hayáis colgado
cuelguen	hayan colgado
Imparfait	**Plus-que-parfait**
colgara	hubiera colgado
colgaras	hubieras colgado
colgara	hubiera colgado
colgáramos	hubiéramos colgado
colgarais	hubierais colgado
colgaran	hubieran colgado
colgase	hubiese colgado
colgases	hubieses colgado
colgase	hubiese colgado
colgásemos	hubiésemos colgado
colgaseis	hubieseis colgado
colgasen	hubiesen colgado
Futur	**Futur antérieur**
colgare	hubiere colgado
colgares	hubieres colgado
colgare	hubiere colgado
colgáremos	hubiéremos colgado
colgareis	hubiereis colgado
colgaren	hubieren colgado

Impératif

Présent	Formes empruntées au subjonctif
cuelga (tú)	**cuelgue** (él, ella, usted)
colgad (vosotros)	col**gue**mos (nosotros)
	cuelguen (ellos, ellas, ustedes)

AGORAR

Verbe irrégulier

Sous l'effet de l'*accent tonique**, le o du *radical** devient üe au présent de l'indicatif et du subjonctif (aux trois p. sing. et à la 3e p. plur.), à l'impératif (aux 2e et 3e p. sing. et à la 3e p. plur.).
Comparez : **agüero** / **agoraremos**.
Se conjugue ainsi : degollar.

- Diphtongue o › üe
- Orthographe **g** › **gü** devant **e**

Mode impersonnel

	Formes simples	Formes composées
Infinitif	agorar	haber agorado
Gérondif	agorando	habiendo agorado
Participe passé	agorado	

Modes personnels

Indicatif

	Formes simples	Formes composées
	Présent	**Passé composé**
1re p. sing.	**agüer**o	he agorado
2e	**agüer**as	has agorado
3e	**agüer**a	ha agorado
1re p. plur.	agoramos	hemos agorado
2e	agoráis	habéis agorado
3e	**agüer**an	han agorado
	Imparfait	**Plus-que-parfait**
1re p. sing.	agoraba	había agorado
2e	agorabas	habías agorado
3e	agoraba	había agorado
1re p. plur.	agorábamos	habíamos agorado
2e	agorabais	habíais agorado
3e	agoraban	habían agorado
	Prétérit	**Passé antérieur**
1re p. sing.	agoré	hube agorado
2e	agoraste	hubiste agorado
3e	agoró	hubo agorado
1re p. plur.	agoramos	hubimos agorado
2e	agorasteis	hubisteis agorado
3e	agoraron	hubieron agorado
	Futur simple	**Futur antérieur**
1re p. sing.	agoraré	habré agorado
2e	agorarás	habrás agorado
3e	agorará	habrá agorado
1re p. plur.	agoraremos	habremos agorado
2e	agoraréis	habréis agorado
3e	agorarán	habrán agorado
	Conditionnel présent	**Conditionnel passé**
1re p. sing.	agoraría	habría agorado
2e	agorarías	habrías agorado
3e	agoraría	habría agorado
1re p. plur.	agoraríamos	habríamos agorado
2e	agoraríais	habríais agorado
3e	agorarían	habrían agorado

Subjonctif

Formes simples	Formes composées
Présent	**Passé**
agüere	haya agorado
agüeres	hayas agorado
agüere	haya agorado
agoremos	hayamos agorado
agoréis	hayáis agorado
agüeren	hayan agorado
Imparfait	**Plus-que-parfait**
agorara	hubiera agorado
agoraras	hubieras agorado
agorara	hubiera agorado
agoráramos	hubiéramos agorado
agorarais	hubierais agorado
agoraran	hubieran agorado
agorase	hubiese agorado
agorases	hubieses agorado
agorase	hubiese agorado
agorásemos	hubiésemos agorado
agoraseis	hubieseis agorado
agorasen	hubiesen agorado
Futur	**Futur antérieur**
agorare	hubiere agorado
agorares	hubieres agorado
agorare	hubiere agorado
agoráremos	hubiéremos agorado
agorareis	hubiereis agorado
agoraren	hubieren agorado

Impératif

Présent	Formes empruntées au subjonctif
agüera (tú)	**agüer**e (él, ella, usted)
agorad (vosotros)	agoremos (nosotros)
	agüeren (ellos, ellas, ustedes)

AVERGONZAR faire honte

Verbe irrégulier

Le o du *radical** devient ue au présent de l'indicatif et du subjonctif (aux trois p. sing. et à la 3e p. plur.), à l'impératif (aux 2e et 3e p. sing. et à la 3e p. plur.). Pour maintenir la prononciation de la *diphtongue** [gw], le u porte le tréma ü.
De plus, c apparait devant e au prétérit (à la 1re p. sing.), au subjonctif présent (à toutes les personnes), et à l'impératif (à la 3e p. sing. et aux 1re et 3e p. plur.). (Voir cazar.)

- Diphtongue o › üe
- Orthographe **g** › **gü** devant **e** et **z** › **c** devant **e**

Mode impersonnel

	Formes simples	Formes composées
Infinitif	avergonzar	haber avergonzado
Gérondif	avergonzando	habiendo avergonzado
Participe passé	avergonzado	

Modes personnels

Indicatif

	Formes simples	Formes composées
	Présent	**Passé composé**
1re p. sing.	**avergüenz**o	he avergonzado
2e	**avergüenz**as	has avergonzado
3e	**avergüenz**a	ha avergonzado
1re p. plur.	avergonzamos	hemos avergonzado
2e	avergonzáis	habéis avergonzado
3e	**avergüenz**an	han avergonzado
	Imparfait	**Plus-que-parfait**
1re p. sing.	avergonzaba	había avergonzado
2e	avergonzabas	habías avergonzado
3e	avergonzaba	había avergonzado
1re p. plur.	avergonzábamos	habíamos avergonzado
2e	avergonzabais	habíais avergonzado
3e	avergonzaban	habían avergonzado
	Prétérit	**Passé antérieur**
1re p. sing.	avergon**cé**	hube avergonzado
2e	avergonzaste	hubiste avergonzado
3e	avergonzó	hubo avergonzado
1re p. plur.	avergonzamos	hubimos avergonzado
2e	avergonzasteis	hubisteis avergonzado
3e	avergonzaron	hubieron avergonzado
	Futur simple	**Futur antérieur**
1re p. sing.	avergonzaré	habré avergonzado
2e	avergonzarás	habrás avergonzado
3e	avergonzará	habrá avergonzado
1re p. plur.	avergonzaremos	habremos avergonzado
2e	avergonzaréis	habréis avergonzado
3e	avergonzarán	habrán avergonzado
	Conditionnel présent	**Conditionnel passé**
1re p. sing.	avergonzaría	habría avergonzado
2e	avergonzarías	habrías avergonzado
3e	avergonzaría	habría avergonzado
1re p. plur.	avergonzaríamos	habríamos avergonzado
2e	avergonzaríais	habríais avergonzado
3e	avergonzarían	habrían avergonzado

Subjonctif

Formes simples	Formes composées
Présent	**Passé**
avergüence	haya avergonzado
avergüences	hayas avergonzado
avergüence	haya avergonzado
avergon**ce**mos	hayamos avergonzado
avergon**cé**is	hayáis avergonzado
avergüencen	hayan avergonzado
Imparfait	**Plus-que-parfait**
avergonzara	hubiera avergonzado
avergonzaras	hubieras avergonzado
avergonzara	hubiera avergonzado
avergonzáramos	hubiéramos avergonzado
avergonzarais	hubierais avergonzado
avergonzaran	hubieran avergonzado
avergonzase	hubiese avergonzado
avergonzases	hubieses avergonzado
avergonzase	hubiese avergonzado
avergonzásemos	hubiésemos avergonzado
avergonzaseis	hubieseis avergonzado
avergonzasen	hubiesen avergonzado
Futur	**Futur antérieur**
avergonzare	hubiere avergonzado
avergonzares	hubieres avergonzado
avergonzare	hubiere avergonzado
avergonzáremos	hubiéremos avergonzado
avergonzareis	hubiereis avergonzado
avergonzaren	hubieren avergonzado

Impératif

Présent	Formes empruntées au subjonctif
avergüenza (tú)	**avergüence** (él, ella, usted)
avergonzad (vosotros)	avergon**ce**mos (nosotros)
	avergüencen (ellos, ellas, ustedes)

Verbe irrégulier

Le o du *radical** devient ue au présent de l'indicatif et du subjonctif (aux trois p. sing. et à la 3e p. plur.), à l'impératif (aux 2e et 3e p. sing. et à la 3e p. plur.). Comparez : **fuerzo** / **forzaré**.
Comme dans tout verbe en -zar, c apparaît devant e au prétérit (à la 1re p. sing.), au subjonctif présent (à toutes les personnes), et à l'impératif (à la 3e p. sing. et aux 1re et 3e p. plur.). (Voir cazar.)

- Diphtongue o › ue
- Orthographe **z** › **c** devant **e**

Mode impersonnel

	Formes simples	Formes composées
Infinitif	forzar	haber forzado
Gérondif	forzando	habiendo forzado
Participe passé	forzado	

Modes personnels

	Indicatif – Formes simples	Indicatif – Formes composées	Subjonctif – Formes simples	Subjonctif – Formes composées
	Présent	**Passé composé**	**Présent**	**Passé**
1re p. sing.	**fuerzo**	he forzado	**fuerce**	haya forzado
2e	**fuerzas**	has forzado	**fuerces**	hayas forzado
3e	**fuerza**	ha forzado	**fuerce**	haya forzado
1re p. plur.	forzamos	hemos forzado	for**ce**mos	hayamos forzado
2e	forzáis	habéis forzado	for**céis**	hayáis forzado
3e	**fuerzan**	han forzado	**fuercen**	hayan forzado
	Imparfait	**Plus-que-parfait**	**Imparfait**	**Plus-que-parfait**
1re p. sing.	forzaba	había forzado	forzara	hubiera forzado
2e	forzabas	habías forzado	forzaras	hubieras forzado
3e	forzaba	había forzado	forzara	hubiera forzado
1re p. plur.	forzábamos	habíamos forzado	forzáramos	hubiéramos forzado
2e	forzabais	habíais forzado	forzarais	hubierais forzado
3e	forzaban	habían forzado	forzaran	hubieran forzado
	Prétérit	**Passé antérieur**		
1re p. sing.	for**cé**	hube forzado	forzase	hubiese forzado
2e	forzaste	hubiste forzado	forzases	hubieses forzado
3e	forzó	hubo forzado	forzase	hubiese forzado
1re p. plur.	forzamos	hubimos forzado	forzásemos	hubiésemos forzado
2e	forzasteis	hubisteis forzado	forzaseis	hubieseis forzado
3e	forzaron	hubieron forzado	forzasen	hubiesen forzado
	Futur simple	**Futur antérieur**	**Futur**	**Futur antérieur**
1re p. sing.	forzaré	habré forzado	forzare	hubiere forzado
2e	forzarás	habrás forzado	forzares	hubieres forzado
3e	forzará	habrá forzado	forzare	hubiere forzado
1re p. plur.	forzaremos	habremos forzado	forzáremos	hubiéremos forzado
2e	forzaréis	habréis forzado	forzareis	hubiereis forzado
3e	forzarán	habrán forzado	forzaren	hubieren forzado
	Conditionnel présent	**Conditionnel passé**		
1re p. sing.	forzaría	habría forzado		
2e	forzarías	habrías forzado		
3e	forzaría	habría forzado		
1re p. plur.	forzaríamos	habríamos forzado		
2e	forzaríais	habríais forzado		
3e	forzarían	habrían forzado		

Impératif

Présent	Formes empruntées au subjonctif
fuerza (tú)	**fuerce** (él, ella, usted)
forzad (vosotros)	for**ce**mos (nosotros)
	fuercen (ellos, ellas, ustedes)

JUGAR jouer

Verbe irrégulier

Comme dans l'ancien verbe jogar, la voyelle du *radical** portant l'*accent tonique** devient ue au présent de l'indicatif et du subjonctif (aux trois p. sing. et à la 3e p. plur.), à l'impératif (aux 2e et 3e p. sing. et à la 3e p. plur.).
Pour maintenir la prononciation [ga] devant e, le u apparaît au prétérit (à la 1re p. sing.), au subjonctif présent (à toutes les personnes), et à l'impératif (à la 3e p. sing. et aux 1re et 3e p. plur.).

- Diphtongue u (o) › ue
- Orthographe **g** › **gu** devant **e**

Mode impersonnel

	Formes simples	Formes composées
Infinitif	jugar	haber jugado
Gérondif	jugando	habiendo jugado
Participe passé	jugado	

Modes personnels

Indicatif

	Formes simples	Formes composées
	Présent	**Passé composé**
1re p. sing.	**jueg**o	he jugado
2e	**jueg**as	has jugado
3e	**jueg**a	ha jugado
1re p. plur.	jugamos	hemos jugado
2e	jugáis	habéis jugado
3e	**jueg**an	han jugado
	Imparfait	**Plus-que-parfait**
1re p. sing.	jugaba	había jugado
2e	jugabas	habías jugado
3e	jugaba	había jugado
1re p. plur.	jugábamos	habíamos jugado
2e	jugabais	habíais jugado
3e	jugaban	habían jugado
	Prétérit	**Passé antérieur**
1re p. sing.	ju**gué**	hube jugado
2e	jugaste	hubiste jugado
3e	jugó	hubo jugado
1re p. plur.	jugamos	hubimos jugado
2e	jugasteis	hubisteis jugado
3e	jugaron	hubieron jugado
	Futur simple	**Futur antérieur**
1re p. sing.	jugaré	habré jugado
2e	jugarás	habrás jugado
3e	jugará	habrá jugado
1re p. plur.	jugaremos	habremos jugado
2e	jugaréis	habréis jugado
3e	jugarán	habrán jugado
	Conditionnel présent	**Conditionnel passé**
1re p. sing.	jugaría	habría jugado
2e	jugarías	habrías jugado
3e	jugaría	habría jugado
1re p. plur.	jugaríamos	habríamos jugado
2e	jugaríais	habríais jugado
3e	jugarían	habrían jugado

Subjonctif

Formes simples	Formes composées
Présent	**Passé**
juegue	haya jugado
juegues	hayas jugado
juegue	haya jugado
ju**gue**mos	hayamos jugado
ju**gué**is	hayáis jugado
jueguen	hayan jugado
Imparfait	**Plus-que-parfait**
jugara	hubiera jugado
jugaras	hubieras jugado
jugara	hubiera jugado
jugáramos	hubiéramos jugado
jugarais	hubierais jugado
jugaran	hubieran jugado
jugase	hubiese jugado
jugases	hubieses jugado
jugase	hubiese jugado
jugásemos	hubiésemos jugado
jugaseis	hubieseis jugado
jugasen	hubiesen jugado
Futur	**Futur antérieur**
jugare	hubiere jugado
jugares	hubieres jugado
jugare	hubiere jugado
jugáremos	hubiéremos jugado
jugareis	hubiereis jugado
jugaren	hubieren jugado

Impératif

Présent	Formes empruntées au subjonctif
juega (tú)	**juegue** (él, ella, usted)
jugad (vosotros)	ju**gue**mos (nosotros)
	jueguen (ellos, ellas, ustedes)

MOVER

bouger

Verbe irrégulier

Sous l'effet de l'*accent tonique**, le o du *radical** devient ue au présent de l'indicatif et du subjonctif (aux trois p. sing. et à la 3e p. plur.), à l'impératif (aux 2e et 3e p. sing. et à la 3e p. plur.).
Comparez **mueva** / **movamos**.

■ Diphtongue o › ue

Mode impersonnel

	Formes simples	Formes composées
Infinitif	mover	haber movido
Gérondif	moviendo	habiendo movido
Participe passé	movido	

Modes personnels

	Indicatif – Formes simples	Indicatif – Formes composées	Subjonctif – Formes simples	Subjonctif – Formes composées
	Présent	**Passé composé**	**Présent**	**Passé**
1re p. sing.	**muev**o	he movido	**muev**a	haya movido
2e	**muev**es	has movido	**muev**as	hayas movido
3e	**muev**e	ha movido	**muev**a	haya movido
1re p. plur.	movemos	hemos movido	movamos	hayamos movido
2e	movéis	habéis movido	mováis	hayáis movido
3e	**muev**en	han movido	**muev**an	hayan movido
	Imparfait	**Plus-que-parfait**	**Imparfait**	**Plus-que-parfait**
1re p. sing.	movía	había movido	moviera	hubiera movido
2e	movías	habías movido	movieras	hubieras movido
3e	movía	había movido	moviera	hubiera movido
1re p. plur.	movíamos	habíamos movido	moviéramos	hubiéramos movido
2e	movíais	habíais movido	movierais	hubierais movido
3e	movían	habían movido	movieran	hubieran movido
	Prétérit	**Passé antérieur**		
1re p. sing.	moví	hube movido	moviese	hubiese movido
2e	moviste	hubiste movido	movieses	hubieses movido
3e	movió	hubo movido	moviese	hubiese movido
1re p. plur.	movimos	hubimos movido	moviésemos	hubiésemos movido
2e	movisteis	hubisteis movido	movieseis	hubieseis movido
3e	movieron	hubieron movido	moviesen	hubiesen movido
	Futur simple	**Futur antérieur**	**Futur**	**Futur antérieur**
1re p. sing.	moveré	habré movido	moviere	hubiere movido
2e	moverás	habrás movido	movieres	hubieres movido
3e	moverá	habrá movido	moviere	hubiere movido
1re p. plur.	moveremos	habremos movido	moviéremos	hubiéremos movido
2e	moveréis	habréis movido	moviereis	hubiereis movido
3e	moverán	habrán movido	movieren	hubieren movido
	Conditionnel présent	**Conditionnel passé**		
1re p. sing.	movería	habría movido		
2e	moverías	habrías movido		
3e	movería	habría movido		
1re p. plur.	moveríamos	habríamos movido		
2e	moveríais	habríais movido		
3e	moverían	habrían movido		

Impératif

Présent	Formes empruntées au subjonctif
mueve (tú)	**muev**a (él, ella, usted)
moved (vosotros)	movamos (nosotros)
	muevan (ellos, ellas, ustedes)

COCER cuire

Verbe irrégulier

Le **o** du *radical** devient **ue** au présent de l'indicatif et du subjonctif (aux trois p. sing. et à la 3ᵉ p. plur.), à l'impératif (aux 2ᵉ et 3ᵉ p. sing. et à la 3ᵉ p. plur.).
Pour maintenir le son du **c** devant **e** ou **i** (**ceta**), le **z** apparaît lorsque la *désinence** est **a** ou **o**, à la 1ʳᵉ p. sing. du présent de l'indicatif, à toutes les personnes du subjonctif présent et à l'impératif (3ᵉ p. sing., 1ʳᵉ et 3ᵉ p. plur.). (Voir **vencer**.)

- Diphtongue **o › ue**
- Orthographe **c › z** devant **a**, **o**

Mode impersonnel

	Formes simples	Formes composées
Infinitif	cocer	haber cocido
Gérondif	cociendo	habiendo cocido
Participe passé	cocido	

Modes personnels

Indicatif

	Formes simples	Formes composées
	Présent	**Passé composé**
1ʳᵉ p. sing.	**cuezo**	he cocido
2ᵉ	**cuec**es	has cocido
3ᵉ	**cuec**e	ha cocido
1ʳᵉ p. plur.	cocemos	hemos cocido
2ᵉ	cocéis	habéis cocido
3ᵉ	**cuec**en	han cocido
	Imparfait	**Plus-que-parfait**
1ʳᵉ p. sing.	cocía	había cocido
2ᵉ	cocías	habías cocido
3ᵉ	cocía	había cocido
1ʳᵉ p. plur.	cocíamos	habíamos cocido
2ᵉ	cocíais	habíais cocido
3ᵉ	cocían	habían cocido
	Prétérit	**Passé antérieur**
1ʳᵉ p. sing.	cocí	hube cocido
2ᵉ	cociste	hubiste cocido
3ᵉ	coció	hubo cocido
1ʳᵉ p. plur.	cocimos	hubimos cocido
2ᵉ	cocisteis	hubisteis cocido
3ᵉ	cocieron	hubieron cocido
	Futur simple	**Futur antérieur**
1ʳᵉ p. sing.	coceré	habré cocido
2ᵉ	cocerás	habrás cocido
3ᵉ	cocerá	habrá cocido
1ʳᵉ p. plur.	coceremos	habremos cocido
2ᵉ	coceréis	habréis cocido
3ᵉ	cocerán	habrán cocido
	Conditionnel présent	**Conditionnel passé**
1ʳᵉ p. sing.	cocería	habría cocido
2ᵉ	cocerías	habrías cocido
3ᵉ	cocería	habría cocido
1ʳᵉ p. plur.	coceríamos	habríamos cocido
2ᵉ	coceríais	habríais cocido
3ᵉ	cocerían	habrían cocido

Subjonctif

Formes simples	Formes composées
Présent	**Passé**
cueza	haya cocido
cuezas	hayas cocido
cueza	haya cocido
co**za**mos	hayamos cocido
co**zá**is	hayáis cocido
cuezan	hayan cocido
Imparfait	**Plus-que-parfait**
cociera	hubiera cocido
cocieras	hubieras cocido
cociera	hubiera cocido
cociéramos	hubiéramos cocido
cocierais	hubierais cocido
cocieran	hubieran cocido
cociese	hubiese cocido
cocieses	hubieses cocido
cociese	hubiese cocido
cociésemos	hubiésemos cocido
cocieseis	hubieseis cocido
cociesen	hubiesen cocido
Futur	**Futur antérieur**
cociere	hubiere cocido
cocieres	hubieres cocido
cociere	hubiere cocido
cociéremos	hubiéremos cocido
ciciereis	hubiereis cocido
cocieren	hubieren cocido

Impératif

Présent	Formes empruntées au subjonctif
cuece (tú)	**cueza** (él, ella, usted)
coced (vosotros)	co**za**mos (nosotros)
	cuezan (ellos, ellas, ustedes)

OLER

Verbe irrégulier

Le o du *radical** devient ue au présent de l'indicatif et du subjonctif (aux trois p. sing. et à la 3e p. plur.), à l'impératif (aux 2e et 3e p. sing. et à la 3e p. plur.).
Comparez : **hue**la / o**lamos**.
La particularité de ce verbe est de faire précéder la *diphtongue** d'un h graphique.

- Diphtongue o › ue
- Orthographe **h** devant **ue**

Mode impersonnel

	Formes simples	Formes composées
Infinitif	oler	haber olido
Gérondif	oliendo	habiendo olido
Participe passé	olido	

Modes personnels

Indicatif

	Formes simples	Formes composées
	Présent	**Passé composé**
1re p. sing.	**huel**o	he olido
2e	**huel**es	has olido
3e	**huel**e	ha olido
1re p. plur.	olemos	hemos olido
2e	oléis	habéis olido
3e	**huel**en	han olido
	Imparfait	**Plus-que-parfait**
1re p. sing.	olía	había olido
2e	olías	habías olido
3e	olía	había olido
1re p. plur.	olíamos	habíamos olido
2e	olíais	habíais olido
3e	olían	habían olido
	Prétérit	**Passé antérieur**
1re p. sing.	olí	hube olido
2e	oliste	hubiste olido
3e	olió	hubo olido
1re p. plur.	olimos	hubimos olido
2e	olisteis	hubisteis olido
3e	olieron	hubieron olido
	Futur simple	**Futur antérieur**
1re p. sing.	oleré	habré olido
2e	olerás	habrás olido
3e	olerá	habrá olido
1re p. plur.	oleremos	habremos olido
2e	oleréis	habréis olido
3e	olerán	habrán olido
	Conditionnel présent	**Conditionnel passé**
1re p. sing.	olería	habría olido
2e	olerías	habrías olido
3e	olería	habría olido
1re p. plur.	oleríamos	habríamos olido
2e	oleríais	habríais olido
3e	olerían	habrían olido

Subjonctif

Formes simples	Formes composées
Présent	**Passé**
huela	haya olido
huelas	hayas olido
huela	haya olido
olamos	hayamos olido
oláis	hayáis olido
huelan	hayan olido
Imparfait	**Plus-que-parfait**
oliera	hubiera olido
olieras	hubieras olido
oliera	hubiera olido
oliéramos	hubiéramos olido
olierais	hubierais olido
olieran	hubieran olido
oliese	hubiese olido
olieses	hubieses olido
oliese	hubiese olido
oliésemos	hubiésemos olido
olieseis	hubieseis olido
oliesen	hubiesen olido
Futur	**Futur antérieur**
oliere	hubiere olido
olieres	hubieres olido
oliere	hubiere olido
oliéremos	hubiéremos olido
oliereis	hubiereis olido
olieren	hubieren olido

Impératif

Présent	Formes empruntées au subjonctif
huele (tú)	**huel**a (él, ella, usted)
oled (vosotros)	olamos (nosotros)
	huelan (ellos, ellas, ustedes)

ADQUIRIR acquérir

Verbe irrégulier

Sous l'effet de l'*accent tonique**, le i du *radical** devient ie au présent de l'indicatif et du subjonctif (aux trois p. sing. et à la 3e p. plur.), à l'impératif (aux 2e et 3e p. sing. et à la 3e p. plur.).
Comparez : adqu**ie**ren / adquir**imos**.

■ Diphtongue i › ie

Mode impersonnel

	Formes simples	Formes composées
Infinitif	adquirir	haber adquirido
Gérondif	adquiriendo	habiendo adquirido
Participe passé	adquirido	

Modes personnels

	Indicatif – Formes simples	Indicatif – Formes composées	Subjonctif – Formes simples	Subjonctif – Formes composées
	Présent	**Passé composé**	**Présent**	**Passé**
1re p. sing.	**adquier**o	he adquirido	**adquier**a	haya adquirido
2e	**adquier**es	has adquirido	**adquier**as	hayas adquirido
3e	**adquier**e	ha adquirido	**adquier**a	haya adquirido
1re p. plur.	adquirimos	hemos adquirido	adquiramos	hayamos adquirido
2e	adquirís	habéis adquirido	adquiráis	hayáis adquirido
3e	**adquier**en	han adquirido	**adquier**an	hayan adquirido
	Imparfait	**Plus-que-parfait**	**Imparfait**	**Plus-que-parfait**
1re p. sing.	adquiría	había adquirido	adquiriera	hubiera adquirido
2e	adquirías	habías adquirido	adquirieras	hubieras adquirido
3e	adquiría	había adquirido	adquiriera	hubiera adquirido
1re p. plur.	adquiríamos	habíamos adquirido	adquiriéramos	hubiéramos adquirido
2e	adquiríais	habíais adquirido	adquirierais	hubierais adquirido
3e	adquirían	habían adquirido	adquirieran	hubieran adquirido
	Prétérit	**Passé antérieur**		
1re p. sing.	adquirí	hube adquirido	adquiriese	hubiese adquirido
2e	adquiriste	hubiste adquirido	adquirieses	hubieses adquirido
3e	adquirió	hubo adquirido	adquiriese	hubiese adquirido
1re p. plur.	adquirimos	hubimos adquirido	adquiriésemos	hubiésemos adquirido
2e	adquiristeis	hubisteis adquirido	adquirieseis	hubieseis adquirido
3e	adquirieron	hubieron adquirido	adquiriesen	hubiesen adquirido
	Futur simple	**Futur antérieur**	**Futur**	**Futur antérieur**
1re p. sing.	adquiriré	habré adquirido	adquiriere	hubiere adquirido
2e	adquirirás	habrás adquirido	adquirieres	hubieres adquirido
3e	adquirirá	habrá adquirido	adquiriere	hubiere adquirido
1re p. plur.	adquiriremos	habremos adquirido	adquiriéremos	hubiéremos adquirido
2e	adquiriréis	habréis adquirido	adquiriereis	hubiereis adquirido
3e	adquirirán	habrán adquirido	adquirieren	hubieren adquirido
	Conditionnel présent	**Conditionnel passé**		
1re p. sing.	adquiriría	habría adquirido		
2e	adquirirías	habrías adquirido		
3e	adquiriría	habría adquirido)		
1re p. plur.	adquiriríamos	habríamos adquirido		
2e	adquiriríais	habríais adquirido		
3e	adquirirían	habrían adquirido		

Impératif

Présent	Formes empruntées au subjonctif
adquiere (tú)	**adquier**a (él, ella, usted)
adquirid (vosotros)	adquiramos (nosotros)
	adquieran (ellos, ellas, ustedes)

Verbe irrégulier

Pour un grand nombre de verbes (en -ebir, -edir, -egir, -eguir, -emir, -enchir, -endir, -eñir, -estir, -etir.), le dernier **e** du *radical** devient **i** au gérondif, à l'indicatif présent (aux trois p. sing. et à la 3e p. plur.), au prétérit (aux 3e p. sing. et plur.), au subjonctif (à toutes les formes simples) et à l'impératif sauf à la 2e p. plur. : **pedid**.
Les verbes en -eñir (ceñir, heñir, reñir, teñir, etc.) perdent le **i** de la *désinence** au gérondif (**ciñendo**), aux 3e p. du prétérit (**ciñó**, **ciñeron**) et aux formes de subjonctif qui en dérivent (**ciñera**, **ciñese**...)

■ Modification vocalique du radical e › i

Mode impersonnel

	Formes simples	Formes composées
Infinitif	pedir	haber pedido
Gérondif	**pid**iendo	habiendo pedido
Participe passé	pedido	

Modes personnels

	Indicatif – Formes simples	Indicatif – Formes composées	Subjonctif – Formes simples	Subjonctif – Formes composées
	Présent	**Passé composé**	**Présent**	**Passé**
1re p. sing.	**pid**o	he pedido	**pid**a	haya pedido
2e	**pid**es	has pedido	**pid**as	hayas pedido
3e	**pid**e	ha pedido	**pid**a	haya pedido
1re p. plur.	pedimos	hemos pedido	**pid**amos	hayamos pedido
2e	pedís	habéis pedido	**pid**áis	hayáis pedido
3e	**pid**en	han pedido	**pid**an	hayan pedido
	Imparfait	**Plus-que-parfait**	**Imparfait**	**Plus-que-parfait**
1re p. sing.	pedía	había pedido	**pidie**ra	hubiera pedido
2e	pedías	habías pedido	**pidie**ras	hubieras pedido
3e	pedía	había pedido	**pidie**ra	hubiera pedido
1re p. plur.	pedíamos	habíamos pedido	**pidié**ramos	hubiéramos pedido
2e	pedíais	habíais pedido	**pidie**rais	hubierais pedido
3e	pedían	habían pedido	**pidie**ran	hubieran pedido
	Prétérit	**Passé antérieur**		
1re p. sing.	pedí	hube pedido	**pidie**se	hubiese pedido
2e	pediste	hubiste pedido	**pidie**ses	hubieses pedido
3e	**pid**ió	hubo pedido	**pidie**se	hubiese pedido
1re p. plur.	pedimos	hubimos pedido	**pidié**semos	hubiésemos pedido
2e	pedisteis	hubisteis pedido	**pidie**seis	hubieseis pedido
3e	**pid**ieron	hubieron pedido	**pidie**sen	hubiesen pedido
	Futur simple	**Futur antérieur**	**Futur**	**Futur antérieur**
1re p. sing.	pediré	habré pedido	**pidie**re	hubiere pedido
2e	pedirás	habrás pedido	**pidie**res	hubieres pedido
3e	pedirá	habrá pedido	**pidie**re	hubiere pedido
1re p. plur.	pediremos	habremos pedido	**pidié**remos	hubiéremos pedido
2e	pediréis	habréis pedido	**pidie**reis	hubiereis pedido
3e	pedirán	habrán pedido	**pidie**ren	hubieren pedido
	Conditionnel présent	**Conditionnel passé**		
1re p. sing.	pediría	habría pedido		
2e	pedirías	habrías pedido		
3e	pediría	habría pedido		
1re p. plur.	pediríamos	habríamos pedido		
2e	pediríais	habríais pedido		
3e	pedirían	habrían pedido		

Impératif

Présent	Formes empruntées au subjonctif
pide (tú)	**pid**a (él, ella, usted)
pedid (vosotros)	**pid**amos (nosotros)
	pidan (ellos, ellas, ustedes)

REGIR régir, être en vigueur

Verbe irrégulier

Le dernier e du *radical** devient i au gérondif, à l'indicatif présent (aux trois p. sing. et à la 3e p. plur.), au prétérit (aux 3e p. sing. et plur.), au subjonctif (à toutes les personnes) et à l'impératif, sauf à la 2e p. plur. : **regid**.

Le j (jota) apparaît pour conserver la prononciation devant a et o au présent de l'indicatif (1re p. sing.), au subjonctif présent (à toutes les personnes) et à l'impératif (à la 3e p. sing. et aux 1re et 3e p. plur.). (Voir dirigir.)

- Modification vocalique du radical e › i
- Orthographe **g › j** devant **a, o**

Mode impersonnel

	Formes simples	Formes composées
Infinitif	regir	haber regido
Gérondif	**rig**iendo	habiendo regido
Participe passé	regido	

Modes personnels

Indicatif

	Formes simples	Formes composées
	Présent	**Passé composé**
1re p. sing.	**rijo**	he regido
2e	**rig**es	has regido
3e	**rig**e	ha regido
1re p. plur.	regimos	hemos regido
2e	regís	habéis regido
3e	**rig**en	han regido
	Imparfait	**Plus-que-parfait**
1re p. sing.	regía	había regido
2e	regías	habías regido
3e	regía	había regido
1re p. plur.	regíamos	habíamos regido
2e	regíais	habíais regido
3e	regían	habían regido
	Prétérit	**Passé antérieur**
1re p. sing.	regí	hube regido
2e	registe	hubiste regido
3e	**rig**ió	hubo regido
1re p. plur.	regimos	hubimos regido
2e	registeis	hubisteis regido
3e	**rig**ieron	hubieron regido
	Futur simple	**Futur antérieur**
1re p. sing.	regiré	habré regido
2e	regirás	habrás regido
3e	regirá	habrá regido
1re p. plur.	regiremos	habremos regido
2e	regiréis	habréis regido
3e	regirán	habrán regido
	Conditionnel présent	**Conditionnel passé**
1re p. sing.	regiría	habría regido
2e	regirías	habrías regido
3e	regiría	habría regido
1re p. plur.	regiríamos	habríamos regido
2e	regiríais	habríais regido
3e	regirían	habrían regido

Subjonctif

Formes simples	Formes composées
Présent	**Passé**
rija	haya regido
rijas	hayas regido
rija	haya regido
rijamos	hayamos regido
rijáis	hayáis regido
rijan	hayan regido
Imparfait	**Plus-que-parfait**
rigiera	hubiera regido
rigieras	hubieras regido
rigiera	hubiera regido
rigiéramos	hubiéramos regido
rigierais	hubierais regido
rigieran	hubieran regido
rigiese	hubiese regido
rigieses	hubieses regido
rigiese	hubiese regido
rigiésemos	hubiésemos regido
rigieseis	hubieseis regido
rigiesen	hubiesen regido
Futur	**Futur antérieur**
rigiere	hubiere regido
rigieres	hubieres regido
rigiere	hubiere regido
rigiéremos	hubiéremos regido
rigiereis	hubiereis regido
rigieren	hubieren regido

Impératif

Présent	Formes empruntées au subjonctif
rige (tú)	**rija** (él, ella, usted)
regid (vosotros)	**rija**mos (nosotros)
	rijan (ellos, ellas, ustedes)

continuer SEGUIR

Verbe irrégulier

Le dernier e du *radical** devient i au gérondif, à l'indicatif présent (aux trois p. sing. et à la 3e p. plur.), au prétérit (aux 3e p. sing. et plur.), au subjonctif (à toutes les personnes) et à l'impératif sauf à la 2e p. plur. : seguid.
Comme dans tous les verbes en guir, le u disparaît devant a et o.

- Modification vocalique du radical e › i
- Orthographe **gu** › **g** devant **a**, **o**

Mode impersonnel

	Formes simples	Formes composées
Infinitif	seguir	haber seguido
Gérondif	siguiendo	habiendo seguido
Participe passé	seguido	

Modes personnels

Indicatif

	Formes simples	Formes composées
	Présent	**Passé composé**
1re p. sing.	sigo	he seguido
2e	sigues	has seguido
3e	sigue	ha seguido
1re p. plur.	seguimos	hemos seguido
2e	seguís	habéis seguido
3e	siguen	han seguido
	Imparfait	**Plus-que-parfait**
1re p. sing.	seguía	había seguido
2e	seguías	habías seguido
3e	seguía	había seguido
1re p. plur.	seguíamos	habíamos seguido
2e	seguíais	habíais seguido
3e	seguían	habían seguido
	Prétérit	**Passé antérieur**
1re p. sing.	seguí	hube seguido
2e	seguiste	hubiste seguido
3e	siguió	hubo seguido
1re p. plur.	seguimos	hubimos seguido
2e	seguisteis	hubisteis seguido
3e	siguieron	hubieron seguido
	Futur simple	**Futur antérieur**
1re p. sing.	seguiré	habré seguido
2e	seguirás	habrás seguido
3e	seguirá	habrá seguido
1re p. plur.	seguiremos	habremos seguido
2e	seguiréis	habréis seguido
3e	seguirán	habrán seguido
	Conditionnel présent	**Conditionnel passé**
1re p. sing.	seguiría	habría seguido
2e	seguirías	habrías seguido
3e	seguiría	habría seguido
1re p. plur.	seguiríamos	habríamos seguido
2e	seguiríais	habríais seguido
3e	seguirían	habrían seguido

Subjonctif

Formes simples	Formes composées
Présent	**Passé**
siga	haya seguido
sigas	hayas seguido
siga	haya seguido
sigamos	hayamos seguido
sigáis	hayáis seguido
sigan	hayan seguido
Imparfait	**Plus-que-parfait**
siguiera	hubiera seguido
siguieras	hubieras seguido
siguiera	hubiera seguido
siguiéramos	hubiéramos seguido
siguierais	hubierais seguido
siguieran	hubieran seguido
siguiese	hubiese seguido
siguieses	hubieses seguido
siguiese	hubiese seguido
siguiésemos	hubiésemos seguido
siguieseis	hubieseis seguido
siguiesen	hubiesen seguido
Futur	**Futur antérieur**
siguiere	hubiere seguido
siguieres	hubieres seguido
siguiere	hubiere seguido
siguiéremos	hubiéremos seguido
siguiereis	hubiereis seguido
siguieren	hubieren seguido

Impératif

Présent	Formes empruntées au subjonctif
sigue (tú)	siga (él, ella, usted)
seguid (vosotros)	sigamos (nosotros)
	sigan (ellos, ellas, ustedes)

REÍR rire

Verbe irrégulier

Le e du *radical** devient i au gérondif, à l'indicatif présent (aux 1re, 2e et 3e p. sing. et à la 3e p. plur.), au prétérit (aux 3e p. du sing. et du plur.), au subjonctif (à toutes les personnes, présent, imparfait et futur), à l'impératif, excepté **reíd**. Le i de la *diphtongue** io ou ie est supprimé au prétérit (**rio**, aux 3e p. du sing. et du plur.), au subjonctif (**riera**, à toutes les personnes) et au gérondif (**riendo**). L'accent graphique (**reído**) marque le *hiatus**.

- Modification vocalique du radical e › i
- Réduction vocalique du radical ii › i

Mode impersonnel

	Formes simples	Formes composées
Infinitif	reír	haber reído
Gérondif	riendo	habiendo reído
Participe passé	reído	

Modes personnels

Indicatif

	Formes simples	Formes composées
	Présent	**Passé composé**
1re p. sing.	río	he reído
2[e]	ríes	has reído
3[e]	ríe	ha reído
1re p. plur.	reímos	hemos reído
2[e]	reís	habéis reído
3[e]	ríen	han reído
	Imparfait	**Plus-que-parfait**
1re p. sing.	reía	había reído
2[e]	reías	habías reído
3[e]	reía	había reído
1re p. plur.	reíamos	habíamos reído
2[e]	reíais	habíais reído
3[e]	reían	habían reído
	Prétérit	**Passé antérieur**
1re p. sing.	reí	hube reído
2[e]	reíste	hubiste reído
3[e]	rio	hubo reído
1re p. plur.	reímos	hubimos reído
2[e]	reísteis	hubisteis reído
3[e]	rieron	hubieron reído
	Futur simple	**Futur antérieur**
1re p. sing.	reiré	habré reído
2[e]	reirás	habrás reído
3[e]	reirá	habrá reído
1re p. plur.	reiremos	habremos reído
2[e]	reiréis	habréis reído
3[e]	reirán	habrán reído
	Conditionnel présent	**Conditionnel passé**
1re p. sing.	reiría	habría reído
2[e]	reirías	habrías reído
3[e]	reiría	habría reído
1re p. plur.	reiríamos	habríamos reído
2[e]	reiríais	habríais reído
3[e]	reirían	habrían reído

Subjonctif

Formes simples	Formes composées
Présent	**Passé**
ría	haya reído
rías	hayas reído
ría	haya reído
riamos	hayamos reído
riais	hayáis reído
rían	hayan reído
Imparfait	**Plus-que-parfait**
riera	hubiera reído
rieras	hubieras reído
riera	hubiera reído
riéramos	hubiéramos reído
rierais	hubierais reído
rieran	hubieran reído
riese	hubiese reído
rieses	hubieses reído
riese	hubiese reído
riésemos	hubiésemos reído
rieseis	hubieseis reído
riesen	hubiesen reído
Futur	**Futur antérieur**
riere	hubiere reído
rieres	hubieres reído
riere	hubiere reído
riéremos	hubiéremos reído
riereis	hubiereis reído
rieren	hubieren reído

Impératif

Présent	Formes empruntées au subjonctif
ríe (tú)	ría (él, ella, usted)
reíd (vosotros)	riamos (nosotros)
	rían (ellos, ellas, ustedes)

pourrir PODRIR / PUDRIR

Verbe irrégulier

Podrir est la forme ancienne de pudrir. Toutes les formes verbales adoptent le u au *radical** sauf l'infinitif (**podrir** / **pudrir**), le participe passé (**podrido**), la 1re p. sing. du prétérit (**pudrí**), et la 1e p. sing. du futur simple (**pudriré**).

■ Modification vocalique du radical o › u

Mode impersonnel

	Formes simples	Formes composées
Infinitif	**pudr**ir	haber podrido
Gérondif	**pudr**iendo	habiendo podrido
Participe passé	podrido	

Modes personnels

Indicatif

	Formes simples	Formes composées
	Présent	**Passé composé**
1re p. sing.	**pudr**o	he podrido
2e	**pudr**es	has podrido
3e	**pudr**e	ha podrido
1re p. plur.	**pudr**imos	hemos podrido
2e	**pudr**ís	habéis podrido
3e	**pudr**en	han podrido
	Imparfait	**Plus-que-parfait**
1re p. sing.	**pudr**ía	había podrido
2e	**pudr**ías	habías podrido
3e	**pudr**ía	había podrido
1re p. plur.	**pudr**íamos	habíamos podrido
2e	**pudr**íais	habíais podrido
3e	**pudr**ían	habían podrido
	Prétérit	**Passé antérieur**
1re p. sing.	**pudr**í	hube podrido
2e	**pudr**iste	hubiste podrido
3e	**pudr**ió	hubo podrido
1re p. plur.	**pudr**imos	hubimos podrido
2e	**pudr**isteis	hubisteis podrido
3e	**pudr**ieron	hubieron podrido
	Futur simple	**Futur antérieur**
1re p. sing.	**pudr**iré	habré podrido
2e	**pudr**irás	habrás podrido
3e	**pudr**irá	habrá podrido
1re p. plur.	**pudr**iremos	habremos podrido
2e	**pudr**iréis	habréis podrido
3e	**pudr**irán	habrán podrido
	Conditionnel présent	**Conditionnel passé**
1re p. sing.	**pudr**iría	habría podrido
2e	**pudr**irías	habrías podrido
3e	**pudr**iría	habría podrido
1re p. plur.	**pudr**iríamos	habríamos podrido
2e	**pudr**iríais	habríais podrido
3e	**pudr**irían	habrían podrido

Subjonctif

Formes simples	Formes composées
Présent	**Passé**
pudra	haya podrido
pudras	hayas podrido
pudra	haya podrido
pudramos	hayamos podrido
pudráis	hayáis podrido
pudran	hayan podrido
Imparfait	**Plus-que-parfait**
pudriera	hubiera podrido
pudrieras	hubieras podrido
pudriera	hubiera podrido
pudriéramos	hubiéramos podrido
pudrierais	hubierais podrido
pudrieran	hubieran podrido
pudriese	hubiese podrido
pudrieses	hubieses podrido
pudriese	hubiese podrido
pudriésemos	hubiésemos podrido
pudrieseis	hubieseis podrido
pudriesen	hubiesen podrido
Futur	**Futur antérieur**
pudriere	hubiere podrido
pudrieres	hubieres podrido
pudriere	hubiere podrido
pudriéremos	hubiéremos podrido
pudriereis	hubiereis podrido
pudrieren	hubieren podrido

Impératif

Présent	Formes empruntées au subjonctif
pudre (tú)	**pudr**a (él, ella, usted)
pudrid (vosotros)	**pudr**amos (nosotros)
	pudran (ellos, ellas, ustedes)

44 NACER naître

Verbe irrégulier

La dernière consonne du *radical** est précédée d'un **z** à la 1re p. sing. de l'indicatif présent, aux formes simples du subjonctif présent, et à l'impératif (à la 3e p. sing. et aux 1re et 3e p. plur.).

■ Modification consonantique du radical c › zc devant a, o

Mode impersonnel

	Formes simples	Formes composées
Infinitif	nacer	haber nacido
Gérondif	naciendo	habiendo nacido
Participe passé	nacido	

Modes personnels

Indicatif / Subjonctif

	Indicatif – Formes simples	Indicatif – Formes composées	Subjonctif – Formes simples	Subjonctif – Formes composées
	Présent	**Passé composé**	**Présent**	**Passé**
1re p. sing.	**nazc**o	he nacido	**nazc**a	haya nacido
2e	naces	has nacido	**nazc**as	hayas nacido
3e	nace	ha nacido	**nazc**a	haya nacido
1re p. plur.	nacemos	hemos nacido	**nazc**amos	hayamos nacido
2e	nacéis	habéis nacido	**nazc**áis	hayáis nacido
3e	nacen	han nacido	**nazc**an	hayan nacido
	Imparfait	**Plus-que-parfait**	**Imparfait**	**Plus-que-parfait**
1re p. sing.	nacía	había nacido	naciera	hubiera nacido
2e	nacías	habías nacido	nacieras	hubieras nacido
3e	nacía	había nacido	naciera	hubiera nacido
1re p. plur.	nacíamos	habíamos nacido	naciéramos	hubiéramos nacido
2e	nacíais	habíais nacido	nacierais	hubierais nacido
3e	nacían	habían nacido	nacieran	hubieran nacido
	Prétérit	**Passé antérieur**		
1re p. sing.	nací	hube nacido	naciese	hubiese nacido
2e	naciste	hubiste nacido	nacieses	hubieses nacido
3e	nació	hubo nacido	naciese	hubiese nacido
1re p. plur.	nacimos	hubimos nacido	naciésemos	hubiésemos nacido
2e	nacisteis	hubisteis nacido	nacieseis	hubieseis nacido
3e	nacieron	hubieron nacido	naciesen	hubiesen nacido
	Futur simple	**Futur antérieur**	**Futur**	**Futur antérieur**
1re p. sing.	naceré	habré nacido	naciere	hubiere nacido
2e	nacerás	habrás nacido	nacieres	hubieres nacido
3e	nacerá	habrá nacido	naciere	hubiere nacido
1re p. plur.	naceremos	habremos nacido	naciéremos	hubiéremos nacido
2e	naceréis	habréis nacido	naciereis	hubiereis nacido
3e	nacerán	habrán nacido	nacieren	hubieren nacido
	Conditionnel présent	**Conditionnel passé**		
1re p. sing.	nacería	habría nacido		
2e	nacerías	habrías nacido		
3e	nacería	habría nacido		
1re p. plur.	naceríamos	habríamos nacido		
2e	naceríais	habríais nacido		
3e	nacerían	habrían nacido		

Impératif

Présent	Formes empruntées au subjonctif
nace (tú)	**nazc**a (él, ella, usted)
naced (vosotros)	**nazc**amos (nosotros)
	nazcan (ellos, ellas, ustedes)

ressembler PARECER

Verbe irrégulier

L'irrégularité touche l'indicatif présent (à la 1re p. sing.), le subjonctif présent (à toutes les personnes) et l'impératif (à la 3e p. sing. et aux 1re et 3e p. plur.).
Suit ce modèle le groupe de verbes irréguliers le plus important en usage aujourd'hui (plus de deux cents verbes).

- Modification consonantique du radical c › zc devant a, o

Mode impersonnel

	Formes simples	Formes composées
Infinitif	parecer	haber parecido
Gérondif	pareciendo	habiendo parecido
Participe passé	parecido	

Modes personnels

Indicatif

	Formes simples	Formes composées
	Présent	**Passé composé**
1re p. sing.	**parezc**o	he parecido
2e	pareces	has parecido
3e	parece	ha parecido
1re p. plur.	parecemos	hemos parecido
2e	parecéis	habéis parecido
3e	parecen	han parecido
	Imparfait	**Plus-que-parfait**
1re p. sing.	parecía	había parecido
2e	parecías	habías parecido
3e	parecía	había parecido
1re p. plur.	parecíamos	habíamos parecido
2e	parecíais	habíais parecido
3e	parecían	habían parecido
	Prétérit	**Passé antérieur**
1re p. sing.	parecí	hube parecido
2e	pareciste	hubiste parecido
3e	pareció	hubo parecido
1re p. plur.	parecimos	hubimos parecido
2e	parecisteis	hubisteis parecido
3e	parecieron	hubieron parecido
	Futur simple	**Futur antérieur**
1re p. sing.	pareceré	habré parecido
2e	parecerás	habrás parecido
3e	parecerá	habrá parecido
1re p. plur.	pareceremos	habremos parecido
2e	pareceréis	habréis parecido
3e	parecerán	habrán parecido
	Conditionnel présent	**Conditionnel passé**
1re p. sing.	parecería	habría parecido
2e	parecerías	habrías parecido
3e	parecería	habría parecido
1re p. plur.	pareceríamos	habríamos parecido
2e	pareceríais	habríais parecido
3e	parecerían	habrían parecido

Subjonctif

Formes simples	Formes composées
Présent	**Passé**
parezca	haya parecido
parezcas	hayas parecido
parezca	haya parecido
parezcamos	hayamos parecido
parezcáis	hayáis parecido
parezcan	hayan parecido
Imparfait	**Plus-que-parfait**
pareciera	hubiera parecido
parecieras	hubieras parecido
pareciera	hubiera parecido
pareciéramos	hubiéramos parecido
parecierais	hubierais parecido
parecieran	hubieran parecido
pareciese	hubiese parecido
parecieses	hubieses parecido
pareciese	hubiese parecido
pareciésemos	hubiésemos parecido
parecieseis	hubieseis parecido
pareciesen	hubiesen parecido
Futur	**Futur antérieur**
pareciere	hubiere parecido
parecieres	hubieres parecido
pareciere	hubiere parecido
pareciéremos	hubiéremos parecido
pareciereis	hubiereis parecido
parecieren	hubieren parecido

Impératif

Présent	Formes empruntées au subjonctif
parece (tú)	**parezc**a (él, ella, usted)
pareced (vosotros)	**parezc**amos (nosotros)
	parezcan (ellos, ellas, ustedes)

CONOCER connaître

Verbe irrégulier

La dernière consonne du *radical** est précédée d'un z au présent de l'indicatif (à la 1re p. sing.) et du subjonctif (à toutes les personnes), et à l'impératif (à la 3e p. sing. et aux 1re et 3e p. plur.).
Attention : cocer, escocer, recocer, retorcer, torcer présentent une irrégularité différente. (Voir cocer.)

■ Modification consonantique du radical c › zc devant a, o

Mode impersonnel

	Formes simples	Formes composées
Infinitif	conocer	haber conocido
Gérondif	conociendo	habiendo conocido
Participe passé	conocido	

Modes personnels

Indicatif

	Formes simples	Formes composées
	Présent	**Passé composé**
1re p. sing.	**conozc**o	he conocido
2e	conoces	has conocido
3e	conoce	ha conocido
1re p. plur.	conocemos	hemos conocido
2e	conocéis	habéis conocido
3e	conocen	han conocido
	Imparfait	**Plus-que-parfait**
1re p. sing.	conocía	había conocido
2e	conocías	habías conocido
3e	conocía	había conocido
1re p. plur.	conocíamos	habíamos conocido
2e	conocíais	habíais conocido
3e	conocían	habían conocido
	Prétérit	**Passé antérieur**
1re p. sing.	conocí	hube conocido
2e	conociste	hubiste conocido
3e	conoció	hubo conocido
1re p. plur.	conocimos	hubimos conocido
2e	conocisteis	hubisteis conocido
3e	conocieron	hubieron conocido
	Futur simple	**Futur antérieur**
1re p. sing.	conoceré	habré conocido
2e	conocerás	habrás conocido
3e	conocerá	habrá conocido
1re p. plur.	conoceremos	habremos conocido
2e	conoceréis	habréis conocido
3e	conocerán	habrán conocido
	Conditionnel présent	**Conditionnel passé**
1re p. sing.	conocería	habría conocido
2e	conocerías	habrías conocido
3e	conocería	habría conocido
1re p. plur.	conoceríamos	habríamos conocido
2e	conoceríais	habríais conocido
3e	conocerían	habrían conocido

Subjonctif

Formes simples	Formes composées
Présent	**Passé**
conozca	haya conocido
conozcas	hayas conocido
conozca	haya conocido
conozcamos	hayamos conocido
conozcáis	hayáis conocido
conozcan	hayan conocido
Imparfait	**Plus-que-parfait**
conociera	hubiera conocido
conocieras	hubieras conocido
conociera	hubiera conocido
conociéramos	hubiéramos conocido
conocierais	hubierais conocido
conocieran	hubieran conocido
conociese	hubiese conocido
conocieses	hubieses conocido
conociese	hubiese conocido
conociésemos	hubiésemos conocido
conocieseis	hubieseis conocido
conociesen	hubiesen conocido
Futur	**Futur antérieur**
conociere	hubiere conocido
conocieres	hubieres conocido
conociere	hubiere conocido
conociéremos	hubiéremos conocido
conociereis	hubiereis conocido
conocieren	hubieren conocido

Impératif

Présent	Formes empruntées au subjonctif
conoce (tú)	**conozc**a (él, ella, usted)
conoced (vosotros)	**conozc**amos (nosotros)
	conozcan (ellos, ellas, ustedes)

LUCIR

Verbe irrégulier

L'irrégularité touche le *radical** au présent de l'indicatif (à la 1re p. sing.), et au subjonctif présent (à toutes les personnes), à l'impératif (à la 3e p. sing. et aux 1re et 3e p. plur.).

- Modification consonantique du radical c › zc devant a, o

Mode impersonnel

	Formes simples	Formes composées
Infinitif	lucir	haber lucido
Gérondif	luciendo	habiendo lucido
Participe passé	lucido	

Modes personnels

Indicatif

	Formes simples	Formes composées
	Présent	**Passé composé**
1re p. sing.	**luzc**o	he lucido
2e	luces	has lucido
3e	luce	ha lucido
1re p. plur.	lucimos	hemos lucido
2e	lucís	habéis lucido
3e	lucen	han lucido
	Imparfait	**Plus-que-parfait**
1re p. sing.	lucía	había lucido
2e	lucías	habías lucido
3e	lucía	había lucido
1re p. plur.	lucíamos	habíamos lucido
2e	lucíais	habíais lucido
3e	lucían	habían lucido
	Prétérit	**Passé antérieur**
1re p. sing.	lucí	hube lucido
2e	luciste	hubiste lucido
3e	lució	hubo lucido
1re p. plur.	lucimos	hubimos lucido
2e	lucisteis	hubisteis lucido
3e	lucieron	hubieron lucido
	Futur simple	**Futur antérieur**
1re p. sing.	luciré	habré lucido
2e	lucirás	habrás lucido
3e	lucirá	habrá lucido
1re p. plur.	luciremos	habremos lucido
2e	luciréis	habréis lucido
3e	lucirán	habrán lucido
	Conditionnel présent	**Conditionnel passé**
1re p. sing.	luciría	habría lucido
2e	lucirías	habrías lucido
3e	luciría	habría lucido
1re p. plur.	luciríamos	habríamos lucido
2e	luciríais	habríais lucido
3e	lucirían	habrían lucido

Subjonctif

Formes simples	Formes composées
Présent	**Passé**
luzca	haya lucido
luzcas	hayas lucido
luzca	haya lucido
luzcamos	hayamos lucido
luzcáis	hayáis lucido
luzcan	hayan lucido
Imparfait	**Plus-que-parfait**
luciera	hubiera lucido
lucieras	hubieras lucido
luciera	hubiera lucido
luciéramos	hubiéramos lucido
lucierais	hubierais lucido
lucieran	hubieran lucido
luciese	hubiese lucido
lucieses	hubieses lucido
luciese	hubiese lucido
luciésemos	hubiésemos lucido
lucieseis	hubieseis lucido
luciesen	hubiesen lucido
Futur	**Futur antérieur**
luciere	hubiere lucido
lucieres	hubieres lucido
luciere	hubiere lucido
luciéremos	hubiéremos lucido
luciereis	hubiereis lucido
lucieren	hubieren lucido

Impératif

Présent	Formes empruntées au subjonctif
luce (tú)	**luzc**a (él, ella, usted)
lucid (vosotros)	**luzc**amos (nosotros)
	luzcan (ellos, ellas, ustedes)

YACER être étendu

Verbe irrégulier

La modification du *radical** se produit à la 1re p. sing. de l'indicatif présent, à toutes les formes simples du subjonctif présent et à l'impératif (à la 3e p. sing. et aux 1re et 3e p. plur.).

■ Modification consonantique du radical c › zc ou c › zg ou c › g devant a, o

Mode impersonnel

	Formes simples	Formes composées
Infinitif	yacer	haber yacido
Gérondif	yaciendo	habiendo yacido
Participe passé	yacido	

Modes personnels

	Indicatif – Formes simples	Indicatif – Formes composées	Subjonctif – Formes simples	Subjonctif – Formes composées
	Présent	**Passé composé**	**Présent**	**Passé**
1re p. sing.	**yazc**o, **yazg**o o **yag**o	he yacido	**yazc**a, **yazg**a o **yag**a	haya yacido
2e	yaces	has yacido	**yazc**as, **yazg**as o **yag**as	hayas yacido
3e	yace	ha yacido	**yazc**a, **yazg**a o **yag**a	haya yacido
1re p. plur.	yacemos	hemos yacido	**yazc**amos, **yazg**amos o **yag**amos	hayamos yacido
2e	yacéis	habéis yacido	**yazc**áis, **yazg**áis o **yag**áis	hayáis yacido
3e	yacen	han yacido	**yazc**an, **yazg**an o **yag**an	hayan yacido
	Imparfait	**Plus-que-parfait**	**Imparfait**	**Plus-que-parfait**
1re p. sing.	yacía	había yacido	yaciera	hubiera yacido
2e	yacías	habías yacido	yacieras	hubieras yacido
3e	yacía	había yacido	yaciera	hubiera yacido
1re p. plur.	yacíamos	habíamos yacido	yaciéramos	hubiéramos yacido
2e	yacíais	habíais yacido	yacierais	hubierais yacido
3e	yacían	habían yacido	yacieran	hubieran yacido
	Prétérit	**Passé antérieur**		
1re p. sing.	yací	hube yacido	yaciese	hubiese yacido
2e	yaciste	hubiste yacido	yacieses	hubieses yacido
3e	yació	hubo yacido	yaciese	hubiese yacido
1re p. plur.	yacimos	hubimos yacido	yaciésemos	hubiésemos yacido
2e	yacisteis	hubisteis yacido	yaciesen	hubieseis yacido
3e	yacieron	hubieron yacido	yacieseis	hubiesen yacido
	Futur simple	**Futur antérieur**	**Futur**	**Futur antérieur**
1re p. sing.	yaceré	habré yacido	yaciere	hubiere yacido
2e	yacerás	habrás yacido	yacieres	hubieres yacido
3e	yacerá	habrá yacido	yaciere	hubiere yacido
1re p. plur.	yaceremos	habremos yacido	yaciéremos	hubiéremos yacido
2e	yaceréis	habréis yacido	yaciereis	hubiereis yacido
3e	yacerán	habrán yacido	yacieren	hubieren yacido
	Conditionnel présent	**Conditionnel passé**		
1re p. sing.	yacería	habría yacido		
2e	yacerías	habrías yacido		
3e	yacería	habría yacido		
1re p. plur.	yaceríamos	habríamos yacido		
2e	yaceríais	habríais yacido		
3e	yacerían	habrían yacido		

Impératif

Présent	Formes empruntées au subjonctif
yace o yaz (tú)	**yazc**a, **yazg**a o **yag**a (él, ella, usted)
yaced (vosotros)	**yazc**amos, **yazg**amos o **yag**amos (nosotros)
	yazcan, **yazg**an o **yag**an (ellos, ellas, ustedes)

Verbe irrégulier

Au *radical** vient s'ajouter ig devant a ou o au présent de l'indicatif (1re p. sing.) et du subjonctif (à toutes les personnes), à l'impératif (3e p. sing. et 1re et 3e p. plur.).
Le i non accentué, entre deux voyelles, devient *yod**, au prétérit (aux 3e personnes), à l'imparfait du subjonctif, au futur du subjonctif et au gérondif : comparez caí / cayó. Le yod à la place du i des *désinences** (**iendo**, **ió**, **ieron**, **iera**) marque la limite syllabique (voir leer).

- Radical + ig
- Orthographe **i** › **y** devant **e**, **o**

Mode impersonnel

	Formes simples	Formes composées
Infinitif	caer	haber caído
Gérondif	**caye**ndo	habiendo caído
Participe passé	caído	

Modes personnels

Indicatif

	Formes simples	Formes composées
	Présent	**Passé composé**
1re p. sing.	**caig**o	he caído
2[e]	caes	has caído
3[e]	cae	ha caído
1re p. plur.	caemos	hemos caído
2[e]	caéis	habéis caído
3[e]	caen	han caído
	Imparfait	**Plus-que-parfait**
1re p. sing.	caía	había caído
2[e]	caías	habías caído
3[e]	caía	había caído
1re p. plur.	caíamos	habíamos caído
2[e]	caíais	habíais caído
3[e]	caían	habían caído
	Prétérit	**Passé antérieur**
1re p. sing.	caí	hube caído
2[e]	caíste	hubiste caído
3[e]	ca**yó**	hubo caído
1re p. plur.	caímos	hubimos caído
2[e]	caísteis	hubisteis caído
3[e]	ca**ye**ron	hubieron caído
	Futur simple	**Futur antérieur**
1re p. sing.	caeré	habré caído
2[e]	caerás	habrás caído
3[e]	caerá	habrá caído
1re p. plur.	caeremos	habremos caído
2[e]	caeréis	habréis caído
3[e]	caerán	habrán caído
	Conditionnel présent	**Conditionnel passé**
1re p. sing.	caería	habría caído
2[e]	caerías	habrías caído
3[e]	caería	habría caído
1re p. plur.	caeríamos	habríamos caído
2[e]	caeríais	habríais caído
3[e]	caerían	habrían caído

Subjonctif

Formes simples	Formes composées
Présent	**Passé**
caiga	haya caído
caigas	hayas caído
caiga	haya caído
caigamos	hayamos caído
caigáis	hayáis caído
caigan	hayan caído
Imparfait	**Plus-que-parfait**
ca**ye**ra	hubiera caído
ca**ye**ras	hubieras caído
ca**ye**ra	hubiera caído
ca**yé**ramos	hubiéramos caído
ca**ye**rais	hubierais caído
ca**ye**ran	hubieran caído
ca**ye**se	hubiese caído
ca**ye**ses	hubieses caído
ca**ye**se	hubiese caído
ca**yé**semos	hubiésemos caído
ca**ye**seis	hubieseis caído
ca**ye**sen	hubiesen caído
Futur	**Futur antérieur**
ca**ye**re	hubiere caído
ca**ye**res	hubieres caído
ca**ye**re	hubiere caído
ca**yé**remos	hubiéremos caído
ca**ye**reis	hubiereis caído
ca**ye**ren	hubieren caído

Impératif

Présent	Formes empruntées au subjonctif
cae (tú)	**caig**a (él, ella, usted)
caed (vosotros)	**caig**amos (nosotros)
	caigan (ellos, ellas, ustedes)

ROER ronger

Verbe irrégulier

Au *radical** vient s'ajouter ig ou *yod** au présent de l'indicatif (à la 1re p. sing.) et du subjonctif (à toutes les personnes), à l'impératif (à la 3e p. sing. et aux 1re et 3e p. plur.).

Le i non accentué, entre deux voyelles, devient yod: roí / **royó** au prétérit (aux 3e p. sing. et plur.), à l'imparfait et au futur du subjonctif (à toutes les personnes), et au gérondif. Le yod à la place du i des *désinences** (**iendo**, **ió**, **ieron**, **iera**) marque la limite syllabique (voir leer).

- Radical + ig et radical + y
- Orthographe **i** › **y** devant **e**, **o**

Mode impersonnel

	Formes simples	Formes composées
Infinitif	roer	haber roído
Gérondif	ro**ye**ndo	habiendo roído
Participe passé	roído	

Modes personnels

Indicatif

	Formes simples	Formes composées
	Présent	**Passé composé**
1re p. sing.	roo, **roig**o o **roy**o	he roído
2e	roes	has roído
3e	roe	ha roído
1re p. plur.	roemos	hemos roído
2e	roéis	habéis roído
3e	roen	han roído
	Imparfait	**Plus-que-parfait**
1re p. sing.	roía	había roído
2e	roías	habías roído
3e	roía	había roído
1re p. plur.	roíamos	habíamos roído
2e	roíais	habíais roído
3e	roían	habían roído
	Prétérit	**Passé antérieur**
1re p. sing.	roí	hube roído
2e	roíste	hubiste roído
3e	ro**yó**	hubo roído
1re p. plur.	roímos	hubimos roído
2e	roísteis	hubisteis roído
3e	ro**ye**ron	hubieron roído
	Futur simple	**Futur antérieur**
1re p. sing.	roeré	habré roído
2e	roerás	habrás roído
3e	roerá	habrá roído
1re p. plur.	roeremos	habremos roído
2e	roeréis	habréis roído
3e	roerán	habrán roído
	Conditionnel présent	**Conditionnel passé**
1re p. sing.	roería	habría roído
2e	roerías	habrías roído
3e	roería	habría roído
1re p. plur.	roeríamos	habríamos roído
2e	roeríais	habríais roído
3e	roerían	habrían roído

Subjonctif

Formes simples	Formes composées
Présent	**Passé**
roa, **roig**a o **roy**a	haya roído
roas, **roig**as o **roy**as	hayas roído
roa, **roig**a o **roy**a	haya roído
roamos, **roig**amos o **roy**amos	hayamos roído
roáis, **roig**áis o **roy**áis	hayáis roído
roan, **roig**an o **roy**an	hayan roído
Imparfait	**Plus-que-parfait**
ro**ye**ra	hubiera roído
ro**ye**ras	hubieras roído
ro**ye**ra	hubiera roído
ro**yé**ramos	hubiéramos roído
ro**ye**rais	hubierais roído
ro**ye**ran	hubieran roído
ro**ye**se	hubiese roído
ro**ye**ses	hubieses roído
ro**ye**se	hubiese roído
ro**yé**semos	hubiésemos roído
ro**ye**seis	hubieseis roído
ro**ye**sen	hubiesen roído
Futur	**Futur antérieur**
ro**ye**re	hubiere roído
ro**ye**res	hubieres roído
ro**ye**re	hubiere roído
ro**yé**remos	hubiéremos roído
ro**ye**reis	hubiereis roído
ro**ye**ren	hubieren roído

Impératif

Présent	Formes empruntées au subjonctif
roe (tú)	roa, **roig**a o **roy**a (él, ella, usted)
roed (vosotros)	roamos, **roig**amos o **roy**amos (nosotros)
	roan, **roig**an o **roy**an (ellos, ellas, ustedes)

saisir, prendre ASIR

Verbe irrégulier

Au *radical** vient s'ajouter g à la 1re p. sing. du présent de l'indicatif, au subjonctif présent (à toutes les personnes), et à l'impératif (à la 3e p. sing. et aux 1re et 3e p. plur.).
Les formes irrégulières des verbes asir et desasir sont d'un emploi rare.

■ Radical + g devant a, o

Mode impersonnel

	Formes simples	Formes composées
Infinitif	asir	haber asido
Gérondif	asiendo	habiendo asido
Participe passé	asido	

Modes personnels

	Indicatif – Formes simples	Indicatif – Formes composées	Subjonctif – Formes simples	Subjonctif – Formes composées
	Présent	**Passé composé**	**Présent**	**Passé**
1re p. sing.	**asg**o	he asido	**asg**a	haya asido
2e	ases	has asido	**asg**as	hayas asido
3e	ase	ha asido	**asg**a	haya asido
1re p. plur.	asimos	hemos asido	**asg**amos	hayamos asido
2e	asís	habéis asido	**asg**áis	hayáis asido
3e	asen	han asido	**asg**an	hayan asido
	Imparfait	**Plus-que-parfait**	**Imparfait**	**Plus-que-parfait**
1re p. sing.	asía	había asido	asiera	hubiera asido
2e	asías	habías asido	asieras	hubieras asido
3e	asía	había asido	asiera	hubiera asido
1re p. plur.	asíamos	habíamos asido	asiéramos	hubiéramos asido
2e	asíais	habíais asido	asierais	hubierais asido
3e	asían	habían asido	asieran	hubieran asido
	Prétérit	**Passé antérieur**		
1re p. sing.	así	hube asido	asiese	hubiese asido
2e	asiste	hubiste asido	asieses	hubieses asido
3e	asió	hubo asido	asiese	hubiese asido
1re p. plur.	asimos	hubimos asido	asiésemos	hubiésemos asido
2e	asisteis	hubisteis asido	asieseis	hubieseis asido
3e	asieron	hubieron asido	asiesen	hubiesen asido
	Futur simple	**Futur antérieur**	**Futur**	**Futur antérieur**
1re p. sing.	asiré	habré asido	asiere	hubiere asido
2e	asirás	habrás asido	asieres	hubieres asido
3e	asirá	habrá asido	asiere	hubiere asido
1re p. plur.	asiremos	habremos asido	asiéremos	hubiéremos asido
2e	asiréis	habréis asido	asiereis	hubiereis asido
3e	asirán	habrán asido	asieren	hubieren asido
	Conditionnel présent	**Conditionnel passé**		
1re p. sing.	asiría	habría asido		
2e	asirías	habrías asido		
3e	asiría	habría asido		
1re p. plur.	asiríamos	habríamos asido		
2e	asiríais	habríais asido		
3e	asirían	habrían asido		

Impératif

Présent	Formes empruntées au subjonctif
ase (tú)	**asg**a (él, ella, usted)
asid (vosotros)	**asg**amos (nosotros)
	asgan (ellos, ellas, ustedes)

HUIR fuir

Verbe irrégulier

Le *yod** apparaît au présent de l'indicatif (aux trois p. sing. et à la 3e p. plur.), et du subjonctif (à toutes les personnes), à l'impératif (à la 2e et 3e p. sing. et aux 1re et 3e p. plur.).
Le yod au gérondif, au prétérit (aux 3e p. sing. et plur.), au subjonctif imparfait et futur (à toutes les personnes), à la place du i des *désinences**, marque la limite syllabique (huyó).

- Radical + y devant a, e, o
- Orthographe **i › y** devant **a**, **e**, **o**

Mode impersonnel

	Formes simples	Formes composées
Infinitif	huir	haber huido
Gérondif	hu**ye**ndo	habiendo huido
Participe passé	huido	

Modes personnels

Indicatif

	Formes simples	Formes composées
	Présent	**Passé composé**
1re p. sing.	**huy**o	he huido
2e	**huy**es	has huido
3e	**huy**e	ha huido
1re p. plur.	huimos	hemos huido
2e	huis	habéis huido
3e	**huy**en	han huido
	Imparfait	**Plus-que-parfait**
1re p. sing.	huía	había huido
2e	huías	habías huido
3e	huía	había huido
1re p. plur.	huíamos	habíamos huido
2e	huíais	habíais huido
3e	huían	habían huido
	Prétérit	**Passé antérieur**
1re p. sing.	hui	hube huido
2e	huiste	hubiste huido
3e	hu**yó**	hubo huido
1re p. plur.	huimos	hubimos huido
2e	huisteis	hubisteis huido
3e	hu**ye**ron	hubieron huido
	Futur simple	**Futur antérieur**
1re p. sing.	huiré	habré huido
2e	huirás	habrás huido
3e	huirá	habrá huido
1re p. plur.	huiremos	habremos huido
2e	huiréis	habréis huido
3e	huirán	habrán huido
	Conditionnel présent	**Conditionnel passé**
1re p. sing.	huiría	habría huido
2e	huirías	habrías huido
3e	huiría	habría huido
1re p. plur.	huiríamos	habríamos huido
2e	huiríais	habríais huido
3e	huirían	habrían huido

Subjonctif

Formes simples	Formes composées
Présent	**Passé**
huya	haya huido
huyas	hayas huido
huya	haya huido
huyamos	hayamos huido
huyáis	hayáis huido
huyan	hayan huido
Imparfait	**Plus-que-parfait**
hu**ye**ra	hubiera huido
hu**ye**ras	hubieras huido
hu**ye**ra	hubiera huido
hu**yé**ramos	hubiéramos huido
hu**ye**rais	hubierais huido
hu**ye**ran	hubieran huido
hu**ye**se	hubiese huido
hu**ye**ses	hubieses huido
hu**ye**se	hubiese huido
hu**yé**semos	hubiésemos huido
hu**ye**seis	hubieseis huido
hu**ye**sen	hubiesen huido
Futur	**Futur antérieur**
hu**ye**re	hubiere huido
hu**ye**res	hubieres huido
hu**ye**re	hubiere huido
hu**yé**remos	hubiéremos huido
hu**ye**reis	hubiereis huido
hu**ye**ren	hubieren huido

Impératif

Présent	Formes empruntées au subjonctif
huye (tú)	**huy**a (él, ella, usted)
huid (vosotros)	**huy**amos (nosotros)
	huyan (ellos, ellas, ustedes)

déduire, prouver ARGÜIR

Verbe irrégulier

Le *yod** apparaît au présent de l'indicatif (aux 1re, 2e et 3e p. sing. et à la 3e p. plur.) et du subjonctif (à toutes les personnes), à l'impératif (arguye aux 2e et 3e p. sing. et aux 1re et 3e p. plur.).
Le yod, à la place du **i** des *désinences** (**-iendo**, **-ió**, **-ieron**, **-iera**), est une modification orthographique permettant de marquer la limite syllabique (arguy**ó**).

- Modification consonantique du radical ü › y devant **a**, **e**, **o**
- Orthographe **gü** › **gu** devant **y**

Mode impersonnel

	Formes simples	Formes composées
Infinitif	argüir	haber argüido
Gérondif	argu**ye**ndo	habiendo argüido
Participe passé	argüido	

Modes personnels

Indicatif

	Formes simples	Formes composées
	Présent	**Passé composé**
1re p. sing.	**arguy**o	he argüido
2e	**arguy**es	has argüido
3e	**arguy**e	ha argüido
1re p. plur.	argüimos	hemos argüido
2e	argüís	habéis argüido
3e	**arguy**en	han argüido
	Imparfait	**Plus-que-parfait**
1re p. sing.	argüía	había argüido
2e	argüías	habías argüido
3e	argüía	había argüido
1re p. plur.	argüíamos	habíamos argüido
2e	argüíais	habíais argüido
3e	argüían	habían argüido
	Prétérit	**Passé antérieur**
1re p. sing.	argüí	hube argüido
2e	argüiste	hubiste argüido
3e	argu**y**ó	hubo argüido
1re p. plur.	argüimos	hubimos argüido
2e	argüisteis	hubisteis argüido
3e	argu**ye**ron	hubieron argüido
	Futur simple	**Futur antérieur**
1re p. sing.	argüiré	habré argüido
2e	argüirás	habrás argüido
3e	argüirá	habrá argüido
1re p. plur.	argüiremos	habremos argüido
2e	argüiréis	habréis argüido
3e	argüirán	habrán argüido
	Conditionnel présent	**Conditionnel passé**
1re p. sing.	argüiría	habría argüido
2e	argüirías	habrías argüido
3e	argüiría	habría argüido
1re p. plur.	argüiríamos	habríamos argüido
2e	argüiríais	habríais argüido
3e	argüirían	habrían argüido

Subjonctif

Formes simples	Formes composées
Présent	**Passé**
arguya	haya argüido
arguyas	hayas argüido
arguya	haya argüido
arguyamos	hayamos argüido
arguyáis	hayáis argüido
arguyan	hayan argüido
Imparfait	**Plus-que-parfait**
argu**ye**ra	hubiera argüido
argu**ye**ras	hubieras argüido
argu**ye**ra	hubiera argüido
argu**yé**ramos	hubiéramos argüido
argu**ye**rais	hubierais argüido
argu**ye**ran	hubieran argüido
argu**ye**se	hubiese argüido
argu**ye**ses	hubieses argüido
argu**ye**se	hubiese argüido
argu**yé**semos	hubiésemos argüido
argu**ye**seis	hubieseis argüido
argu**ye**sen	hubiesen argüido
Futur	**Futur antérieur**
argu**ye**re	hubiere argüido
argu**ye**res	hubieres argüido
argu**ye**re	hubiere argüido
argu**yé**remos	hubiéremos argüido
argu**ye**reis	hubiereis argüido
argu**ye**ren	hubieren argüido

Impératif

Présent	Formes empruntées au subjonctif
arguye (tú)	**arguy**a (él, ella, usted)
argüid (vosotros)	**arguy**amos (nosotros)
	arguyan (ellos, ellas, ustedes)

54 ANDAR marcher

Verbe irrégulier

Le *radical** de ce verbe varie à toutes les personnes du prétérit (anduv), et à toutes les formes du subjonctif imparfait et du subjonctif futur qui en dérivent.

■ Prétérit fort : radical + uv

Mode impersonnel

	Formes simples	Formes composées
Infinitif	andar	haber andado
Gérondif	andando	habiendo andado
Participe passé	andado	

Modes personnels

	Indicatif		Subjonctif	
	Formes simples	**Formes composées**	**Formes simples**	**Formes composées**
	Présent	**Passé composé**	**Présent**	**Passé**
1re p. sing.	ando	he andado	ande	haya andado
2e	andas	has andado	andes	hayas andado
3e	anda	ha andado	ande	haya andado
1re p. plur.	andamos	hemos andado	andemos	hayamos andado
2e	andáis	habéis andado	andéis	hayáis andado
3e	andan	han andado	anden	hayan andado
	Imparfait	**Plus-que-parfait**	**Imparfait**	**Plus-que-parfait**
1re p. sing.	andaba	había andado	**anduvie**ra	hubiera andado
2e	andabas	habías andado	**anduvie**ras	hubieras andado
3e	andaba	había andado	**anduvie**ra	hubiera andado
1re p. plur.	andábamos	habíamos andado	**anduvié**ramos	hubiéramos andado
2e	andabais	habíais andado	**anduvie**rais	hubierais andado
3e	andaban	habían andado	**anduvie**ran	hubieran andado
	Prétérit	**Passé antérieur**		
1re p. sing.	**anduv**e	hube andado	**anduvie**se	hubiese andado
2e	**anduv**iste	hubiste andado	**anduvie**ses	hubieses andado
3e	**anduv**o	hubo andado	**anduvie**se	hubiese andado
1re p. plur.	**anduv**imos	hubimos andado	**anduvié**semos	hubiésemos andado
2e	**anduv**isteis	hubisteis andado	**anduvie**seis	hubieseis andado
3e	**anduv**ieron	hubieron andado	**anduvie**sen	hubiesen andado
	Futur simple	**Futur antérieur**	**Futur**	**Futur antérieur**
1re p. sing.	andaré	habré andado	**anduvie**re	hubiere andado
2e	andarás	habrás andado	**anduvie**res	hubieres andado
3e	andará	habrá andado	**anduvie**re	hubiere andado
1re p. plur.	andaremos	habremos andado	**anduvié**remos	hubiéremos andado
2e	andaréis	habréis andado	**anduvie**reis	hubiereis andado
3e	andarán	habrán andado	**anduvie**ren	hubieren andado

	Conditionnel présent	**Conditionnel passé**
1re p. sing.	andaría	habría andado
2e	andarías	habrías andado
3e	andaría	habría andado
1re p. plur.	andaríamos	habríamos andado
2e	andaríais	habríais andado
3e	andarían	habrían andado

Impératif

Présent	Formes empruntées au subjonctif
anda (tú)	ande (él, ella, usted)
andad (vosotros)	andemos (nosotros)
	anden (ellos, ellas, ustedes)

SENTIR

Verbe irrégulier

La *diphtongue** e › ie se produit au présent de l'indicatif et du subjonctif (aux trois p. sing. et à la 3e p. plur.), à l'impératif (aux 2e et 3e p. sing. et à la 3e p. plur.).
La modification vocalique e › i se produit au gérondif, au prétérit (aux 3e personnes), au subjonctif présent (aux 1re et 2e p. plur.), à toutes les personnes du subjonctif imparfait et du subjonctif futur (formes simples) et à l'impératif (à la 1re p. plur.).

- Diphtongue e › ie
- Modification vocalique du radical e › i

Mode impersonnel

	Formes simples	Formes composées
Infinitif	sentir	haber sentido
Gérondif	sintiendo	habiendo sentido
Participe passé	sentido	

Modes personnels

Indicatif

	Formes simples	Formes composées
	Présent	**Passé composé**
1re p. sing.	siento	he sentido
2e	sientes	has sentido
3e	siente	ha sentido
1re p. plur.	sentimos	hemos sentido
2e	sentís	habéis sentido
3e	sienten	han sentido
	Imparfait	**Plus-que-parfait**
1re p. sing.	sentía	había sentido
2e	sentías	habías sentido
3e	sentía	había sentido
1re p. plur.	sentíamos	habíamos sentido
2e	sentíais	habíais sentido
3e	sentían	habían sentido
	Prétérit	**Passé antérieur**
1re p. sing.	sentí	hube sentido
2e	sentiste	hubiste sentido
3e	sintió	hubo sentido
1re p. plur.	sentimos	hubimos sentido
2e	sentisteis	hubisteis sentido
3e	sintieron	hubieron sentido
	Futur simple	**Futur antérieur**
1re p. sing.	sentiré	habré sentido
2e	sentirás	habrás sentido
3e	sentirá	habrá sentido
1re p. plur.	sentiremos	habremos sentido
2e	sentiréis	habréis sentido
3e	sentirán	habrán sentido
	Conditionnel présent	**Conditionnel passé**
1re p. sing.	sentiría	habría sentido
2e	sentirías	habrías sentido
3e	sentiría	habría sentido
1re p. plur.	sentiríamos	habríamos sentido
2e	sentiríais	habríais sentido
3e	sentirían	habrían sentido

Subjonctif

Formes simples	Formes composées
Présent	**Passé**
sienta	haya sentido
sientas	hayas sentido
sienta	haya sentido
sintamos	hayamos sentido
sintáis	hayáis sentido
sientan	hayan sentido
Imparfait	**Plus-que-parfait**
sintiera	hubiera sentido
sintieras	hubieras sentido
sintiera	hubiera sentido
sintiéramos	hubiéramos sentido
sintierais	hubierais sentido
sintieran	hubieran sentido
sintiese	hubiese sentido
sintieses	hubieses sentido
sintiese	hubiese sentido
sintiésemos	hubiésemos sentido
sintieseis	hubieseis sentido
sintiesen	hubiesen sentido
Futur	**Futur antérieur**
sintiere	hubiere sentido
sintieres	hubieres sentido
sintiere	hubiere sentido
sintiéremos	hubiéremos sentido
sintiereis	hubiereis sentido
sintieren	hubieren sentido

Impératif

Présent	Formes empruntées au subjonctif
siente (tú)	sienta (él, ella, usted)
sentid (vosotros)	sintamos (nosotros)
	sientan (ellos, ellas, ustedes)

ERGUIR lever, dresser

Verbe irrégulier

La *diphtongue** e › ye apparaît au présent de l'indicatif (aux trois p. sing. et à la 3e p. plur.) au subjonctif présent (à toutes les personnes) et à l'impératif (aux 2e et 3e p. sing. et aux 1re et 3e p. plur.).
S'ajoute la modification vocalique e › i aux mêmes personnes et au gérondif, au prétérit (aux 3e personnes), et à toutes les personnes du subjonctif imparfait et du subjonctif futur.

- Diphtongue e › ye
- Modification vocalique du radical e › i
- Orthographe **gu** › **g** devant **a**, **o**

Mode impersonnel

	Formes simples	Formes composées
Infinitif	erguir	haber erguido
Gérondif	**irgu**iendo	habiendo erguido
Participe passé	erguido	

Modes personnels

Indicatif

	Formes simples	Formes composées
	Présent	**Passé composé**
1re p. sing.	**irg**o o **yerg**o	he erguido
2e	**irgu**es o **yergu**es	has erguido
3e	**irgu**e o **yergu**e	ha erguido
1re p. plur.	erguimos	hemos erguido
2e	erguís	habéis erguido
3e	**irgu**en o **yergu**en	han erguido
	Imparfait	**Plus-que-parfait**
1re p. sing.	erguía	había erguido
2e	erguías	habías erguido
3e	erguía	había erguido
1re p. plur.	erguíamos	habíamos erguido
2e	erguíais	habíais erguido
3e	erguían	habían erguido
	Prétérit	**Passé antérieur**
1re p. sing.	erguí	hube erguido
2e	erguiste	hubiste erguido
3e	**irgu**ió	hubo erguido
1re p. plur.	erguimos	hubimos erguido
2e	erguisteis	hubisteis erguido
3e	**irgu**ieron	hubieron erguido
	Futur simple	**Futur antérieur**
1re p. sing.	erguiré	habré erguido
2e	erguirás	habrás erguido
3e	erguirá	habrá erguido
1re p. plur.	erguiremos	habremos erguido
2e	erguiréis	habréis erguido
3e	erguirán	habrán erguido
	Conditionnel présent	**Conditionnel passé**
1re p. sing.	erguiría	habría erguido
2e	erguirías	habrías erguido
3e	erguiría	habría erguido
1re p. plur.	erguiríamos	habríamos erguido
2e	erguiríais	habríais erguido
3e	erguirían	habrían erguido

Subjonctif

Formes simples	Formes composées
Présent	**Passé**
irga o **yerg**a	haya erguido
irgas o **yerg**as	hayas erguido
irga o **yerg**a	haya erguido
irgamos	hayamos erguido
irgáis	hayáis erguido
irgan o **yerg**an	hayan erguido
Imparfait	**Plus-que-parfait**
irguiera	hubiera erguido
irguieras	hubieras erguido
irguiera	hubiera erguido
irguiéramos	hubiéramos erguido
irguierais	hubierais erguido
irguieran	hubieran erguido
irguiese	hubiese erguido
irguieses	hubieses erguido
irguiese	hubiese erguido
irguiésemos	hubiésemos erguido
irguieseis	hubieseis erguido
irguiesen	hubiesen erguido
Futur	**Futur antérieur**
irguiere	hubiere erguido
irguieres	hubieres erguido
irguiere	hubiere erguido
irguiéremos	hubiéremos erguido
irguiereis	hubiereis erguido
irguieren	hubieren erguido

Impératif

Présent	Formes empruntées au subjonctif
irgue o **yergu**e (tú)	**irga** o **yerga** (él, ella, usted)
erguid (vosotros)	**irg**amos (nosotros)
	irgan o **yerg**an (ellos, ellas, ustedes)

DORMIR

Verbe irrégulier

La *diphtongue** apparaît au présent de l'indicatif et du subjonctif (aux trois p. sing. et à la 3e p. plur.), et à l'impératif (aux 2e et 3e p. sing. et à la 3e p. plur.). À cette irrégularité s'ajoute une modification vocalique au gérondif, au prétérit (aux 3e personnes), au subjonctif présent (aux 1re et 2e p. plur.), à toutes les personnes du subjonctif imparfait et du subjonctif futur (formes simples), et à l'impératif (à la 1re p. plur.).

- Diphtongue o › ue
- Modification vocalique du radical o › u

Mode impersonnel

	Formes simples	Formes composées
Infinitif	dormir	haber dormido
Gérondif	**durm**iendo	habiendo dormido
Participe passé	dormido	

Modes personnels

	Indicatif		Subjonctif	
	Formes simples	**Formes composées**	**Formes simples**	**Formes composées**
	Présent	**Passé composé**	**Présent**	**Passé**
1re p. sing.	**duerm**o	he dormido	**duerm**a	haya dormido
2e	**duerm**es	has dormido	**duerm**as	hayas dormido
3e	**duerm**e	ha dormido	**duerm**a	haya dormido
1re p. plur.	dormimos	hemos dormido	**durm**amos	hayamos dormido
2e	dormís	habéis dormido	**durm**áis	hayáis dormido
3e	**duerm**en	han dormido	**duerm**an	hayan dormido
	Imparfait	**Plus-que-parfait**	**Imparfait**	**Plus-que-parfait**
1re p. sing.	dormía	había dormido	**durmie**ra	hubiera dormido
2e	dormías	habías dormido	**durmie**ras	hubieras dormido
3e	dormía	había dormido	**durmie**ra	hubiera dormido
1re p. plur.	dormíamos	habíamos dormido	**durmié**ramos	hubiéramos dormido
2e	dormíais	habíais dormido	**durmie**rais	hubierais dormido
3e	dormían	habían dormido	**durmie**ran	hubieran dormido
	Prétérit	**Passé antérieur**		
1re p. sing.	dormí	hube dormido	**durmie**se	hubiese dormido
2e	dormiste	hubiste dormido	**durmie**ses	hubieses dormido
3e	**durm**ió	hubo dormido	**durmie**se	hubiese dormido
1re p. plur.	dormimos	hubimos dormido	**durmié**semos	hubiésemos dormido
2e	dormisteis	hubisteis dormido	**durmie**seis	hubieseis dormido
3e	**durm**ieron	hubieron dormido	**durmie**sen	hubiesen dormido
	Futur simple	**Futur antérieur**	**Futur**	**Futur antérieur**
1re p. sing.	dormiré	habré dormido	**durmie**re	hubiere dormido
2e	dormirás	habrás dormido	**durmie**res	hubieres dormido
3e	dormirá	habrá dormido	**durmie**re	hubiere dormido
1re p. plur.	dormiremos	habremos dormido	**durmié**remos	hubiéremos dormido
2e	dormiréis	habréis dormido	**durmie**reis	hubiereis dormido
3e	dormirán	habrán dormido	**durmie**ren	hubieren dormido
	Conditionnel présent	**Conditionnel passé**		
1re p. sing.	dormiría	habría dormido		
2e	dormirías	habrías dormido		
3e	dormiría	habría dormido		
1re p. plur.	dormiríamos	habríamos dormido		
2e	dormiríais	habríais dormido		
3e	dormirían	habrían dormido		

Impératif

Présent	Formes empruntées au subjonctif
duerme (tú)	**duerm**a (él, ella, usted)
dormid (vosotros)	**durm**amos (nosotros)
	duerman (ellos, ellas, ustedes)

OÍR entendre

Verbe irrégulier

Au *radical** s'ajoutent ig : au présent de l'indicatif (à la 1re p. sing.) et du subjonctif (à toutes les personnes), à l'impératif (à la 3e p. sing. et aux 1re et 3e p. plur.) et le *yod**: au présent de l'indicatif (aux 2e et 3e p. sing. et à la 3e p. plur.) et à l'impératif (à la 2e p. sing.). L'apparition du yod au gérondif, au prétérit (aux 3e personnes), au subjonctif imparfait et futur (à toutes les personnes), à la place du i des *désinences**, marque la limite syllabique : oyó.

- Radical + g
- Radical + y
- Orthographe **i › y** devant **e, o**

Mode impersonnel

	Formes simples	Formes composées
Infinitif	oír	haber oído
Gérondif	o**ye**ndo	habiendo oído
Participe passé	oído	

Modes personnels

Indicatif

	Formes simples	Formes composées
	Présent	**Passé composé**
1re p. sing.	**oig**o	**he oído**
2e	**oy**es	has oído
3e	**oy**e	ha oído
1re p. plur.	oímos	hemos oído
2e	oís	habéis oído
3e	**oy**en	han oído
	Imparfait	**Plus-que-parfait**
1re p. sing.	oía	había oído
2e	oías	habías oído
3e	oía	había oído
1re p. plur.	oíamos	habíamos oído
2e	oíais	habíais oído
3e	oían	habían oído
	Prétérit	**Passé antérieur**
1re p. sing.	oí	hube oído
2e	oíste	hubiste oído
3e	o**yó**	hubo oído
1re p. plur.	oímos	hubimos oído
2e	oísteis	hubisteis oído
3e	o**ye**ron	hubieron oído
	Futur simple	**Futur antérieur**
1re p. sing.	oiré	habré oído
2e	oirás	habrás oído
3e	oirá	habrá oído
1re p. plur.	oiremos	habremos oído
2e	oiréis	habréis oído
3e	oirán	habrán oído
	Conditionnel présent	**Conditionnel passé**
1re p. sing.	oiría	habría oído
2e	oirías	habrías oído
3e	oiría	habría oído
1re p. plur.	oiríamos	habríamos oído
2e	oiríais	habríais oído
3e	oirían	habrían oído

Subjonctif

Formes simples	Formes composées
Présent	**Passé**
oiga	**haya oído**
oigas	hayas oído
oiga	haya oído
oigamos	hayamos oído
oigáis	hayáis oído
oigan	hayan oído
Imparfait	**Plus-que-parfait**
o**ye**ra	hubiera oído
o**ye**ras	hubieras oído
o**ye**ra	hubiera oído
o**yé**ramos	hubiéramos oído
o**ye**rais	hubierais oído
o**ye**ran	hubieran oído
o**ye**se	hubiese oído
o**ye**ses	hubieses oído
o**ye**se	hubiese oído
o**yé**semos	hubiésemos oído
o**ye**seis	hubieseis oído
o**ye**sen	hubiesen oído
Futur	**Futur antérieur**
o**ye**re	hubiere oído
o**ye**res	hubieres oído
o**ye**re	hubiere oído
o**ye**remos	hubiéremos oído
o**ye**reis	hubiereis oído
o**ye**ren	hubieren oído

Impératif

Présent	Formes empruntées au subjonctif
oye (tú)	**oig**a (él, ella, usted)
oíd (vosotros)	**oig**amos (nosotros)
	oigan (ellos, ellas, ustedes)

Verbe irrégulier

Le c du *radical** devient zc au présent de l'indicatif (1re p. sing.), au subjonctif présent (à toutes les personnes) et aux formes de l'impératif empruntées au subjonctif.
La forme forte du prétérit, conduj, affecte également le subjonctif imparfait et futur.

- Modification consonantique du radical c › zc devant **a**, **o**
- Prétérit fort : radical uc › uj

Mode impersonnel

	Formes simples	Formes composées
Infinitif	conducir	haber conducido
Gérondif	conduciendo	habiendo conducido
Participe passé	conducido	

Modes personnels

Indicatif

	Formes simples	Formes composées
	Présent	**Passé composé**
1re p. sing.	**conduzc**o	he conducido
2e	conduces	has conducido
3e	conduce	ha conducido
1re p. plur.	conducimos	hemos conducido
2e	conducís	habéis conducido
3e	conducen	han conducido
	Imparfait	**Plus-que-parfait**
1re p. sing.	conducía	había conducido
2e	conducías	habías conducido
3e	conducía	había conducido
1re p. plur.	conducíamos	habíamos conducido
2e	conducíais	habíais conducido
3e	conducían	habían conducido
	Prétérit	**Passé antérieur**
1re p. sing.	**conduj**e	hube conducido
2e	**conduj**iste	hubiste conducido
3e	**conduj**o	hubo conducido
1re p. plur.	**conduj**imos	hubimos conducido
2e	**conduj**isteis	hubisteis conducido
3e	**conduj**eron	hubieron conducido
	Futur simple	**Futur antérieur**
1re p. sing.	conduciré	habré conducido
2e	conducirás	habrás conducido
3e	conducirá	habrá conducido
1re p. plur.	conduciremos	habremos conducido
2e	conduciréis	habréis conducido
3e	conducirán	habrán conducido
	Conditionnel présent	**Conditionnel passé**
1re p. sing.	conduciría	habría conducido
2e	conducirías	habrías conducido
3e	conduciría	habría conducido
1re p. plur.	conduciríamos	habríamos conducido
2e	conduciríais	habríais conducido
3e	conducirían	habrían conducido

Subjonctif

Formes simples	Formes composées
Présent	**Passé**
conduzca	haya conducido
conduzcas	hayas conducido
conduzca	haya conducido
conduzcamos	hayamos conducido
conduzcáis	hayáis conducido
conduzcan	hayan conducido
Imparfait	**Plus-que-parfait**
condujera	hubiera conducido
condujeras	hubieras conducido
condujera	hubiera conducido
condujéramos	hubiéramos conducido
condujerais	hubierais conducido
condujeran	hubieran conducido
condujese	hubiese conducido
condujeses	hubieses conducido
condujese	hubiese conducido
condujésemos	hubiésemos conducido
condujeseis	hubieseis conducido
condujesen	hubiesen conducido
Futur	**Futur antérieur**
condujere	hubiere conducido
condujeres	hubieres conducido
condujere	hubiere conducido
condujéremos	hubiéremos conducido
condujereis	hubiereis conducido
condujeren	hubieren conducido

Impératif

Présent	Formes empruntées au subjonctif
conduce (tú)	**conduzc**a (él, ella, usted)
conducid (vosotros)	**conduzc**amos (nosotros)
	conduzcan (ellos, ellas, ustedes)

TRAER apporter

Verbe irrégulier

Au *radical** s'ajoute ig devant **a** et **o**, au présent de l'indicatif (à la 1re p. sing.), au subjonctif présent (à toutes les personnes) et aux formes de l'impératif qui en dérivent.
Le prétérit fort touche la conjugaison du subjonctif imparfait (trajera / trajese).

L'apparition du *yod** au gérondif marque la limite syllabique : tra**yendo** (voir leer).

- Radical + ig devant a, o
- Prétérit fort : tra › traj
- Orthographe **i** › **y** au gérondif

Mode impersonnel

	Formes simples	Formes composées
Infinitif	traer	haber traído
Gérondif	tra**ye**ndo	habiendo traído
Participe passé	traído	

Modes personnels

Indicatif

	Formes simples	Formes composées
	Présent	**Passé composé**
1re p. sing.	**traig**o	he traído
2e	traes	has traído
3e	trae	ha traído
1re p. plur.	traemos	hemos traído
2e	traéis	habéis traído
3e	traen	han traído
	Imparfait	**Plus-que-parfait**
1re p. sing.	traía	había traído
2e	traías	habías traído
3e	traía	había traído
1re p. plur.	traíamos	habíamos traído
2e	traíais	habíais traído
3e	traían	habían traído
	Prétérit	**Passé antérieur**
1re p. sing.	**traj**e	hube traído
2e	**traj**iste	hubiste traído
3e	**traj**o	hubo traído
1re p. plur.	**traj**imos	hubimos traído
2e	**traj**isteis	hubisteis traído
3e	**traj**eron	hubieron traído
	Futur simple	**Futur antérieur**
1re p. sing.	traeré	habré traído
2e	traerás	habrás traído
3e	traerá	habrá traído
1re p. plur.	traeremos	habremos traído
2e	traeréis	habréis traído
3e	traerán	habrán traído
	Conditionnel présent	**Conditionnel passé**
1re p. sing.	traería	habría traído
2e	traerías	habrías traído
3e	traería	habría traído
1re p. plur.	traeríamos	habríamos traído
2e	traeríais	habríais traído
3e	traerían	habrían traído

Subjonctif

Formes simples	Formes composées
Présent	**Passé**
traiga	haya traído
traigas	hayas traído
traiga	haya traído
traigamos	hayamos traído
traigáis	hayáis traído
traigan	hayan traído
Imparfait	**Plus-que-parfait**
trajera	hubiera traído
trajeras	hubieras traído
trajera	hubiera traído
trajéramos	hubiéramos traído
trajerais	hubierais traído
trajeran	hubieran traído
trajese	hubiese traído
trajeses	hubieses traído
trajese	hubiese traído
trajésemos	hubiésemos traído
trajeseis	hubieseis traído
trajesen	hubiesen traído
Futur	**Futur antérieur**
trajere	hubiere traído
trajeres	hubieres traído
trajere	hubiere traído
trajéremos	hubiéremos traído
trajereis	hubiereis traído
trajeren	hubieren traído

Impératif

Présent	Formes empruntées au subjonctif
trae (tú)	**traig**a (él, ella, usted)
traed (vosotros)	**traig**amos (nosotros)
	traigan (ellos, ellas, ustedes)

plaire, faire plaisir PLACER

Verbe irrégulier

Les formes irrégulières du prétérit (**plugo**, **pluguieron**) et du subjonctif (**plega**, **pluguiera**...) sont des survivances de l'espagnol ancien.

- Modification vocalique du radical a › u
- Modifications consonantiques du radical c › zc devant **a**, **o** et c › g devant **a**, **o**
- Orthographe **g** › **gu** devant **e**, **i**

Mode impersonnel

	Formes simples	Formes composées
Infinitif	placer	haber placido
Gérondif	placiendo	habiendo placido
Participe passé	placido	

Modes personnels

	Indicatif – Formes simples	Indicatif – Formes composées	Subjonctif – Formes simples	Subjonctif – Formes composées
	Présent	**Passé composé**	**Présent**	**Passé**
1re p. sing.	**plazc**o	he placido	**plazc**a	haya placido
2e	places	has placido	**plazc**as	hayas placido
3e	place	ha placido	**plazc**a o **plegu**e o plega	haya placido
1re p. plur.	placemos	hemos placido	**plazc**amos	hayamos placido
2e	placéis	habéis placido	**plazc**áis	hayáis placido
3e	placen	han placido	**plazc**an	hayan placido
	Imparfait	**Plus-que-parfait**	**Imparfait**	**Plus-que-parfait**
1re p. sing.	placía	había placido	placiera	hubiera placido
2e	placías	habías placido	placieras	hubieras placido
3e	placía	había placido	placiera o **plugui**era	hubiera placido
1re p. plur.	placíamos	habíamos placido	placiéramos	hubiéramos placido
2e	placíais	habíais placido	placierais	hubierais placido
3e	placían	habían placido	placieran	hubieran placido
	Prétérit	**Passé antérieur**		
1re p. sing.	plací	hube placido	placiese	hubiese placido
2e	placiste	hubiste placido	placieses	hubieses placido
3e	plació o **plug**o	hubo placido	placiese o **plugui**ese	hubiese placido
1re p. plur.	placimos	hubimos placido	placiésemos	hubiésemos placido
2e	placisteis	hubisteis placido	placieseis	hubieseis placido
3e	placieron o **plugui**eron	hubieron placido	placiesen	hubiesen placido
	Futur simple	**Futur antérieur**	**Futur**	**Futur antérieur**
1re p. sing.	placeré	habré placido	placiere	hubiere placido
2e	placerás	habrás placido	placieres	hubieres placido
3e	placerá	habrá placido	placiere o **plugui**ere	hubiere placido
1re p. plur.	placeremos	habremos placido	placiéremos	hubiéremos placido
2e	placeréis	habréis placido	placiereis	hubiereis placido
3e	placerán	habrán placido	placieren	hubieren placido
	Conditionnel présent	**Conditionnel passé**		
1re p. sing.	placería	habría placido		
2e	placerías	habrías placido		
3e	placería	habría placido		
1re p. plur.	placeríamos	habríamos placido		
2e	placeríais	habríais placido		
3e	placerían	habrían placido		

Impératif

Présent	Formes empruntées au subjonctif
place (tú)	**plazc**a (él, ella, usted)
placed (vosotros)	**plazc**amos (nosotros)
	plazcan (ellos, ellas, ustedes)

VALER valoir

Verbe irrégulier

Au *radical** s'ajoute g au présent de l'indicatif (à la 1re p. sing.), du subjonctif (à toutes les personnes), et à l'impératif (3e p. sing et 1re et 3e p. plur.).
Les formes du futur et du conditionnel présent sont irrégulières par ajout d'un d. À la 2e p. sing. de l'impératif, la forme verbale est irrégulière. (Voir p. 127.)

- Radical + g, devant a ou o
- Futur et conditionnel irrégulier : val › valdr (Voir p. 121.)

Mode impersonnel

	Formes simples	Formes composées
Infinitif	valer	haber valido
Gérondif	valiendo	habiendo valido
Participe passé	valido	

Modes personnels

Indicatif

	Formes simples	Formes composées
	Présent	**Passé composé**
1re p. sing.	**valg**o	he valido
2[e]	vales	has valido
3[e]	vale	ha valido
1re p. plur.	valemos	hemos valido
2[e]	valéis	habéis valido
3[e]	valen	han valido
	Imparfait	**Plus-que-parfait**
1re p. sing.	valía	había valido
2[e]	valías	habías valido
3[e]	valía	había valido
1re p. plur.	valíamos	habíamos valido
2[e]	valíais	habíais valido
3[e]	valían	habían valido
	Prétérit	**Passé antérieur**
1re p. sing.	valí	hube valido
2[e]	valiste	hubiste valido
3[e]	valió	hubo valido
1re p. plur.	valimos	hubimos valido
2[e]	valisteis	hubisteis valido
3[e]	valieron	hubieron valido
	Futur simple	**Futur antérieur**
1re p. sing.	**valdr**é	habré valido
2[e]	**valdr**ás	habrás valido
3[e]	**valdr**á	habrá valido
1re p. plur.	**valdr**emos	habremos valido
2[e]	**valdr**éis	habréis valido
3[e]	**valdr**án	habrán valido
	Conditionnel présent	**Conditionnel passé**
1re p. sing.	**valdr**ía	habría valido
2[e]	**valdr**ías	habrías valido
3[e]	**valdr**ía	habría valido
1re p. plur.	**valdr**íamos	habríamos valido
2[e]	**valdr**íais	habríais valido
3[e]	**valdr**ían	habrían valido

Subjonctif

Formes simples	Formes composées
Présent	**Passé**
valga	haya valido
valgas	hayas valido
valga	haya valido
valgamos	hayamos valido
valgáis	hayáis valido
valgan	hayan valido
Imparfait	**Plus-que-parfait**
valiera	hubiera valido
valieras	hubieras valido
valiera	hubiera valido
valiéramos	hubiéramos valido
valierais	hubierais valido
valieran	hubieran valido
valiese	hubiese valido
valieses	hubieses valido
valiese	hubiese valido
valiésemos	hubiésemos valido
valieseis	hubieseis valido
valiesen	hubiesen valido
Futur	**Futur antérieur**
valiere	hubiere valido
valieres	hubieres valido
valiere	hubiere valido
valiéremos	hubiéremos valido
valiereis	hubiereis valido
valieren	hubieren valido

Impératif

Présent	Formes empruntées au subjonctif
vale (tú)	**valg**a (él, ella, usted)
valed (vosotros)	**valg**amos (nosotros)
	valgan (ellos, ellas, ustedes)

DAR

Verbe irrégulier

Le *yod** couvre le **o** de la *désinence** à la 1re p. sing. du présent de l'indicatif.
Le prétérit fort dar › **di**... **dieron** touche la conjugaison du subjonctif imparfait et futur à toutes les personnes (**die**ra, **die**se, **die**re...). (Voir p. 124.)

- Ajout du yod : **doy**
- Prétérit fort : **di**

Mode impersonnel

	Formes simples	Formes composées
Infinitif	dar	haber dado
Gérondif	dando	habiendo dado
Participe passé	dado	

Modes personnels

Indicatif

	Formes simples	Formes composées
	Présent	**Passé composé**
1re p. sing.	**doy**	he dado
2e	das	has dado
3e	da	ha dado
1re p. plur.	damos	hemos dado
2e	dais	habéis dado
3e	dan	han dado
	Imparfait	**Plus-que-parfait**
1re p. sing.	daba	había dado
2e	dabas	habías dado
3e	daba	había dado
1re p. plur.	dábamos	habíamos dado
2e	dabais	habíais dado
3e	daban	habían dado
	Prétérit	**Passé antérieur**
1re p. sing.	**di**	hube dado
2e	**di**ste	hubiste dado
3e	**di**o	hubo dado
1re p. plur.	**di**mos	hubimos dado
2e	**di**steis	hubisteis dado
3e	**die**ron	hubieron dado
	Futur simple	**Futur antérieur**
1re p. sing.	daré	habré dado
2e	darás	habrás dado
3e	dará	habrá dado
1re p. plur.	daremos	habremos dado
2e	daréis	habréis dado
3e	darán	habrán dado
	Conditionnel présent	**Conditionnel passé**
1re p. sing.	daría	habría dado
2e	darías	habrías dado
3e	daría	habría dado
1re p. plur.	daríamos	habríamos dado
2e	daríais	habríais dado
3e	darían	habrían dado

Subjonctif

Formes simples	Formes composées
Présent	**Passé**
dé	haya dado
des	hayas dado
dé	haya dado
demos	hayamos dado
deis	hayáis dado
den	hayan dado
Imparfait	**Plus-que-parfait**
diera	hubiera dado
dieras	hubieras dado
diera	hubiera dado
diéramos	hubiéramos dado
dierais	hubierais dado
dieran	hubieran dado
diese	hubiese dado
dieses	hubieses dado
diese	hubiese dado
diésemos	hubiésemos dado
dieseis	hubieseis dado
diesen	hubiesen dado
Futur	**Futur antérieur**
diere	hubiere dado
dieres	hubieres dado
diere	hubiere dado
diéremos	hubiéremos dado
diereis	hubiereis dado
dieren	hubieren dado

Impératif

Présent	Formes empruntées au subjonctif
da (tú)	dé (él, ella, usted)
dad (vosotros)	demos (nosotros)
	den (ellos, ellas, ustedes)

ESTAR être

Verbe irrégulier

Le *yod** couvre le **o** de la *désinence** à la 1re p. sing. du présent de l'indicatif.
Le prétérit fort estar › estuv touche la conjugaison du subjonctif imparfait et futur à toutes les personnes.

- Ajout du yod : est**oy**
- Prétérit fort : est › estuv

Mode impersonnel

	Formes simples	Formes composées
Infinitif	estar	haber estado
Gérondif	estando	habiendo estado
Participe passé	estado	

Modes personnels

Indicatif

	Formes simples	Formes composées
	Présent	**Passé composé**
1re p. sing.	**estoy**	he estado
2e	estás	has estado
3e	está	ha estado
1re p. plur.	estamos	hemos estado
2e	estáis	habéis estado
3e	están	han estado
	Imparfait	**Plus-que-parfait**
1re p. sing.	estaba	había estado
2e	estabas	habías estado
3e	estaba	había estado
1re p. plur.	estábamos	habíamos estado
2e	estabais	habíais estado
3e	estaban	habían estado
	Prétérit	**Passé antérieur**
1re p. sing.	**estuv**e	hube estado
2e	**estuv**iste	hubiste estado
3e	**estuv**o	hubo estado
1re p. plur.	**estuv**imos	hubimos estado
2e	**estuv**isteis	hubisteis estado
3e	**estuv**ieron	hubieron estado
	Futur simple	**Futur antérieur**
1re p. sing.	estaré	habré estado
2e	estarás	habrás estado
3e	estará	habrá estado
1re p. plur.	estaremos	habremos estado
2e	estaréis	habréis estado
3e	estarán	habrán estado
	Conditionnel présent	**Conditionnel passé**
1re p. sing.	estaría	habría estado
2e	estarías	habrías estado
3e	estaría	habría estado
1re p. plur.	estaríamos	habríamos estado
2e	estaríais	habríais estado
3e	estarían	habrían estado

Subjonctif

Formes simples	Formes composées
Présent	**Passé**
esté	haya estado
estés	hayas estado
esté	haya estado
estemos	hayamos estado
estéis	hayáis estado
estén	hayan estado
Imparfait	**Plus-que-parfait**
estuviera	hubiera estado
estuvieras	hubieras estado
estuviera	hubiera estado
estuviéramos	hubiéramos estado
estuvierais	hubierais estado
estuvieran	hubieran estado
estuviese	hubiese estado
estuvieses	hubieses estado
estuviese	hubiese estado
estuviésemos	hubiésemos estado
estuvieseis	hubieseis estado
estuviesen	hubiesen estado
Futur	**Futur antérieur**
estuviere	hubiere estado
estuvieres	hubieres estado
estuviere	hubiere estado
estuviéremos	hubiéremos estado
estuviereis	hubiereis estado
estuvieren	hubieren estado

Impératif

Présent	Formes empruntées au subjonctif
está (tú)	esté (él, ella, usted)
estad (vosotros)	estemos (nosotros)
	estén (ellos, ellas, ustedes)

SALIR

Verbe irrégulier

Au *radical** s'ajoute g au présent de l'indicatif (à la 1re p. sing.) et du subjonctif (à toutes les personnes), à l'impératif (à la 3e p. sing. et aux 1re et 3e p. plur.). Toutes les formes du futur et du conditionnel présent sont irrégulières par ajout d'un d. À la 2e p. sing. de l'impératif, la forme verbale est irrégulière. (Voir p. 127.)

- Radical + g
- Futur et conditionnel irrégulier : sal › saldr (Voir p. 121.)
- Impératif irrégulier : sal

Mode impersonnel

	Formes simples	Formes composées
Infinitif	salir	haber salido
Gérondif	saliendo	habiendo salido
Participe passé	salido	

Modes personnels

	Indicatif – Formes simples	Indicatif – Formes composées	Subjonctif – Formes simples	Subjonctif – Formes composées
	Présent	**Passé composé**	**Présent**	**Passé**
1re p. sing.	**salg**o	he salido	**salg**a	haya salido
2e	sales	has salido	**salg**as	hayas salido
3e	sale	ha salido	**salg**a	haya salido
1re p. plur.	salimos	hemos salido	**salg**amos	hayamos salido
2e	salís	habéis salido	**salg**áis	hayáis salido
3e	salen	han salido	**salg**an	hayan salido
	Imparfait	**Plus-que-parfait**	**Imparfait**	**Plus-que-parfait**
1re p. sing.	salía	había salido	saliera	hubiera salido
2e	salías	habías salido	salieras	hubieras salido
3e	salía	había salido	saliera	hubiera salido
1re p. plur.	salíamos	habíamos salido	saliéramos	hubiéramos salido
2e	salíais	habíais salido	salierais	hubierais salido
3e	salían	habían salido	salieran	hubieran salido
	Prétérit	**Passé antérieur**		
1re p. sing.	salí	hube salido	saliese	hubiese salido
2e	saliste	hubiste salido	salieses	hubieses salido
3e	salió	hubo salido	saliese	hubiese salido
1re p. plur.	salimos	hubimos salido	saliésemos	hubiésemos salido
2e	salisteis	hubisteis salido	salieseis	hubieseis salido
3e	salieron	hubieron salido	saliesen	hubiesen salido
	Futur simple	**Futur antérieur**	**Futur**	**Futur antérieur**
1re p. sing.	**saldr**é	habré salido	saliere	hubiere salido
2e	**saldr**ás	habrás salido	salieres	hubieres salido
3e	**saldr**á	habrá salido	saliere	hubiere salido
1re p. plur.	**saldr**emos	habremos salido	saliéremos	hubiéremos salido
2e	**saldr**éis	habréis salido	saliereis	hubiereis salido
3e	**saldr**án	habrán salido	salieren	hubieren salido
	Conditionnel présent	**Conditionnel passé**		
1re p. sing.	**saldr**ía	habría salido		
2e	**saldr**ías	habrías salido		
3e	**saldr**ía	habría salido		
1re p. plur.	**saldr**íamos	habríamos salido		
2e	**saldr**íais	habríais salido		
3e	**saldr**ían	habrían salido		

Impératif

Présent	Formes empruntées au subjonctif
sal (tú)	**salg**a (él, ella, usted)
salid (vosotros)	**salg**amos (nosotros)
	salgan (ellos, ellas, ustedes)

CABER tenir, rentrer

Verbe irrégulier

- Radical cab › quep au présent de l'indicatif (à la 1re p. sing.), au subjonctif présent (à toutes les personnes) et aux formes de l'impératif qui en dérivent.
- Prétérit fort cab › cup (Voir p. 118.)
- Futur et conditionnel irréguliers cab › cabr (Voir p. 121.)
- Orthographe **c** › **qu** devant **e**

Mode impersonnel

	Formes simples	Formes composées
Infinitif	caber	haber cabido
Gérondif	cabiendo	habiendo cabido
Participe passé	cabido	

Modes personnels

Indicatif

	Formes simples	Formes composées
	Présent	**Passé composé**
1re p. sing.	**quep**o	he cabido
2e	cabes	has cabido
3e	cabe	ha cabido
1re p. plur.	cabemos	hemos cabido
2e	cabéis	habéis cabido
3e	caben	han cabido
	Imparfait	**Plus-que-parfait**
1re p. sing.	cabía	había cabido
2e	cabías	habías cabido
3e	cabía	había cabido
1re p. plur.	cabíamos	habíamos cabido
2e	cabíais	habíais cabido
3e	cabían	habían cabido
	Prétérit	**Passé antérieur**
1re p. sing.	**cup**e	hube cabido
2e	**cup**iste	hubiste cabido
3e	**cup**o	hubo cabido
1re p. plur.	**cup**imos	hubimos cabido
2e	**cup**isteis	hubisteis cabido
3e	**cup**ieron	hubieron cabido
	Futur simple	**Futur antérieur**
1re p. sing.	**cabr**é	habré cabido
2e	**cabr**ás	habrás cabido
3e	**cabr**á	habrá cabido
1re p. plur.	**cabr**emos	habremos cabido
2e	**cabr**éis	habréis cabido
3e	**cabr**án	habrán cabido
	Conditionnel présent	**Conditionnel passé**
1re p. sing.	**cabr**ía	habría cabido
2e	**cabr**ías	habrías cabido
3e	**cabr**ía	habría cabido
1re p. plur.	**cabr**íamos	habríamos cabido
2e	**cabr**íais	habríais cabido
3e	**cabr**ían	habrían cabido

Subjonctif

Formes simples	Formes composées
Présent	**Passé**
quepa	haya cabido
quepas	hayas cabido
quepa	haya cabido
quepamos	hayamos cabido
quepáis	hayáis cabido
quepan	hayan cabido
Imparfait	**Plus-que-parfait**
cupiera	hubiera cabido
cupieras	hubieras cabido
cupiera	hubiera cabido
cupiéramos	hubiéramos cabido
cupierais	hubierais cabido
cupieran	hubieran cabido
cupiese	hubiese cabido
cupieses	hubieses cabido
cupiese	hubiese cabido
cupiésemos	hubiésemos cabido
cupieseis	hubieseis cabido
cupiesen	hubiesen cabido
Futur	**Futur antérieur**
cupiere	hubiere cabido
cupieres	hubieres cabido
cupiere	hubiere cabido
cupiéremos	hubiéremos cabido
cupiereis	hubiereis cabido
cupieren	hubieren cabido

Impératif

Présent	Formes empruntées au subjonctif
cabe (tú)	**quep**a (él, ella, usted)
cabed (vosotros)	**quep**amos (nosotros)
	quepan (ellos, ellas, ustedes)

Verbe irrégulier

- 1re p. sing. du présent de l'indicatif irrégulière : sé
- Prétérit fort sab › sup (Voir p. 118.)
- Subjonctif présent et impératif (à la 3e p. sing. et aux 1re et 3e p. plur.) irréguliers : sab › sep
- Futur et conditionnel irréguliers sab › sabr

Mode impersonnel

	Formes simples	Formes composées
Infinitif	saber	haber sabido
Gérondif	sabiendo	habiendo sabido
Participe passé	sabido	

Modes personnels

Indicatif

	Formes simples	Formes composées
	Présent	**Passé composé**
1re p. sing.	**sé**	he sabido
2e	sabes	has sabido
3e	sabe	ha sabido
1re p. plur.	sabemos	hemos sabido
2e	sabéis	habéis sabido
3e	saben	han sabido
	Imparfait	**Plus-que-parfait**
1re p. sing.	sabía	había sabido
2e	sabías	habías sabido
3e	sabía	había sabido
1re p. plur.	sabíamos	habíamos sabido
2e	sabíais	habíais sabido
3e	sabían	habían sabido
	Prétérit	**Passé antérieur**
1re p. sing.	**sup**e	hube sabido
2e	**sup**iste	hubiste sabido
3e	**sup**o	hubo sabido
1re p. plur.	**sup**imos	hubimos sabido
2e	**sup**isteis	hubisteis sabido
3e	**sup**ieron	hubieron sabido
	Futur simple	**Futur antérieur**
1re p. sing.	**sabr**é	habré sabido
2e	**sabr**ás	habrás sabido
3e	**sabr**á	habrá sabido
1re p. plur.	**sabr**emos	habremos sabido
2e	**sabr**éis	habréis sabido
3e	**sabr**án	habrán sabido
	Conditionnel présent	**Conditionnel passé**
1re p. sing.	**sabr**ía	habría sabido
2e	**sabr**ías	habrías sabido
3e	**sabr**ía	habría sabido
1re p. plur.	**sabr**íamos	habríamos sabido
2e	**sabr**íais	habríais sabido
3e	**sabr**ían	habrían sabido

Subjonctif

Formes simples	Formes composées
Présent	**Passé**
sepa	haya sabido
sepas	hayas sabido
sepa	haya sabido
sepamos	hayamos sabido
sepáis	hayáis sabido
sepan	hayan sabido
Imparfait	**Plus-que-parfait**
supiera	hubiera sabido
supieras	hubieras sabido
supiera	hubiera sabido
supiéramos	hubiéramos sabido
supierais	hubierais sabido
supieran	hubieran sabido
supiese	hubiese sabido
supieses	hubieses sabido
supiese	hubiese sabido
supiésemos	hubiésemos sabido
supieseis	hubieseis sabido
supiesen	hubiesen sabido
Futur	**Futur antérieur**
supiere	hubiere sabido
supieres	hubieres sabido
supiere	hubiere sabido
supiéremos	hubiéremos sabido
supiereis	hubiereis sabido
supieren	hubieren sabido

Impératif

Présent	Formes empruntées au subjonctif
sabe (tú)	**sep**a (él, ella, usted)
sabed (vosotros)	**sep**amos (nosotros)
	sepan (ellos, ellas, ustedes)

HACER faire

Verbe irrégulier

- Radical + g au présent de l'indicatif (à la 1re p. sing.), du subjonctif et à l'impératif (à la 3e p. sing. et aux 1re et 3e p. plur.)
- Prétérit fort : hac › hic (Voir p. 118.)
- Futur et conditionnel irréguliers : har
- 2e p. sing. de l'impératif irrégulière : haz
- Modification orthographique **c** › **z** devant **o** (à la 3e p. sing. du prétérit)
- Participe passé irrégulier : hecho

Mode impersonnel

	Formes simples	Formes composées
Infinitif	hacer	haber **hecho**
Gérondif	haciendo	habiendo **hecho**
Participe passé	hecho	

Modes personnels

Indicatif

	Formes simples	Formes composées
	Présent	**Passé composé**
1re p. sing.	**hag**o	he hecho
2e	haces	has hecho
3e	hace	ha hecho
1re p. plur.	hacemos	hemos hecho
2e	hacéis	habéis hecho
3e	hacen	han hecho
	Imparfait	**Plus-que-parfait**
1re p. sing.	hacía	había hecho
2e	hacías	habías hecho
3e	hacía	había hecho
1re p. plur.	hacíamos	habíamos hecho
2e	hacíais	habíais hecho
3e	hacían	habían hecho
	Prétérit	**Passé antérieur**
1re p. sing.	**hic**e	hube hecho
2e	**hic**iste	hubiste hecho
3e	**hiz**o	hubo hecho
1re p. plur.	**hic**imos	hubimos hecho
2e	**hic**isteis	hubisteis hecho
3e	**hic**ieron	hubieron hecho
	Futur simple	**Futur antérieur**
1re p. sing.	**har**é	habré hecho
2e	**har**ás	habrás hecho
3e	**har**á	habrá hecho
1re p. plur.	**har**emos	habremos hecho
2e	**har**éis	habréis hecho
3e	**har**án	habrán hecho
	Conditionnel présent	**Conditionnel passé**
1re p. sing.	**har**ía	habría hecho
2e	**har**ías	habrías hecho
3e	**har**ía	habría hecho
1re p. plur.	**har**íamos	habríamos hecho
2e	**har**íais	habríais hecho
3e	**har**ían	habrían hecho

Subjonctif

Formes simples	Formes composées
Présent	**Passé**
haga	haya hecho
hagas	hayas hecho
haga	haya hecho
hagamos	hayamos hecho
hagáis	hayáis hecho
hagan	hayan hecho
Imparfait	**Plus-que-parfait**
hiciera	hubiera hecho
hicieras	hubieras hecho
hiciera	hubiera hecho
hiciéramos	hubiéramos hecho
hicierais	hubierais hecho
hicieran	hubieran hecho
hiciese	hubiese hecho
hicieses	hubieses hecho
hiciese	hubiese hecho
hiciésemos	hubiésemos hecho
hicieseis	hubieseis hecho
hiciesen	hubiesen hecho
Futur	**Futur antérieur**
hiciere	hubiere hecho
hicieres	hubieres hecho
hiciere	hubiere hecho
hiciéremos	hubiéremos hecho
hiciereis	hubiereis hecho
hicieren	hubieren hecho

Impératif

Présent	Formes empruntées au subjonctif
haz (tú)	**hag**a (él, ella, usted)
haced (vosotros)	**hag**amos (nosotros)
	hagan (ellos, ellas, ustedes)

mettre, poser ◦ PONER

Verbe irrégulier

- Radical + g au présent de l'indicatif (à la 1re p. sing.), du subjonctif et à l'impératif (à la 3e p. sing. et aux 1re et 3e p. plur.)
- Prétérit fort : pon › pus (Voir p. 118.)
- Futur et conditionnel irréguliers : pondr (Voir p. 121.)
- 2e p. sing. de l'impératif irrégulière : pon
- Participe passé irrégulier : puesto

Mode impersonnel

	Formes simples	Formes composées
Infinitif	poner	haber **pu**esto
Gérondif	poniendo	habiendo **pu**esto
Participe passé	puesto	

Modes personnels

Indicatif

	Formes simples	Formes composées
	Présent	**Passé composé**
1re p. sing.	**pong**o	he puesto
2e	pones	has puesto
3e	pone	ha puesto
1re p. plur.	ponemos	hemos puesto
2e	ponéis	habéis puesto
3e	ponen	han puesto
	Imparfait	**Plus-que-parfait**
1re p. sing.	ponía	había puesto
2e	ponías	habías puesto
3e	ponía	había puesto
1re p. plur.	poníamos	habíamos puesto
2e	poníais	habíais puesto
3e	ponían	habían puesto
	Prétérit	**Passé antérieur**
1re p. sing.	**pus**e	hube puesto
2e	**pus**iste	hubiste puesto
3e	**pus**o	hubo puesto
1re p. plur.	**pus**imos	hubimos puesto
2e	**pus**isteis	hubisteis puesto
3e	**pus**ieron	hubieron puesto
	Futur simple	**Futur antérieur**
1re p. sing.	**pondr**é	habré puesto
2e	**pondr**ás	habrás puesto
3e	**pondr**á	habrá puesto
1re p. plur.	**pondr**emos	habremos puesto
2e	**pondr**éis	habréis puesto
3e	**pondr**án	habrán puesto
	Conditionnel présent	**Conditionnel passé**
1re p. sing.	**pondr**ía	habría puesto
2e	**pondr**ías	habrías puesto
3e	**pondr**ía	habría puesto
1re p. plur.	**pondr**íamos	habríamos puesto
2e	**pondr**íais	habríais puesto
3e	**pondr**ían	habrían puesto

Subjonctif

Formes simples	Formes composées
Présent	**Passé**
ponga	haya puesto
pongas	hayas puesto
ponga	haya puesto
pongamos	hayamos puesto
pongáis	hayáis puesto
pongan	hayan puesto
Imparfait	**Plus-que-parfait**
pusiera	hubiera puesto
pusieras	hubieras puesto
pusiera	hubiera puesto
pusiéramos	hubiéramos puesto
pusierais	hubierais puesto
pusieran	hubieran puesto
pusiese	hubiese puesto
pusieses	hubieses puesto
pusiese	hubiese puesto
pusiésemos	hubiésemos puesto
pusieseis	hubieseis puesto
pusiesen	hubiesen puesto
Futur	**Futur antérieur**
pusiere	hubiere puesto
pusieres	hubieres puesto
pusiere	hubiere puesto
pusiéremos	hubiéremos puesto
pusiereis	hubiereis puesto
pusieren	hubieren puesto

Impératif

Présent	Formes empruntées au subjonctif
pon (tú)	**pong**a (él, ella, usted)
poned (vosotros)	**pong**amos (nosotros)
	pongan (ellos, ellas, ustedes)

QUERER vouloir

Verbe à irrégularités multiples

- Diphtongue e › ie au présent de l'indicatif et du subjonctif (aux trois p. sing. et à la 3e p. plur.), à l'impératif (aux 2e et 3e p. sing. et à la 3e p. plur.).
- Prétérit fort : quer › quis (Voir p. 118.)
- Futur et conditionnel irréguliers : querr

Mode impersonnel

	Formes simples	Formes composées
Infinitif	querer	haber querido
Gérondif	queriendo	habiendo querido
Participe passé	querido	

Modes personnels

Indicatif

	Formes simples	Formes composées
	Présent	**Passé composé**
1re p. sing.	quiero	he querido
2e	quieres	has querido
3e	quiere	ha querido
1re p. plur.	queremos	hemos querido
2e	queréis	habéis querido
3e	quieren	han querido
	Imparfait	**Plus-que-parfait**
1re p. sing.	quería	había querido
2e	querías	habías querido
3e	quería	había querido
1re p. plur.	queríamos	habíamos querido
2e	queríais	habíais querido
3e	querían	habían querido
	Prétérit	**Passé antérieur**
1re p. sing.	quise	hube querido
2e	quisiste	hubiste querido
3e	quiso	hubo querido
1re p. plur.	quisimos	hubimos querido
2e	quisisteis	hubisteis querido
3e	quisieron	hubieron querido
	Futur simple	**Futur antérieur**
1re p. sing.	querré	habré querido
2e	querrás	habrás querido
3e	querrá	habrá querido
1re p. plur.	querremos	habremos querido
2e	querréis	habréis querido
3e	querrán	habrán querido
	Conditionnel présent	**Conditionnel passé**
1re p. sing.	querría	habría querido
2e	querrías	habrías querido
3e	querría	habría querido
1re p. plur.	querríamos	habríamos querido
2e	querríais	habríais querido
3e	querrían	habrían querido

Subjonctif

Formes simples	Formes composées
Présent	**Passé**
quiera	haya querido
quieras	hayas querido
quiera	haya querido
queramos	hayamos querido
queráis	hayáis querido
quieran	hayan querido
Imparfait	**Plus-que-parfait**
quisiera	hubiera querido
quisieras	hubieras querido
quisiera	hubiera querido
quisiéramos	hubiéramos querido
quisierais	hubierais querido
quisieran	hubieran querido
quisiese	hubiese querido
quisieses	hubieses querido
quisiese	hubiese querido
quisiésemos	hubiésemos querido
quisieseis	hubieseis querido
quisiesen	hubiesen querido
Futur	**Futur antérieur**
quisiere	hubiere querido
quisieres	hubieres querido
quisiere	hubiere querido
quisiéremos	hubiéremos querido
quisiereis	hubiereis querido
quisieren	hubieren querido

Impératif

Présent	Formes empruntées au subjonctif
quiere (tú)	quiera (él, ella, usted)
quered (vosotros)	queramos (nosotros)
	quieran (ellos, ellas, ustedes)

pouvoir — PODER

Verbe irrégulier

- Diphtongue o › ue au présent de l'indicatif et du subjonctif (aux 1re, 2e et 3e p. sing. et à la 3e p. plur.), et à l'impératif (aux 2e et 3e p. sing. et à la 3e p. plur.)
- Prétérit fort : pod › pud (Voir p. 118.)
- Futur et conditionnel irréguliers : podr
- Gérondif irrégulier : pudiendo

Mode impersonnel

	Formes simples	Formes composées
Infinitif	poder	haber podido
Gérondif	**pud**iendo	habiendo podido
Participe passé	podido	

Modes personnels

	Indicatif – Formes simples	Indicatif – Formes composées	Subjonctif – Formes simples	Subjonctif – Formes composées
	Présent	**Passé composé**	**Présent**	**Passé**
1re p. sing.	**pued**o	he podido	**pued**a	haya podido
2e	**pued**es	has podido	**pued**as	hayas podido
3e	**pued**e	ha podido	**pued**a	haya podido
1re p. plur.	podemos	hemos podido	podamos	hayamos podido
2e	podéis	habéis podido	podáis	hayáis podido
3e	**pued**en	han podido	**pued**an	hayan podido
	Imparfait	**Plus-que-parfait**	**Imparfait**	**Plus-que-parfait**
1re p. sing.	podía	había podido	**pudi**era	hubiera podido
2e	podías	habías podido	**pudi**eras	hubieras podido
3e	podía	había podido	**pudi**era	hubiera podido
1re p. plur.	podíamos	habíamos podido	**pudi**éramos	hubiéramos podido
2e	podíais	habíais podido	**pudi**erais	hubierais podido
3e	podían	habían podido	**pudi**eran	hubieran podido
	Prétérit	**Passé antérieur**		
1re p. sing.	**pud**e	hube podido	**pudi**ese	hubiese podido
2e	**pud**iste	hubiste podido	**pudi**eses	hubieses podido
3e	**pud**o	hubo podido	**pudi**ese	hubiese podido
1re p. plur.	**pud**imos	hubimos podido	**pudi**ésemos	hubiésemos podido
2e	**pud**isteis	hubisteis podido	**pudi**eseis	hubieseis podido
3e	**pud**ieron	hubieron podido	**pudi**esen	hubiesen podido
	Futur simple	**Futur antérieur**	**Futur**	**Futur antérieur**
1re p. sing.	**podr**é	habré podido	**pudi**ere	hubiere podido
2e	**podr**ás	habrás podido	**pudi**eres	hubieres podido
3e	**podr**á	habrá podido	**pudi**ere	hubiere podido
1re p. plur.	**podr**emos	habremos podido	**pudi**éremos	hubiéremos podido
2e	**podr**éis	habréis podido	**pudi**ereis	hubiereis podido
3e	**podr**án	habrán podido	**pudi**eren	hubieren podido
	Conditionnel présent	**Conditionnel passé**		
1re p. sing.	**podr**ía	habría podido		
2e	**podr**ías	habrías podido		
3e	**podr**ía	habría podido		
1re p. plur.	**podr**íamos	habríamos podido		
2e	**podr**íais	habríais podido		
3e	**podr**ían	habrían podido		

Impératif

Présent	Formes empruntées au subjonctif
puede (tú)	**pued**a (él, ella, usted)
poded (vosotros)	podamos (nosotros)
	puedan (ellos, ellas, ustedes)

TENER avoir, posséder

Verbe irrégulier

- Diphtongue e › ie au présent de l'indicatif (aux 2e et 3e p. sing. et à la 3e p. plur.)
- Radical + g au présent de l'indicatif (à la 1re p. sing.), du subjonctif (à toutes les personnes) et aux formes de l'impératif qui en dérivent.
- Prétérit fort : ten › tuv (Voir p. 118.)
- Futur et conditionnel irréguliers : tendr
- 2e p. sing. de l'impératif irrégulière : ten

Mode impersonnel

	Formes simples	Formes composées
Infinitif	tener	haber tenido
Gérondif	teniendo	habiendo tenido
Participe passé	tenido	

Modes personnels

	Indicatif – Formes simples	Indicatif – Formes composées	Subjonctif – Formes simples	Subjonctif – Formes composées
	Présent	**Passé composé**	**Présent**	**Passé**
1re p. sing.	**teng**o	he tenido	**teng**a	haya tenido
2e	**tien**es	has tenido	**teng**as	hayas tenido
3e	**tien**e	ha tenido	**teng**a	haya tenido
1re p. plur.	tenemos	hemos tenido	**teng**amos	hayamos tenido
2e	tenéis	habéis tenido	**teng**áis	hayáis tenido
3e	**tien**en	han tenido	**teng**an	hayan tenido
	Imparfait	**Plus-que-parfait**	**Imparfait**	**Plus-que-parfait**
1re p. sing.	tenía	había tenido	**tuvie**ra	hubiera tenido
2e	tenías	habías tenido	**tuvie**ras	hubieras tenido
3e	tenía	había tenido	**tuvie**ra	hubiera tenido
1re p. plur.	teníamos	habíamos tenido	**tuvié**ramos	hubiéramos tenido
2e	teníais	habíais tenido	**tuvie**rais	hubierais tenido
3e	tenían	habían tenido	**tuvie**ran	hubieran tenido
	Prétérit	**Passé antérieur**		
1re p. sing.	**tuv**e	hube tenido	**tuvie**se	hubiese tenido
2e	**tuv**iste	hubiste tenido	**tuvie**ses	hubieses tenido
3e	**tuv**o	hubo tenido	**tuvie**se	hubiese tenido
1re p. plur.	**tuv**imos	hubimos tenido	**tuvié**semos	hubiésemos tenido
2e	**tuv**isteis	hubisteis tenido	**tuvie**seis	hubieseis tenido
3e	**tuv**ieron	hubieron tenido	**tuvie**sen	hubiesen tenido
	Futur simple	**Futur antérieur**	**Futur**	**Futur antérieur**
1re p. sing.	**tendr**é	habré tenido	**tuvie**re	hubiere tenido
2e	**tendr**ás	habrás tenido	**tuvie**res	hubieres tenido
3e	**tendr**á	habrá tenido	**tuvie**re	hubiere tenido
1re p. plur.	**tendr**emos	habremos tenido	**tuvié**remos	hubiéremos tenido
2e	**tendr**éis	habréis tenido	**tuvie**reis	hubiereis tenido
3e	**tendr**án	habrán tenido	**tuvie**ren	hubieren tenido
	Conditionnel présent	**Conditionnel passé**		
1re p. sing.	**tendr**ía	habría tenido		
2e	**tendr**ías	habrías tenido		
3e	**tendr**ía	habría tenido		
1re p. plur.	**tendr**íamos	habríamos tenido		
2e	**tendr**íais	habríais tenido		
3e	**tendr**ían	habrían tenido		

Impératif

Présent	Formes empruntées au subjonctif
ten (tú)	**teng**a (él, ella, usted)
tened (vosotros)	**teng**amos (nosotros)
	tengan (ellos, ellas, ustedes)

VENIR

Verbe irrégulier

- Diphtongue e › ie au présent de l'indicatif (aux 2e et 3e p. sing.)
- Radical + g au présent de l'indicatif (à la 1re p. sing.), du subjonctif (à toutes les personnes) et aux formes de l'impératif qui en dérivent
- Prétérit fort ven › vin (Voir p. 118.)
- Futur et conditionnel irréguliers vendr
- 2e p. sing. de l'impératif irrégulière ven
- Gérondif irrégulier viniendo

Mode impersonnel

	Formes simples	Formes composées
Infinitif	venir	haber venido
Gérondif	**vin**iendo	habiendo venido
Participe passé	venido	

Modes personnels

Indicatif

	Formes simples	Formes composées
	Présent	**Passé composé**
1re p. sing.	**veng**o	he venido
2e	**vien**es	has venido
3e	**vien**e	ha venido
1re p. plur.	venimos	hemos venido
2e	venís	habéis venido
3e	**vien**en	han venido
	Imparfait	**Plus-que-parfait**
1re p. sing.	venía	había venido
2e	venías	habías venido
3e	venía	había venido
1re p. plur.	veníamos	habíamos venido
2e	veníais	habíais venido
3e	venían	habían venido
	Prétérit	**Passé antérieur**
1re p. sing.	**vin**e	hube venido
2e	**vin**iste	hubiste venido
3e	**vin**o	hubo venido
1re p. plur.	**vin**imos	hubimos venido
2e	**vin**isteis	hubisteis venido
3e	**vin**ieron	hubieron venido
	Futur simple	**Futur antérieur**
1re p. sing.	**vendr**é	habré venido
2e	**vendr**ás	habrás venido
3e	**vendr**á	habrá venido
1re p. plur.	**vendr**emos	habremos venido
2e	**vendr**éis	habréis venido
3e	**vendr**án	habrán venido
	Conditionnel présent	**Conditionnel passé**
1re p. sing.	**vendr**ía	habría venido
2e	**vendr**ías	habrías venido
3e	**vendr**ía	habría venido
1re p. plur.	**vendr**íamos	habríamos venido
2e	**vendr**íais	habríais venido
3e	**vendr**ían	habrían venido

Subjonctif

Formes simples	Formes composées
Présent	**Passé**
venga	haya venido
vengas	hayas venido
venga	haya venido
vengamos	hayamos venido
vengáis	hayáis venido
vengan	hayan venido
Imparfait	**Plus-que-parfait**
viniera	hubiera venido
vinieras	hubieras venido
viniera	hubiera venido
viniéramos	hubiéramos venido
vinierais	hubierais venido
vinieran	hubieran venido
viniese	hubiese venido
vinieses	hubieses venido
viniese	hubiese venido
viniésemos	hubiésemos venido
vinieseis	hubieseis venido
viniesen	hubiesen venido
Futur	**Futur antérieur**
viniere	hubiere venido
vinieres	hubieres venido
viniere	hubiere venido
viniéremos	hubiéremos venido
viniereis	hubiereis venido
vinieren	hubieren venido

Impératif

Présent	Formes empruntées au subjonctif
ven (tú)	**veng**a (él, ella, usted)
venid (vosotros)	**veng**amos (nosotros)
	vengan (ellos, ellas, ustedes)

DECIR dire

Verbe irrégulier

- Radical + g au présent de l'indicatif (à la 1re p. sing.), du subjonctif (à toutes les personnes) et aux formes de l'impératif qui en dérivent.
- Prétérit fort dec › dij (Voir p. 118.)
- Futur et conditionnel irréguliers : radical dir
- 2e p. sing. de l'impératif monosyllabique : di
- Gérondif irrégulier : diciendo
- Participe passé irrégulier : dicho
- Attention : les verbes dérivés de decir n'adoptent pas la forme monosyllabique di à l'impératif, mais la modification vocalique du radical (predice, bendice...). Ils ont une conjugaison régulière au futur et au conditionnel (predeciré, predeciría...).

Mode impersonnel

	Formes simples	Formes composées
Infinitif	decir	haber dicho
Gérondif	diciendo	habiendo dicho
Participe passé	dicho	

Modes personnels

Indicatif

	Formes simples	Formes composées
	Présent	**Passé composé**
1re p. sing.	digo	he dicho
2[e]	dices	has dicho
3[e]	dice	ha dicho
1re p. plur.	decimos	hemos dicho
2[e]	decís	habéis dicho
3[e]	dicen	han dicho
	Imparfait	**Plus-que-parfait**
1re p. sing.	decía	había dicho
2[e]	decías	habías dicho
3[e]	decía	había dicho
1re p. plur.	decíamos	habíamos dicho
2[e]	decíais	habíais dicho
3[e]	decían	habían dicho
	Prétérit	**Passé antérieur**
1re p. sing.	dije	hube dicho
2[e]	dijiste	hubiste dicho
3[e]	dijo	hubo dicho
1re p. plur.	dijimos	hubimos dicho
2[e]	dijisteis	hubisteis dicho
3[e]	dijeron	hubieron dicho
	Futur simple	**Futur antérieur**
1re p. sing.	diré	habré dicho
2[e]	dirás	habrás dicho
3[e]	dirá	habrá dicho
1re p. plur.	diremos	habremos dicho
2[e]	diréis	habréis dicho
3[e]	dirán	habrán dicho
	Conditionnel présent	**Conditionnel passé**
1re p. sing.	diría	habría dicho
2[e]	dirías	habrías dicho
3[e]	diría	habría dicho
1re p. plur.	diríamos	habríamos dicho
2[e]	diríais	habríais dicho
3[e]	dirían	habrían dicho

Subjonctif

Formes simples	Formes composées
Présent	**Passé**
diga	haya dicho
digas	hayas dicho
diga	haya dicho
digamos	hayamos dicho
digáis	hayáis dicho
digan	hayan dicho
Imparfait	**Plus-que-parfait**
dijera	hubiera dicho
dijeras	hubieras dicho
dijera	hubiera dicho
dijéramos	hubiéramos dicho
dijerais	hubierais dicho
dijeran	hubieran dicho
dijese	hubiese dicho
dijeses	hubieses dicho
dijese	hubiese dicho
dijésemos	hubiésemos dicho
dijeseis	hubieseis dicho
dijesen	hubiesen dicho
Futur	**Futur antérieur**
dijere	hubiere dicho
dijeres	hubieres dicho
dijere	hubiere dicho
dijéremos	hubiéremos dicho
dijereis	hubiereis dicho
dijeren	hubieren dicho

Impératif

Présent	Formes empruntées au subjonctif
di (tú)	diga (él, ella, usted)
decid (vosotros)	digamos (nosotros)
	digan (ellos, ellas, ustedes)

VER

Verbe irrégulier

- Contraction veer › ver à l'infinitif, au gérondif, à l'indicatif présent (sauf 1re p. sing.) et à l'impératif (à la 2e p. sing. et à la 2e p. plur.)
- 1re et 3e p. sing. du prétérit monosyllabiques : vi, vio
- Participe passé irrégulier : visto

Mode impersonnel

	Formes simples	Formes composées
Infinitif	ver	haber visto
Gérondif	viendo	habiendo visto
Participe passé	visto	

Modes personnels

	Indicatif – Formes simples	Indicatif – Formes composées	Subjonctif – Formes simples	Subjonctif – Formes composées
	Présent	**Passé composé**	**Présent**	**Passé**
1re p. sing.	veo	he visto	vea	haya visto
2e	ves	has visto	veas	hayas visto
3e	ve	ha visto	vea	haya visto
1re p. plur.	vemos	hemos visto	veamos	hayamos visto
2e	veis	habéis visto	veáis	hayáis visto
3e	ven	han visto	vean	hayan visto
	Imparfait	**Plus-que-parfait**	**Imparfait**	**Plus-que-parfait**
1re p. sing.	veía	había visto	viera	hubiera visto
2e	veías	habías visto	vieras	hubieras visto
3e	veía	había visto	viera	hubiera visto
1re p. plur.	veíamos	habíamos visto	viéramos	hubiéramos visto
2e	veíais	habíais visto	vierais	hubierais visto
3e	veían	habían visto	vieran	hubieran visto
	Prétérit	**Passé antérieur**		
1re p. sing.	vi	hube visto	viese	hubiese visto
2e	viste	hubiste visto	vieses	hubieses visto
3e	vio	hubo visto	viese	hubiese visto
1re p. plur.	vimos	hubimos visto	viésemos	hubiésemos visto
2e	visteis	hubisteis visto	vieseis	hubieseis visto
3e	vieron	hubieron visto	viesen	hubiesen visto
	Futur simple	**Futur antérieur**	**Futur**	**Futur antérieur**
1re p. sing.	veré	habré visto	viere	hubiere visto
2e	verás	habrás visto	vieres	hubieres visto
3e	verá	habrá visto	viere	hubiere visto
1re p. plur.	veremos	habremos visto	viéremos	hubiéremos visto
2e	veréis	habréis visto	viereis	hubiereis visto
3e	verán	habrán visto	vieren	hubieren visto
	Conditionnel présent	**Conditionnel passé**		
1re p. sing.	vería	habría visto		
2e	verías	habrías visto		
3e	vería	habría visto		
1re p. plur.	veríamos	habríamos visto		
2e	veríais	habríais visto		
3e	verían	habrían visto		

Impératif

Présent	Formes empruntées au subjonctif
ve (tú)	vea (él, ella, usted)
ved (vosotros)	veamos (nosotros)
	vean (ellos, ellas, ustedes)

76 HABER avoir, y avoir

Verbe irrégulier

- Formes impersonnelles avec yod (indicatif et subjonctif présent): hay, haya
- Radical + yod (subjonctif présent et impératif)
- Prétérit fort: hab › hub (Voir p. 118.)
- Futur et conditionnel irréguliers: habr

Mode impersonnel

	Formes simples	Formes composées
Infinitif	haber	haber habido
Gérondif	habiendo	habiendo habido
Participe passé	habido	

Modes personnels

Indicatif

	Formes simples	Formes composées
	Présent	**Passé composé**
1re p. sing.	he	he habido
2e	has	has habido
3e	ha (**hay**)	ha habido
1re p. plur.	hemos	hemos habido
2e	habéis	habéis habido
3e	han	han habido
	Imparfait	**Plus-que-parfait**
1re p. sing.	había	había habido
2e	habías	habías habido
3e	había	había habido
1re p. plur.	habíamos	habíamos habido
2e	habíais	habíais habido
3e	habían	habían habido
	Prétérit	**Passé antérieur**
1re p. sing.	**hub**e	hube habido
2e	**hub**iste	hubiste habido
3e	**hub**o	hubo habido
1re p. plur.	**hub**imos	hubimos habido
2e	**hub**isteis	hubisteis habido
3e	**hub**ieron	hubieron habido
	Futur simple	**Futur antérieur**
1re p. sing.	**habr**é	habré habido
2e	**habr**ás	habrás habido
3e	**habr**á	habrá habido
1re p. plur.	**habr**emos	habremos habido
2e	**habr**éis	habréis habido
3e	**habr**án	habrán habido
	Conditionnel présent	**Conditionnel passé**
1re p. sing.	**habr**ía	habría habido
2e	**habr**ías	habrías habido
3e	**habr**ía	habría habido
1re p. plur.	**habr**íamos	habríamos habido
2e	**habr**íais	habríais habido
3e	**habr**ían	habrían habido

Subjonctif

Formes simples	Formes composées
Présent	**Passé**
haya	haya habido
hayas	hayas habido
haya	haya habido
hayamos	hayamos habido
hayáis	hayáis habido
hayan	hayan habido
Imparfait	**Plus-que-parfait**
hubiera	hubiera habido
hubieras	hubieras habido
hubiera	hubiera habido
hubiéramos	hubiéramos habido
hubierais	hubierais habido
hubieran	hubierano habido
hubiese	hubiese habido
hubieses	hubieses habido
hubiese	hubiese habido
hubiésemos	hubiésemos habido
hubieseis	hubieseis habido
hubiesen	hubiesen habid
Futur	**Futur antérieur**
hubiere	hubiere habido
hubieres	hubieres habido
hubiere	hubiere habido
hubiéremos	hubiéremos habido
hubiereis	hubiereis habido
hubieren	hubieren habido

Impératif

Présent	Formes empruntées au subjonctif
he (tú)	**hay**a (él, ella, usted)
habed (vosotros)	**hay**amos (nosotros)
	hayan (ellos, ellas, ustedes)

Verbe irrégulier

- Radical + yod : voy
- Radical + yod au subjonctif présent et à l'impératif : vaya
- Prétérit fort : fui (voir ser) au subjonctif imparfait et au futur
- Radical de l'imparfait irrégulier : iba
- Gérondif irrégulier : **yendo**

Mode impersonnel

	Formes simples	Formes composées
Infinitif	ir	haber ido
Gérondif	yendo	habiendo ido
Participe passé	ido	

Modes personnels

	Indicatif – Formes simples	Indicatif – Formes composées	Subjonctif – Formes simples	Subjonctif – Formes composées
	Présent	**Passé composé**	**Présent**	**Passé**
1re p. sing.	voy	he ido	vaya	haya ido
2e	vas	has ido	vayas	hayas ido
3e	va	ha ido	vaya	haya ido
1re p. plur.	vamos	hemos ido	vayamos	hayamos ido
2e	vais	habéis ido	vayáis	hayáis ido
3e	van	han ido	vayan	hayan ido
	Imparfait	**Plus-que-parfait**	**Imparfait**	**Plus-que-parfait**
1re p. sing.	iba	había ido	fuera	hubiera ido
2e	ibas	habías ido	fueras	hubieras ido
3e	iba	había ido	fuera	hubiera ido
1re p. plur.	íbamos	habíamos ido	fuéramos	hubiéramos ido
2e	ibais	habíais ido	fuerais	hubierais ido
3e	iban	habían ido	fueran	hubieran ido
	Prétérit	**Passé antérieur**		
1re p. sing.	fui	hube ido	fuese	hubiese ido
2e	fuiste	hubiste ido	fueses	hubieses ido
3e	fue	hubo ido	fuese	hubiese ido
1re p. plur.	fuimos	hubimos ido	fuésemos	hubiésemos ido
2e	fuisteis	hubisteis ido	fueseis	hubieseis ido
3e	fueron	hubieron ido	fuesen	hubiesen ido
	Futur simple	**Futur antérieur**	**Futur**	**Futur antérieur**
1re p. sing.	iré	habré ido	fuere	hubiere ido
2e	irás	habrás ido	fueres	hubieres ido
3e	irá	habrá ido	fuere	hubiere ido
1re p. plur.	iremos	habremos ido	fuéremos	hubiéremos ido
2e	iréis	habréis ido	fuereis	hubiereis ido
3e	irán	habrán ido	fueren	hubieren ido
	Conditionnel présent	**Conditionnel passé**		
1re p. sing.	iría	habría ido		
2e	irías	habrías ido		
3e	iría	habría ido		
1re p. plur.	iríamos	habríamos ido		
2e	iríais	habríais ido		
3e	irían	habrían ido		

Impératif

Présent	Formes empruntées au subjonctif
ve (tú)	vaya (él, ella, usted)
id (vosotros)	vayamos (nosotros)
	vayan (ellos, ellas, ustedes)

SER être

Verbe irrégulier

- Radical + yod: soy
- Réduction du radical seer › ser à l'infinitif, au gérondif et à l'impératif (2ᵉ p. sing. et 2ᵉ p. plur.)
- Prétérit fort: fui (voir ir) à l'imparfait et au futur du subjonctif
- Radical de l'imparfait irrégulier era
- Participe passé irrégulier sido

Mode impersonnel

	Formes simples	Formes composées
Infinitif	ser	haber **sido**
Gérondif	siendo	habiendo **sido**
Participe passé	sido	

Modes personnels

	Indicatif – Formes simples	Indicatif – Formes composées	Subjonctif – Formes simples	Subjonctif – Formes composées
	Présent	**Passé composé**	**Présent**	**Passé**
1re p. sing.	**soy**	he sido	sea	haya sido
2e	**er**es	has sido	seas	hayas sido
3e	**e**s	ha sido	sea	haya sido
1re p. plur.	somos	hemos sido	seamos	hayamos sido
2e	sois	habéis sido	seáis	hayáis sido
3e	son	han sido	sean	hayan sido
	Imparfait	**Plus-que-parfait**	**Imparfait**	**Plus-que-parfait**
1re p. sing.	**era**	había sido	**fue**ra	hubiera sido
2e	**era**s	habías sido	**fue**ras	hubieras sido
3e	**era**	había sido	**fue**ra	hubiera sido
1re p. plur.	**éra**mos	habíamos sido	**fué**ramos	hubiéramos sido
2e	**era**is	habíais sido	**fue**rais	hubierais sido
3e	**era**n	habían sido	**fue**ran	hubieran sido
	Prétérit	**Passé antérieur**		
1re p. sing.	**fui**	hube sido	**fue**se	hubiese sido
2e	**fui**ste	hubiste sido	**fue**ses	hubieses sido
3e	**fue**	hubo sido	**fue**se	hubiese sido
1re p. plur.	**fui**mos	hubimos sido	**fué**semos	hubiésemos sido
2e	**fui**steis	hubisteis sido	**fue**seis	hubieseis sido
3e	**fue**ron	hubieron sido	**fue**sen	hubiesen sido
	Futur simple	**Futur antérieur**	**Futur**	**Futur antérieur**
1re p. sing.	seré	habré sido	**fue**re	hubiere sido
2e	serás	habrás sido	**fue**res	hubieres sido
3e	será	habrá sido	**fue**re	hubiere sido
1re p. plur.	seremos	habremos sido	**fué**remos	hubiéremos sido
2e	seréis	habréis sido	**fue**reis	hubiereis sido
3e	serán	habrán sido	**fue**ren	hubieren sido
	Conditionnel présent	**Conditionnel passé**		
1re p. sing.	sería	habría sido		
2e	serías	habrías sido		
3e	sería	habría sido		
1re p. plur.	seríamos	habríamos sido		
2e	seríais	habríais sido		
3e	serían	habrían sido		

Impératif

Présent	Formes empruntées au subjonctif
sé (tú)	sea (él, ella, usted)
sed (vosotros)	seamos (nosotros)
	sean (ellos, ellas, ustedes)

ABOLIR

Verbe défectif et régulier

Les seules formes verbales usitées contiennent **i** dans la *désinence**: sont donc exclues les formes du présent de l'indicatif (1re, 2e et 3e p. sing. et 3e p. plur.), du subjonctif et de l'impératif (2e p. sing. et 1re et 3e p. plur.).

Mode impersonnel

	Formes simples	Formes composées
Infinitif	abolir	haber abolido
Gérondif	aboliendo	habiendo abolido
Participe passé	abolido	

Modes personnels

Indicatif

	Formes simples	Formes composées
	Présent	**Passé composé**
1re p. sing.	-	he abolido
2e	-	has abolido
3e	-	ha abolido
1re p. plur.	abolimos	hemos abolido
2e	abolís	habéis abolido
3e	-	han abolido
	Imparfait	**Plus-que-parfait**
1re p. sing.	abolía	había abolido
2e	abolías	habías abolido
3e	abolía	había abolido
1re p. plur.	abolíamos	habíamos abolido
2e	abolíais	habíais abolido
3e	abolían	habían abolido
	Prétérit	**Passé antérieur**
1re p. sing.	abolí	hube abolido
2e	aboliste	hubiste abolido
3e	abolió	hubo abolido
1re p. plur.	abolimos	hubimos abolido
2e	abolisteis	hubisteis abolido
3e	abolieron	hubieron abolido
	Futur simple	**Futur antérieur**
1re p. sing.	aboliré	habré abolido
2e	abolirás	habrás abolido
3e	abolirá	habrá abolido
1re p. plur.	aboliremos	habremos abolido
2e	aboliréis	habréis abolido
3e	abolirán	habrán abolido
	Conditionnel présent	**Conditionnel passé**
1re p. sing.	aboliría	habría abolido
2e	abolirías	habrías abolido
3e	aboliría	habría abolido
1re p. plur.	aboliríamos	habríamos abolido
2e	aboliríais	habríais abolido
3e	abolirían	habrían abolido

Subjonctif

Formes simples	Formes composées
Présent	**Passé**
-	haya abolido
-	hayas abolido
-	haya abolido
-	hayamos abolido
-	hayáis abolido
-	hayan abolido
Imparfait	**Plus-que-parfait**
aboliera	hubiera abolido
abolieras	hubieras abolido
aboliera	hubiera abolido
aboliéramos	hubiéramos abolido
abolierais	hubierais abolido
abolieran	hubieran abolido
aboliese	hubiese abolido
abolieses	hubieses abolido
aboliese	hubiese abolido
aboliésemos	hubiésemos abolido
abolieseis	hubieseis abolido
aboliesen	hubiesen abolido
Futur	**Futur antérieur**
aboliere	hubiere abolido
abolieres	hubieres abolido
aboliere	hubiere abolido
aboliéremos	hubiéremos abolido
aboliereis	hubiereis abolido
abolieren	hubieren abolido

Impératif

Présent	Formes empruntées au subjonctif
- (tú)	- (él, ella, usted)
abolid (vosotros)	- (nosotros)
	- (ellos, ellas, ustedes)

BALBUCIR balbutier

Verbe défectif et régulier

Ce verbe est remplacé par balbucear aux formes verbales suivantes : au présent de l'indicatif (1re p. sing.), du subjonctif (à toutes les personnes), et les formes de l'impératif empruntées au subjonctif (3e p. sing. et 1re et 3e p. plur.).

Mode impersonnel

	Formes simples	Formes composées
Infinitif	balbucir	haber balbucido
Gérondif	balbuciendo	habiendo balbucido
Participe passé	balbucido	

Modes personnels

	Indicatif – Formes simples	Indicatif – Formes composées	Subjonctif – Formes simples	Subjonctif – Formes composées
	Présent	**Passé composé**	**Présent**	**Passé**
1re p. sing.	-	he balbucido	-	haya balbucido
2e	balbuces	has balbucido	-	hayas balbucido
3e	balbuce	ha balbucido	-	haya balbucido
1re p. plur.	balbucimos	hemos balbucido	-	hayamos balbucido
2e	balbucís	habéis balbucido	-	hayáis balbucido
3e	balbucen	han balbucido	-	hayan balbucido
	Imparfait	**Plus-que-parfait**	**Imparfait**	**Plus-que-parfait**
1re p. sing.	balbucía	había balbucido	balbuciera	hubiera balbucido
2e	balbucías	habías balbucido	balbucieras	hubieras balbucido
3e	balbucía	había balbucido	balbuciera	hubiera balbucido
1re p. plur.	balbucíamos	habíamos balbucido	balbuciéramos	hubiéramos balbucido
2e	balbucíais	habíais balbucido	balbucierais	hubierais balbucido
3e	balbucían	habían balbucido	balbucieran	hubieran balbucido
	Prétérit	**Passé antérieur**		
1re p. sing.	balbucí	hube balbucido	balbuciese	hubiese balbucido
2e	balbuciste	hubiste balbucido	balbucieses	hubieses balbucido
3e	balbució	hubo balbucido	balbuciese	hubiese balbucido
1re p. plur.	balbucimos	hubimos balbucido	balbuciésemos	hubiésemos balbucido
2e	balbucisteis	hubisteis balbucido	balbucieseis	hubieseis balbucido
3e	balbucieron	hubieron balbucido	balbuciesen	hubiesen balbucido
	Futur simple	**Futur antérieur**	**Futur**	**Futur antérieur**
1re p. sing.	balbuciré	habré balbucido	balbuciere	hubiere balbucido
2e	balbucirás	habrás balbucido	balbucieres	hubieres balbucido
3e	balbucirá	habrá balbucido	balbuciere	hubiere balbucido
1re p. plur.	balbuciremos	habremos balbucido	balbuciéremos	hubiéremos balbucido
2e	balbuciréis	habréis balbucido	balbuciereis	hubiereis balbucido
3e	balbucirán	habrán balbucido	balbucieren	hubieren balbucido
	Conditionnel présent	**Conditionnel passé**		
1re p. sing.	balbuciría	habría balbucido		
2e	balbucirías	habrías balbucido		
3e	balbuciría	habría balbucido		
1re p. plur.	balbuciríamos	habríamos balbucido		
2e	balbuciríais	habríais balbucido		
3e	balbucirían	habrían balbucido		

Impératif

Présent	Formes empruntées au subjonctif
balbuce (tú)	- (él, ella, usted)
balbucid (vosotros)	- (nosotros)
	- (ellos, ellas, ustedes)

dévaster **DESOLAR** 81

Verbe défectif

Modification de la voyelle **o** du radical : **o** devient **ue** au présent de l'indicatif et du subjonctif (aux 1re, 2e et 3e p. sing. et à la 3e p. plur.), à l'impératif (aux 2e et 3e p. sing. et à la 3e p. plur.).

Mode impersonnel

	Formes simples	Formes composées
Infinitif	desolar	haber desolado
Gérondif	desolando	habiendo desolado
Participe passé	desolado	

Modes personnels

	Indicatif – Formes simples	Indicatif – Formes composées	Subjonctif – Formes simples	Subjonctif – Formes composées
	Présent	**Passé composé**	**Présent**	**Passé**
1re p. sing.	**desuel**o	he desolado	**desuel**e	haya desolado
2e	**desuel**as	has desolado	**desuel**es	hayas desolado
3e	**desuel**a	ha desolado	**desuel**e	haya desolado
1re p. plur.	desolamos	hemos desolado	desolemos	hayamos desolado
2e	desoláis	habéis desolado	desoléis	hayáis desolado
3e	**desuel**an	han desolado	**desuel**en	hayan desolado
	Imparfait	**Plus-que-parfait**	**Imparfait**	**Plus-que-parfait**
1re p. sing.	desolaba	había desolado	desolara	hubiera desolado
2e	desolabas	habías desolado	desolaras	hubieras desolado
3e	desolaba	había desolado	desolara	hubiera desolado
1re p. plur.	desolábamos	habíamos desolado	desoláramos	hubiéramos desolado
2e	desolabais	habíais desolado	desolarais	hubierais desolado
3e	desolaban	habían desolado	desolaran	hubieran desolado
	Prétérit	**Passé antérieur**		
1re p. sing.	desolé	hube desolado	desolase	hubiese desolado
2e	desolaste	hubiste desolado	desolases	hubieses desolado
3e	desoló	hubo desolado	desolase	hubiese desolado
1re p. plur.	desolamos	hubimos desolado	desolásemos	hubiésemos desolado
2e	desolasteis	hubisteis desolado	desolaseis	hubieseis desolado
3e	desolaron	hubieron desolado	desolasen	hubiesen desolado
	Futur simple	**Futur antérieur**	**Futur**	**Futur antérieur**
1re p. sing.	desolaré	habré desolado	desolare	hubiere desolado
2e	desolarás	habrás desolado	desolares	hubieres desolado
3e	desolará	habrá desolado	desolare	hubiere desolado
1re p. plur.	desolaremos	habremos desolado	desoláremos	hubiéremos desolado
2e	desolaréis	habréis desolado	desolareis	hubiereis desolado
3e	desolarán	habrán desolado	desolaren	hubieren desolado
	Conditionnel présent	**Conditionnel passé**		
1re p. sing.	desolaría	habría desolado		
2e	desolarías	habrías desolado		
3e	desolaría	habría desolado		
1re p. plur.	desolaríamos	habríamos desolado		
2e	desolaríais	habríais desolado		
3e	desolarían	habrían desolado		

Impératif

Présent	Formes empruntées au subjonctif
desuela (tú)	**desuel**e (él, ella, usted)
desolad (vosotros)	desolemos (nosotros)
	desuelen (ellos, ellas, ustedes)

SOLER avoir l'habitude de

Verbe défectif et irrégulier

Ce verbe n'est utilisé qu'au présent et à l'imparfait de l'impératif et du subjonctif.

■ Diphtongue o › ue au présent de l'indicatif et du subjonctif (aux 1re, 2e et 3e p. sing. et à la 3e p. plur.).

Mode impersonnel

	Formes simples	Formes composées
Infinitif	soler	haber solido
Gérondif	soliendo	habiendo solido
Participe passé	-	

Modes personnels

	Indicatif – Formes simples	Indicatif – Formes composées	Subjonctif – Formes simples	Subjonctif – Formes composées
	Présent	**Passé composé**	**Présent**	**Passé**
1re p. sing.	**suel**o	-	**suel**a	-
2e	**suel**es	-	**suel**as	-
3e	**suel**e	-	**suel**a	-
1re p. plur.	solemos	-	solamos	-
2e	soléis	-	soláis	-
3e	**suel**en	-	**suel**an	-
	Imparfait	**Plus-que-parfait**	**Imparfait**	**Plus-que-parfait**
1re p. sing.	solía	-	soliera	-
2e	solías	-	solieras	-
3e	solía	-	soliera	-
1re p. plur.	solíamos	-	soliéramos	-
2e	solíais	-	solierais	-
3e	solían	-	solieran	-
	Prétérit	**Passé antérieur**		
1re p. sing.	-	-	soliese	-
2e	-	-	solieses	-
3e	-	-	soliese	-
1re p. plur.	-	-	soliésemos	-
2e	-	-	solieseis	-
3e	-	-	soliesen	-
	Futur simple	**Futur antérieur**	**Futur**	**Futur antérieur**
1re p. sing.	-	-	-	-
2e	-	-	-	-
3e	-	-	-	-
1re p. plur.	-	-	-	-
2e	-	-	-	-
3e	-	-	-	-

	Conditionnel présent	**Conditionnel passé**
1re p. sing.	-	-
2e	-	-
3e	-	-
1re p. plur.	-	-
2e	-	-
3e	-	-

Impératif

Présent	**Formes empruntées au subjonctif**
- (tú)	- (él, ella, usted)
- (vosotros)	-(nosotros)
	- (ellos, ellas, ustedes)

Précis grammatical

LE VERBE ESPAGNOL

Comme tout mot de la langue, le verbe se compose :
- d'une information lexicale apportant le sens, la signification du verbe ;
- d'une information grammaticale indiquant qu'il s'agit d'un verbe.

En espagnol, le pronom personnel sujet n'est pas obligatoire.

1 Formation

Soit la forme cantas.

Elle comprend
- un ***radical**** cant, qui contient l'idée de *chant* : c'est la signification du verbe, l'opération dont le ***locuteur**** veut parler ;
- une ***désinence**** -as, qui apporte des informations sur le ***mode**** (indicatif), l'***aspect**** (forme simple), le temps (présent), et la personne (2e p. sing.).

Dans la désinence -as, la voyelle -a- informe que ce verbe appartient au premier groupe, celui des verbes en -ar.

La différence essentielle entre le verbe français et le verbe espagnol tient à cette désinence. Comparons cantas et *tu chantes*.

Le verbe *chante(s)*, s'il n'est précédé d'aucun pronom personnel sujet, peut, à l'oral, correspondre à au moins quatre personnes (1re, 2e et 3e p. sing., 3e p. plur.). L'emploi du pronom personnel sujet antéposé, *tu* + *chantes*, est obligatoire pour identifier la personne.

Dans cantas, au contraire, toutes les informations grammaticales, y compris la 2e p. sing., tú, sont contenues dans la désinence sous forme de ***flexion****. Le verbe espagnol possède six désinences audibles, rendant inutile l'emploi d'un pronom personnel sujet.

Cette forme du verbe espagnol est un héritage du latin.

Latin : canto, cantas, cantat, cantamus, cantatis, cantant.

Espagnol : canto, cantas, canta, cantamos, cantáis, cantan.

Français : *je chante, tu chantes, il/elle chante, nous chantons, vous chantez, ils/elles chantent.*

2 Emploi

Les mots qui composent nos phrases ne sont pas identiques : ils diffèrent à la fois par leur nature et leur fonction. Articles, substantifs, adjectifs, verbes, adverbes, etc., sont ce que l'on appelle des parties du discours.

Tout verbe exprime un événement, ou un état, qui s'applique à un être ou à une chose.

Cantas.
Tu chantes.

Je dis d'un être, tú, qu'il chante (l'événement).

La casa estaba en llamas.
La maison était en flammes.

Je dis d'une chose, la maison, l'état dans lequel elle se trouvait.

La casa está en llamas.
La maison est en flammes.

Si l'on modifie le temps de la phrase, seul le verbe change. Il contient donc du temps : il peut situer un événement dans le passé, le présent ou le futur. De plus, tout événement, pour se dérouler, occupe une certaine plage temporelle : c'est l'***aspect****, **voir p. 116.**

LE VOSEO

- Le voseo (emploi de vos) est une des deux formes de tutoiement en Amérique latine, avec le tuteo (emploi de tú), employé dans certains pays (Chili, Bolivie, Colombie, sud et nord du Pérou...).
- Le voseo, non utilisé en espagnol péninsulaire actuel, couvre une grande partie du continent latino-américain. Il est quasiment général en Argentine et en Uruguay.
- On y tutoie avec vos, on vouvoie avec usted. Ustedes est le pluriel de vos et de usted.

1 Formation

Les formes de voseo concernent le présent de l'indicatif et l'impératif d'ordre. Le pronom personnel sujet est vos.

Au subjonctif présent et à l'impératif de défense (no + subjonctif), les formes de voseo alternent avec les formes de tú de l'espagnol péninsulaire.

Espagnol d'Espagne *Formes avec tú*	*Espagnol d'Amérique* *Formes avec vos*	*Traduction*
	Indicatif présent	
(tú) amas	(vos) amás	*tu aimes*
(tú) temes	(vos) temés	*tu crains*
(tú) partes	(vos) partís	*tu pars*
	Impératif d'ordre	
(tú) ama	(vos) amá	*aime !*
(tú) teme	(vos) temé	*crains !*
(tú) parte	(vos) partí	*pars !*

Espagnol d'Espagne *Formes avec tú*	*Espagnol d'Amérique* *Formes avec vos*	*Traduction*
	Subjonctif	
(tú) ames	(vos) ames	*que tu aimes*
(tú) temas	(vos) temás	*que tu craignes*
(tú) partas	(vos) partás	*que tu partes*

2 Emploi

Voici un dialogue entre deux amis qui se retrouvent après de longues années, dans un quartier de Buenos Aires (Argentine).

– ¿En qué andás? ¡Tanto tiempo!

– Soy arquitecto. ¿Y vos? Contame de vos, ¿qué hiciste todo este tiempo? ¿Te casaste, tenés pibes? ¿Seguís en el barrio?

– Que fais-tu ? Après tout ce temps !

– Je suis architecte. Et toi ? Parle-moi de toi, qu'as-tu fait pendant tout ce temps ? Es-tu marié, as-tu des enfants ? Vis-tu toujours dans ce quartier ?

LES PRONOMS PERSONNELS SUJETS

- L'espagnol dispose de six rangs de pronoms personnels (1re, 2e, 3e p. sing, 1re, 2e, 3e p. plur.) pouvant être sujets du verbe, comme en français.
- Attention : ils ne sont pas les équivalents des pronoms personnels sujets français.

1 Formation

Pronoms personnels sujets	yo, tú, él/ella/usted, nosotros/nosotras, vosotros/vosotras, ellos/ellas/ustedes
Pronoms pers. compléments directs (C.O.D.)	me, te, le/lo/la, lo/le/la (usted), nos, os, los/las, los/las (ustedes)
Pronoms pers. indirects (C.O.I.)	me, te, le, le (usted), nos, os, les, les (ustedes)
Pronoms précédés d'une préposition	mí, ti, él/ella/ello/sí, usted, nosotros/nosotras, vosotros/vosotras, ellos/ellas/sí, ustedes
Pronoms réfléchis	me, te, se, se (usted), nos, os, se, se (ustedes)

La spécificité de l'espagnol d'une grande partie de l'Amérique latine, pour tutoyer, est le voseo. Le pronom personnel sujet est vos. **(Voir p. 101.)**

Le verbe espagnol contient la personne dans sa ***désinence****, alors qu'en français, les pronoms personnels sujets « *je* », « *tu* », « *il* »... accompagnent obligatoirement le verbe.

Viene.
Il vient.

2 Emploi

Les pronoms personnels sujets en espagnol ne sont donc pas les équivalents des pronoms personnels sujets français. Yo n'est pas l'équivalent de « *je* »; tú n'est pas l'équivalent de « *tu* »...

Ils ont pour équivalents les pronoms personnels compléments du verbe : *moi, toi, lui/elle, nous, vous, eux/elles*.

– ¿Quién lo dice? – Yo.
– Qui dit cela ? – Moi.

– ¿Quién llama? – Tú.
– Qui appelle ? – Toi.

En français, il est impossible de répondre : – *Qui dit cela ? – ~~Je~~.*

En effet, les pronoms personnels sujets français sont obligatoirement liés au verbe.

Les pronoms espagnols, eux, sont autonomes.

On les utilise pour insister sur la personne et marquer un contraste.

Tú sales mientras que yo me quedo a dormir.
Toi tu sors, tandis que moi, je reste dormir.

Yo pienso que es inútil.
Moi, je pense que c'est inutile.

On les utilise pour éviter l'ambiguïté lorsqu'une forme verbale peut avoir plusieurs sujets.

Ella no se atrevió a contestar.
Elle n'osa pas répondre.

Ici, en présence d'autres personnes pouvant répondre (el hombre, la mujer, usted...), il est nécessaire de préciser le sujet par un pronom personnel sujet : él, ella, usted...

LES PRONOMS COMPLÉMENTS

- À la différence du français, les pronoms personnels compléments peuvent se placer avant ou après le verbe.
- Les pronoms compléments peuvent être précédés d'une préposition, comme en français.
- L'ordre des pronoms compléments est invariable en espagnol : C.O.I. + C.O.D.

1 Fonction

- Ils désignent l'être ou la chose directement impliqués par l'événement exprimé par le verbe.

Subo la maleta.
Je monte la valise.

La subo.
Objet direct du verbe
Je la monte.

- Ils désignent l'être (ou la chose) bénéficiaire.

Doy de comer a mi hija.
Je donne à manger à ma fille.

Le doy de comer.
Objet indirect du verbe
Je lui donne à manger.

2 Place

- Lorsque le verbe est conjugué à l'indicatif ou au subjonctif, les pronoms précèdent le verbe, comme en français.

Quiero que me lo digas.
Je veux que tu me le dises.

- À la différence du français, lorsque le verbe est à l'infinitif, au gérondif, les pronoms se soudent au verbe : ce mécanisme s'appelle l'***enclise****.

Habrá que decírselo.
Il faudra le lui dire.

- Comme en français, l'enclise se produit aussi à l'impératif. En français, la soudure se fait par un trait d'union.

No tires lo útil, recíclalo.
Ne jette pas ce qui est utile, recycle-le.

- Attention à l'ordre des pronoms compléments, toujours invariable en espagnol : pronom C.O.I. + pronom C.O.D. En français, cet ordre varie à la 3e personne.

Mi madre se lo presta.
(C.O.I. + C.O.D.)

Ma mère le lui *prête.*
(C.O.D. + C.O.I.)

- Dans les constructions du type *auxiliaire + verbe à l'infinitif/au gérondif*, l'enclise du pronom n'est pas obligatoire.

Ella me lo estaba explicando.

Ella estaba explicándomelo.
Elle était en train de me l'expliquer.

Les pronoms compléments précédés d'une préposition (a mí, a ti, a él...) sont appelés « toniques » (dans le cas de l'enclise, on applique la règle des accents), par opposition aux autres (me, te, se, le, la, lo...) qu'on appelle « atones ».

No te preocupes por mí.
Ne t'inquiète pas pour moi.

Ven conmigo.
Viens avec moi.

Pour le tableau des pronoms, **voir p. 102**.

LE MODE

- Dans la construction du verbe, le mode constitue la première étape d'un parcours complexe.
- Celui-ci se poursuit par le choix d'une *voix**, d'un *aspect**, d'un temps et d'une personne.

1 Formation

Le mode impersonnel

Il comprend l'infinitif, le gérondif et le participe passé. Le temps n'est pas encore construit : les formes verbales du mode impersonnel nécessitent donc l'emploi d'un ***auxiliaire****. **(Voir p. 105.)**

Infinitif	temer	*craindre*
Gérondif	temiendo	*craignant*
Participe passé	temido	*craint*

Les modes personnels

Ce sont : l'impératif, le subjonctif et l'indicatif.

- L'impératif comprend un temps simple : le présent.

¡Cantemos!
Chantons !

- Au subjonctif, le temps se divise en trois périodes : le présent, le passé et le futur. À chaque forme verbale simple correspond une forme verbale composée. (**Voir** l'***aspect****, **p. 116**.)

Cependant, le subjonctif n'est pas un mode autonome. Il dépend toujours d'un événement principal exprimé à l'indicatif, dans la ***proposition principale****.

Quiero que vengas.
Je veux que tu viennes.

La forme de subjonctif vengas est dépendante du verbe principal quiero. **(Voir p. 125.)**

- À l'indicatif, la construction du temps dans le verbe est achevée.

Ce mode autonome comprend le plus de formes verbales. Il se divise en trois périodes : présent, passé, futur, avec cinq temps simples et cinq temps composés. **(Voir p. 116.)**

– ¿Quieres más azúcar ?
– Sí, quiero.

– Veux-tu davantage de sucre ?
– Oui, volontiers.

2 Emploi

Le mode décrit l'attitude du locuteur devant la réalité du fait envisagé. Aucun fait n'est jamais réel en soi, ou non réel. Le discours passe toujours à travers le regard du locuteur, son état d'esprit.

J'espère qu'il pensera à venir.

Espagnol : deux possibilités.

Espero que se acordará de venir.

Quelle que soit l'issue, le locuteur choisit l'indicatif pour donner de la réalité à l'événement attendu. Il veut envisager cette venue comme certaine.

Espero que se acuerde de venir.

En choisissant le subjonctif, le locuteur inscrit le même événement dans le doute, l'hypothétique. Il sait qu'il existe une possibilité pour que cette venue n'ait pas lieu.

LE MODE IMPERSONNEL

■ Le mode impersonnel comprend les formes verbales suivantes : infinitif, gérondif et participe passé.

■ Ces formes verbales sont dépourvues de *désinence** personnelle.

■ Elles ne permettent pas non plus de situer l'événement dans le passé, le présent ou le futur.

1 Formation

	espagnol	français
Infinitif	jugar/comer/ pedir	*jouer/ manger/ demander*
Gérondif	jugando/ comiendo/ pidiendo	*en jouant/ en mangeant/ en demandant*
Participe passé	jugado/comido/ pedido	*joué/ mangé/ demandé*

L'infinitif et le gérondif existent sous la forme composée, comme en français.

haber pedido *avoir demandé*

habiendo jugado *ayant joué*

2 Emploi

■ Ces trois formes (cantar, cantando, cantado) ne sont pas tout à fait des formes verbales.

En français, on parle de ***mode quasi nominal****. En espagnol, on les utilise aussi comme des substantifs ou des adjectifs.

Hemos comido asado de cordero.
(Substantif)
Nous avons mangé du gigot d'agneau.

¿Te gustan las castañas asadas?
(Adjectif)
Aimes-tu les marrons grillés ?

■ En espagnol, comme en français, les infinitifs peuvent se substantiver.

Nos vamos descubriendo a través de su atento escuchar.
Nous apprenons à nous connaître, grâce à son écoute attentive.

■ La personne et le temps sont fournis par des verbes les accompagnant ***(auxiliaires*)***.

Si quieres puedo explicártelo.
Si tu veux, je peux te l'expliquer.

■ Ces formes apportent des informations sur le déroulement de l'événement.

Voy a comer.
Événement à venir. **(Voir p. 107.)**
Je vais manger.

Estoy leyendo.
Événement en cours de déroulement. **(Voir p. 109.)**
Je lis.

¿Qué tal has dormido?
Événement achevé. **(Voir p. 111.)**
As-tu bien dormi ?

L'INFINITIF

■ La conjugaison espagnole compte trois groupes identifiables par la marque de l'infinitif : les verbes en -ar, -er et -ir.

■ Comme en français, l'infinitif sert notamment à la formation du futur simple et du conditionnel. (Voir p. 121.)

1 Formation

1er groupe : radical + ar	amar	*aimer*
2e groupe : radical + er	temer	*craindre*
3e groupe : radical + ir	subir	*monter*

Infinitifs présent et passé

Comme en français, il existe en espagnol l'infinitif présent et l'infinitif passé.

Quiere irse ahora mismo.
Elle veut partir immédiatement.

Pienso haber terminado los deberes.
Je pense avoir terminé mes devoirs.

Formation des temps du futur

Comme en français, le futur simple et le conditionnel sont formés à partir de l'infinitif du verbe. (Voir p. 121.)

amaré, *j'aimerai*, amaría, *j'aimerais*, etc.

2 Emploi

■ Comme l'impératif, l'infinitif peut servir à exprimer un ordre.

¡Callaros!
Taisez-vous !

■ Comme en français, l'infinitif peut être utilisé comme substantif.

Dans ce cas, il est précédé d'un déterminant (article, adjectif possessif ou démonstratif).

El ladrar (*l'aboiement*), el vivir (*le mode de vie*), tu andar (*ta façon de marcher*)...

Certains infinitifs substantivés peuvent porter la marque du pluriel.

Los deberes (*les devoirs*), los seres humanos (*les êtres humains*), los placeres (*les plaisirs*)...

■ Dans la phrase, l'infinitif peut remplir différentes fonctions : sujet du verbe, objet direct ou indirect du verbe.

Afirmar eso es ridículo.
(Sujet du verbe es.)
Affirmer cela est ridicule.

Ella sabe mentir.
(Complément d'objet direct du verbe sabe.)
Elle sait mentir.

Dudaron en llamarnos.
(Complément d'objet indirect du verbe dudaron.)
Ils ont hésité à nous appeler.

CONSTRUCTIONS VERBALES À L'INFINITIF

■ L'infinitif n'apporte aucune indication d'époque ni de personne.

■ L'information apportée concerne le déroulement de l'événement : avec l'infinitif, l'action n'est pas encore engagée.

Emploi

Dans les constructions verbales, l'infinitif exprime la possibilité de tel ou tel événement, quel que soit le temps indiqué par l'***auxiliaire**** (passé, présent, futur).

■ ir a + infinitif
aller + infinitif
Vamos a escribirles.
Nous allons leur écrire.

■ ponerse a + infinitif
se mettre à + infinitif
Se puso a llover.
Il s'est mis à pleuvoir.

■ meterse a + infinitif
se mettre à + infinitif
Se metió a invertir en Bolsa.
Il s'est mis à investir en Bourse.

■ romper a + infinitif
se mettre tout à coup à + infinitif
Rompió a llorar.
Il se mit tout à coup à pleurer.

■ acabar de + infinitif
venir de + infinitif
Acabo de entregártelo.
Je viens de te le remettre.

■ dejar de + infinitif
cesser de + infinitif
Andando el tiempo, dejamos de escribirles.
Avec le temps, nous avons cessé de leur écrire.

■ haber de + infinitif
devoir + infinitif
Es tu padre quien ha de hacerlo.
C'est ton père qui doit le faire.

■ haber que + infinitif
falloir + infinitif
Habrá que decírselo.
Il faudra le lui dire.

■ volver a + infinitif
recommencer à + infinitif
Volvamos a empezar.
Recommençons.

■ echarse a + infinitif
se mettre à + infinitif
Se echó a reír.
Il se mit à rire.

■ llegar a + infinitif
devenir, finir par + infinitif
Llegó a ser un gran médico.
Il finit par devenir un grand médecin.

■ empezar a + infinitif
commencer à + infinitif
Empezaron a dudar.
Ils commencèrent à douter.

■ estar para + infinitif
être sur le point de + infinitif
Está para llorar.
Il est sur le point de pleurer.

■ deber de + infinitif
devoir probablement
Debió de sufrir mucho.
Il a dû beaucoup souffrir.

■ tener que + infinitif
devoir absolument + infinitif
Tienes que cumplir.
Tu dois absolument faire ton devoir.

LE GÉRONDIF

- Le gérondif se forme à partir du *radical** de l'infinitif, auquel on ajoute -ando ou -iendo. Il correspond au gérondif français précédé de « *en* » (*en chantant*).
- Ses emplois sont plus nombreux en espagnol, où il évoque toujours une action en cours d'accomplissement.

1 Formation

Gérondifs réguliers

Radical + terminaison

1er groupe	Terminaison ando	
amar	→ amando	*en aimant*
2e groupe	Terminaison iendo	
temer	→ temiendo	*en craignant*
3e groupe subir	Terminaison iendo	
	→ subiendo	*en montant*

Comme en français, le gérondif existe sous une forme simple et une forme composée.

Diciendo	Habiendo dicho
En disant	*Ayant dit*

Gérondifs réguliers avec modification orthographique : i, e > y

Ces formes de gérondif sont parfaitement régulières : l'apparition du *yod** est une modification orthographique. Le yod permet de marquer la limite syllabique entre la voyelle du *radical** et le i de la *désinence** : on évite ainsi ~~ca/i/endo~~.

caer *(49) tomber* → cayendo

oír *(58) entendre* → oyendo

ir *(77) aller* → yendo

Gérondifs irréguliers

decir	*dire*	diciendo
dormir	*dormir*	durmiendo
morir	*mourir*	muriendo
pedir	*demander*	pidiendo
poder	*pouvoir*	pudiendo
reír	*rire*	riendo
seguir	*suivre*	siguiendo
sentir	*sentir*	sintiendo
venir	*venir*	viniendo

À ces verbes s'ajoutent leurs dérivés et les verbes irréguliers à modification vocalique e > i sur le modèle de pedir *(39)*.

À ces verbes s'ajoutent leurs dérivés et les verbes réguliers ou irréguliers à modification orthographique sur le modèle de huir *(52)*.

2 Emploi

Placé après le verbe conjugué, il complète l'événement décrit par le verbe. L'action exprimée par le gérondif est secondaire par rapport au verbe principal.

Le hablaba procurando no asustarla.
Il lui parlait en essayant de ne pas l'effrayer.

Dans une proposition au gérondif, le sujet est obligatoirement placé en seconde position.

Estando él ausente, no me apetece ir a esa fiesta.
Puisque lui est absent, je n'ai pas envie d'aller à cette fête.

Cette construction est impossible en français.

CONSTRUCTIONS VERBALES AU GÉRONDIF

Dans les constructions verbales, la valeur du gérondif est d'exprimer un événement en train de se dérouler, quel que soit le moment indiqué par l'*auxiliaire**: passé, présent ou futur.

Emploi

■ estar + gérondif

Cette construction s'utilise lorsque l'action est en cours et dure. En français, on la traduit le plus souvent par *« être en train de »*.

¿Me estabas esperando?
Est-ce que tu m'attendais ?

■ ir + gérondif

Cette construction exprime la durée et insiste sur la progression temporelle. En français, la même progression est souvent rendue par les locutions *peu à peu, petit à petit*

Los primos fueron conociéndose.
Peu à peu, les cousins apprirent à se connaître.

■ venir + gérondif

L'action prend son point de départ dans le passé et se prolonge jusqu'au moment où on l'évoque. L'effet produit est l'insistance, la répétition.

Vengo diciéndole desde hace un mes que se equivoca, pero ella no me hace caso.
Je lui dis et lui redis, depuis un mois, qu'elle se trompe, mais elle ne m'écoute pas.

■ seguir + gérondif

L'action a démarré dans le passé et se poursuit dans le présent.

En français, on traduit souvent cette expression par *continuer à, rester, être toujours*

Su pasión sigue siendo el chocolate.
Sa passion reste le chocolat.

■ llevar + indication temporelle + gérondif

Entre l'auxiliaire et le verbe au gérondif vient se loger une indication temporelle. L'accent est mis sur la période de temps écoulée depuis le début de l'action.

Los pacientes llevan una hora esperando al médico.
Cela fait une heure que les patients attendent le médecin.

■ andar + gérondif

La construction évoque une action qui se prolonge et souvent perçue de façon négative. La durée est parfois associée au mouvement, à la dispersion.

Anda buscando trabajo desde hace un año.
Il cherche du travail depuis un an.

LE PARTICIPE PASSÉ

- Le participe passé sert à former les temps composés à la *voix active**.
- Les *auxiliaires** sont haber et parfois tener.
- Les auxiliaires ser et estar servent, eux, à construire la *voix passive**. (Voir p. 113.)

1 Formation

Participes passés réguliers

*Radical** + terminaison

1er groupe amar	Terminaison ado → amado	*aimé*
2e groupe temer	Terminaison ido → temido	*craint*
3e groupe subir	Terminaison ido → subido	*monté*

Participes passés irréguliers

abrir	*ouvrir*	abierto
cubrir	*couvrir*	cubierto
decir	*dire*	dicho
escribir	*écrire*	escrito
hacer	*faire*	hecho
morir	*mourir*	muerto
poner	*mettre*	puesto
pudrir	*pourrir*	podrido
romper	*briser*	roto
satisfacer	*satisfaire*	satisfecho
ver	*voir*	visto
volver	*revenir*	vuelto

2 Emploi

- Avec l'auxiliaire haber, le participe passé ne s'accorde jamais.

Cuando llegues, habremos cenado.
→ Participe passé invariable
Quand tu arriveras, nous aurons dîné.
→ *avoir* + participe passé invariable

Cuando llegues, habremos salido.
→ Participe passé invariable
Quand tu arriveras, nous serons partis.
→ *être* + participe passé accordé

- En espagnol, le participe passé précédé de l'auxiliaire haber ne s'accorde jamais, en présence ou non d'un complément d'objet direct.

En français, avec l'auxiliaire « avoir », si le C.O.D. précède le verbe, le participe passé s'accorde en genre et en nombre.

Français :
Combien de livres as-tu lus ?

Espagnol :

¿Cuántos libros has leído?

Te devuelvo los que he leído.
Je te rends ceux que j'ai lus.

Me los he leído antes de comprarlos.
Je les ai lus avant de les acheter.

- Avec quelques verbes, le participe passé s'accorde en genre et en nombre.

A Carmen le gusta andar descalza por casa.
Carmen aime se promener chez elle pieds nus.

CONSTRUCTIONS VERBALES AU PARTICIPE PASSÉ

■ L'événement ayant pris fin, le participe passé a une valeur perfective. L'espagnol l'utilise avec cette valeur dans plusieurs constructions verbales.

■ Ces constructions n'existant pas en français, on traduira le plus souvent par « *être* » ou « *avoir* » + participe passé.

Emploi

Dans les constructions verbales, le participe passé exprime un événement achevé, quel que soit le temps indiqué par l'***auxiliaire**** (passé, présent, futur).

Perçu comme un adjectif, il s'accorde donc en genre et en nombre.

■ andar + *participe passé*

Ahora mi hermana anda muy ocupada.
Pour le moment, ma sœur est très occupée.

■ dejar + *participe passé*

He dejado dicho que no me despierten.
J'ai déjà dit mille fois que l'on ne me réveille pas.

■ ir + *participe passé*

Ya van vendidos diez cuadros.
Dix tableaux sont déjà vendus.

■ llevar + *participe passé*

Llevo tres páginas leídas.
J'ai déjà lu trois pages.

■ quedarse + *participe passé*

Con tu respuesta me quedo satisfecha.
Ta réponse me satisfait.

■ resultar + *participe passé*

En la colisión resultaron heridas diez personas.
Dix personnes ont été blessées dans la collision.

■ seguir + *participe passé*

A pesar de mis consejos, sigue despistada.
Malgré mes conseils, elle est toujours perdue.

■ traer + *participe passé*

Trae puesta su chaqueta nueva.
Il porte sa veste neuve.

VERBES À DOUBLE PARTICIPE PASSÉ

Certains verbes espagnols ont deux participes passés.

- L'un, régulier, sert à former les temps composés. Il est invariable.
- L'autre, irrégulier, s'emploie plutôt comme adjectif et, comme tel, s'accorde en genre et en nombre avec le substantif.

1 Formation

Verbe	*Traduction*	*P. passé régulier*	*P. passé irrégulier*
absorber	*absorber*	absorbido	absorto
afligir	*affliger*	afligido	aflicto
atender	*s'occuper de*	atendido	atento
comprimir	*comprimer*	comprimido	compreso
confesar	*avouer*	confesado	confeso
confundir	*confondre*	confundido	confuso
convencer	*convaincre*	convencido	convicto
convertir	*convertir*	convertido	converso
corregir	*corriger*	corregido	correcto
despertar	*réveiller*	despertado	despierto
difundir	*diffuser*	difundido	difuso
dividir	*diviser*	dividido	diviso
elegir	*élire*	elegido	electo
enjugar	*sécher*	enjugado	enjuto
excluir	*exclure*	excluido	excluso
expresar	*exprimer*	expresado	expreso
extender	*étendre*	extendido	extenso
fijar	*fixer*	fijado	fijo
incluir	*inclure*	incluido	incluso
salvar	*sauver*	salvado	salvo
soltar	*lâcher*	soltado	suelto
sustituir	*substituer*	sustituido	sustituto
suprimir	*supprimer*	suprimido	supreso
suspender	*suspendre*	suspendido	suspenso
torcer	*tordre*	torcido	tuerto

2 Emploi

- Le participe passé est invariable.

El profesor todavía no ha fijado la fecha del examen.
Le professeur n'a pas encore fixé la date de l'examen.

- L'adjectif s'accorde en genre et en nombre.

A veces se despierta con una idea fija en la cabeza.
Parfois, il se réveille, une idée fixe en tête.

- L'emploi est indifférent pour les verbes suivants:

freír *frire* → freído/frito

imprimir *imprimer* → imprimido/impreso

SER ET ESTAR + PARTICIPE PASSÉ

- L'emploi de la *voix passive** est moins fréquent en espagnol qu'en français.
- En français, la voix passive se construit exclusivement avec l'*auxiliaire** « *être* » + participe passé.
- L'espagnol dispose de deux verbes : ser et estar.

1 Ser + participe passé

En espagnol, la voix passive se construit avec l'auxiliaire ser suivi du participe passé. Celui-ci s'accorde en genre et en nombre avec le sujet, comme en français avec le verbe *être*.

La ministra fue acusada de traición por los periodistas.
La ministre fut accusée de trahison par les journalistes.

Dans cette phrase, on distingue :
- un patient : la ministra (sujet du verbe) ;
- un agent : los periodistas (complément du verbe introduit par la préposition por).

En espagnol, ser + participe passé évoque l'événement au moment même où il se déroule (présent, passé, futur). Il s'agit de l'action effective qu'un agent fait subir à un patient. Ici, on se représente la ministre au moment même où elle reçoit/subit l'accusation (article de presse, déclaration publique, etc.).

Parfois, l'agent n'est pas exprimé, comme en français. On dit qu'il reste « implicite ».

La ministra fue acusada de traición.
La ministre a été accusée de trahison.

2 Estar + participe passé

En espagnol, l'auxiliaire estar peut être suivi du participe passé. Celui-ci s'accorde en genre et en nombre avec le sujet. Estar + participe passé déclare le résultat d'une action.

La ministra está acusada de traición.
La ministre est accusée de trahison.

Ici, está acusada évoque la situation, l'état dans lesquels se trouve la ministre. L'acte d'accusation, avec un agent et un patient, s'exprime avec ser + participe passé. Avec estar, seul le résultat de l'action est envisagé.

Comparez :

La puerta fue cerrada.	La puerta está cerrada.
La porte a été fermée.	*La porte* est fermée.
Action (d'un agent sur un patient)	Résultat

3 Voix passive avec estar

Attention : certains verbes (acompañar, dominar, ocupar...) construisent leur voix passive de préférence avec estar.

Avec ces verbes, on se représente un patient subissant l'action d'un agent (voix passive), mais aussi le résultat de cette action.

El rey está acompañado por la reina.
Le roi est accompagné de la reine.

La particularité de cette structure, c'est que l'agent (la reina) continue d'agir sur le patient (el rey). L'action se poursuit au-delà du résultat, el rey está acompañado.

El hotel estaba ocupado por gente ruidosa.
L'hôtel était occupé par des gens bruyants.

Ici aussi, une fois le résultat obtenu (el hotel estaba ocupado), l'agent (gente ruidosa) continue d'agir sur le patient (el hotel) : l'action est reconduite.

SER ET ESTAR + ADJECTIF

- En français, les attributs du sujet sont introduits par un seul verbe : « *être* ».
- En espagnol, il existe deux possibilités : ser + adjectif ou estar + adjectif.

1 Construction avec ser

El café es amargo.
Le café est amer.

Avec ser, on choisit d'attribuer une propriété essentielle, définitive. On n'envisage pas de modification : le café est amer, c'est sa nature.

2 Construction avec estar

Este café está amargo.
Ce café est amer.

Avec estar, on choisit d'attribuer une propriété liée à des circonstances. On connaît la cause et on envisage une modification : ce café-ci est amer, car je ne l'ai pas assez sucré. J'envisage de changer cela.

- Si la propriété exprimée par l'adjectif est liée aux circonstances → estar
- Si la propriété exprimée par l'adjectif est indépendante de toute circonstance → ser

3 Construction avec ser et estar

En principe, tous les adjectifs peuvent se construire avec ser ou estar, mais, en fonction du verbe que l'on choisira, le sens de la phrase sera complètement différent.

ser ciego	*être aveugle (infirmité)*
estar ciego	*être aveuglé par quelque chose, se voiler la face*
ser claro	*être lumineux*
estar claro	*être clair, évident*
ser feliz	*être heureux*
estar feliz	*être heureux (lié à une circonstance)*
ser guapo	*être beau (nature)*
estar guapo	*être beau (pour l'occasion)*
ser joven	*être jeune (par l'âge)*
estar joven	*être jeune d'esprit ou d'apparence*
ser limpio	*être propre (par nature)*
estar limpio	*être propre(après nettoyage)*
ser listo	*être intelligent*
estar listo	*être prêt*
ser malo	*être méchant (par nature)*
estar malo	*être malade (circonstanciel)*
ser sucio	*être sale (par nature)*
estar sucio	*être sale (s'être sali)*

Attention

- Certains adjectifs se construisent uniquement avec ser.
cierto *(certain)*, concreto *(concret)*, culto *(cultivé)*, desdichado, infeliz *(malheureux)*, dichoso *(heureux)*, evidente *(évident)*, posible, imposible *(possible, impossible)*...
- Certains adjectifs se construisent uniquement avec estar.
contento *(content)*, desierto *(désert)*, enfermo *(malade)*, lleno *(plein)*, vacío *(vide)*, satisfecho *(satisfait)*, solo *(seul)*...

SER ET ESTAR + PRÉPOSITIONS

- Ces deux verbes sont également d'un emploi très courant suivis d'une préposition.
- L'ensemble constitue une *locution verbale**.

Emploi

ser + préposition

- ser de + substantif : *appartenir, être originaire de, être en (matière)*

Esta casa es de mi abuela.
Cette maison est à ma grand-mère.

Es de la provincia de Valencia.
Il est de la province de Valence.

Es de oro.
C'est en or.

- ser para + infinitif : *servir à*

Este botón es para apagar la luz.
Ce bouton sert à éteindre la lumière.

estar + préposition

- estar a : indication de la date

Estamos a 12 de febrero.
Nous sommes le 12 février.

- estar de

– L'activité : estar de vacaciones (*être en vacances*), estar de viaje (*être en voyage*)...

– L'attitude : estar de rodillas (*être à genoux*), estar de pie (*être debout*)...

- estar para : *être sur le point de, être d'humeur à, être en état de*

Hoy no estoy para bromas.
Aujourd'hui, je ne suis pas d'humeur à plaisanter.

Mi abuelo ya no está para caminar tanto.
Mon grand-père n'est plus en état de marcher autant.

- estar por

– *être amoureux de quelqu'un*

Se ve clarísimo que Pedro está por ti.
Pedro est fou de toi, c'est très clair.

– *rester à* + infinitif, *être à* + infinitif

La habitación está por limpiar.
La chambre est à nettoyer.

– *être sur le point de, être tenté de*

Casi estaba por darte la razón.
J'étais sur le point de te donner raison.

L'ASPECT

■ On appelle *aspect** la façon d'envisager un événement. Soit on l'envisage en cours de réalisation, soit on l'envisage à l'état achevé.

■ Dans la conjugaison espagnole, ce choix est rendu par l'opposition entre forme verbale simple et forme verbale composée.

1 Formation

En espagnol, comme en français, l'opposition entre forme simple et forme composée s'étend à toute la conjugaison, sauf à l'impératif.

Pour la ***voix active****, l'ensemble des temps composés se forme de la façon suivante :

Auxiliaire haber + participe passé du verbe

→ auxiliaire conjugué (mode, temps, personne)

→ participe passé invariable

Dans ce cas, le participe passé est toujours invariable, alors qu'en français, il peut y avoir accord.

Hemos bajado.
Nous sommes descendus.

L'***auxiliaire**** porte les informations grammaticales, tandis que le participe passé porte l'information lexicale : l'événement dont il est question.

À chaque forme simple correspond une forme composée.

	Formes simples	Formes composées
Mode impersonnel	dormir	haber dormido
	durmiendo	habiendo dormido
Modes personnels		
Indicatif	Présent duermo	Passé composé he dormido
	Imparfait dormía	Plus-que-parfait había dormido
	Prétérit dormí	Passé antérieur hube dormido
	Futur dormiré	Futur antérieur habré dormido
	Conditionnel dormiría	Conditionnel passé habría dormido
Subjonctif	Présent duerma	Passé haya dormido
	Imparfait durmiera durmiese	Plus-que-parfait hubiera dormido hubiese dormido
	Futur durmiere	Futur antérieur hubiere dormido

2 Emploi

Le locuteur peut se représenter l'événement et l'acteur qui lui est associé de deux façons.

■ Soit il se représente un événement en pleine réalisation, et un acteur en pleine action, dans le passé, le présent ou le futur.

→ Forme simple

Adela se cayó de la silla.
Adela est tombée de sa chaise.

■ Soit il se représente un événement à l'état achevé, et un acteur ayant cessé d'agir, dans le passé, le présent ou le futur.

→ Forme composée

Cuando llegues, habremos cenado.
Quand tu arriveras, nous aurons dîné.

En principe, rien ne doit séparer l'auxiliaire du participe passé. À la différence du français, l'adverbe est placé avant ou après la construction verbale.

He dormido muy bien.
J'ai très bien dormi.

Nunca lo habría dicho.
Je n'aurais jamais dit cela.

L'INDICATIF PRÉSENT

■ Formation : les irrégularités du présent de l'indicatif se retrouvent au subjonctif et à l'impératif.

■ Son emploi est sensiblement le même en français et en espagnol.

1 Formation

Verbes réguliers

→ *Radical** du verbe + terminaison

Radical des verbes en	ar	er	ir
(Yo)	o	o	o
(Tú)	as	es	es
(Él, ella, usted)	a	e	e
(Nosotros)	amos	emos	imos
(Vosotros)	áis	éis	ís
(Ellos, ellas, ustedes)	an	en	en

Verbes irréguliers

1re personne en go : caigo, digo, hago, oigo, pongo, salgo, tengo, traigo, valgo, vengo.

1re personne avec *yod** : soy, estoy, voy, doy et hay (forme *impersonnelle**).

1re personne en zc : conozco, luzco, nazco.

1re personne irrégulière : quepo (caber), he (haber), sé (saber), veo (ver).

Dans les verbes à *diphtongue**, à modification vocalique ou consonantique, l'irrégularité concerne toujours quatre rangs personnels : les trois personnes du singulier et la 3e p. plur.

■ Les verbes à diphtongue : e > ie (pienso), o > ue (duermo), i > ie (quiero).

■ Les verbes à modification vocalique e > i (pido), o > u (pudro).

■ Les verbes à modification consonantique : ajout du yod, concluyo (concluir).

acertar *(22)*	colgar *(30)*	pedir *(39)*
acierto	cuelgo	pido
aciertas	cuelgas	pides
acierta	cuelga	pide
acertamos	colgamos	pedimos
acertáis	colgáis	pedís
aciertan	cuelgan	piden

2 Emploi

■ Comme en français, on exprime au présent une action se déroulant au moment où l'on parle.

El claxon de este coche hace mucho ruido.
Le klaxon de cette voiture est très bruyant.

■ Dans les proverbes, notamment, il sert à enseigner une vérité générale, valable pour tous, à toutes les époques. C'est le présent atemporel.

Ojos que no ven, corazón que no siente.
Loin des yeux, loin du cœur.

■ Le présent permet d'exprimer une action habituelle.

Los miércoles vamos al cine.
Le mercredi, nous allons au cinéma.

LE PRÉTÉRIT

Il existe trois types de prétérits :

- Les prétérits réguliers « faibles » : le *radical** du verbe est stable et l'accent tombe sur la *désinence**.
- Les prétérits à modification vocalique du radical (e > i) : l'accent tombe sur la désinence.
- Seize verbes « forts » : l'accent tombe sur la dernière voyelle du radical aux 1re et 3e p. sing.

L'espagnol utilise très fréquemment le prétérit pour évoquer un fait passé, à l'écrit comme à l'oral.

1 Formation

Verbes réguliers

Ils sont majoritaires en espagnol.

→ Radical + terminaison.

Verbes en	ar	er/ir
(Yo)	é	í
(Tú)	aste	iste
(Él, ella, usted)	ó	ió
(Nosotros)	amos	imos
(Vosotros)	asteis	isteis
(Ellos, ellas, ustedes)	aron	ieron

Verbes à irrégularité vocalique

Le radical est modifié mais l'accent tombe sur la désinence, comme les verbes réguliers.

L'irrégularité ne concerne que deux personnes : 3e p. sing. et 3e p. plur.

pedir *(39)* → pidió, pidieron

sentir *(55)* → sintió, sintieron

dormir *(57)* → durmió, durmieron

Prétérits forts

→ Radical + terminaison.

(Yo)	e
(Tú)	iste
(Él, ella, usted)	o
(Nosotros)	imos
(Vosotros)	isteis
(Ellos, ellas, ustedes)	(i)eron

Attention

L'irrégularité du radical se maintient aux six personnes.

La désinence est la même pour les trois groupes.

L'accent tombe sur le radical aux 1re et 3e p. sing.

Verbe à voyelle radicale a

traer *(60)*	traje, trajo

Verbes à voyelle radicale u

andar *(54)*	anduve, anduvo
caber *(66)*	cupe cupo
conducir *(59)*	conduje, condujo
estar *(64)*	estuve, estuvo
haber *(76)*	hube, hubo
poder *(71)*	pude, pudo
poner *(69)*	puse, puso
saber *(67)*	supe, supo
tener *(72)*	tuve, tuvo

Verbes à voyelle radicale i

dar *(63)*	di, dio
decir *(74)*	dije, dijo
ir, ser *(77)*	fui, fue
hacer *(68)*	hice, hizo
querer *(70)*	quise, quiso
venir *(73)*	vine, vino

Ir et ser partagent le même prétérit.

2 Emploi

Emplois communs en français et en espagnol

Le prétérit est le temps du récit au passé. À la différence du passé composé, l'événement évoqué au prétérit est coupé du présent. Au prétérit, le *locuteur** établit une distance maximale entre le présent où il se trouve, et un événement révolu dans le passé.

Cet événement est souvent purement informatif.

Este cuento se publicó en El País.
Ce conte a été publié dans El País.

Ce conte fut publié dans El País.

C'est le temps adopté dans les contes pour enfants, comme en français.

La princesa se pinchó el dedo y cayó en un profundo sueño.
La princesse se piqua le doigt et tomba dans un profond sommeil.

Emplois spécifiques à l'espagnol

L'espagnol évoque un fait ou une expérience passés au prétérit, là où le français utilise le passé composé.

Ayer me anunció que se iba a casar.
Hier, elle m'a annoncé qu'elle allait se marier.

Très souvent, dans la presse, les événements sont relatés au prétérit, à la différence du français.

Aquí mismo se produjo una colisión de ocho vehículos.
Une collision de huit véhicules s'est produite ici-même.

Attention : l'espagnol emploie aussi le passé composé pour évoquer un fait passé.

Comparez :

Mi padre murió en junio de 2005.	Mi padre ha muerto.
Mon père est mort en juin 2005.	*Mon père est mort.*

Avec le prétérit, mi padre murió, le locuteur évoque un événement passé, daté, coupé de son présent. Avec le passé composé (auxiliaire haber conjugué au présent + participe passé), le locuteur évoque un événement terminé, achevé, muerto, ayant des conséquences (ici affectives) au moment où il parle, le présent.

L'IMPARFAIT

Les emplois de l'imparfait sont les mêmes en français et en espagnol.

1 Formation

Verbes réguliers

→ *Radical** régulier + terminaison

Verbes en	ar	er/ir
(Yo)	aba	ía
(Tú)	abas	ías
(Él, ella, usted)	aba	ía
(Nosotros)	ábamos	íamos
(Vosotros)	abais	íais
(Ellos, ellas, ustedes)	aban	ían

jugar (34)	cocer (36)	distinguir (20)
jugaba	cocía	distinguía
jugabas	cocías	distinguías
jugaba	cocía	distinguía
jugábamos	cocíamos	distinguíamos
jugabais	cocíais	distinguíais
jugaban	cocían	distinguían

Verbes irréguliers

→ *Radical** irrégulier + terminaison

ir (77)	ser (78)	ver (75)
iba	era	veía
ibas	eras	veías
iba	era	veía
íbamos	éramos	veíamos
ibais	erais	veíais
iban	eran	veían

2 Emploi

Le temps du récit

L'imparfait est le temps du récit : le narrateur évoque un événement passé et le revit.

Oíamos el ruido de una fiesta lejana.
Nous entendions le bruit d'une fête lointaine.

La description au passé

L'imparfait est le temps de la description au passé. Le narrateur évoque une personne, un objet qu'il revoit dans son passé.

Era un hombre de unos treinta años.
C'était un homme d'une trentaine d'années.

L'action habituelle dans le passé

L'imparfait sert à évoquer une action qui se répète dans le passé.

Su tía pasaba los días y las veladas ante la televisión.
Sa tante passait ses journées et ses soirées devant la télévision.

LE FUTUR ET LE CONDITIONNEL

- Le futur et le conditionnel de l'indicatif se forment à partir de l'infinitif du verbe. Cette formation des temps du futur est commune aux *langues romanes**.
- L'emploi du futur et du conditionnel présent est le même en espagnol et en français.
- Attention, cependant, aux subordonnées temporelles : là où le français emploie le futur, l'espagnol opte généralement pour le subjonctif.

1 Formation

Verbes réguliers

Le futur et le conditionnel de l'indicatif se forment à partir de l'infinitif du verbe. Les ***désinences**** du futur sont issues de l'ancienne conjugaison du verbe haber. Les désinences du conditionnel, ía, ías, etc., sont empruntées à l'imparfait de l'indicatif. **(Voir p. 120.)**

Infinitif +	Futur	Conditionnel
	é	ía
	ás	ías
	á	ía
	emos	íamos
	éis	íais
	án	ían

En français : j'*aimerai*, tu *aimeras*, il *aimera*, nous *aimerons*, vous *aimerez*, ils *aimeront* (futur)

J'*aimerais*, tu *aimerais*, il *aimerait*, nous *aimerions*, vous *aimeriez*, ils *aimeraient* (conditionnel)

Verbes irréguliers

Les verbes irréguliers au futur et au conditionnel le sont aussi au prétérit (sauf salir). Leur ***radical**** se termine souvent par une suite de consonnes : br, dr, rr.

Infinitif	Futur	Conditionnel
caber	cabré	cabría
decir	diré	diría
haber	habré	habría
hacer	haré	haría
poder	podré	podría
poner	pondré	pondría
querer	querré	querría
saber	sabré	sabría
salir	saldré	saldría
tener	tendré	tendría
valer	valdré	valdría
venir	vendré	vendría

haber (76)	
Futur	**Conditionnel**
habré	habría
habrás	habrías
habrá	habría
habremos	habríamos
habréis	habríais
habrán	habrían

2 Emploi

Le futur

- Comme en français, le futur espagnol exprime un événement à venir.

À partir du présent, le locuteur se représente cet événement comme très probable, parfois certain.

Mañana estaré ahí.
Demain, j'y serai.

■ Le futur sert à exprimer la conjecture, la probabilité, au présent.

C'est cette valeur qu'a, en français, la structure « *devoir* + infinitif ».

Ella tendrá catorce años.
Elle doit avoir quatorze ans.

■ Dans la subordonnée temporelle, *quand* + futur en français = cuando + subjonctif en espagnol.

Avísame cuando llegues.
cuando + subjonctif

Avertis-moi quand tu arriveras.
quand + futur

■ Dans une subordonnée relative introduite, en français, par *celui, celle, ceux qui* + futur, l'espagnol emploie de préférence le subjonctif.

Los que saquen el billete esta semana, se beneficiarán de un 15 % de descuento.
Ceux qui achèteront leur billet cette semaine auront 15 % de remise.

Le conditionnel présent

■ Comme en français, la réalisation de l'événement que l'on déclare au conditionnel est soumise à une condition préalable.

Cette condition est souvent exprimée dans une subordonnée introduite par si + subjonctif imparfait.

Si cambiaras de opinión sobre mi hermano, podríamos salir con él.
Si tu changeais d'opinion sur mon frère, nous pourrions sortir avec lui.

L'événement podríamos salir con él ne peut se réaliser un jour que si, au préalable, un autre événement si cambiaras de opinión se réalise.

■ Le conditionnel présent de certains verbes peut être remplacé par un subjonctif imparfait. Cette substitution est propre à l'espagnol.

deber	debería ou debiera
poder	podría ou pudiera
querer	querría ou quisiera
saber	sabría ou supiera
valer	valdría ou valiera

Quisiera saber cómo llegó usted hasta aquí.
J'aimerais savoir comment vous êtes arrivé jusqu'ici.

LE FUTUR ANTÉRIEUR

Le futur antérieur offre deux possibilités d'emploi en espagnol :
- évoquer un événement achevé dans le futur,
- exprimer l'hypothèse dans le présent.

1 Formation

Comme tous les temps composés de la *voix active**, le futur antérieur se construit avec l'*auxiliaire** haber suivi du participe passé invariable.

L'auxiliaire haber est conjugué au futur : habré, habrás, habrá, habremos, habréis, habrán.

Les formes verbales composées évoquent un événement à l'état achevé, alors que les formes simples évoquent un événement en pleine réalisation : cette concurrence entre formes simples et formes composées est une opposition d'*aspect**. **(Voir p. 116.)**

Cantarás.
Tu chanteras.

Habrás cantado.
Tu auras chanté.

2 Emploi

- Comme en français, le futur antérieur espagnol permet de se représenter, à partir du présent, un événement futur à l'état achevé.

No te preocupes : para cuando ellas lleguen yo ya me habré ido.
Ne t'inquiète pas : quand elles arriveront, moi je serai déjà partie.

Ce qui compte dans ya me habré ido ce n'est pas l'action de partir, c'est le fait qu'au moment clé, cette action sera accomplie : la personne sera partie.

- Cette construction verbale permet d'exprimer la supposition, l'hypothèse, comme le verbe deber de.

- ¿Marta?... ¿Estás ahí?... Bueno, habrás salido...
- Marta ?...Tu es là ?... Bon, tu as dû sortir...

Le français connaît cet emploi du futur antérieur pour exprimer la supposition, mais il est moins courant qu'en espagnol.
Il est tard et il n'est toujours pas là... Il se sera perdu.

LE SUBJONCTIF

■ Comme l'indicatif, le subjonctif se décline en formes simples et en formes composées. Sur l'opposition entre temps simples et temps composés, voir *l'aspect**, p. 116.

■ Une *proposition subordonnée** est toujours dépendante d'une *proposition principale** contenant un verbe à l'indicatif. Comme en français, le subjonctif est le mode de l'hypothétique.

1 Formation

Le subjonctif présent

Verbes réguliers : radical + terminaison

Infinitif en	ar	er/ir
(Yo)	e	a
(Tú)	es	as
(Él, ella, usted)	e	a
(Nosotros)	emos	amos
(Vosotros)	éis	áis
(Ellos, ellas, ustedes)	en	an

■ Au subjonctif apparaissent de nombreuses modifications orthographiques.

sacar > saque *(13)*

vencer > venza *(14)*

proteger > proteja *(17)*, etc.

■ Les modifications orthographiques concernent aussi les verbes irréguliers.

comenzar > comience *(23)*

Verbes irréguliers : radical irrégulier + terminaison

Si la première personne de l'indicatif présent est irrégulière, cette irrégularité se maintient au subjonctif.

■ La *diphtongue** apparaît sous l'effet de l'*accent tonique**, aux mêmes personnes qu'à l'indicatif présent : les trois personnes du singulier et la 3e p. du pluriel.

acertar > acierte *(22)*

sonar > suene *(28)*

■ Pour les verbes à irrégularité vocalique, l'ensemble de la conjugaison est irrégulière.

pedir > pida *(39)*

sentir > sienta *(55)*

■ L'irrégularité consonantique de la 1re personne s'étend à l'ensemble de la conjugaison.

nacer > nazca *(44)*

lucir > luzca *(47)*

Le subjonctif imparfait

La formation du subjonctif imparfait est commune aux verbes réguliers et irréguliers : elle consiste à emprunter la 3e p. plur. du prétérit et à en éliminer la terminaison -ron. On obtient ainsi un nouveau radical.

	amar	hacer	pedir
3e p. plur. prétérit	amaron	hicieron	pidieron
Nouveau *radical**	ama	hicie	pidie

Au nouveau radical, on ajoute

ra, ras, ra, ramos, rais, ran → subjonctif imparfait (forme en ra)

se, ses, se, semos, seis, sen → subjonctif imparfait (forme en se)

Remarque : le subjonctif futur suit la même formation.

re, res, re, remos, reis, ren → subjonctif futur (forme en re)

Attention

À la 1re p. plur. la dernière voyelle du radical porte un accent graphique.

2 Emploi

La proposition subordonnée

En espagnol, comme en français, on emploie le subjonctif dans une proposition subordonnée, pour évoquer un événement susceptible de ne pas se réaliser.

Queremos	que digas la verdad.
Nous voulons	*que tu dises la vérité.*
Proposition principale (indicatif)	Proposition subordonnée (subjonctif)

Verbes et locutions verbales

- Le subjonctif apparaît après des verbes exprimant une perspective, un objectif que l'on poursuit.
  - Le souhait : querer que (*vouloir que*), desear que (*souhaiter que*)...
  - L'ordre : mandar que/ordenar que (*ordonner que*), decir que (*dire de* + infinitif), rogar que (*prier de* + infinitif)...
  - L'interdiction : prohibir que (*interdire de* + infinitif), impedir que (*empêcher de* + infinitif)...
  - La nécessité : es necesario que, es preciso que, hace falta que... (*il faut que*)...
  - Le consentement : permitir que, autorizar que... (*permettre de, autoriser à*)...

Quiero que digas la verdad.
Je veux que tu dises la vérité.

La réalisation de l'action exprimée au subjonctif, ici digas, est hypothétique. Il n'y a aucune garantie pour que la personne évoquée dise la vérité.

- Le subjonctif apparaît après des verbes ou des locutions exprimant une hésitation ou un doute sur la réalisation d'une action.
  - La préférence : preferir que, me parece mejor que...

Prefiero que no digas nada.
Je préfère que tu ne dises rien.

Le locuteur exprime une préférence entre deux possibilités : « soit tu dis quelque chose, soit tu ne dis rien. » Il n'a aucune garantie que sa préférence sera retenue. Le subjonctif apparaît donc.

- La probabilité : quizás + subj → *peut-être* + **indicatif futur en français.**

Quizás esté con nosotros en Navidad.
Peut-être sera-t-il avec nous le jour de Noël.

- La probabilité : ojalá + subjonctif → *pourvu que* **+ subjonctif**

¡Ojalá esté con nosotros en Navidad!
Pourvu qu'il soit avec nous le jour de Noël !

LA CONCORDANCE DES TEMPS

- À la différence du français, l'espagnol applique la règle de la concordance des temps.
- La différence entre le français et l'espagnol tient à l'emploi du subjonctif imparfait – très vivace en espagnol, mais d'un emploi littéraire en français.

Emploi

Règles de la concordance

Lorsque le verbe de la ***proposition subordonnée**** est au subjonctif, le temps (subjonctif présent ou subjonctif imparfait) est déterminé par le temps du verbe de la ***proposition principale****. C'est ce que l'on appelle la « concordance des temps ».

- Proposition principale à l'indicatif (présent simple et passé composé, futurs simple et antérieur) ou à l'impératif.

→ Proposition subordonnée au subjonctif présent.

- Proposition principale à l'indicatif (imparfait, plus-que-parfait, prétérit, passé antérieur, conditionnels présent et passé).

→ Proposition subordonnée au subjonctif imparfait.

Illustration

Su madre está dando las órdenes para que se sirva la cena.
Sa mère donne des ordres pour que l'on serve le dîner.

Si l'on modifie le temps du verbe de la principale (présent → passé), voici ce que l'on obtient dans les deux langues.

Espagnol

Su madre estaba dando las órdenes para que se sirviera la cena.
Emploi courant

Français

Sa mère donnait des ordres pour que l'on servît le dîner.
Emploi littéraire

Sa mère donnait des ordres pour que l'on serve le dîner.
Emploi courant

- Attention : avec le passé composé dans la proposition principale, la concordance se fait souvent au subjonctif imparfait.

Me ha seguido sin que me diera cuenta.
Il m'a suivie sans que je m'en rende compte.

- Le verbe introduit par como si, igual que si, lo mismo que si est toujours suivi du subjonctif imparfait ou plus-que-parfait.

Le temps du verbe de la proposition principale (présent, imparfait, prétérit, futur... de l'indicatif) n'entre pas en ligne de compte.

Hacen/Hacían/Hicieron/Harán como si no nos conociéramos.
Ils font/Ils faisaient/Ils firent/ Ils feront comme si nous ne nous connaissions pas.

L'IMPÉRATIF

- Ce *mode** n'existe qu'au présent en espagnol.
- On distingue l'impératif d'ordre et l'impératif de défense.
- Les formes verbales exprimant l'impératif de défense sont empruntées au subjonctif.
- Sur les formes de voseo à l'impératif, **voir p. 101**.

Formation

L'impératif d'ordre

- Les deux formes propres à l'impératif sont celles du tutoiement singulier (tú) et du tutoiement pluriel (vosotros).
- Le tutoiement singulier se forme à partir de la 2e p. sing. du présent de l'indicatif, cantas. On lui retire le s de la *désinence** → canta = *chante* (*toi*).
- Le tutoiement pluriel se forme à partir de l'infinitif du verbe, cantar. On remplace le r de la désinence par le d → cantad = *chantez* (*toi* + *toi*).
- Les autres personnes sont empruntées au subjonctif présent.

Usted → cante *chantez, mademoiselle !*

Nosotros → cantemos *chantons !*

Ustedes → canten *chantez, mesdemoiselles !*

En résumé :

	amar *(01)*	temer *(02)*	partir *(03)*
Suppression du s	ama	teme	parte
Subjonctif	ame	tema	parta
Subjonctif	amemos	temamos	partamos
Changement r > d	amad	temed	partid
Subjonctif	amen	teman	partan

Avec les pronoms compléments, on fait l'*enclise**. **(Voir p. 103.)**

Pour la conjugaison des verbes pronominaux, **voir p. 129**.

Les formes irrégulières ne touchent que la 2e p. sing.

decir → di *dis*	haber → he *aie*	hacer → haz *fais*
ir → ve *va*	poner → pon *mets*	salir → sal *sors*
ser → sé *sache*	tener → ten *tiens*	venir → ven *viens*

L'impératif de défense

En espagnol, l'impératif de défense se forme exclusivement à partir du subjonctif. Les formes verbales sont précédées de no.

Impératif de défense

(Tú)	no digas	*ne dis pas*
(Usted)	no diga	*ne dites pas (monsieur)*
(Nosotros)	no digamos	*ne disons pas*
(Vosotros)	no digáis	*ne dites pas (les enfants)*
(Ustedes)	no digan	*ne dites pas (messieurs)*

LES VERBES IMPERSONNELS ET DÉFECTIFS

■ Certains verbes ne s'emploient qu'au *mode impersonnel** et à la 3e p.sing. : ce sont les verbes impersonnels.

■ D'autres ne s'utilisent qu'à certains temps de l'indicatif et du subjonctif, refusent la *voix passive** ou les formes composées : ce sont les verbes défectifs.

■ Ils adoptent les mêmes modifications orthographiques ou irrégularités que celles de leur verbe modèle.

Emploi

Phénomènes naturels

acaecer	*survenir*
acontecer	*avoir lieu*
amanecer	*faire jour*
anochecer	*faire nuit*
apedrear	*grêler*
atardecer	*baisser (le jour)*
clarear	*éclaircir (le jour)*
diluviar	*pleuvoir à verse*
gotear	*pleuviner*
helar	*geler, glacer*
llover	*pleuvoir*
lloviznar	*bruiner*
marcear	*faire un temps de mars*
mayear	*faire un temps de mai*
nevar	*neiger*
relampaguear	*y avoir des éclairs*
tronar	*tonner*
ventear	*faire du vent*

Emploi impersonnel

Certains verbes peuvent avoir, dans certains contextes, un emploi impersonnel.

■ haber

Hay, hubo, había, habrá
Il y a, il y eut, il y avait, il y aura.

Tiempo ha.
Il y a longtemps (emploi littéraire).

■ hacer

Il y a, cela fait + indication temporelle.

Hace dos años que no nos vemos.
Cela fait deux ans que nous ne nous sommes pas vus.

■ poder

Puede que nos olvide.
Peut-être nous oubliera-t-il.

■ resultar

Resulta que con el calor que hacía, se desmayó.
Finalement, avec la chaleur qu'il faisait, elle s'est évanouie.

■ parecer

Parece que no habrá guerra.
Il semble qu'il n'y aura pas de guerre.

Les verbes défectifs

Ce sont les verbes dont la conjugaison se limite à quelques formes. Entrent dans cette catégorie verbes réguliers et irréguliers.

■ atañer : *concerner* (uniquement aux 3e p.)

Son problemas que sólo atañen a la familia.
Ce sont des problèmes qui ne concernent que la famille.

■ soler *(82)* : *avoir l'habitude de* (essentiellement infinitif, indicatif et subjonctif présents, indicatif imparfait)

Solíamos salir por la noche.
En général, le soir, nous sortions.

Les verbes soler et acostumbrar (*avoir pour habitude*) ont la particularité d'exclure les formes composées et la ***voix passive**** (ser + participe passé). En cela, ils sont défectifs.

Mi hermana acostumbraba a pasear todas las mañanas.
Ma sœur avait pour habitude de se promener chaque matin.

LES VERBES PRONOMINAUX

- Un verbe est dit pronominal lorsque son sujet apparaît une seconde fois. Il peut réapparaître sous forme de pronom personnel complément : il est placé avant le verbe à l'indicatif et au subjonctif (voir p. 103).
- À l'impératif, à l'indicatif et au subjonctif, il est placé après, sous forme d'*enclise**.

1 Formation

Exemple : despertarse

	Indicatif présent	Impératif	Traduction
(Yo)	me despierto		
(Tú)	te despiertas	despiértate	*réveille-toi*
(Él, ella, usted)	se despierta	despiértese	*réveillez-vous*
(Nosotros)	nos despertamos	despertémonos	*réveillons-nous*
(Vosotros)	os despertáis	despertaos	*réveillez-vous*
(Ellos, ellas, ustedes)	se despiertan	despiértense	*réveillez-vous*

À l'impératif, la 1re p. plur. (nosotros) perd le s de la terminaison ; la 2e p. plur. (vosotros) perd le d.

L'enclise du pronom se produit aussi à l'infinitif, à la différence du français.

despertarse → *se réveiller*

Puedo despertarte.
Je peux te réveiller.

Au gérondif, les deux constructions (avec ou sans enclise) sont admises dans les *locutions verbales** du type « *auxiliaire** + gérondif ». (Voir p. 103.)

¿Estabas esperándome?
Tu m'attendais ?

2 Emploi

- Certaines constructions pronominales en espagnol ne le sont pas en français.

albergarse	*loger chez quelqu'un*
comunicarse	*être en communication*
concluirse	*prendre fin*
despedirse	*prendre congé*
divorciarse	*divorcer*
enamorarse	*tomber amoureux*
fijarse	*remarquer*
mudarse	*déménager*
parecerse	*ressembler*
pasarse	*dépasser les bornes*
quedarse	*rester*
sumergirse	*plonger*
volverse	*revenir*

- Certaines constructions pronominales en français ne le sont pas en espagnol.

ascender	*s'élever (pourcentage)*
atender	*s'occuper de*
descansar	*se reposer*
desconfiar	*se méfier*
errar	*se tromper*
exclamar	*s'exclamer*
ocurrir	*se passer*
recordar	*se souvenir*
reñir	*se disputer*

LES PRÉPOSITIONS

- Un verbe peut être accompagné de plusieurs types de compléments.
- En espagnol, comme en français, les *prépositions** peuvent introduire toutes sortes de compléments.

Fonction

Les compléments circonstanciels

Les prépositions peuvent introduire des *compléments circonstanciels**. Ils sont facultatifs.

Nos recibieron en el salón.
Ils nous ont reçus dans le salon.

Le régime des verbes

Les prépositions entrent dans ce que l'on appelle le « *régime** des verbes » : elles servent à introduire les êtres/les choses affectés par l'événement qu'exprime le verbe.

Pienso en mi abuela.
Je pense à ma grand'mère.

Les prépositions espagnoles s'organisent par paire et elles s'opposent entre elles : a/de (*à/de*) ; con/sin (*avec/sans*) ; por/para (*pour, par/pour, vers*) ; desde/hasta (*depuis/ jusqu'à*) ; sobre / bajo (*sur/sous*) ; delante de / detrás de (*devant/derrière*), dentro de/fuera de (*à l'intérieur de, dans/hors de, en dehors de*), etc.

a/de

A suppose toujours un mouvement vers quelqu'un, quelque chose, un but à atteindre, qu'il soit spatial ou temporel. En revanche, de dit un mouvement à partir de quelqu'un, de quelque chose, d'un événement.

Voy a casa.
Je vais chez moi.

Vengo de casa.
J'arrive de chez moi.

Se puso a llorar.
Il se mit à pleurer.

Acabo de volver.
Je viens de rentrer.

con/sin

Con permet d'additionner toutes sortes de choses, alors que sin permet de les soustraire.

Ven con tus amigos.
Viens avec tes amis.

Pedro irá con Lola.
Pedro ira avec Lola.

Salió sin paraguas.
Il est sorti sans parapluie.

para/por

Para suppose un endroit, un but à atteindre, quelque chose vers quoi on tend.

Por, au contraire, suppose un mouvement qui démarre à partir d'un endroit, d'un événement. Por introduit souvent une cause, un agent. **(Voir p. 113.)**

Salgo para París.
Je pars pour Paris.

He venido para ayudarte.
Je suis venue pour t'aider.

Nos paseamos por el campo.
Nous nous promenons dans la campagne.

La puerta fue cerrada por el profesor.
La porte a été fermée par le professeur.

desde/hasta

Desde suppose toujours un point d'origine alors que hasta suppose un point d'arrivée.

Desde ayer resulta imposible aparcar en este barrio.
Depuis hier, il est impossible de se garer dans ce quartier.

Fuimos desde el parque hasta la iglesia.
Nous sommes allés du parc jusqu'à l'église.

en

La préposition en offre de multiples emplois. Elle suppose toujours une zone, un espace intérieur dans lequel on se trouve, vers lequel on se dirige, auquel on pense.

Estoy en casa.
Je suis chez moi.

Estaba enfrascado en su lectura.
Il était plongé dans sa lecture.

Dictionnaire des verbes

ABRÉVIATIONS UTILISÉES DANS CE DICTIONNAIRE

Pays et régions

Am	Amérique
Esp	Espagne

Domaines du savoir

COMM	commerce
DR	droit
FIN	finance
RELIG	religion
SCOL	scolaire

Autres abréviations

fam	familier
fig	figuré
qqch	quelque chose
qqn	quelqu'un
v ind	verbe indirect
v + prép	verbe + préposition
vp + prép	verbe pronominal + préposition
vulg	vulgaire

DICTIONNAIRE DES VERBES À RÉGIME PRÉPOSITIONNEL

A

abastecerse [45]
▪ **abastecerse de** *vp + prép* s'approvisionner en • el avión tuvo que aterrizar para abastecerse de combustible l'avion a dû atterrir pour s'approvisionner en combustible

abandonarse [01]
▪ **abandonarse a** *vp + prép* s'abandonner à • acabó abandonándose a aquel ritmo irresistible il a fini par s'abandonner à ce rythme endiablé

abonarse [01]
▪ **abonarse a** *vp + prép* 1. s'abonner à *(revue, service)* • ¿cómo abonarse a la lista de difusión? comment s'abonner à la liste de diffusion ? 2. prendre un abonnement à *(piscine, théâtre)* • me he abonado a la ópera j'ai pris un abonnement à l'opéra

abrigarse [19]
▪ **abrigarse de** *vp + prép* 1. s'abriter de *(pluie, vent)* • entró en un portal para abrigarse de la lluvia il est entré dans un hall pour s'abriter de la pluie 2. se protéger de *(froid)* • los hombres prehistóricos se abrigaban del frío con pieles de animales les hommes préhistoriques se protégeaient du froid avec des peaux d'animaux

abrirse [03]
▪ **abrirse a** *vp + prép* se confier à • le cuesta abrirse a la gente que no conoce bien il a du mal à se confier aux gens qu'il ne connaît pas bien
▪ **abrirse con** *vp + prép* être ouvert(e) avec • conmigo se abre porque nuestra relación se basa en la mutua confianza avec moi, il est ouvert car notre relation est fondée sur la confiance mutuelle

abundar [01]
▪ **abundar en** *v + prép* regorger de • la región abunda en riquezas la région regorge de richesses

abstenerse [72]
▪ **abstenerse de** *vp + prép* s'abstenir de • se abstuvo de hacer cualquier comentario il s'est abstenu de faire tout commentaire

abusar [01]
▪ **abusar de** *v + prép* abuser de • no hay que abusar del alcohol il ne faut pas abuser de l'alcool • no abuses de mi paciencia n'abuse pas de ma patience • estás abusando de mí tu profites de moi

acabar [01]
▪ **acabar con** *v + prép* 1. venir à bout de, en finir avec *(situation, problème)* • hay que acabar con el problema de la droga il faut en finir avec le problème de la drogue • acabó con mi paciencia il m'a poussé à bout 2. se débarrasser de *(qqn)* • acabaron con el enemigo ils se sont débarrassés de l'ennemi
▪ **acabar de** *v + prép* 1. • acabar de hacer algo venir de faire qqch: acabo de llegar je viens d'arriver 2. • no acabar de hacer algo ne pas arriver à faire qqch no acabo de entender su reacción je n'arrive pas à comprendre sa réaction
▪ **acabar en** *v + prép* finir en • las palabras que acaban en «n» les mots qui finissent par un « n » • acabó en la cárcel il a fini en prison
▪ **acabar por** *v + prép* finir par • acabaron por ceder ils ont fini par céder

acceder [02]
▪ **acceder a** *v + prép* 1. accéder à *(lieu)* • no tiene la nota exigida para acceder a la universidad il n'a pas la moyenne exigée pour accéder à l'université 2. consentir à *(demande)* • el gobierno accedió a todas las demandas de los sindicatos le gouvernement a consenti à toutes les demandes des syndicats

acercarse [13]
▪ **acercarse a** *vp + prép* 1. s'approcher de *(lieu, personne, animal)* • se acercó a la ventana il s'est approché de la fenêtre • no te acerques al perro ne t'approche pas du chien 2. être proche de *(solution, idée)* • se van acercando a un compromiso ils s'acheminent vers un compromis

acertar [22]
▪ **acertar a** *v + prép* 1. bien faire de • acertaste al decírselo tu as bien fait de le lui dire 2. réussir à • los científicos no acertaron a dar una explicación racional del fenómeno les scientifiques ne sont pas parvenus à donner une explication rationnelle du phénomène
▪ **acertar con** *v + prép* trouver • acertó con la respuesta il a trouvé la réponse
▪ **acertar con** ou **en** *v + prép* bien choisir • el director ha acertado en el reparto le metteur en scène a bien choisi les acteurs

acobardarse [01]
▪ **acobardarse ante** *vp + prép* se laisser impressionner par • no se acobarda ante nada ni ante nadie il ne se laisse impressionner par rien ni personne

acogerse [17]
■ **acogerse a** *vp + prép* se retrancher derrière • se acogió a la inmunidad diplomática para eludir sus responsabilidades il s'est retranché derrière son immunité diplomatique pour fuir ses responsabilités

acometer [02]
■ **acometer contra** *v + prép* foncer dans ou sur • el toro acometió contra la barrera le taureau a foncé dans la barrière

acomodarse [01]
■ **acomodarse en** *vp + prép* s'installer dans • se acomodó en el sofá il s'est installé dans le canapé

acordarse [28]
■ **acordarse de** *vp + prép* 1. se souvenir de • me acuerdo de sus sabios consejos je me souviens de ses sages conseils • ¿no te acuerdas de mí? tu ne te souviens pas de moi ? 2. penser à • acuérdate de llevar el traje a la tintorería pense à apporter le costume au pressing

acostumbrarse [01]
■ **acostumbrarse a** *vp + prép* 1. s'habituer à • se acostumbró poco a poco a su presencia il s'est peu à peu habitué à sa présence 2. prendre l'habitude de • me he acostumbrado a acostarme temprano j'ai pris l'habitude de me coucher tôt

actuar [9]
■ **actuar de** *v + prép* remplir la fonction de • las puertas actúan de tabiques móviles les portes remplissent la fonction de parois amovibles

acudir [03]
■ **acudir a** *v + prép* 1. venir à • no se disculpó por no haber acudido a la reunión il ne s'est pas excusé de ne pas être venu à la réunion 2. aller à • más de 20 millones de electores acudieron a las urnas plus de 20 millions d'électeurs sont allés aux urnes 3. faire appel à • los demandantes han acudido al tribunal les plaignants ont fait appel aux tribunaux

adherirse [55]
■ **adherirse a** *vp + prép* adhérer à • no me adhiero a tu propuesta je n'adhère pas à ta proposition

admirarse [01]
■ **admirarse de** *vp + prép* 1. s'étonner de • todos se admiraban de la ingenuidad de sus preguntas tous s'étonnaient de l'ingénuité de ses questions 2. être en admiration devant • me admiro de su capacidad de trabajar en varios proyectos a la vez je suis en admiration devant sa capacité à travailler sur plusieurs projets à la fois

adueñarse [01]
■ **adueñarse de** *vp + prép* s'emparer de • las multinacionales se están adueñando del mercado les multinationales sont en train de s'emparer du marché

afanarse [01]
■ **afanarse por** *vp + prép* s'efforcer de • las empresas se afanan por aumentar la rentabilidad les entreprises s'efforcent d'augmenter leur rentabilité

afianzarse [16]
■ **afianzarse en** *vp + prép* être conforté(e) dans *(opinion)* • el equipo australiano se afianza en el liderato del campeonato l'équipe australienne est confortée dans la place de leader du championnat

aficionar [01]
■ **aficionarse a** *vp + prép* prendre goût à • poco a poco se fue aficionando a la ópera petit à petit, il a pris goût à l'opéra

afiliarse [08]
■ **afiliarse a** *vp + prép* 1. s'inscrire à *(association)* • quisiera afiliarme a un club de golf je voudrais m'inscrire à un club de golf 2. adhérer à *(parti)* • de muy joven se afilió a un partido ecologista très jeune, il a adhéré à un parti écologiste

agarrarse [01]
■ **agarrarse a** *vp + prép* 1. saisir *(occasion)* • agárrate a la primera oportunidad que se te presente saisis la première occasion qui se présente à toi 2. avoir recours à *(prétexte)* • se agarra a cualquier pretexto para no ir a la escuela il a recours à n'importe quel prétexte pour ne pas aller à l'école

ahondar [01]
■ **ahondar en** *v + prép* 1. percer • hay que ahondar más en la roca il faut percer la roche plus profondément 2. *fig* approfondir • desea ahondar en el conocimiento del tema il souhaite approfondir sa connaissance du sujet

ajustarse [01]
■ **ajustarse a** *vp + prép* 1. s'adapter à • los cursos se ajustan al programa pedagógico establecido por el ministerio les cours s'adaptent au programme pédagogique établi par le ministère 2. cadrer avec • la traducción no se ajusta al texto original la traduction ne cadre pas avec le texte original

alardear [01]
▪ **alardear de** *v + prép* se targuer de • alardea de que sus padres son inmensamente ricos il se targue d'avoir des parents extrêmement riches

alcanzar [16]
▪ **alcanzar a** *v + prép* arriver à • no alcanzo a comprender porque te quejas tanto je n'arrive pas à comprendre pourquoi tu te plains autant
▪ **alcanzar para** *v + prép* suffire pour • las provisiones alcanzarán para todo la semana les provisions suffiront pour toute la semaine

alegrarse [01]
▪ **alegrarse de** ou **por** *vp + prép* 1. se réjouir de *(qqch)* • me alegro de tu nominación al puesto je me réjouis de ta nomination au poste 2. être content(e) pour *(qqn)* • me alegro muchísimo por ti je suis très content pour toi

aliarse [07]
▪ **aliarse con** *vp + prép* s'allier à ou avec • los atenienses se aliaron con los espartanos les Athéniens se sont alliés avec les Spartiates

alimentarse [01]
▪ **alimentarse con** *vp + prép* être alimenté(e) par • el aparato se alimenta con la corriente de la línea telefónica l'appareil est alimenté par le courant de la ligne téléphonique
▪ **alimentarse de** *vp + prép* se nourrir de • el oso panda se alimenta de brotes de bambú le panda se nourrit de pousses de bambou

alternar [01]
▪ **alternar con** *v + prép* 1. fréquenter *(qqn)* • prefiere no alternar con los compañeros fuera del trabajo il préfère ne pas fréquenter ses collègues en dehors du travail 2. *(se succéder)* alterner avec • su locura alterna con períodos de lucidez ses moments de folie alternent avec des périodes de lucidité

aludir [03]
▪ **aludir a** *v + prép* 1. faire allusion à • no aludo a nadie en particular je ne fais allusion à personne en particulier 2. évoquer • el presidente evitó aludir a la crisis ministerial le président a évité d'évoquer la crise ministérielle

ampararse [01]
▪ **ampararse de** ou **contra** *vp + prép* se protéger de • llevaba un sombrero para ampararse de los rayos del sol il portait un chapeau pour se protéger des rayons du soleil
▪ **ampararse en** *vp + prép* 1. s'abriter derrière *(loi)* • el abogado se amparó en el artículo 12 del código penal l'avocat s'est abrité derrière l'article 12 du Code pénal 2. se retrancher derrière *(situation)* • en la red muchos sueltan comentarios irresponsables amparándose en el anonimato sur Internet, de nombreuses personnes font des commentaires irresponsables en se retranchant derrière l'anonymat

andar [54]
▪ **andar a** *v + prép* • andaban a puñetazos ils se battaient à coups de poing • andaban a gritos ils se criaient dessus
▪ **andar en** *v + prép* 1. être mêlé(e) à *(affaire, histoire)* • andan en un turbio asunto de drogas ils sont mêlés à une sombre histoire de drogue 2. *(rechercher)* fouiller dans *(papiers, objets)* • no quiero que andes en mis cosas je ne veux pas que tu fouilles dans mes affaires
▪ **andar por** *v + prép* • andará por los sesenta años il doit avoir dans les soixante ans • andamos por los mil números vendidos nous avons vendu environ mille numéros
▪ **andar tras** ou **detrás de** *v + prép* 1. être à la recherche de • anda tras las huellas de sus padres biológicos il est à la recherche de ses parents biologiques 2. courir après • andaba detrás de un ideal il courait après un idéal
▪ **andarse con** *vp + prép* • ¡ándate con cuidado! fais attention ! • siempre os andáis con misterios vous faites toujours des mystères
▪ **andarse sin** *vp + prép* ne pas avoir • anda sin trabajo il n'a pas de travail

anidar [01]
▪ **anidar en** *v + prép fig* loger chez • mientras no encuentre piso anidaré en casa de unos amigos en attendant de trouver un appartement, je logerai chez des amis

anteponerse [69]
▪ **anteponerse a** *vp + prép* passer avant • nada se antepone a su vida profesional, ni siquiera su familia rien ne passe avant sa vie professionnelle, même pas sa famille

anticiparse [01]
▪ **anticiparse a** *vp + prép* 1. être en avance sur • es un científico que se anticipó a su tiempo ce fut un scientifique en avance sur son temps 2. • anticiparse a hacer algo faire qqch trop tôt no hay que anticiparse a tomar decisiones il ne faut pas prendre de décisions trop tôt

apartarse [01]
▪ **apartarse de** *vp + prép* 1. s'éloigner de *(qqn)* • no se aparta ni un momento de su hermano gemelo il ne s'éloigne pas une minute de son frère jumeau 2. s'écarter de *(sujet, chemin)* • no te apartes del hilo del razonamiento ne t'écarte pas de ton fil conducteur 3. se retirer de • decidió apartarse del mundo y vivir en un monasterio il a décidé de se retirer du monde et de vivre dans un monastère

apasionarse [01]
▪ **apasionarse por** ou **con** *vp + prép* se passionner pour • se apasiona por la informática il se passionne pour l'informatique

apechugar [19]
▪ **apechugar con** *v + prép* 1. *fam* se coltiner *(travail)* • siempre me toca apechugar con las tareas más desagradables c'est toujours moi qui dois me coltiner les tâches les plus désagréables 2. *fam* subir *(conséquences)* • tendrá que apechugar con sus errores il devra subir les conséquences de ses erreurs

apegarse [19]
▪ **apegarse a** *vp + prép* s'attacher à • poco a poco los europeos se han ido apegando al euro peu à peu, les Européens se sont attachés à l'euro

apelar [01]
▪ **apelar a** *v + prép* 1. recourir à • apelar a la violencia no es una solución recourir à la violence n'est pas une solution 2. en appeler à • el presidente se dirigió a los huelguistas y apeló a la razón le président s'est adressé aux grévistes et en a appelé à la raison

▪ **apelar ante** *v + prép* se pourvoir en • las víctimas apelaron ante el Tribunal de Apelaciones les victimes se sont pourvues en appel

▪ **apelar contra** *v + prép* se pourvoir contre • los inculpados han apelado contra la sentencia les accusés se sont pourvus en appel

apercibirse [03]
▪ **apercibirse de** *vp + prép* remarquer • se apercibió de que alguien la estaba siguiendo elle a remarqué que quelqu'un la suivait

apestar [01]
▪ **apestar a** *v + prép* puer • este cuarto apesta a tabaco cette pièce pue le tabac

apiadarse [01]
▪ **apiadarse de** *vp + prép* s'apitoyer sur • los secuestradores se apiadaron de los rehenes y los liberaron les kidnappeurs se sont apitoyés sur les otages et les ont libérés

aplicarse [13]
▪ **aplicarse a** *vp + prép* s'appliquer à • la regla general no se aplica a este caso preciso la règle générale ne s'applique pas à ce cas précis
▪ **aplicarse en** *vp + prép* s'appliquer à • se aplica en estudiar para aprobar il s'applique à étudier pour réussir son examen

apoderarse [01]
▪ **apoderarse de** *vp + prép* s'emparer de • los ladrones se apoderaron de todos los objetos de valor les voleurs se sont emparés de tous les objets de valeur

apostar [28]
▪ **apostar por** *v + prép* parier ou miser sur • aposté por el caballo ganador j'ai misé sur le cheval gagnant

apoyarse [01]
▪ **apoyarse en** *vp + prép* s'appuyer sur • sus conclusiones se apoyan en los resultados de años de investigación ses conclusions s'appuient sur des années de recherche

apropiarse [08]
▪ **apropiarse de** *vp + prép* s'approprier • los colonos se apropiaron de las tierras más fértiles les colons se sont appropriés les terres les plus fertiles

aprovecharse [01]
▪ **aprovecharse de** *vp + prép* profiter de • los timadores se aprovecharon de su ingenuidad les escrocs ont profité de sa naïveté

apuntarse [01]
▪ **apuntarse a** *vp + prép* se joindre à • ¿quién se apunta a la excursión? qui se joint à notre excursion ? • Gregorio se apunta siempre a todas las fiestas Gregorio est de toutes les fêtes

armarse [01]
▪ **armarse de** *vp + prép* s'armer de *(courage, patience)* • ¡hay que armarse de paciencia! il faut s'armer de patience !

armonizar [16]
▪ **armonizar con** *v + prép* • este vino armoniza perfectamente con todo tipo de pescados y mariscos ce vin se marie parfaitement avec ce type de poissons et de fruits de mer

arremeter [02]
▪ **arremeter contra** *v + prép* 1. se jeter sur • el toro arremetió contra el caballo le taureau s'est jeté sur le cheval 2. *fig* s'en prendre à • los manifestantes arremetieron contra los símbolos estadounidenses les manifestants s'en sont pris aux symboles des États-Unis

arrepentirse [55]
▪ **arrepentirse de** *vp + prép* regretter • no me arrepiento de nada de lo que he hecho je ne regrette rien de ce que j'ai fait

arriesgarse [19]
▪ **arriesgarse a** *vp + prép* se risquer à • los expertos no se arriesgaron a realizar un pronóstico de la situación les experts ne se sont pas risqués à faire un pronostic de la situation

arrimarse [01]
▪ **arrimarse a** *vp + prép* s'approcher de • si tienes frío, arrímate al fuego si tu as froid, approche-toi du feu

ascender [26]
▪ **ascender a** *v + prép* s'élever à *(facture, somme)* • los daños causados por el terremoto ascienden a cientos de millones de euros les dégâts causés par le tremblement de terre s'élèvent à des centaines de millions d'euros

asegurarse [01]
▪ **asegurarse de** *vp + prép (vérifier)* s'assurer de • se aseguró de que nadie la hubiera seguido hasta allí elle s'est assurée que personne ne l'avait suivie jusque là • asegúrate de cerrar la puerta n'oublie pas de fermer la porte
▪ **asegurarse contra** *vp + prép (prendre une garantie)* s'assurer contre • este asegurador ofrece varias coberturas para asegurarse contra robo cette compagnie d'assurances propose plusieurs assurances contre le vol

asentir [55]
▪ **asentir a** *v + prép* reconnaître • el acusado asintió a todo l'accusé a reconnu tous les faits

asesorarse [01]
▪ **asesorarse en** *vp + prép* se faire conseiller en ou sur • han decidido contratar los servicios de una empresa privada para asesorarse en materia de seguridad ils ont décidé de recourir aux services d'une entreprise privée afin d'être conseillés en matière de sécurité
▪ **asesorarse de** ou **con** *vp + prép* prendre conseil auprès de • es importante asesorarse con profesionales del sector il est important de prendre conseil auprès de professionnels du secteur

asombrarse [01]
▪ **asombrarse de** *vp + prép* être étonné de • se asombró de encontrarme allí il a été étonné de me rencontrer là-bas

aspirar [01]
▪ **aspirar a** *v + prép* aspirer à • la película aspira al máximo galardón en el certamen le film aspire à la plus haute récompense de la compétition

asustarse [01]
▪ **asustarse de** ou **por** *vp + prép* avoir peur de • no se asusta de nada ni de nadie il n'a peur de rien ni de personne

atender [26]
▪ **atender a** *v + prép* écouter • atiende a lo que te digo écoute ce que je te dis
▪ **atender por** *v + prép* répondre au nom de • el perro atiende por "Campeón" le chien répond au nom de « Campeón »

atenerse [72]
▪ **atenerse a** *vp + prép* 1. s'en tenir à *(faits)* • aténgase a las indicaciones que aparecen en el formulario tenez-vous-en aux indications données sur le formulaire • son mentiras que no se atienen a la realidad ce sont des mensonges qui n'ont rien à voir avec la réalité 2. respecter *(loi)* • el moderador del foro prohibió la participación de varias personas por no haberse atenido a las normas l'animateur du forum a interdit la participation de certaines personnes pour n'avoir pas respecté les règles

atentar [01]
▪ **atentar contra** *v + prép* attenter à • han atentado varias veces contra su vida on a attenté à sa vie plusieurs fois

atiborrarse [01]
▪ **atiborrarse de** *vp + prép fam & fig* s'empiffrer de • los niños se atiborraron de caramelos les enfants se sont empiffrés de bonbons

atinar [01]
▪ **atinar a** *v + prép* arriver à • no atino a encontrar una explicación verosímil al fenómeno je n'arrive pas à trouver une explication plausible au phénomène

▪atinar con *v + prép* trouver *(réponse, chemin)* • no atinaba con las palabras exactas il ne trouvait pas les mots justes

atracar **[13]**

▪atracar en *v + prép* accoster à • el buque atracó en el puerto le bateau a accosté au port

▪atracarse de *vp + prép fam* se gaver de, s'empiffrer de • nos atracamos de chocolate nous nous sommes gavés de chocolat

atreverse **[02]**

▪atreverse a *vp + prép* oser • no se atrevió a confesarle la verdad il n'a pas osé lui avouer la vérité

avenirse **[73]**

▪avenirse a *vp + prép* se résoudre à • finalmente se avinieron a firmar el acuerdo ils se sont finalement résolus à signer l'accord

aventurarse **[01]**

▪aventurarse a *vp + prép* s'aventurer à • se aventuraron a realizar aquella expedición sin un guía ils se sont aventurés à entreprendre cette expédition sans l'aide d'un guide

avergonzarse **[32]**

▪avergonzarse de *vp + prép* avoir honte de • deberías avergonzarte de haber actuado así tu devrais avoir honte d'avoir agi de la sorte

ayudarse **[01]**

▪ayudarse de ou **con** *vp + prép* s'aider de • un invertebrado que se ayuda de sus tentáculos para desplazarse un invertébré qui s'aide de ses tentacules pour se déplacer

B, C

bajar **[01]**

▪bajar(se) de *v + prép* descendre de • los pasajeros bajaron del avión les passagers sont descendus de l'avion

basarse **[01]**

▪basarse en *vp + prép* se fonder sur • ¿en qué te basas para afirmar esto? sur quoi te fondes-tu pour affirmer cela ?

bastar **[01]**

▪bastar con *v + prép* suffire • bastaba con decirlo il suffisait de le dire • bastará con que se lo digas il suffira que tu le lui dises

beber **[02]**

▪beber a ou **por** *v + prép (trinquer)* boire à • bebimos a la salud de los novios on a bu à la santé des jeunes mariés

beneficiarse **[08]**

▪beneficiarse de *vp + prép* bénéficier de • los parados se benefician de un descuento del 25 % les chômeurs bénéficient d'une remise de 25 %

brindar **[01]**

▪brindar por *v + prép* porter un toast en l'honneur de • los invitados brindaron por los novios les invités ont porté un toast en l'honneur des jeunes mariés

▪brindarse a *vp + prép* offrir de • se brindó a acompañarla a casa il lui a offert de la raccompagner chez elle

burlarse **[01]**

▪burlarse de *vp + prép* se moquer de • la gente lo tomaba por loco y se burlaba de sus ideas les gens le prenaient pour un fou et se moquaient de ses idées

cachondearse **[01]**

▪cachondearse de *vp + prép fam* se ficher de, se moquer de • tengo la impresión de que se están cachondeando de nosotros j'ai l'impression qu'ils se fichent de nous

caer **[49]**

▪caer en *v + prép* • cae en domingo ça tombe un dimanche • caer en la cuenta comprendre

calar **[01]**

▪calar en *v + prép* avoir un impact sur *(idées, propositions, sentiments)* • su mensaje no acaba de calar en la opinión pública son message ne réussit pas à avoir un impact sur l'opinion publique

cambiar **[08]**

▪cambiar de *v + prép* changer de • cambia constantemente de parecer il change tout le temps d'avis • tendrías que cambiar de velocidades en la cuesta tu devrais changer de vitesse dans la côte

▪cambiarse de *vp + prép* changer de *(vêtements)* • se cambió de zapatos para estar más cómoda elle a changé de chaussures pour être plus à l'aise

cansarse [01]
▪ **cansarse de** *vp + prép* 1. se fatiguer de • empieza a cansarse de su oficio il commence à se fatiguer de son métier 2. *fig* se lasser de • me cansé de esperar y me fui je me suis lassée d'attendre et je suis partie

carecer [45]
▪ **carecer de** *v + prép* manquer de • la región carece de interés turístico la région manque d'attrait touristique

cargar [19]
▪ **cargar con** *v + prép* 1. porter *(paquet)* • cargó con los dos sacos elle a porté les deux sacs • tiene que cargar solo con el fardo il doit porter seul le ballot 2. endosser *(responsabilité)* • no pienso cargar con toda la responsabilidad del fracaso del proyecto je n'endosserai pas toute la responsabilité de l'échec du projet 3. prendre à sa charge *(frais)* • ya cargaré yo con la bebida je prendrai les boissons à ma charge 4. accepter *(conséquences)* • cada uno debe cargar con las consecuencias de sus actos chacun doit accepter les conséquences de ses actes 5. s'occuper de *(qqn)* • como no puede dejar sola a su madre, tiene que cargar con ella comme il ne peut pas laisser sa mère seule, il doit s'en occuper en permanence
▪ **cargar contra** *v + prép* charger • los soldados cargaron contra el ejército enemigo les soldats ont chargé l'armée ennemie
▪ **cargarse de** *vp + prép* se remplir de • el cielo se cargó de nubes le ciel s'est rempli de nuages

cebarse [02]
▪ **cebarse en** *vp + prép* s'acharner sur • la oposición se ha cebado en las declaraciones del primer ministro l'opposition s'est acharnée sur les déclarations du Premier ministre

ceder [02]
▪ **ceder a** ou **ante** *v + prép* céder à • el gobierno acabó cediendo ante la presión de los sindicatos le gouvernement a fini par céder face à la pression des syndicats
▪ **ceder en** *v + prép* céder sur • no cedió en ningún punto en las negociaciones elle n'a cédé sur aucun point lors des négociations

cejar [01]
▪ **cejar en** *v + prép* renoncer à, abandonner • no cejaba en sus intentos por convencernos il ne renonçait pas à essayer de nous convaincre • no cejaré en mi empeño je n'abandonnerai pas la partie

centrarse [01]
▪ **centrarse en** *vp + prép* se concentrer sur *(activité)* • céntrate en lo que realmente es importante concentre-toi sur ce qui est réellement important

ceñirse [39]
▪ **ceñirse a** *vp + prép* s'en tenir à • cíñete a lo realmente importante tiens-t-en à ce qui est vraiment important

cerciorarse [01]
▪ **cerciorarse de** *vp + prép* s'assurer • me cercioré de que no hubiera nadie je me suis assuré qu'il n'y aurait personne

cerrarse [22]
▪ **cerrarse a** *vp + prép* négliger, écarter • no hay que cerrarse a ninguna posibilidad il ne faut négliger aucune possibilité

cesar [01]
▪ **cesar de** *v + prép* cesser de • el bebé no cesaba de llorar le bébé ne cessait de pleurer

chiflarse [01]
▪ **chiflarse por** *vp + prép fam* 1. s'emballer pour *(qqch)* • se chifla por cualquier cosa que tenga relación con el esoterismo il s'emballe pour tout ce qui touche à l'ésotérisme • mi hermano se chifla por las motos mon frère adore les motos 2. s'enticher de • se ha chiflado por un hombre mayor que ella elle s'est entichée d'un homme plus âgé qu'elle

chochear [01]
▪ **chochear por** *vp + prép fam* 1. être gaga de *(qqn)* • nuestro vecino chochea por su nieta notre voisin est gaga de sa petite-fille 2. être dingue de *(qqch)* • reconozco que chocheo por los videojuegos je reconnais que je suis dingue de jeux vidéo

chulear [01]
▪ **chulear de** *v + prép* se vanter de • chulea de conocer a un ministro il se vante de connaître un ministre

cifrar [01]
▪ **cifrarse en** *vp + prép* se chiffrer en • las pérdidas de la empresa se cifran en millones de euros les pertes de l'entreprise se chiffrent en millions d'euros

circunscribirse [03]
▪ **circunscribirse a** *vp + prép* se limiter à • es un problema que no se circunscribe solamente al

ámbito familiar c'est un problème qui ne se limite pas seulement au domaine familial

clamar [01]
▪ **clamar a** *v + prép* en appeler à • clamó a la clemencia de los jueces il en a appelé à la clémence des juges
▪ **clamar contra** *v + prép* crier à • numerosos eran los que clamaban contra la injusticia nombreux étaient ceux qui criaient à l'injustice

clasificarse [13]
▪ **clasificarse para** *vp + prép* se qualifier pour • nuestro equipo se ha clasificado para la final notre équipe s'est qualifiée pour la finale

claudicar [13]
▪ **claudicar de** *v + prép* 1. renoncer à *(devoirs, principes)* • acabó claudicando de sus ideas y convicciones de juventud il a fini par renoncer aux idées et aux convictions de sa jeunesse 2. faillir à *(promesses, engagements)* • el gobierno ha claudicado de sus promesas electorales le gouvernement a failli à ses promesses électorales

codearse [01]
▪ **codearse con** *vp + prép* fréquenter • dicen que ahora se codea con la nobleza on dit qu'il fréquente maintenant la noblesse

cogerse [17]
▪ **cogerse a** ou **de** *vp + prép* s'accrocher à • me tuve que coger a su brazo para no caerme j'ai dû m'accrocher à son bras pour ne pas tomber

coincidir [03]
▪ **coincidir con** *v + prép* 1. *(avoir le même avis)* être d'accord avec • en eso coincido contigo je suis d'accord avec toi là-dessus 2. *(se trouver au même endroit)* rencontrer • coincidí con unos amigos que no había visto desde hacía tiempo en una inauguración j'ai rencontré des amis que je n'avais pas vus depuis longtemps à l'occasion d'un vernissage
▪ **coincidir en** *v + prép (avoir le même avis)* être d'accord avec • todos coinciden en que no es posible continuar así tout le monde s'accorde à dire que l'on ne peut pas continuer comme ça

colaborar [01]
▪ **colaborar a** *v + prép* contribuer à • este tipo de actos vandálicos colabora a generar un clima de inseguridad entre la población ce genre d'actes de vandalisme contribue à créer un climat d'insécurité au sein de la population
▪ **colaborar con** *v + prép* collaborer avec • se negó a colaborar con la policía il a refusé de collaborer avec la police
▪ **colaborar en** *v + prép* collaborer à • varios laboratorios colaboran en la investigación sobre la enfermedad de Alzheimer plusieurs laboratoires collaborent à la recherche sur la maladie d'Alzheimer

colarse [01]
▪ **colarse en** *vp + prép* s'incruster dans • lograron colarse en la fiesta ils ont réussi à s'incruster à la fête

colgar [30]
▪ **colgar de** *v + prép* pendre à • una preciosa araña colgaba del techo un beau lustre pendait au plafond
▪ **colgarse de** *vp + prép* se suspendre à, se pendre à • ¡niño, no te cuelgues de esa rama, que se puede romper! petit, ne te suspends pas à cette branche, elle peut casser !

comenzar [23]
▪ **comenzar a** *v + prép* commencer à • de repente comenzó a llover soudain, il a commencé à pleuvoir

comerciar [08]
▪ **comerciar con** *v + prép* faire du commerce • comercia con piedras preciosas il fait du commerce de pierres précieuses

compadecerse [45]
▪ **compadecerse de** *vp + prép* plaindre • me compadezco de estas pobres gentes je plains ces pauvres gens

compaginarse [01]
▪ **compaginarse con** *vp + prép* aller de pair avec • sus actos no se compaginan con sus palabras ses actes ne sont pas en accord avec ses paroles

compararse [01]
▪ **compararse con** *vp + prép* se comparer à • la situación actual no se puede comparar a la que precedió a la revolución la situation actuelle ne peut se comparer à celle qui a précédé la révolution

competer [02]
▪ **competer a** *v + prép* incomber à • es una decisión que sólo te compete a ti c'est une décision qui t'incombe à toi seul

competir [39]
▪ **competir con** *v + prép* 1. *(entre personnes)* être en compétition avec • los españoles compiten con

otros equipos europeos por el título les Espagnols sont en compétition avec d'autres équipes européennes pour le titre 2. *(entre entreprises, entre produits)* faire concurrence à • una empresa española que compite con las multinacionales une entreprise espagnole qui fait concurrence aux multinationales

▪ **competir por** *v + prép* être en compétition pour • tres empresas compiten por liderar el mercado mundial de las telecomunicaciones trois entreprises sont en compétition pour la place de leader du marché mondial des télécommunications

complacerse [44]

▪ **complacerse en** *vp + prép* avoir le plaisir de • me complazco en anunciarle que su obra ha sido seleccionada para el certamen j'ai le plaisir de vous annoncer que votre œuvre a été sélectionnée pour le concours

componerse [69]

▪ **componerse de** *vp + prép* se composer de • el examen se compone de tres partes l'examen se compose de trois parties

comprometerse [02]

▪ **comprometerse a** *vp + prép* s'engager à • se comprometió a ayudarnos il s'est engagé à nous aider

▪ **comprometerse con** *vp + prép* s'engager dans • está comprometido con la defensa del medio ambiente il est engagé dans la défense de l'environnement

▪ **comprometerse en** *vp + prép* s'engager dans • el presidente llama a los países ricos a comprometerse en la lucha contra la pobreza y el hambre le président appelle les pays riches à s'engager dans la lutte contre la pauvreté et la faim

comulgar [19]

▪ **comulgar con** *v + prép* partager *(idées, sentiments)* • no comulgo con su manera de ver las cosas je ne partage pas sa façon de voir les choses

comunicar [13]

▪ **comunicar con** *v + prép* 1. communiquer avec *(qqn)* • comunica con sus amigos por mensajes de texto il communique avec ses amis par textos® 2. *(deux choses)* communiquer avec • el lavadero comunica con la cocina la buanderie communique avec la cuisine 3. *(deux régions, etc.)* être relié(e) à • el lago comunica con el mar le lac est relié à la mer

concentrarse [01]

▪ **concentrarse en** *vp + prép* 1. se concentrer sur *(étude, travail)* • concéntrate en lo que haces concentre-toi sur ce que tu fais 2. se rassembler dans *(endroit)* • miles de personas se concentraron en la capital para protestar des milliers de personnes se sont rassemblées dans la capitale pour manifester

concernir [27]

▪ **concernir a** *v + prép* concerner • la droga es un problema que nos concierne a todos la drogue est un problème qui nous concerne tous

conciliarse [08]

▪ **conciliarse con** *vp + prép* se concilier avec • la nueva ley contiene disposiciones que no pueden conciliarse con las de la ley anterior la nouvelle loi contient des clauses qui ne peuvent se concilier avec celles de la loi antérieure

concluir [52]

▪ **concluir por** *v + prép* finir par *(faire qqch)* • ambas partes concluyeron por aceptar un compromiso les deux parties ont fini par accepter un compromis

concurrir [03]

▪ **concurrir a** *v + prép* contribuer à • numerosos factores han concurrido a este resultado de nombreux facteurs ont contribué à ce résultat

condescender [26]

▪ **condescender a** *v + prép* condescendre à, consentir à • no puedo menos que condescender a una petición tan justa je ne peux que condescendre à une requête aussi juste

confesarse [22]

▪ **confesarse de** *vp + prép* (RELIG) se confesser de • se confesó de sus pecados il s'est confessé de ses péchés

confiar [07]

▪ **confiar en** *v + prép* avoir confiance en ou dans • confío totalmente en ella j'ai entièrement confiance en elle • confío en verle mañana j'espère le voir demain • confío en que ganemos j'espère que nous gagnerons

confluir [52]

▪ **confluir en** *v + prép* converger vers • miles de manifestantes confluyeron en la plaza mayor des milliers de manifestants ont convergé vers la grande place • esos intereses confluyen en un mismo punto ces intérêts convergent vers un même but

conformarse [01]

▪ conformarse con *vp + prép* se contenter de • nuestro equipo tuvo que conformarse con un empate notre équipe a dû se contenter d'un match nul • me conformo con que todo siga tal como ahora je souhaite seulement que les choses continuent comme ça

confundir [03]

▪ confundirse con *vp + prép (se mélanger avec)* se confondre avec • el perdón no debe confundirse con el olvido il ne faut pas confondre le pardon avec l'oubli • al rey le gustaba confundirse de vez en cuando con el pueblo le roi aimait se mêler au peuple de temps en temps

▪ confundirse en ou **entre** *vp + prép (ne pas se distinguer)* se fondre dans • el ladrón huyó y se confundió entre la multitud le voleur s'est enfui en se fondant dans la foule

congraciarse [08]

▪ congraciarse con *vp + prép* s'attirer la sympathie de • la sociedad anunció el reparto de 1.500 millones de euros entre sus accionistas para congraciarse con los inversores la société a annoncé qu'elle distribuerait 1 500 millions d'euros à ses actionnaires afin de s'attirer la sympathie des investisseurs

congratularse [01]

▪ congratularse de *vp + prép* se réjouir de • nos congratulamos de tu recuperación nous nous réjouissons que tu sois rétabli • nos congratulamos de que el problema haya sido por fin solventado nous nous réjouissons de voir que le problème a enfin pu être résolu

▪ congratularse por *vp + prép* se féliciter de • me congratulo por el éxito de tu libro je me félicite du succès de ton livre

consentir [55]

▪ consentir en *v + prép* consentir à • el gobierno acabó consitiendo en que el tema fuera sometido a referéndum le gouvernement a fini par consentir à soumettre la question à référendum

consistir [03]

▪ consistir en *v + prép (se composer de)* consister en • el premio consiste en un crucero para dos personas por el Caribe le prix consiste en une croisière aux Caraïbes pour deux personnes • su tarea consistirá en ampliar la cartera de clientes de la empresa sa tâche consistera à développer le portefeuille de clients de l'entreprise

constar [01]

▪ constar de *v + prép (être constitué de)* se composer de • el curso consta de dos módulos le cours se compose de deux modules • el proceso de selección consta de varias partes le processus de sélection se compose de plusieurs parties

▪ constar en *v + prép* figurer dans • según consta en las actas conformément à ce qui figure dans le procès-verbal

constituirse [52]

▪ constituirse de *vp + prép* être constitué(e) de • todo objeto de estudio se constituye de dos elementos: el empírico y el teórico tout objet d'étude est constitué de deux éléments : l'empirique et le théorique

contactar [01]

▪ contactar con *v + prép* contacter • si tiene cualquier problema, contacte con nosotros si vous avez le moindre problème, contactez-nous

contagiarse [08]

▪ contagiarse con *vp + prép* attraper • evite contagiarse con el virus évitez d'attraper le virus

contar [28]

▪ contar con *v + prép* 1. *(s'appuyer sur)* compter sur • puedes contar conmigo tu peux compter sur moi • no contaba con esto je ne m'attendais pas à ça 2. *(avoir)* disposer de • cuentas con dos horas para hacerlo tu as deux heures pour le faire

contentarse [01]

▪ contentarse con *vp + prép* se contenter de • se contenta con poco il se contente de peu • me contento con que me des la mitad si tu m'en donnes la moitié, je m'en contenterai

contribuir [52]

▪ contribuir a *v + prép* contribuer à • es un alimento que contribuye a reducir el colesterol c'est un aliment qui contribue à réduire le cholestérol

▪ contribuir con *v + prép* donner une participation de *(somme, quantité)* • cada uno contribuyó al regalo con diez euros chacun a donné une participation de dix euros pour le cadeau

convencer [14]

▪ convencerse de *v + prép* se convaincre de • intenta convencerse de que puede ganar il essaie de se convaincre qu'il peut gagner

convenir [73]
▪ **convenir en** *v + prép* 1. *(décider)* convenir de • convenimos en reunirnos nous sommes convenus de nous réunir 2. *(reconnaître)* • convenir en que admettre que convengo en que, por una vez, tienes razón j'admets que, pour une fois, tu as raison

converger [17]
▪ **converger en** *v + prép* tendre vers • diferentes teorías convergen a una misma conclusión différentes théories aboutissent à une même conclusion

convertirse [55]
▪ **convertirse a** *vp + prép* se convertir à *(religion, idéologie)* • se ha convertido al budismo il s'est converti au bouddhisme
▪ **convertirse en** *vp + prép (se transformer en)* devenir • el festival se ha convertido en cita obligada para cinéfilos le festival est devenu le rendez-vous obligé des cinéphiles

convidar [01]
▪ **convidar a** *v + prép* inviter à • este buen tiempo convida a pasear ce beau temps invite à la promenade

corresponder [02]
▪ **corresponder a** *v + prép (payer, compenser)* remercier de • me invitó para corresponder a mi favor il m'a invité pour me remercier du service
▪ **corresponderse con** *vp + prép (s'écrire)* correspondre avec • mi hijo se corresponde con un chico australiano mon fils correspond avec un garçon australien

cotizarse [16]
▪ **cotizarse a** *vp + prép (en Bourse)* être coté(e) à • las acciones de esta empresa se cotizan a más de 67 euros les actions de cette entreprise sont cotées à plus de 67 euros

creer [12]
▪ **creer en** *v + prép* croire en • a pesar de todo, sigo creyendo en el ser humano malgré tout, je continue de croire en l'être humain

cristalizarse [16]
▪ **cristalizarse en** *vp + prép* aboutir à • todas las tensiones se cristalizaron en un movimiento revolucionario toutes les tensions ont abouti à un mouvement révolutionnaire

cruzarse [16]
▪ **cruzarse con** *vp + prép* croiser • me crucé con la vecina j'ai croisé la voisine

cuadrar [01]
▪ **cuadrar con** *v + prép* concorder *(informations, faits)* • su declaración no cuadra con los hechos sa déclaration ne concorde pas avec les faits

cubrirse [03]
▪ **cubrirse de** *vp + prép* se couvrir de • en aquella batalla el ejército español se cubrió de gloria à cette bataille, l'armée espagnole s'est couverte de gloire

cuidar [01]
▪ **cuidar de** *v + prép (prendre soin de)* s'occuper de • ¿quién va a cuidar del perro cuando estemos de vacaciones? qui va s'occuper du chien quand on sera en vacances ?
▪ **cuidarse de** *vp + prép* faire attention à • para mantener el suspense, se cuidó de decir si aceptaría o no la invitación pour faire durer le suspense, il a fait attention à ne pas dire s'il acceptait l'invitation ou pas

culminar [01]
▪ **culminar con** *v + prép* s'achever par • el acto conmemorativo culminó con un baile popular la cérémonie commémorative s'est achevée par un bal populaire

cumplir [03]
▪ **cumplir con** *v + prép* 1. s'acquitter de ses obligations envers *(qqn)* • considero haber cumplido contigo je pense m'être acquitté de mes obligations envers toi 2. remplir *(devoir)* • por mi parte yo he cumplido con mi deber en ce qui me concerne, j'ai rempli mon devoir 3. tenir *(parole)* • cumplió con su promesa il a tenu sa promesse • la empresa ha cumplido con todos sus objetivos l'entreprise a atteint tous ses objectifs

curarse [01]
▪ **curarse de** *vp + prép* guérir de • se curó de su enfermedad sin recurrir a ningún tratamiento il a guéri de sa maladie sans prendre aucun traitement

D

dar [63]
▪ **dar a** *v + prép* 1. être orienté(e) au *(Nord, Sud, etc.)* • la fachada principal da al este la façade principale est orientée à l'Est 2. *(fenêtre, balcon)* donner sur • la ventana da al patio la fenêtre donne sur la cour

3. *(porte)* ouvrir sur • la puerta da a la calle la porte ouvre sur la rue 4. *(mettre en action)* • dale a la manilla tourne la poignée • hay que dar al botón il faut appuyer sur le bouton

▪ **dar con** *v + prép* 1. trouver • he dado con la solución j'ai trouvé la solution 2. rencontrer • di con él al salir de aquí je l'ai rencontré en sortant d'ici

▪ **dar para** *v + prép* • esa tela no da para una falda il n'y a pas assez de tissu pour faire une jupe

▪ **darse a** *vp + prép (se consacrer à)* s'adonner à • se dio a la bebida il s'est adonné à la boisson

▪ **darse de** *vp + prép (se considérer comme, tenir le rôle de)* • dárselas de: se las da de listo il se croit très intelligent se las da de valiente il joue les durs

▪ **darse por** *vp + prép* se considérer comme • puedes darte por suspendido tu peux te considérer comme recalé

datar [01]

▪ **datar de** *v + prép* dater de • la torre data de la época mudéjar la tour date de l'époque mudéjare

deber [02]

▪ **deber de** *v + prép (exprime une hypothèse)* devoir • deben de ser las siete il doit être sept heures • no debe de haber nadie en casa il ne doit y avoir personne à la maison

▪ **deberse a** *vp + prép* 1. *(être causé par)* être dû (due) à • el retraso se debe a la huelga le retard est dû à la grève 2. *(se consacrer à)* se devoir à • dice que se debe a sus hijos il dit qu'il se doit à ses enfants

dedicarse [13]

▪ **dedicarse a** *vp + prép* 1. faire *(métier)* • ¿a qué te dedicas? que fais-tu dans la vie ? 2. se consacrer à *(activité, personne)* • se dedica a promover la práctica del deporte en las escuelas il se consacre à la promotion du sport dans les écoles • toda su vida se dedicó a los pobres toute sa vie, il s'est consacré aux pauvres

defender [26]

▪ **defenderse de** *vp + prép* 1. se défendre de • un pequeño roedor que se sube a los árboles para defenderse de los predadores un petit rongeur qui monte aux arbres pour se défendre des prédateurs 2. se protéger de • se defendieron como pudieron del frío ils se sont protégés du froid comme ils ont pu

degenerar [01]

▪ **degenerar en** *v + prép* dégénérer en • la manifestación degeneró en incidentes y enfrentamientos con la policía la manifestion a dégénéré en incidents et en affrontements avec la police

dejar [01]

▪ **dejar de** *v + prép* 1. *(cesser de)* arrêter de • ¡deja de gritar! arrête de crier ! 2. *(ne pas oublier de)* • ¡no dejes de escribirme! n'oublie pas de m'écrire ! • no dejaremos de venir a verte nous ne manquerons pas de venir te voir

▪ **dejarse de** *vp + prép* arrêter de • ¡déjate de tonterías! arrête de raconter des bêtises !

depender [02]

▪ **depender de** *v + prép* dépendre de • todo depende de ti tout dépend de toi

derivar [02]

▪ **derivar de** *v + prép (avoir son origine)* venir de • el español que hoy hablamos deriva directamente del latín l'espagnol que nous parlons de nos jours vient directement du latin

▪ **derivar en** *v + prép (finir par)* se terminer par • la manifestación derivó en una batalla con los agentes del orden la manifestation s'est terminée par une bagarre avec les agents des forces de l'ordre

desasirse [03]

▪ **desasirse de** *vp + prép* se défaire de *(habitude, vice)* • no es fácil desasirse de costumbres tan arraigadas ce n'est pas facile de se défaire d'habitudes aussi ancrées

descargarse [19]

▪ **descargarse con** *vp + prép* s'en prendre à • el cineasta se descargó con la crítica le cinéaste s'en est pris à la critique

desconectarse [01]

▪ **desconectarse de** *vp + prép* se couper de • esta isla es un paraíso para quienes deseen desconectarse durante unos días del mundo cette île est un paradis pour ceux qui souhaitent se couper du monde quelques jours

desconfiar [07]

▪ **desconfiar de** *v + prép* se méfier de • desconfía hasta de su propia sombra il se méfie même de son ombre • desconfiaba de los que lo adulaban il se méfiait de ceux qui le flattaient

descubrirse [03]

▪ **descubrirse ante** *vp + prép fig* être en admiration devant • me descubro ante su talento je suis en admiration devant son talent

desdecir [74]

▪ **desdecir de** *v + prép* détonner avec, ne pas aller avec • la sobrecargada cúpula desdice de la sencillez arquitectural del resto del edificio la coupole surchargée détonne avec la simplicité architecturale du reste de l'édifice

▪ **desdecirse de** *vp + prép* revenir sur • se ha desdicho de sus declaraciones anteriores il est revenu sur ses déclarations antérieures

desembarazarse [16]

▪ **desembarazarse de** *vp + prép* se débarrasser de • ¿acaso quieres desembarazarte de mí? tu veux peut-être te débarrasser de moi ?

desembocar [13]

▪ **desembocar en** *v + prép* 1. *(fleuve)* se jeter dans • el Tajo desemboca en el Atlántico le Tage se jette dans l'Atlantique 2. *(rue, situation)* déboucher sur • las negociaciones no desembocaron en ningún acuerdo les négociations n'ont débouché sur aucun accord

desengañarse [01]

▪ **desengañarse de** *vp + prép* être désabusé(e) de ou par • nuestra época se ha desengañado de las utopías de nos jours, on revient des utopies

desentenderse [26]

▪ **desentenderse de** *vp + prép* négliger *(obligations, activités)* • las autoridades se desentendieron del problema les autorités ont négligé le problème • los jóvenes se desentienden de la participación ciudadana les jeunes négligent leur devoir de citoyen

desfallecer [45]

▪ **desfallecer de** *v + prép* 1. mourir de *(faim, peur)* • estuvieron a punto de desfallecer de inanición ils ont failli mourir d'inanition 2. tomber de *(fatigue)* • desfallecíamos de cansancio nous tombions de fatigue

deshacerse [68]

▪ **deshacerse de** *vp + prép* se débarrasser de • el asesino se deshizo del cadáver l'assassin s'est débarrassé du cadavre

▪ **deshacerse en** *vp + prép* 1. ne pas tarir de *(compliments, éloges)* • la crítica se ha deshecho en elogios ante su última película la critique n'a pas tari d'éloges sur son dernier film 2. se confondre en *(excuses)* • se deshizo en excusas por no haberme felicitado por mi cumpleaños il s'est confondu en excuses pour avoir oublié de me souhaiter mon anniversaire

desinteresarse [01]

▪ **desinteresarse de** ou **por** *vp + prép* se désintéresser de • se desinteresa de sus amigos/del trabajo il se désintéresse de ses amis/de son travail

desistir [03]

▪ **desistir de** *v + prép* renoncer à • desistió de la idea de entrar al seminario il a renoncé à l'idée d'entrer au séminaire

desligar [19]

▪ **desligarse de** *vp + prép fig* prendre ses distances avec • se ha ido desligando del grupo il a pris ses distances avec le groupe

despacharse [01]

▪ **despacharse con** *vp + prép* • se despachó a gusto con su mejor amiga elle a dit à sa meilleure amie tout ce qu'elle avait sur le cœur

despedirse [39]

▪ **despedirse de** *vp + prép* 1. dire au revoir à *(qqn)* • antes de irse se despidió de todos los invitados avant de partir, il a dit au revoir à tous les invités 2. dire adieu à *(qqch)* • si suspendes, despídete de la moto si tu échoues, tu peux dire adieu à ta moto

despegarse [19]

▪ **despegarse de** *vp + prép* se détacher de • te darás cuenta de que ya está cuando veas que se despega de la sartén tu verras que c'est cuit quand ça se détache de la poêle • en toda la tarde no se despegó del sofá il n'a pas bougé du canapé de toute l'après-midi • no se despega de su madre il ne quitte pas sa mère une seconde

despojarse [01]

▪ **despojarse de** *vp + prép* dépouiller de *(biens, vêtements)* • se despojó de todas sus riquezas il s'est dépouillé de toutes ses richesses

desprenderse [02]

▪ **desprenderse de** *vp + prép* 1. *(se séparer)* se détacher de • el papel pintado se desprende fácilmente de la pared le papier peint se détache facilement du mur 2. *(conclure)* se dégager de • de sus palabras se desprende que no está dispuesto a ceder ni un ápice ses paroles laissent entendre qu'il n'est pas disposé à céder du terrain 3. *(se délivrer de)* se défaire de • no es nada fácil desprenderse de algunas obligaciones ce n'est pas facile de se défaire de certaines obligations

despreocuparse [01]

▪ **despreocuparse de** *vp + prép* se désintéresser de • yo prefiero despreocuparme de todo lo que tiene que ver con el aspecto financiero del proyecto je préfère me désintéresser de tout ce qui touche à l'aspect financier du projet

despuntar [01]
▪ despuntar entre *v + prép* se distinguer de • esta joven atleta despunta entre los grandes atletas de su categoría cette jeune athlète se distingue des grandes athlètes de sa catégorie • la espectacular cúpula de cristal despunta entre los tejados de la ciudad le spectaculaire dôme en verre se détache des toits de la ville
▪ despuntar por *v + prép* se distinguer par • no despunta precisamente por su inteligencia il ne se distingue pas vraiment par son intelligence

desquitarse [01]
▪ desquitarse de *vp + prép* se venger de • pienso desquitarme de ese agravio je compte bien me venger de cet affront

destacarse [13]
▪ destacarse de *vp + prép* se distinguer de • un artista que se destaca de sus coetáneos por su originalidad un artiste qui se distingue de ses contemporains par son originalité
▪ destacarse por *vp + prép* se distinguer par • la región destaca por su patrimonio histórico y artístico la région se distingue par son patrimoine historique et artistique

desvelarse [01]
▪ desvelarse por *vp + prép* se donner du mal pour • se desvela por sus hijos il se donne du mal pour ses enfants

desviarse [07]
▪ desviarse de *vp + prép* 1. dévier de *(chemin)* • se desviaron del camino para tomar un atajo ils ont dévié du chemin pour prendre un raccourci 2. s'écarter de *(sujet)* • no te desvíes del tema ne t'écarte pas du sujet • se desvió de su propósito il s'est éloigné de son but

desvincularse [01]
▪ desvincularse de *vp + prép* 1. se détacher de *(amis)* • poco a poco se fue desvinculando de sus antiguas amistades peu à peu, il s'est détaché de ses anciens amis 2. se dégager de *(responsabilités)* • no puede desvincularse unilateralmente de sus obligaciones il ne peut se dégager unilatéralement de ses obligations

desvivirse [03]
▪ desvivirse por *vp + prép* 1. se dépenser sans compter pour *(qqn/qqch)* • se desvivía por sus hijos il se dépensait sans compter pour ses enfants 2. • desvivirse por hacer algo mourir d'envie de faire qqch no comprendo a las personas que se desviven por acumular riquezas y poder je ne comprends pas les gens qui meurent d'envie d'accumuler des richesses et du pouvoir

determinarse [01]
▪ determinarse a *vp + prép* se résoudre à • se determinó a hacer todo lo posible il s'est résolu à faire tout son possible

diferenciarse [08]
▪ diferenciarse de *vp + prép* se différencier de • los humanos nos diferenciamos de los animales en el uso de la razón en tant qu'êtres humains, nous nous différencions des animaux par la raison

diferir [55]
▪ diferir de *v + prép* ne pas être d'accord avec, différer de • en este tema difiero de mis compañeros je ne suis pas d'accord avec mes collègues sur ce sujet • mi punto de vista difiere diametralmente del suyo mon point de vue diffère diamétralement du sien

dimitir [03]
▪ dimitir de *v + prép* démissionner de • el escándalo lo ha obligado a dimitir de su cargo de ministro le scandale l'a obligé à démissionner de son poste de ministre

diplomarse [01]
▪ diplomarse en *vp + prép* obtenir un diplôme de • se acaba de diplomar en ingeniería il vient d'obtenir un diplôme d'ingénieur

dirigirse [18]
▪ dirigirse a *vp + prép* 1. se diriger vers *(quelque part)* • venía de Burgos y se dirigía a Toledo il venait de Burgos et se dirigeait vers Tolède 2. s'adresser à *(qqn)* • es una serie que se dirige al público adolescente c'est une série qui s'adresse aux adolescents • sírvanse dirigirse al servicio de reclamaciones veuillez vous adresser au service des réclamations
▪ dirigirse hacia *vp + prép* se diriger vers *(quelque part)* • se dirigió lentamente hacia la puerta il se dirigea lentement vers la porte

discrepar [01]
▪ discrepar de *v + prép* être en désaccord avec • discrepamos radicalmente de sus opiniones nous sommes radicalement en désaccord avec ses opinions

disculparse [01]
▪ **disculparse por** *vp + prép* s'excuser de • se disculpó por la reacción que había tenido il s'est excusé de la réaction qu'il avait eue

discutir [03]
▪ **discutir de** ou **sobre** *v + prép* discuter de • los participantes al coloquio discutieron sobre la viabilidad del proyecto les participants au colloque ont discuté de la viabilité du projet

disfrazarse [16]
▪ **disfrazarse de** *vp + prép* se déguiser en • los niños se disfrazaron de indios y vaqueros les enfants se sont déguisés en cow-boys et en indiens

disfrutar [01]
▪ **disfrutar de** *v + prép* 1. bénéficier de *(avantages, confort)* • disfrutan de un trato de favor ils bénéficient d'un traitement de faveur 2. jouir de *(bonne santé, faveur)* • disfruta de una envidiable salud para su edad il jouit d'une santé exceptionnelle pour son âge 3. profiter de *(vacances)* • disfruta de las pequeñas cosas que te ofrece la vida profite des petites choses que t'offre la vie • disfrutamos de unas merecidas vacaciones nous avons profité de vacances bien méritées

disponer [69]
▪ **disponer de** *v + prép* disposer de • el hotel dispone de todas las comodidades l'hôtel dispose de tout le confort moderne
▪ **disponerse a** *vp + prép* s'apprêter à • me disponía a salir cuando sonó el teléfono je m'apprêtais à sortir quand le téléphone a sonné

divagar [19]
▪ **divagar sobre** *v + prép* se perdre en considérations sur • no tengo tiempo para divagar sobre lo humano y lo divino je n'ai pas le temps de me perdre en considérations sur l'humain et le divin

doblarse [01]
▪ **doblarse a** ou **ante** *vp + prép* 1. céder *(contrainte)* • nunca se dobló ante las presiones del poder il n'a jamais cédé aux pressions du pouvoir 2. accéder à *(demande)* • terminó doblándose ante aquella justa demanda il a fini par accéder à cette juste demande

doblegarse [19]
▪ **doblegarse a** *vp + prép* se plier à • a menudo es necesario doblegarse a las exigencias del cliente il est souvent nécessaire de se plier aux exigences du client
▪ **doblegarse ante** *vp + prép* fléchir devant • el gobierno no tuvo más remedio que doblegarse ante la presión de la calle le gouvernement a dû fléchir devant la pression de la rue

dolerse [35]
▪ **dolerse de** ou **por** *vp + prép* se plaindre de, regretter de • el delantero centro se dolía de la pierna derecha l'avant-centre se plaignait d'une douleur à la jambe droite

dudar [01]
▪ **dudar de** *v + prép (ne pas avoir confiance en)* douter de • duda de todo y de todos il doute de tout et de tous
▪ **dudar sobre** *v + prép (ne pas être sûr de)* avoir des doutes sur • dudo sobre sus verdaderos motivos j'ai des doutes sur ses véritables motivations

E

echar [01]
▪ **echar a** *v + prép (commencer à)* se mettre à • echó a correr il s'est mis à courir
▪ **echar por** *v + prép fam (suivre)* • echa por el camino de la izquierda prends le chemin à gauche
▪ **echarse a** *vp + prép* 1. *(commencer à)* se mettre à • se echó a reír il s'est mis à rire 2. *(se diriger vers)* prendre • nos echamos a la carretera temprano nous avons pris la route de bon matin

ejercer [14]
▪ **ejercer de** *v + prép* exercer la profession de • ejerce de abogado il exerce la profession d'avocat

ejercitarse [01]
▪ **ejercitarse en** *vp + prép* s'exercer à • deberías ejercitarte más en hablar en público tu devrais t'exercer davantage à parler en public

elevarse [01]
▪ **elevarse a** *vp + prép* s'élever à • los daños causados por el terremoto se elevan a mil millones de euros les dégâts causés par le tremblement de terre s'élèvent à un milliard d'euros

elucubrar [01]
▪ **elucubrar sobre** *v + prép* méditer sur • no tiene mucho sentido elucubrar sobre este tema cela n'a pas beaucoup de sens de méditer sur ce sujet

embadurnar [01]
▪ **embadurnarse de** *vp + prép* se barbouiller de • los soldados se embadurnaron de barro para camuflarse les soldats se sont barbouillés de boue pour se camoufler

emanar [01]
▪ **emanar de** *v + prép* émaner de • valiosas propuestas han emanado de ese primer encuentro internacional d'intéressantes propositions ont émané de cette première rencontre internationale

embarcarse [13]
▪ **embarcarse en** *vp + prép fig* se lancer dans *(affaire, entreprise)* • hay que evitar como sea embarcarse en una aventura militar de resultados inciertos il faut éviter par tous les moyens de se lancer dans une aventure militaire aux résultats incertains

empaparse [01]
▪ **empaparse de** *vp + prép* s'imprégner de • fui allí a vivir una temporada para empaparme del ambiente je suis allé vivre là-bas quelque temps pour m'imprégner de l'ambiance

emparentar [01]
▪ **emparentar con** *v + prép* s'apparenter à • gracias a aquella boda emparentó con la aristocracia grâce à ce mariage, il s'est apparenté à l'aristocratie

empecinarse [01]
▪ **empecinarse en** *vp + prép* s'entêter à • se empecina en hacer las cosas sin escuchar los consejos de los demás il s'entête à faire les choses sans écouter les conseils des autres

empeñarse [01]
▪ **empeñarse en** *vp + prép* 1. *(insister)* s'obstiner à • no te empeñes en convencerme, no vale la pena ne t'obstine pas à me convaincre, ça ne vaut pas la peine 2. • empeñarse en hacer algo s'efforcer de faire qqch por mucho que se empeñaba en olvidarla, seguía amándola il avait beau s'efforcer de l'oublier, il continuait de l'aimer

emperrarse [01]
▪ **emperrarse en** *vp + prép fam* s'entêter à • cuando se emperra en hacer algo, no hay manera de disuadirlo quand il s'entête à faire quelque chose, il n'y a pas moyen de l'en dissuader

empezar [23]
▪ **empezar a** *v + prép* commencer à • empieza a hacer frío il commence à faire froid

▪ **empezar por** *v + prép* commencer par • empecemos por hacer un inventario detallado commençons par faire un inventaire détaillé

enamorarse [01]
▪ **enamorarse de** *vp + prép* tomber amoureux(euse) de • se enamoró de ella la primera vez que la vio il est tombé amoureux d'elle la première fois qu'il l'a vue

encaminarse [01]
▪ **encaminarse a** ou **hacia** *vp + prép* se diriger vers • los peregrinos se encaminaron hacia la ermita les pèlerins se sont dirigés vers l'ermitage

encamotarse [01]
▪ **encamotarse de** *vp + prép (Amér) fam* s'amouracher de • el chico se encamotó de su profesora de matemáticas le garçon s'est amouraché de son professeur de mathématiques

encapricharse [01]
▪ **encapricharse con** *vp + prép (s'obstiner à)* se mettre en tête de • se encaprichó con ser cantante il s'est mis en tête de devenir chanteur
▪ **encapricharse con** ou **de** *vp + prép* s'enticher de *(qqch, qqn)* • tu hijo se ha encaprichado con el juguete de otro niño ton fils s'est entiché du jouet d'un autre enfant • se encaprichó de un hombre casado elle s'est entichée d'un homme marié

encararse [01]
▪ **encararse con** *vp + prép (s'opposer à)* tenir tête à • se encaró a su jefe il a tenu tête à son chef

encargar [19]
▪ **encargarse de** *vp + prép* se charger de • yo me encargo de traer las bebidas je me charge d'apporter les boissons

encariñarse [01]
▪ **encariñarse con** *vp + prép* s'attacher à • he acabado encariñándome con el perro j'ai fini par m'attacher au chien

encarnizarse [16]
▪ **encarnizarse con** *vp + prép* s'acharner sur • parece como si la desgracia se hubiera encarnizado con ellos on aurait dit que la malchance s'acharnait sur eux

encomendarse [22]
▪ **encomendarse a** *vp + prép* s'en remettre à • me encomiendo a vosotros para que me aconsejéis je m'en remets à vous pour que vous me

conseilliez • se encomendó a Santa Rita, patrona de los imposibles il s'en est remis à sainte Rita, patronne des causes désespérées

encontrarse **[28]**
▪**encontrarse con** *vp + prép* tomber sur, rencontrer • me encontré con el vecino en el ascensor je suis tombé sur le voisin dans l'ascenseur

enfrascarse **[13]**
▪**enfrascarse en** *vp + prép* se plonger dans • nada mejor que enfrascarse en la lectura de los clásicos rien de mieux que de se plonger dans la lecture des classiques • se enfrascaron en una larga discusión elles se sont plongées dans une longue discussion

enfrentarse **[01]**
▪**enfrentarse a** *vp + prép* être confronté(e) à • nuestra empresa se enfrenta a una grave crisis notre entreprise est confrontée à une crise grave
▪**enfrentarse con** *vp + prép* affronter • grupos de jóvenes se enfrentaron con las fuerzas del orden des groupes de jeunes ont affronté les forces de l'ordre

engancharse **[01]**
▪**engancharse a** *vp + prép fam* devenir accro à • me he enganchado a la telenovela esa y no me pierdo ni un episodio je suis devenu accro à cette série télévisée et je n'en rate pas un seul épisode

enorgullecerse **[45]**
▪**enorgullecerse de** *vp + prép* s'enorgueillir de • me enorgullezco de considerarlo como a un amigo je m'enorgueillis de le considérer comme un ami • nos enorgullecemos de la confianza que nos otorgan los clientes nous sommes flattés de la confiance que nous accordent les clients

enredarse **[01]**
▪**enredarse a** *vp + prép* se lancer dans • nos enredamos a clasificar las fotos y pasamos la tarde en ello nous nous sommes lancés dans le classement des photos et nous y avons passé la soirée
▪**enredarse con** *vp + prép fam* avoir une liaison avec • se ha enredado con un compañero de trabajo elle a eu une liaison avec un collègue de travail

enrollarse **[01]**
▪**enrollarse con** *vp + prép (Esp) fam* 1. *(flirter)* sortir avec • se enrolló con una amiga de su hermana il est sorti avec une amie de sa sœur 2. *(parler)* tenir la jambe à • cada vez que me ve se enrolla conmigo chaque fois qu'il me voit, il me tient la jambe

ensañarse **[01]**
▪**ensañarse con** *vp + prép* s'acharner contre ou sur • la policía se ensañó contra los manifestantes la police s'est acharnée sur les manifestants • el temporal se ensaña con el litoral vasco la tempête s'acharne sur le littoral basque

ensimismarse **[01]**
▪**ensimismarse en** *vp + prép* se plonger dans • tiene tendencia a ensimismarse en sus pensamientos il a tendance à se plonger dans ses pensées • se ensimismó en la contemplación del horizonte il s'est plongé dans la contemplation de l'horizon

entender **[26]**
▪**entender de** ou **en** *v + prép* s'y connaître en • ¿tú entiendes de informática? tu t'y connais en informatique ?

enterar **[01]**
▪**enterarse de** *vp + prép* 1. *(connaître, découvrir)* apprendre • me enteré de que te habías mudado j'ai appris que tu avais déménagé • ¿te has enterado de lo que ha pasado en Madagascar? tu as appris ce qui s'est passé à Madagascar ? 2. *(s'informer)* se renseigner sur • intenta enterarte del precio essaie de te renseigner sur le prix 3. *(s'apercevoir)* se rendre compte de • como se entere de esto, te va a matar s'il s'en rend compte, il te tuera

entrar **[01]**
▪**entrar a** *v + prép* commencer à • entró a trabajar en la empresa el mes pasado il a commencé à travailler dans l'entreprise le mois dernier
▪**entrar de** *v + prép* débuter comme • entró de telefonista y ahora es director il a débuté comme standardiste et maintenant il est directeur
▪**entrar en** *v + prép* • no entramos todos en tu coche nous ne tenons pas tous dans ta voiture • ¿cuántas peras entran en un kilo? il faut combien de poires pour faire un kilo ? • esto no entraba en mis cálculos ceci n'était pas prévu dans mes calculs

entregarse **[19]**
▪**entregarse a** *vp + prép* 1. se livrer à *(ennemi, police)* • el asesino decidió entregarse a la justicia l'assassin a décidé de se livrer à la justice 2. se consacrer à *(famille, amis, activité)* • se entrega por completo a su trabajo il se consacre complètement à son travail 3. s'abandonner à *(passion, qqn)* • se entregó a aquel hombre en cuerpo y alma elle s'est

abandonnée corps et âme à cet homme 4. s'adonner à *(vice)* • se entregó a la bebida il s'est adonné à la boisson

entremeterse [02]
▪ **entremeterse en** *vp + prép* se mêler de • no soporto a la gente que se entremete en los asuntos que no son de su incumbencia je ne supporte pas les gens qui se mêlent de ce qui ne les regarde pas

entretenerse [72]
▪ **entretenerse con** *vp + prép* s'amuser avec • a esta edad los niños se entretienen con cualquier cosa à cet âge, les enfants s'amusent avec peu de chose

entristecerse [45]
▪ **entristecerse por** ou **con** *vp + prép* s'attrister de • se entristeció con la noticia il s'attrista de la nouvelle

entrometerse [02]
▪ **entrometerse en** *vp + prép* 1. se mêler de *(affaire)* • siempre anda entrometiéndose en mis asuntos il se mêle toujours de mes affaires 2. s'immiscer dans *(conversation)* • un desconocido se entrometió en nuestra charla un inconnu s'est immiscé dans notre conversation

entroncar [13]
▪ **entroncar con** *v + prép* 1. être apparenté(e) à *(famille, époque)* • con aquella boda entroncó con la familia real española avec ce mariage, il s'est apparenté à la famille royale d'Espagne • su obra entronca con la tradición romántica son œuvre s'apparente à la tradition romantique 2. déboucher sur *(lieu)* • la N-12 entronca con la A-6 la N12 débouche sur l'A6

entusiasmarse [01]
▪ **entusiasmarse con** *vp + prép* s'enthousiasmer pour • todos se entusiasmaron con la propuesta ils ont tous été enthousiasmés par la proposition

enzarzarse [16]
▪ **enzarzarse en** *vp + prép* s'empêtrer dans *(dispute, affaire)* • se enzarzaron en una interminable disputa dialéctica ils se sont empêtrés dans une interminable discussion dialectique

equivaler [02]
▪ **equivaler a** *v + prép* équivaloir à • eso equivaldría a reconocer vuestro error ceci équivaudrait à reconnaître votre erreur

equivocarse [13]
▪ **equivocarse con** *vp + prép* se tromper sur • me equivoqué con él, en realidad es simpatiquísimo je me suis trompé sur son compte, en fait il est très sympathique
▪ **equivocarse de** *vp + prép* se tromper de • nos equivocamos de salida nous nous sommes trompés de sortie

escandalizarse [16]
▪ **escandalizarse de** ou **por** *vp + prép* être scandalisé(e) par • parece mentira que todavía haya gente que se escandalice por estas cosas on a du mal à croire que des gens puissent encore être scandalisés par ces choses-là

escapar [01]
▪ **escapar a** *v + prép* échapper à *(danger, qqn)* • le era imposible escapar a la vigilancia de sus padres il lui était impossible d'échapper à la vigilance de ses parents
▪ **escapar de** *v + prép* 1. s'échapper de *(endroit)* • varios presos han escapado de una cárcel de alta seguridad plusieurs prisonniers se sont échappés d'une prison de haute sécurité 2. échapper à *(danger, qqn)* • escapó de la muerte por los pelos il a échappé de justesse à la mort

escaquearse [01]
▪ **escaquearse de** *vp + prép fam* se dérober à • siempre se escaquea de las tareas duras il se dérobe toujours aux tâches difficiles • ¡esta vez no te vas a escaquear de lavar los platos! cette fois, tu ne vas pas échapper à la vaisselle !

esconderse [02]
▪ **esconderse de** *vp + prép* 1. se dérober à *(la vue de qqn)* • buscaba esconderse de la vista de los curiosos il cherchait à se dérober à la vue des curieux 2. fuir *(qqn)* • se escondía de sus perseguidores il fuyait ses poursuivants

esforzarse [16]
▪ **esforzarse en** ou **por** *vp + prép* s'efforcer de • se esfuerzan por ofrecer una imagen positiva ils s'efforcent de donner une image positive

esmerarse [01]
▪ **esmerarse en** *vp + prép* 1. s'appliquer dans *(qqch)* • se esmera en el trabajo il s'applique dans son travail 2. • esmerarse en hacer algo s'appliquer à faire qqch esmérate en hacer buena letra applique-toi à écrire lisiblement

especializarse [16]

▪**especializarse en** *vp + prép* se spécialiser en • se licenció en medicina y luego se especializó en pediatría après son diplôme de médecine, il s'est spécialisé en pédiatrie

especular [01]

▪**especular con** ou **en** *v + prép* (FIN & COMM) spéculer sur • especula con la intención de hacer fortuna il spécule dans le but de faire fortune

▪**especular sobre** *v + prép (réfléchir)* spéculer sur • los científicos especulan sobre la posible existencia de vida extraterrestre les scientifiques spéculent sur l'existence possible d'une vie extraterrestre

estar [64]

▪**estar a** *v + prép* 1. *(pour indiquer une valeur, un prix)* être • ¿a cuánto está el dólar? à combien est le dollar ? 2. *(pour situer dans le temps)* être • hoy estamos a 13 de julio aujourd'hui, nous sommes le 13 juillet

▪**estar de** *v + prép* 1. *(occuper un poste)* être • está de director de la agencia il est directeur de l'agence 2. *(indique un état)* être • hoy estoy de buen/mal humor aujourd'hui, je suis de bonne/mauvaise humeur

▪**estar en** *v + prép* 1. *(se trouver)* • el problema está en la fecha c'est la date qui pose problème 2. • estar en que: estoy en que no vendrá je pense qu'il ne viendra pas

▪**estar para** *v + prép (indique l'humeur, l'état)* être • no estoy para bromas je ne suis pas d'humeur à plaisanter

▪**estar por** *v + prép* 1. *(indique qu'une action n'a pas encore été accomplie)* • el trabajo más difícil todavía está por hacer le travail le plus difficile reste à faire • eso está por ver ça reste à voir 2. *(indique qu'une action est imminente)* faillir • estaba por irme cuando llegaste j'étais sur le point de partir quand tu es arrivé • estuve por pegarle j'ai failli le frapper

estirar [01]

▪**estirar de** *v + prép* tirer sur • no estires de la cuerda ne tire pas sur la corde

estremecerse [45]

▪**estremecerse de** *vp + prép* 1. frémir de *(horreur)* • al oír la noticia nos estremecimos todos de espanto en entendant la nouvelle, nous avons frémi de peur 2. trembler de *(peur, froid)* • notó una corriente de aire y se estremeció de frío il a senti un courant d'air et il a tremblé de froid

estribar [01]

▪**estribar en** *v + prép* reposer sur • la diferencia no estriba tanto en la calidad como en el precio la différence ne repose pas tant sur la qualité que sur le prix

excusarse [01]

▪**excusarse por** *vp + prép* • excusarse (con alguien) por algo s'excuser de qqch (auprès de qqn) se excusaron con nosotros por haber llegado tan tarde ils se sont excusés auprès de nous de leur retard

expansionarse [01]

▪**expansionarse con** *vp + prép (se confier)* s'épancher auprès de • se expansiona fácilmente con los desconocidos il s'épanche facilement auprès d'inconnus

explayarse [01]

▪**explayarse con** *vp + prép* s'ouvrir à • no es conveniente explayarse con cualquiera, hay que saber escoger a sus interlocutores ce n'est pas convenable de s'ouvrir à n'importe qui, il faut savoir choisir ses interlocuteurs

exponerse [69]

▪**exponerse a** *vp + prép* s'exposer à • el presidente no teme exponerse a las críticas le président ne craint pas de s'exposer aux critiques

extralimitarse [01]

▪**extralimitarse en** *vp + prép* outrepasser • acusan a la comisión de haberse extralimitado en sus funciones la commission est accusée d'avoir outrepassé ses fonctions

extrañarse [01]

▪**extrañarse de** *vp + prép* s'étonner de • a mi edad ya no me extraño de nada à mon âge, je ne m'étonne plus de rien ou à mon âge, plus rien ne m'étonne

F

faltar [01]

▪**faltar a** *v + prép* 1. *(faillir)* manquer à • faltó a su palabra il a manqué à sa parole 2. *(offenser)* manquer de respect à • no consentiré que faltes a tus padres je ne permettrai pas que tu manques de respect à tes parents

familiarizarse [16]
▪ **familiarizarse con** *vp + prép* se familiariser avec • me prestó un móvil para que fuera familiarizándome con su utilización il m'a prêté un téléphone portable pour que je puisse me familiariser avec son utilisation

fiarse [07]
▪ **fiarse de** *vp + prép* faire confiance à • no me fío ni un pelo del nuevo je ne fais pas du tout confiance au nouveau

fijarse [01]
▪ **fijarse en** *vp + prép* 1. *(être attentif à)* faire attention à • en el supermercado tienes que fijarte en la fecha de caducidad de los productos au supermarché, tu dois faire attention à la date de péremption des produits 2. *(se rendre compte de)* remarquer • nadie se fijó en ella durante la fiesta personne ne l'a remarquée pendant la fête • fíjate en lo que pasa cuando pulsas el botón derecho del ratón regarde bien ce qui se passe quand tu cliques du côté droit de la souris

fisgar [19]
▪ **fisgar en** *v + prép* fouiller dans • ¡deja de fisgar en mis cosas! arrête de fouiller dans mes affaires !

flojear [01]
▪ **flojear en** *v + prép* être faible en • mi hijo flojea en física y química mon fils est faible en physique et en chimie

fundarse [01]
▪ **fundarse en** *vp + prép* se fonder sur • ¿en qué te fundas para hacer tales afirmaciones? sur quoi te fondes-tu pour faire de telles affirmations ?

fungir [18]
▪ **fungir de** *v + prép (Amér)* faire office de • en el improvisado escenario hay una tela roja que funge de telón dans le décor improvisé, une étoffe rouge fait office de rideau

G, H

gozar [16]
▪ **gozar con** *v + prép* se réjouir à ou de • gozaba con la idea de encontrarse cerca de su amada il se réjouissait à l'idée de se retrouver auprès de sa bien-aimée

▪ **gozar de** *v + prép* jouir de • un cantante que goza de gran popularidad entre los jóvenes un chanteur qui jouit d'une grande popularité auprès des jeunes

graduarse [09]
▪ **graduarse en** *vp + prép* obtenir un diplôme de • se graduó en ciencias políticas il a obtenu un diplôme de sciences politiques

guardarse [01]
▪ **guardarse de** *vp + prép* se garder de • guárdate de los aduladores garde-toi des flatteurs

guarecer [45]
▪ **guarecerse de** *v + prép* s'abriter de • buscaron una cueva para guarecerse del frío ils ont cherché une grotte pour s'abriter du froid

guasearse [01]
▪ **guasearse de** *vp + prép fam* mettre en boîte • tengo la impresión de que os estáis guaseando de mí j'ai l'impression que vous êtes en train de me mettre en boîte

guiarse [07]
▪ **guiarse por** *vp + prép* se guider à • yo me guío siempre por el instinto je me fie toujours à mon instinct

haber [76]
▪ **haber de** *v + prép* 1. *(exprime une obligation)* falloir • has de trabajar más il faut que tu travailles davantage 2. *(exprime une hypothèse)* devoir • ha de ser su hermano ce doit être son frère • han de ser las tres il doit être trois heures

habituarse [09]
▪ **habituarse a** *vp + prép* 1. s'habituer à • mi abuela no acaba de habituarse al euro ma grand-mère n'arrive pas à s'habituer à l'euro • no me habitúo a vivir solo je ne m'habitue pas à vivre seul 2. prendre l'habitude de • se habituó a acostarse temprano elle a pris l'habitude de se coucher tôt

hablar [01]
▪ **hablar de** *v + prép* parler de • hablamos de todo y de nada nous avons parlé de tout et de rien
▪ **hablarse con** *vp + prép* parler à • hace un año que no me hablo con mi hermano cela fait un an que je n'ai pas parlé à mon frère

hacer [68]
▪ **hacer de** *v + prép* 1. *(servir de)* faire office de • un sofá que también hace de cama un canapé qui fait

aussi office de lit 2. *(travailler en tant que)* travailler comme • hace de cajera elle travaille comme caissière 3. *(au cinéma ou au théâtre)* jouer le rôle de • en su última película hace de vampiro dans son dernier film, il joue le rôle d'un vampire

▪ **hacerse a** *vp + prép (s'habituer à)* se faire à • no acabo de hacerme al nuevo piso je n'arrive pas à me faire au nouvel appartement

▪ **hacerse con** *vp + prép* 1. *(s'approprier de)* prendre • se hicieron con todo el dinero ils ont pris tout l'argent • los rebeldes se han hecho con el poder les rebelles ont pris le pouvoir 2. *(obtenir)* se procurer • habrá que hacerse con víveres para la expedición il faudra se procurer des vivres pour l'expédition

hartarse [01]

▪ **hartarse de** *vp + prép* 1. *(en mangeant)* se gaver de • las pasadas Navidades nos hartamos de turrones nous nous sommes gavés de tourons à Noël dernier 2. *(se fatiguer de)* en avoir assez de • me harté de esperar y me fui j'en ai eu assez d'attendre et je suis parti 3. *(faire en excès)* ne pas arrêter de • durante las vacaciones nos hartamos de (visitar) museos pendant les vacances, nous n'avons pas arrêté de visiter des musées

hastiarse [07]

▪ **hastiarse de** *vp + prép* se lasser de • el niño se hastió pronto de los juguetes l'enfant s'est vite lassé des jouets

hincharse [01]

▪ **hincharse a** ou **de** *vp + prép fam* 1. *(en mangeant)* se gaver de • nos hinchamos de marisco nous nous sommes gavés de fruits de mer 2. *(au travail)* se tuer à • me hincho a currar y todo por un sueldo miserable je me tue à bosser et tout ça pour un salaire de misère

huir [52]

▪ **huir de** *v + prép* fuir • la famosa actriz huía de los periodistas la célèbre actrice fuyait les journalistes

I

identificarse [13]

▪ **identificarse con** *vp + prép* s'identifier à • el público se identifica con el personaje principal le public s'identifie au personnage principal

igualarse [01]

▪ **igualarse a** ou **con** *vp + prép* se comparer à • ningún competidor puede igualarse con nosotros aucun concurrent ne peut se comparer à nous

ilusionarse [01]

▪ **ilusionarse con** *vp + prép* se faire des illusions sur • no te ilusiones con ese chico porque ya tiene novia ne te fais pas d'illusions sur ce garçon, car il a déjà une copine • se ilusionaba con la posibilidad de ganar el campeonato il se faisait des illusions sur ses chances de gagner le championnat

implicarse [13]

▪ **implicarse en** *vp + prép* se mêler à • lo mejor es que no te impliques en este asunto le mieux, c'est de ne pas te mêler à cette affaire

impregnarse [01]

▪ **impregnarse de** *vp + prép* s'imprégner de • acabó impregnándose de la cultura del país il a fini par s'imprégner de la culture du pays

incautarse [01]

▪ **incautarse de** *vp + prép* (DR) saisir • los aduaneros se incautaron de casi una tonelada de cocaína les douaniers ont saisi presque une tonne de cocaïne

incidir [03]

▪ **incidir en** *v + prép* 1. tomber dans *(erreur)* • no incidas en los mismos errores ne tombe pas dans les mêmes erreurs 2. mettre l'accent sur *(thème)* • incidió en la importancia de extremar las precauciones il a mis l'accent sur l'importance de prendre toutes les précautions possibles 3. *(influer)* avoir une incidence sur • es un factor que no incide en los resultados c'est un facteur qui n'a pas d'incidence sur les résultats 4. *(opérer)* faire une incision dans • el cirujano incidió en el brazo le chirurgien a fait une incision dans le bras

inclinar [01]

▪ **inclinarse a** *vp + prép (avoir tendance à)* être tenté(e) de • me inclino a pensar que nos ha mentido acerca de sus verdaderos motivos je suis tenté de penser qu'il nous a menti au sujet de ses véritables motivations

▪ **inclinarse ante** *vp + prép (pour saluer)* s'incliner devant • el embajador se inclinó ante la reina l'ambassadeur s'est incliné devant la reine

▪ **inclinarse por** *vp + prép (préférer)* pencher pour • personalmente me inclino por esta última teoría personnellement, je penche pour cette dernière théorie

incomodarse [01]

▪ **incomodarse por** *vp + prép* se fâcher à cause de • creo que se incomodó por lo que le dijiste je crois qu'il s'est fâché à cause de ce que tu lui as dit

incorporarse [01]

▪ **incorporarse a** *vp + prép* 1. intégrer *(équipe, groupe)* • rechazó integrarse al comité il a refusé d'intégrer le comité 2. commencer *(travail)* • ¿cuándo te incorporas a tu nuevo trabajo? quand commences-tu ton nouveau travail ?

incumbir [03]

▪ **incumbir a** *v + prép* incomber à • la responsabilidad incumbe al fabricante la responsabilité incombe au fabricant

incurrir [03]

▪ **incurrir en** *v + prép* 1. commettre *(faute, délit)* • muchos han incurrido en el mismo error que tú de nombreuses personnes ont commis la même erreur que toi 2. s'exposer à *(mépris, haine, colère)* • al casarse en secreto incurrió en la ira de sus padres en se mariant en secret, il s'est exposé à la colère de ses parents

indignarse [01]

▪ **indignarse con** *vp + prép* s'indigner de • la población se ha indignado con la nueva subida del precio de la gasolina la population s'est indignée de la nouvelle hausse du prix de l'essence

▪ **indignarse por** *vp + prép* s'indigner de • numerosos son los que se indignan por el maltrato dado a los emigrantes de nombreuses personnes s'indignent des mauvais traitements infligés aux émigrants

inflarse [01]

▪ **inflarse de** *vp + prép fam* se gaver de *(nourriture)* • nos inflamos de langostinos nous nous sommes gavés de grosses crevettes

influir [52]

▪ **influir en** *v + prép* avoir une influence sur • la alimentación influye en el rendimiento físico e intelectual l'alimentation a une influence sur le rendement physique et intellectuel

informarse [01]

▪ **informarse de** *vp + prép* s'informer de ou sur • la próxima vez infórmate un poco más del tema antes de abrir la boca la prochaine fois, informe-toi un peu mieux sur le sujet avant d'ouvrir la bouche

▪ **informarse sobre** *vp + prép* se renseigner sur • nos informamos sobre los riesgos reales nous nous sommes renseignés sur les risques réels

inhibirse [03]

▪ **inhibirse de** *vp + prép* se dérober à *(responsabilités, engagements)* • esta vez no te vas a inhibir de tus responsabilidades cette fois-ci, tu ne vas pas te dérober à tes responsabilités

iniciarse [08]

▪ **iniciarse en** *vp + prép* s'initier à • he comprado unos vídeos para iniciarme en la guitarra j'ai acheté des cassettes vidéo pour m'initier à la guitare

injerirse [55]

▪ **injerirse en** *vp + prép* s'ingérer dans • la Unión Europea ha decidido no injerirse en el proceso democrático del país independizado l'Union européenne a décidé de ne pas s'ingérer dans le processus démocratique du pays qui a accédé à l'indépendance

inmiscuirse [52]

▪ **inmiscuirse en** *vp + prép* s'immiscer dans • ¡no vuelvas a inmiscuirte en mis asuntos! ne viens pas t'immiscer à nouveau dans mes affaires !

inscribir [03]

▪ **inscribirse en** *vp + prép* 1. s'inscrire sur *(liste, registre)* • se ha inscrito en la lista de espera il s'est inscrit sur la liste d'attente 2. s'inscrire à *(école, cours)* • me he inscrito a un curso de cocina je me suis inscrit à un cours de cuisine 3. s'inscrire dans *(groupe, association)* • se inscribió en un club de golf il s'est inscrit dans un club de golf

insistir [03]

▪ **insistir en** *v + prép* insister sur • no insistas en este punto n'insiste pas sur ce point

inspirarse [01]

▪ **inspirarse en** *vp + prép* s'inspirer de • el autor se ha inspirado en una historia real l'auteur s'est inspiré d'une histoire vraie

integrarse [01]

▪ **integrarse en** *vp + prép* s'intégrer à ou dans • le costó bastante integrarse en el equipo il a eu du mal à s'intégrer dans l'équipe

interceder [02]

▪ **interceder por** *v + prép* intercéder en faveur de • nunca podré agradecerle lo bastante haber intercedido por mí en tan delicado asunto je ne pourrai jamais assez le remercier d'avoir intercédé en ma faveur sur un sujet aussi délicat

interesarse [01]

▪ **interesarse en** *vp + prép* s'intéresser à • me intereso en todo lo que concierne a Egipto y a los faraones je m'intéresse à tout ce qui concerne l'Égypte et les pharaons

▪ **interesarse por** *vp + prép* 1. s'intéresser à *(sujet)* • se interesa en la política il s'intéresse à la politique 2. s'inquiéter de *(santé)* • me intereso por tu salud je m'inquiète pour ta santé

interferir [27]

▪ **interferir en** *v + prép* 1. interférer dans • no quiero que nada interfiera en mis planes je veux que rien ne vienne interférer dans mes projets 2. se mêler de *(sujet, problème, etc.)* • no interfieras en mis asuntos ne te mêle pas de mes affaires 3. intervenir dans *(conversation)* • no dejaba de interferir en el debate il n'arrêtait pas d'intervenir dans le débat

interponerse [69]

▪ **interponerse en** *vp + prép* intervenir dans *(affaires, vie de qqn)* • Europa no quiere interponerse en el conflicto l'Europe ne veut pas intervenir dans le conflit

▪ **interponerse entre** *vp + prép* s'interposer entre *(deux personnes)* • no dejaré a nadie interponerse entre nosotros je ne laisserai personne s'interposer entre nous

intervenir [73]

▪ **intervenir en** *v + prép* intervenir dans • preferí no intervenir en el debate j'ai préféré ne pas intervenir dans le débat

intimar [01]

▪ **intimar con** *v + prép* être des intimes • nunca intimé con él, pero siempre le tuve un real afecto nous n'avons jamais été intimes, mais j'ai toujours eu de l'estime pour lui

involucrarse [01]

▪ **involucrarse en** *vp + prép* s'impliquer dans • te aconsejo que no te involucres en ese tipo de asuntos je te conseille de ne pas t'impliquer dans ce genre d'affaires

ir [77]

▪ **ir a** *v + prép (suivi de l'infinitif, exprime le futur immédiat)* • voy a decírselo a mi padre je vais le dire à mon père • va a llover il va pleuvoir

▪ **ir con** *v + prép* 1. *(être vêtu de)* porter • hay que ir con corbata il faut porter une cravate 2. *(être en harmonie avec)* aller avec • el color del sofá no va con el de las cortinas la couleur du canapé ne va pas avec celle des rideaux 3. *(faire allusion à)* viser *(qqn)* • eso no iba contigo cela ne te visait pas

▪ **ir de** *v + prép* 1. *(traiter de, avoir pour sujet)* parler de • ¿de qué va la película? de quoi parle le film ? 2. *(être vêtu de)* être en • siempre va de azul il est toujours en bleu 3. *fig (prétendre être)* • va de listo/intelectual il fait le malin/l'intello • pero ¿tú de qué vas? mais tu te prends pour qui ?

▪ **ir en** *v + prép (être vêtu de)* être en • iba en camiseta il était en tee-shirt

▪ **ir por** *v + prép* 1. *(chercher)* aller chercher • si quieres yo iré por el niño si tu veux, j'irai chercher le petit 2. *(atteindre)* en être à • voy por la mitad del libro j'en suis à la moitié du livre 3. *(faire allusion à)* viser • lo que he dicho no va por nadie en particular ce que je viens de dire ne vise personne en particulier • no mires al techo que esto va por ti ne regarde pas au plafond, c'est de toi qu'il s'agit 4. *(indique une compensation)* • eso va por lo que tú me hiciste ça, c'est en retour de ce que tu m'as fait

J, L

jactarse [01]

▪ **jactarse de** *vp + prép* se vanter de • se jactaba de ser el único que se había atrevido a saltar il se vantait d'être le seul à avoir osé sauter

juntarse [01]

▪ **juntarse con** *vp + prép* 1. se retrouver • se juntaron con unos amigos para ir a tomar unas copas ils se sont retrouvés avec quelques amis pour aller prendre un verre 2. vivre avec • se ha juntado con una chica que conoció durante las vacaciones il vit maintenant avec une fille qu'il a rencontrée pendant les vacances

lamentarse [01]

▪ **lamentarse de** ou **por** *vp + prép* se lamenter sur • se lamenta continuamente de su suerte il se lamente en permanence sur son sort

lanzarse [16]
▪ **lanzarse a** *vp + prép* se lancer à • la empresa piensa lanzarse a la conquista del mercado americano l'entreprise a l'intention de se lancer à la conquête du marché américain
▪ **lanzarse sobre** *vp + prép* se précipiter sur • dos individuos se lanzaron sobre mí deux individus se sont précipités sur moi

liarse [07]
▪ **liarse a** *vp + prép* se mettre à • se liaron a clasificar las fotos ils se sont mis à classer les photos • se liaron a puñetazos ils en sont venus aux coups
▪ **liarse con** *vp + prép fam* avoir une liaison avec • se ha liado con un compañero de trabajo elle a une liaison avec un collègue de travail
▪ **liarse en** *vp + prép* se lancer dans • nos liamos en discusiones absurdas nous nous sommes lancés dans des discussions absurdes

liberar [01]
▪ **liberarse de** *vp + prép* se libérer de • le fue difícil liberarse de la influencia de su familia ça a été difficile pour lui de se libérer de l'influence de sa famille

librarse [01]
▪ **librarse de** *vp + prép* 1. échapper à • gracias a su abogado se libró de la cárcel grâce à son avocat, il a échappé à la prison • ¡de buena te libraste! tu l'as échappé belle ! 2. se dispenser de • nos libramos de ir a la reunión nous nous sommes dispensés d'aller en réunion 3. se débarrasser de • no conseguí librarme de aquel pesado en toda la noche je n'ai pas réussi à me débarrasser de ce casse-pieds de toute la soirée

licenciarse [08]
▪ **licenciarse en** *vp + prép* (SCOL) obtenir sa licence en • se licenció en psicología en 1997 il a obtenu sa licence de psychologie en 1997

lidiar [08]
▪ **lidiar con** *v + prép* lutter contre • el torero saltó a la arena dispuesto a lidiar con el imponente toro le torero a sauté dans l'arène, prêt à lutter contre l'imposant taureau

ligar [19]
▪ **ligar con** *v + prép fam (séduire)* draguer • en la discoteca ligamos con unas chicas muy majas on a dragué des filles très mignonnes en boîte

limitarse [01]
▪ **limitarse a** *vp + prép* se borner à • el portavoz del gobierno se limitó a leer una declaración le porte-parole du gouvernement s'est borné à lire une déclaration

llegar [19]
▪ **llegar a** *v + prép* 1. atteindre *(endroit)* • no llegó a la cima il n'a pas atteint le sommet • no llego al estante de arriba je ne peux pas atteindre l'étagère supérieure 2. • llegar a (ser) algo devenir qqch llegarás a presidente tu deviendras président; llegó a ser muy popular il est devenu très populaire 3. • llegar a hacer algo arriver à faire qqch no llegué a confesárselo je ne suis pas arrivé à le lui avouer no llegamos a conocernos nous n'avons pas eu la chance de faire connaissance
▪ **llegar hasta** *v + prép* atteindre • el abrigo le llega hasta la rodilla son manteau lui arrive aux genoux
▪ **llegarse a** *vp + prép* aller • paseando nos llegamos al castillo nous sommes allés au château en nous promenant

llenarse [01]
▪ **llenarse de** *vp + prép* 1. se couvrir de • se le llenó la cara de granos son visage s'est couvert de boutons 2. se remplir de • las calles se llenaron de gente les rues se sont remplies de monde

lucirse [47]
▪ **lucirse en** *vp + prép* briller • la célebre actriz se lució en la fiesta la célèbre actrice a brillé lors de la fête • el equipo local se lució en el último encuentro l'équipe locale a brillé lors de la dernière rencontre

M

mantenerse [72]
▪ **mantenerse con** ou **de** *vp + prép* vivre de • los miembros de la tribu se mantienen de la caza y la pesca les membres de la tribu vivent de la chasse et de la pêche

mentalizar [16]
▪ **mentalizarse de** *vp + prép* se faire à l'idée que • empieza a mentalizarte de que nada volverá a ser igual commence à te faire à l'idée que rien ne sera plus jamais pareil

meterse [02]

▪ **meterse a** *vp + prép* 1. *(changer d'état, de métier)* devenir • se metió a periodista il est devenu journaliste • su hijo se ha metido a cura son fils est devenu prêtre 2. *(commencer à)* se mettre à • se metió a invertir en bolsa il s'est mis à investir en Bourse

▪ **meterse con** *vp + prép fam* 1. *(embêter)* s'en prendre à • los otros niños se meten con él les autres enfants s'en prennent à lui 2. *(enquiquiner)* chercher • no te metas conmigo, que no estoy de humor ne me cherche pas, je ne suis pas d'humeur à plaisanter

▪ **meterse en** *vp + prép fam* se mêler de • no te metas en los asuntos de los demás ne te mêle pas des affaires des autres • siempre te estás metiendo en problemas tu te fourres toujours dans des histoires

mezclar [01]

▪ **mezclarse con** *vp + prép* 1. *(se joindre à)* se mêler à • se mezcló con un grupo de invitados y se coló en la fiesta il s'est mêlé à un groupe d'invités et il s'est incrusté dans la fête 2. *(se combiner)* se mélanger à • un ritmo novedoso en el que el tango se mezcla perfectamente con el jazz un rythme nouveau dans lequel le tango se mélange parfaitement au jazz

▪ **mezclarse en** *vp + prép (s'occuper de)* se mêler de • no te mezcles en lo que no te importa ne te mêle pas de ce qui ne te regarde pas

mirar [01]

▪ **mirar a** *v + prép* 1. être orienté(e) au *(Nord, Sud, etc.)* • la fachada principal mira al este la façade principale est orientée à l'Est 2. donner sur *(rue, cour, etc.)*

▪ **mirar por** *v + prép* se préoccuper de • mira sólo por sus intereses il ne se préoccupe que de ses intérêts

molestarse [01]

▪ **molestarse en** *vp + prép* prendre la peine de • ni se molestó en mirar quién entraba il n'a même pas pris la peine de regarder qui entrait

▪ **molestarse por** *vp + prép* se déranger pour • no te molestes por mí ne te dérange pas pour moi

montar [01]

▪ **montar a** *v + prép* monter à *(cheval)* • montaba a caballo como una auténtica amazona elle montait à cheval comme une véritable amazone

▪ **montar en** *v + prép* monter à *(vélo, moto)* • a los tres años ya sabía montar en bicicleta à l'âge de trois ans, je savais déjà monter à vélo

morirse [57]

▪ **morirse de** *vp + prép* mourir de • se murió de un infarto il est mort d'un infarctus

▪ **morirse por** *vp + prép fig* mourir d'envie de • me muero por ir a esa fiesta je meurs d'envie d'aller à cette fête

mudar [01]

▪ **mudar de** *v + prép* changer de • los camaleones pueden mudar de color les caméléons peuvent changer de couleur

▪ **mudarse de** *vp + prép* changer de • se mudó de ropa il a changé de vêtements

murmurar [01]

▪ **murmurar de** ou **sobre** *v + prép* dire du mal de • le importa un comino que murmuren de ella elle se fiche complètement qu'on dise du mal d'elle

N, O

negarse [24]

▪ **negarse a** *vp + prép* refuser de • algunos soldados se negaron a obedecer las órdenes quelques soldats ont refusé d'obéir aux ordres

nutrirse [03]

▪ **nutrirse de** ou **con** *vp + prép* se nourrir de *(aliments)* • las hembras de los mosquitos se nutren con sangre les moustiques femelles se nourrissent de sang • se nutre sólo de alimentos biológicos il se nourrit exclusivement de produits bio

obcecarse [13]

▪ **obcecarse con** ou **por** *vp + prép* être aveuglé(e) par • no te dejes obcecar por la cólera ne te laisse pas aveugler par la colère

▪ **obcecarse en** *vp + prép* s'obstiner à • se obcecaron en seguir un camino equivocado ils se sont obstinés à suivre le mauvais chemin

obedecer [45]

▪ **obedecer a** *v + prép* obéir à • un comportamiento que obedece a un instinto natural de defensa un comportement qui obéit à un instinct naturel de défense

obligar [19]

▪ **obligarse a** *vp + prép* 1. se forcer à • se obligó a levantarse antes de que amaneciera il s'est forcé à se lever avant qu'il ne fasse jour 2. *(moralement)*

s'engager à • me he obligado a escribirte y pienso hacerlo je me suis engagé à t'écrire et je le ferai

obsesionarse [08]
▪ **obsesionarse con** *vp + prép* être obsédé(e) par • no hay que obsesionarse con los resultados il ne faut pas être obsédé par les résultats

obstinarse [01]
▪ **obstinarse en** *vp + prép* s'obstiner à ou dans • se obstinaba en su mutismo il s'obstinait dans son silence • obstinarse en hacer algo s'obstiner à faire qqch el acusado se obstina en proclamar su inocencia l'accusé s'obstine à proclamer son innocence

ocuparse [01]
▪ **ocuparse de** *vp + prép* s'occuper de • ocúpate de tus cosas occupe-toi de tes affaires

oficiar [08]
▪ **oficiar de** *v + prép* faire office de • me pidieron que oficiara de moderador en el debate on m'a demandé de faire office d'animateur dans le débat

ofrecerse [45]
▪ **ofrecerse a** ou **para** *vp + prép* s'offrir pour • se ofreció a ayudarme il s'est offert pour m'aider

ofuscarse [13]
▪ **ofuscarse con** *vp + prép* être obnubilé(e) par • el tirano se ofuscó con el poder le tyran était obnubilé par le pouvoir

oler [37]
▪ **oler a** *v + prép* sentir • las sábanas huelen a lavanda les draps sentent la lavande • la habitación huele a tabaco la pièce sent le tabac

olvidarse [01]
▪ **olvidarse de** *vp + prép* oublier de • se olvidó de cerrar la puerta il a oublié de fermer la porte • me olvidé de que los lunes no tenías clase j'ai oublié que tu n'avais pas cours le lundi

oponerse [69]
▪ **oponerse a** *vp + prép* s'opposer à • nadie se opuso a la propuesta personne ne s'est opposé à la proposition

optar [01]
▪ **optar a** *v + prép* aspirer à • es la primera vez que opto a un título c'est la première fois que j'aspire à un titre
▪ **optar por** *v + prép* choisir de • optaron por no decir nada ils ont choisi de ne rien dire

P

padecer [45]
▪ **padecer de** *v + prép* souffrir de *(maladie)* • en primavera padezco de fiebre del heno chaque printemps, je souffre du rhume des foins

parapetarse [01]
▪ **parapetarse tras** *vp + prép* se retrancher derrière • justificaba su silencio parapetándose tras el secreto profesional il justifiait son silence en se retranchant derrière le secret professionnel

parar [01]
▪ **parar de** *v + prép (cesser de)* arrêter de • no para de llover il n'arrête pas de pleuvoir

participar [01]
▪ **participar de** *v + prép* partager *(qqch)* • participo de tus ideas je partage tes idées
▪ **participar en** *v + prép* 1. *(collaborer à)* participer à • numerosos científicos han participado en el proyecto de nombreux scientifiques ont participé au projet • miles de personas participaron en la maratón des milliers de personnes ont participé au marathon 2. *(bénéficier de)* prendre part à • los empleados participan en los beneficios de la empresa les employés prennent part aux bénéfices de l'entreprise

partir [03]
▪ **partir de** *v + prép (prendre comme base)* partir de • si partimos de los resultados arrojados por las encuestas... si nous partons des résultats des enquêtes...

pasar [01]
▪ **pasar a** *v + prép (changer d'activité, de sujet)* passer à • pasemos a otra cosa passons à autre chose
▪ **pasar de** *v + prép* 1. *(dépasser)* • pasan de veinte ils sont plus de vingt • no pasa de los cuarenta il n'a pas plus de quarante ans 2. *fam (se désintéresser)* • paso de ir al cine je n'ai aucune envie d'aller au cinéma
▪ **pasar por** *v + prép* 1. *(être considéré comme)* passer pour • pasa por tonto pero es muy listo il passe pour un idiot mais il est très malin 2. *(avoir à supporter)* traverser • está pasando por un momento difícil il traverse un moment difficile
▪ **pasar sin** *v + prép (se passer de, vivre sans)* • habrá que pasar sin carne il faudra se passer de viande • no puedo pasar sin hablar je ne peux pas m'empêcher de parler

▪ pasarse a *vp + prép (passer dans le camp adverse)* • algunos se pasaron al enemigo certains sont passés à l'ennemi

▪ pasarse de *vp + prép (exagérer, aller trop loin)* • a veces te pasas de bueno parfois, tu es trop bon • ¡no te pases de listo! ne fais pas trop le malin !

pavonearse [01]

▪ pavonearse de *vp + prép* se vanter de • francamente, no sé de que te pavoneas... franchement, je me demande de quoi tu te vantes...

pecar [13]

▪ pecar de *v + prép* pécher par excès de • pecó de prudente il a péché par excès de prudence

pensar [22]

▪ pensar en *v + prép* penser à • pensaba en su amada día y noche il pensait jour et nuit à sa bien-aimée

▪ pensar sobre *v + prép* réfléchir sur • piensa un poco sobre lo que te acabo de decir réfléchis un peu à ce que je viens de te dire

percatarse [01]

▪ percatarse de *vp + prép* s'apercevoir de • no me percaté de ningún cambio je ne me suis aperçu d'aucun changement

perdurar [01]

▪ perdurar en *v + prép* persister dans • esta superstición perdura en las mentalidades cette superstition persiste dans les mentalités

perseverar [01]

▪ perseverar en *v + prép* persévérer dans • perseveró en su error il a persévéré dans son erreur

persistir [03]

▪ persistir en *v + prép* persister dans ou à • persistía en su actitud il persistait dans son attitude • persiste en no querer decir nada il persiste à ne rien vouloir dire

persuadirse [03]

▪ persuadirse de *vp + prép* se persuader de • acabó persuadiéndose de la gravedad del tema il a fini par se persuader de la gravité du sujet

pertenecer [45]

▪ pertenecer a *v + prép* 1. appartenir à *(qqn)* • ¿a quién pertenece este paraguas? à qui appartient ce parapluie ? 2. être membre de *(club, association)* • el candidato no pertenece a ningún grupo político le candidat n'est membre d'aucun groupe politique 3. faire partie de *(groupe)* • pertenece a una coral il fait partie d'une chorale

pirrarse [01]

▪ pirrarse por *vp + prép fam* 1. être fana de *(qqch)* • me pirro por los sudoku je suis fana des sudokus 2. s'enticher de *(qqn)* • se pirró por un compañero de trabajo elle s'est entichée d'un collègue de travail

pitorrearse [01]

▪ pitorrearse de *vp + prép fam* se ficher de • no soporto que se pitorreen de mí je ne supporte pas qu'ils se fichent de moi

poder [71]

▪ poder con *v + prép* 1. venir à bout *(maladie, rival)* • nadie podrá conmigo personne ne viendra à bout de moi 2. faire face à *(tâche, problème)* • ella sola no podrá con la mudanza elle ne pourra pas faire face au déménagement toute seule 3. *fam (soportar)* supporter *(matière, personne)* • de pequeño no podía con las matemáticas enfant, je ne supportais pas les maths • no puedo con su novio je ne supporte pas son petit ami

polarizarse [16]

▪ polarizarse en *vp + prép* se polariser sur, se concentrer sur • las opiniones se han polarizado en dos posiciones extremas les opinions se sont polarisées sur deux positions diamétralement opposées

polemizar [16]

▪ polemizar sobre *v + prép* polémiquer sur • no pienso polemizar más sobre este asunto je n'ai pas l'intention de polémiquer davantage sur ce sujet

ponerse [69]

▪ ponerse a *vp + prép* se mettre à • se puso a llorar il s'est mis à pleurer

porfiar [07]

▪ porfiar en *v + prép* s'obstiner à ou dans • porfió en no querer disculparse il s'est obstiné à ne pas vouloir s'excuser • porfiaron en el error ils se sont obstinés dans l'erreur

preguntar [01]

▪ preguntar por *v + prép* 1. *(solliciter)* demander • pregunte al camarero por los servicios demande au serveur où se trouvent les toilettes • ¿alguien ha preguntando por mí? quelqu'un m'a demandé ? 2. *(s'intéresser à)* demander des nouvelles de • Isabel me ha preguntado por ti Isabelle m'a demandé de tes nouvelles

prendarse [01]

▪ **prendarse de** *vp + prép* s'éprendre de • la primera vez que la vio se prendó de ella la première fois qu'il l'a vue, il s'est épris d'elle

preocuparse [01]

▪ **preocuparse de** *vp + prép* 1. *(penser à)* s'inquiéter de • no te preocupes de la presentación, de eso ya me encargo yo ne t'inquiète pas de la présentation, je m'en charge • no me preocupo del qué dirán je me moque du qu'en dira-t-on 2. *(se charger de)* veiller à • preocúpate de que nadie entre veille à ce que personne n'entre

▪ **preocuparse por** *vp + prép* s'inquiéter de, s'inquiéter pour • me preocupo por su salud je m'inquiète de sa santé • no te preocupes por nada ne t'inquiète pas pour rien

prepararse [01]

▪ **prepararse a** ou **para** *vp + prép* se préparer à • la ciudad se prepara para acoger a miles de visitantes la ville se prépare à accueillir des milliers de visiteurs

prescindir [03]

▪ **prescindir de** *v + prép* 1. *(renoncer à)* se passer de • vivo en el campo y no puedo prescindir del coche je vis à la campagne et je ne peux pas me passer de voiture 2. *(omettre)* faire abstraction de • prescindiendo de un par de detalles, el resto me parece perfecto en faisant abstraction d'un point de détail ou deux, le reste me semble parfait

prestarse [01]

▪ **prestarse a** *vp + prép* 1. *(se proposer pour)* offrir de • se prestó a ayudarme il s'est offert à m'aider 2. *(être motif à)* prêter à • esto se presta a confusión cela prête à confusion

presumir [03]

▪ **presumir de** *v + prép (s'afficher)* se vanter de • presume de tener un descapotable il se vante d'avoir une décapotable • presume de listo il se croit intelligent

prevalecer [45]

▪ **prevalecer sobre** *v + prép* l'emporter sur • soñaba con una sociedad en que la justicia prevaleciera sobre los intereses económicos il rêvait d'une société où la justice l'emporterait sur les intérêts économiques

primar [01]

▪ **primar sobre** *v + prép* primer sur • para mí la calidad prima sobre la cantidad pour moi, la qualité prime sur la quantité

privar [01]

▪ **privarse de** *vp + prép* se priver de • durante las últimas vacaciones no nos privamos de nada pendant les dernières vacances, nous ne nous sommes privés de rien

probar [28]

▪ **probar a** *v + prép* essayer *(de faire qqch)* • prueba a hablar con él essaye de lui parler

proceder [45]

▪ **proceder a** *v + prép (commencer)* procéder à • procedieron a contar los votos ils ont procédé au décompte des bulletins de vote

▪ **proceder de** *v + prép* 1. *(avoir son origine dans)* provenir de • la energía de las estrellas procede de la fusión termonuclear l'énergie des étoiles provient de la fusion thermonucléaire 2. *(avoir comme origine)* être originaire de • sus abuelos procedían de Galicia ses grands-parents étaient originaires de Galice 3. *(être originaire de)* venir de • una gran parte de productos manufacturados procede del Sureste Asiático une grande partie des produits manufacturés vient du Sud-Est asiatique

prodigarse [19]

▪ **prodigarse en** *vp + prép* se répandre en *(attentions, etc.)* • la crítica se prodigó en elogios la critique s'est répandue en éloges • no suele prodigarse en las explicaciones il n'a pas l'habitude de se répandre en explications

profundizar [16]

▪ **profundizar en** *v + prép* approfondir *(question, sujet)* • habría que profundizar en algunos aspectos de la cuestión il faudrait approfondir quelques aspects de la question

pronunciarse [08]

▪ **pronunciarse sobre** *vp + prép* se prononcer sur • prefiero no pronunciarme sobre tan delicado tema je préfère ne pas me prononcer sur un sujet aussi délicat

propasarse [01]

▪ **propasarse con** *vp + prép* 1. abuser de *(qqch)* • no hay que propasarse con el alcohol il ne faut pas abuser de l'alcool 2. prendre des libertés avec *(qqn)* • intentó propasarse con ella il a essayé de prendre des libertés avec elle

prorrumpir [03]
▪ **prorrumpir en** *v + prép* éclater en • prorrumpió en sollozos il a éclaté en larmes • la sala prorrumpió en aplausos la salle éclata en applaudissements

protestar [01]
▪ **protestar contra** ou **por** *v + prép* protester contre • los consumidores protestan por la subida de los precios les consommateurs protestent contre la hausse des prix

proveerse [12]
▪ **proveerse de** *vp + prép* 1. se munir de • se han provisto de linternas para explorar la cueva ils se sont munis de lanternes pour explorer la grotte 2. s'approvisionner en *(vivres)* • varios municipios tienen dificultades para proveerse de agua potable plusieurs municipalités ont des difficultés pour s'approvisionner en eau potable

provenir [73]
▪ **provenir de** *v + prép* 1. *(dans l'espace)* provenir de • esta tradición proviene de Estados Unidos cette tradition provient des États-Unis 2. *(dans le temps)* dater de • muchos nombres de calle provienen de la Edad Media de nombreux noms de rue datent du Moyen-Âge

Q, R

quedar [01]
▪ **quedar con** *v + prép* avoir rendez-vous avec • he quedado con Luisa a las 10 delante del teatro j'ai rendez-vous avec Luisa à 22 heures devant le théâtre
▪ **quedar en** *v + prép* 1. • hemos quedado en el cine nous avons rendez-vous au cinéma 2. *(décider de)* • habíamos quedado en vernos a las 7 nous avions rendez-vous à 7 heures • ¿en qué quedamos? alors, qu'est-ce qu'on fait ?
▪ **quedar por** *v + prép* rester à • nos quedan todavía muchos lugares por visitar il nous reste encore beaucoup d'endroits à visiter
▪ **quedarse con** *vp + prép* 1. *(conserver sur soi)* garder • quédese con el cambio gardez la monnaie 2. *(préférer)* choisir • ¿con cuál te quedaste? lequel as-tu choisi ? 3. *fam (se moquer de)* faire marcher *(qqn)* • ¡te estás quedando conmigo! tu me fais marcher !

quejarse [01]
▪ **quejarse por** ou **de** *vp + prép* se plaindre de • varios clientes se quejaron del servicio plusieurs clients se sont plaints du service

radicar [13]
▪ **radicar en** *v + prép (problème, difficulté, etc.)* résider dans • el verdadero problema radica en la falta de comunicación le vrai problème réside dans le manque de communication

ramificarse [13]
▪ **ramificarse en** *vp + prép* se ramifier en • el movimiento artístico se ramificó en dos escuelas le mouvement artistique s'est ramifié en deux écoles

ratificarse [13]
▪ **ratificarse en** *vp + prép* maintenir • el testigo se ratificó en la primera versión de los hechos le témoin a maintenu sa première version des faits

rayar [01]
▪ **rayar en** *v + prép (approcher)* friser • raya en lo ridículo ça frise le ridicule

reafirmarse [01]
▪ **reafirmarse en** *vp + prép* être conforté(e) dans *(opinion, etc.)* • los peritos se ratificaron en su convencimiento les experts ont été confortés dans leur conviction

rebajarse [01]
▪ **rebajarse a** *vp + prép* s'abaisser à • no pienso rebajarme a pedirle perdón je ne compte pas m'abaisser à lui demander pardon

rebosar [01]
▪ **rebosar de** *v + prép* déborder de • los niños rebosan de energía les enfants débordent d'énergie

recaer [49]
▪ **recaer en** *v + prép* retomber dans *(vice, erreur, etc.)* • lo más difícil es evitar recaer en la droga le plus dur, c'est d'éviter de retomber dans la drogue
▪ **recaer sobre** *v + prép (faute, responsabilité)* retomber sur, se porter sur • las sospechas recayeron inmediatamente sobre un vecino de la víctima les soupçons se portèrent immédiatement sur un voisin de la victime

recelar [01]
▪ **recelar de** *v + prép* se méfier de • recelo de los expertos je me méfie des experts

recobrarse [01]
▪**recobrarse de** *vp + prép* 1. se remettre de *(maladie, etc.)* • todavía no me he recobrado del susto je ne me suis pas encore remise de ma frayeur 2. se consoler de *(peine, souffrance, etc.)* • no acaba de recobrarse de la muerte de su esposa il n'arrive pas à se consoler de la mort de son épouse

reconcomerse [02]
▪**reconcomerse de** *vp + prép* se consumer de • se reconcomía de celos il se consumait de jalousie

recuperarse [01]
▪**recuperarse de** *vp + prép* se remettre de • se está recuperando de la intervención quirúrgica il se remet de l'intervention chirurgicale

recurrir [03]
▪**recurrir a** *v + prép* avoir recours à • la actriz afirmó no haber recorrido a la cirugía estética l'actrice a affirmé ne pas avoir eu recours à la chirurgie esthétique

reducirse [47]
▪**reducirse a** *vp + prép* se réduire à • la película se reduce a una serie de escenas yuxtapuestas le film se réduit à une série de scènes juxtaposées

redundar [01]
▪**redundar en** *v + prép* tourner à • esto redunda en beneficio/en perjuicio de todos cela tourne à l'avantage/au désavantage de tous

referirse [55]
▪**referirse a** *vp + prép* 1. parler de *(sujet, personne)* • ¿a qué te refieres? de quoi parles-tu ? 2. *(concerner)* se référer à, se rapporter à • en lo que se refiere a los datos personales, no se comunicarán a terceros en ce qui concerne les données personnelles, elles ne seront pas communiquées à des tiers

refugiarse [08]
▪**refugiarse de** *vp + prép* se mettre à l'abri de • se refugiaron de la lluvia en una cueva ils se sont mis à l'abri de la pluie dans une grotte

regirse [40]
▪**regirse por** *vp + prép* se fier à • me rijo por mi instinto je me fie à mon instinct

regocijarse [01]
▪**regocijarse con** ou **de** *vp + prép* se réjouir de • me regocijo de saber que eres feliz je me réjouis de savoir que tu es heureux

reincorporarse [01]
▪**reincorporarse a** *vp + prép* 1. reprendre *(travail)* • miles de alumnos se reincorporaron a sus actividades escolares des milliers d'élèves ont repris leurs activités scolaires 2. être réincorporé(e) dans *(service militaire)* • se negaban a reincorporarse al ejército ils refusaient d'être réincorporés dans l'armée

reintegrarse [01]
▪**reintegrarse a** *vp + prép* 1. réintégrer *(poste)* • le propusieron reintegrarse al cargo on lui a proposé de réintégrer son poste 2. se réinsérer dans *(société)* • tiene dificultades para reintegrarse a la sociedad il a des difficultés à se réinsérer dans la société

reír [42]
▪**reír** ou **reírse de** *v + prép* 1. rire de *(qqch)* • se puede reír de todo pero no con cualquiera on peut rire de tout mais pas avec n'importe qui 2. se moquer de *(qqn)* • todos se reían de él ils se moquaient tous de lui

relacionarse [08]
▪**relacionarse con** *vp + prép (voir souvent)* fréquenter • no me relaciono con ese tipo de gente je ne fréquente pas ce genre de personnes

remitirse [03]
▪**remitirse a** *vp + prép* s'en remettre à • me remito a los hechos je m'en remets aux faits

remontarse [01]
▪**remontarse a** *vp + prép fig* remonter à • una tradición que se remonta al siglo XVI une tradition qui remonte au XVIe siècle

rendirse [39]
▪**rendirse a** ou **ante** *vp + prép* se rendre à • acabó rindiéndose ante la evidencia il a fini par se rendre à l'évidence

renegar [24]
▪**renegar de** *v + prép* renier • no reniego de mis humildes orígenes campesinos je ne renie pas mes modestes origines paysannes

renunciar [08]
▪**renunciar a** *v + prép* 1. *(abandonner)* renoncer à • las bandas armadas aceptaron renunciar a la violencia les bandes armées ont accepté de renoncer à la violence 2. *(décliner)* refuser • el presidente saliente renunció a presentarse de nuevo a las elecciones le président sortant a refusé de se représenter aux élections

reparar [01]
▪**reparar en** *v + prép (faire attention à)* remarquer • reparé en este detalle mucho más tarde j'ai remarqué ce détail beaucoup plus tard • no repararon en gastos ils n'ont pas regardé à la dépense

repercutir [03]
▪**repercutir en** *v + prép* se répercuter sur • la subida del petróleo repercute en el precio de venta la hausse du prix du pétrole se répercute sur le prix de vente

reponerse [69]
▪**reponerse de** *vp + prép* se remettre de • tardó en reponerse de aquella enorme decepción il a eu une grosse déception et il a mis du temps à s'en remettre

resarcirse [15]
▪**resarcirse de** *vp + prép* se dédommager de • imposible resarcirse de tal pérdida pour une telle perte, il n'est pas de dédommagement possible

resentirse [55]
▪**resentirse de** *vp + prép* se ressentir de • el jugador se resiente todavía del tobillo le joueur se ressent encore de sa blessure à la cheville

resguardarse [01]
▪**resguardarse de** *vp + prép* se protéger de • llevaba un grueso abrigo y guantes para resguardarse del frío il portait un manteau épais et des gants pour se protéger du froid

residir [03]
▪**residir en** *v + prép* 1. *(vivre)* résider en *(pays)*, résider à *(ville)* • reside en la calle Arenal, número 1 il réside au numéro 1 de la rue Arenal 2. *(problème, difficulté, etc.)* résider dans • la clave de su éxito reside en su facilidad de manejo la clef de son succès réside dans sa facilité d'utilisation

resignarse [01]
▪**resignarse a** *vp + prép* se résigner à • no me resigno a la soledad je ne me résigne pas à la solitude

resistir [03]
▪**resistir a** *v + prép* résister à • no resistí a la tentación je n'ai pas résisté à la tentation
▪**resistirse a** *vp + prép* se refuser à • me resisto a creerlo je me refuse à le croire

resolverse [35]
▪**resolverse a** *vp + prép* se résoudre à • después de pensarlo mucho finalmente se resolvió a llamarla après avoir beaucoup réfléchi, il s'est résolu à l'appeler

respaldarse [01]
▪**respaldarse en** *vp + prép* 1. s'adosser à • se respaldó en la butaca il s'est adossé au fauteuil 2. *fig* se reposer sur • a tu edad no puedes continuar respaldándote en tu familia à ton âge, tu ne peux pas continuer à te reposer sur ta famille

responder [02]
▪**responder a** *v + prép* 1. *(répondre, correspondre)* répondre à • el candidato respondió a todas las preguntas le candidat a répondu à toutes les questions • esta ley responde a una necesidad cette loi répond à un besoin 2. réagir à *(un traitement)* • el paciente no responde a los antibióticos le patient ne réagit pas aux antibiotiques
▪**responder de** *v + prép* répondre de • ¿quién va a responder de las consecuencias? qui va répondre des conséquences ?
▪**responder por** *v + prép* répondre de • yo no respondo por él je ne réponds pas de lui

responsabilizarse [16]
▪**responsabilizarse de** *vp + prép* assumer la responsabilité de • debes responsabilizarte de tus actos tu dois assumer la responsabilité de tes actes

resumirse [03]
▪**resumirse en** *vp + prép* se résumer à • mi patrimonio se resume en mi casa y mi coche mon patrimoine se résume à ma maison et ma voiture

retorcerse [45]
▪**retorcerse de** *vp + prép* se tordre de *(douleur, rire)* • se retorcía de dolor il se tordait de douleur

retractarse [01]
▪**retractarse de** *vp + prép* revenir sur • el acusado se retractó de sus declaraciones anteriores l'accusé est revenu sur ses déclarations antérieures

retroceder [45]
▪**retroceder ante** *v + prép* reculer devant • no retrocede ante nada il ne recule devant rien

reventar [22]
▪**reventar por** *v + prép fam (désirer)* mourir d'envie de • reventaba por anunciarle la noticia je mourais d'envie de lui annoncer la nouvelle
▪**reventarse a** *vp + prép* se tuer à • me reviento a trabajar je me tue au travail

revolver [35]
▪**revolver en** *v + prép* fouiller dans • ¿quién ha estado revolviendo en mis cosas? qui a fouillé dans mes affaires ?

rivalizar [16]
▪**rivalizar con** *v + prép* rivaliser avec *(concurrent)* • nuestros productos no pueden rivalizar con los asiáticos nos produits ne peuvent pas rivaliser avec les produits asiatiques
▪**rivalizar en** *v + prép* rivaliser de *(générosité, beauté, etc.)* • ambas hermanas rivalizan en simpatía e inteligencia les deux sœurs rivalisent de sympathie et d'intelligence

rodearse [01]
▪**rodearse de** *vp + prép* s'entourer de • ha sabido rodearse de un fenomenal equipo de colaboradores il a su s'entourer d'une équipe de collaborateurs extraordinaire

romper [02]
▪**romper a** *v + prép (commencer à)* se mettre à • rompió a llorar il s'est mis à pleurer
▪**romper con** *v + prép (finir une relation)* rompre avec • ha roto con su novio elle a rompu avec son petit ami

rozarse [16]
▪**rozarse con** *vp + prép fig* fréquenter • yo no me rozo con ese tipo de individuos je ne fréquente pas ce genre d'individus

S

saber [67]
▪**saber a** *v + prép* avoir un goût de • el asado sabe a quemado le rôti a un goût de brûlé • eso me supo a disculpa ça ressemblait à une excuse
▪**saber de** *v + prép* 1. s'y connaître en *(qqch)* • sabe mucho de informática il s'y connaît bien en informatique 2. avoir des nouvelles de *(qqn)* • ¿qué sabes de Carmen? hace mucho que no la veo tu as des nouvelles de Carmen ? il y a longtemps que je ne l'ai pas vue

sacrificarse [13]
▪**sacrificarse por** *vp + prép* se sacrifier pour • muchos fueron los que se sacrificaron por la patria ils sont nombreux ceux qui se sont sacrifiés pour leur patrie

saldarse [01]
▪**saldarse con** *vp + prép (finir)* se solder par • la experiencia se saldó con un rotundo fracaso l'expérience s'est soldée par un échec cuisant

salir [65]
▪**salir a** *v + prép* ressembler à • este niño ha salido a su padre cet enfant ressemble à son père
▪**salir a** ou **por** *v + prép (coûter)* • la cena nos salió por 25 euros cada uno le dîner nous est revenu à 25 euros par personne • nos va a salir muy caro ça va nous revenir cher, ça va nous coûter cher
▪**salir con** *v + prép (avoir une relation amoureuse avec)* sortir avec • sale con su vecina il sort avec sa voisine
▪**salir de** *v + prép* sortir de *(état, situation)* • el gobierno no sabe qué hacer para salir de la crisis le gouvernement ne sait que faire pour sortir de la crise
▪**salirse de** *vp + prép* 1. sortir de *(endroit)* • se salió de la autopista il est sorti de l'autoroute 2. quitter *(association, groupe)* • no estaba de acuerdo con el nuevo presidente y se salió del partido il n'était pas d'accord avec le nouveau président et il a quitté le parti 3. dérailler • el tren se salió de la vía le train a déraillé 4. quitter *(route)* • dio un volantazo para no salirse de la carretera il a donné un coup de volant pour ne pas quitter la route 5. s'écarter de *(sujet)* • no te salgas del tema ne t'écarte pas du sujet 6. déborder • el agua se salió de la bañera la baignoire a débordé

salvarse [01]
▪**salvarse de** *vp + prép (se sortir de)* réchapper de • pocos libros se salvaron de la quema peu de livres ont réchappé à l'incendie

seguir [41]
▪**seguir a** *v + prép (venir après)* suivre • la primavera sigue al invierno le printemps vient après l'hiver

separarse [01]
▪**separarse de** *vp + prép* 1. *(cesser d'être ensemble)* se séparer de • se acaba de separar de su marido elle vient de se séparer de son mari • nunca se separa de su móvil il ne se sépare jamais de son téléphone portable 2. *(s'écarter)* s'éloigner de • por favor, no se separen del grupo s'il vous plaît, ne vous éloignez pas du groupe

ser [78]
▪**ser de** *v + prép* 1. *(indique l'origine)* être de • yo soy de Madrid je suis de Madrid 2. *(indique la matière)* être en • el reloj es de oro la montre est en or 3. *(indique l'appartenance)* être à • ese libro es de mi hermano ce

livre est à mon frère 4. être membre de *(groupe, ensemble)* • él es de la junta municipal il est membre du conseil municipal • Pedro es como de la familia Pedro est comme un membre de la famille

▪ **ser para** *v + prép* 1. *(avoir une utilité)* servir à • este trapo es para limpiar los cristales ce chiffon sert à nettoyer les vitres 2. *(s'adresser à)* • este libro no es para los niños ce n'est pas un livre pour les enfants

servir [03]

▪ **servir de** *v + prép* servir de • es muy útil y además sirve de adorno c'est très utile et en plus, c'est décoratif

▪ **servir para** *v + prép* servir à • esto no sirve para nada ça ne sert à rien

▪ **servirse de** *vp + prép* se servir de • tengo la impresión de que se ha servido de ti j'ai l'impression qu'il s'est servi de toi

simpatizar [16]

▪ **simpatizar con** *v + prép* 1. sympathiser avec *(personne)* • enseguida simpaticé con ellos j'ai tout de suite sympathisé avec eux 2. adhérer à *(théorie, etc.)* • no simpatizo con sus ideas revolucionarias je n'adhère pas à ses idées révolutionnaires

sincerarse [01]

▪ **sincerarse con** *vp + prép* se confier à • si sientes la necesidad de sincerarte con alguien, aquí estoy si tu ressens le besoin de te confier à quelqu'un, je suis là

sintonizar [16]

▪ **sintonizar en** *v + prép* • sintonizar (con alguien) en algo être en phase (avec qqn) sur qqch un autor teatral que ha sabido sintonizar con el público en casi todo un dramaturge qui a su être en phase avec le public sur presque tout

sobreponerse [69]

▪ **sobreponerse a** *vp + prép* surmonter *(difficulté, etc.)* • no se ha sobrepuesto el fracaso de su último espectáculo il n'a pas surmonté l'échec de son dernier spectacle

sobresalir [65]

▪ **sobresalir de** ou **entre** *v + prép* se distinguer de • es un artista que sobresale entre sus contemporáneos c'est un artiste qui se distingue de ses contemporains

sobrevivir [03]

▪ **sobrevivir a** *v + prép* survivre à • ha sobrevivido a varios atentados il a survécu à plusieurs attentats

soltarse [28]

▪ **soltarse a** *vp + prép* commencer à • a los diez meses el niño ya se soltó a andar l'enfant a commencé à marcher à dix mois

▪ **soltarse en** *vp + prép* se débrouiller en • se va soltando en inglés il commence à se débrouiller en anglais

someterse [02]

▪ **someterse a** *vp + prép* 1. se soumettre à *(qqch)* • le cuesta someterse a la autoridad il a du mal à se soumettre à l'autorité • el conductor no aceptó someterse a la prueba de alcoholemia le conducteur a refusé de se soumettre au test d'alcoolémie 2. subir *(opération, interrogatoire)* • deberá someterse a una delicada operación a corazón abierto il devra subir une délicate opération à cœur ouvert

sonar [28]

▪ **sonar a** *v + prép (sembler)* avoir l'air de • lo que dijo sonaba a verdad ce qu'il a dit avait l'air d'être vrai

soñar [28]

▪ **soñar con** *v + prép* rêver de • precisamente anoche soñé contigo j'ai justement rêvé de toi la nuit dernière • sueño con viajar a Australia je rêve d'aller en Australie

sospechar [01]

▪ **sospechar de** *v + prép* soupçonner • la policía sospecha de él la police le soupçonne

subir [03]

▪ **subir a** *v + prép* 1. monter à *(étage)* • subió al décimo piso a pie il est monté à pied au 10ᵉ étage 2. faire l'ascension de *(montagne)* • los escaladores españoles han desistido de subir al Kilimanjaro les alpinistes espagnols ont abandonné le projet de faire l'ascension du Kilimandjaro 3. monter dans *(avion, voiture)* • le da miedo subir a los aviones il a peur de monter dans un avion

▪ **subirse a** *v + prép* 1. monter sur *(cheval, etc.)* • al ver al ratón se subió a una silla en voyant la souris, il est monté sur une chaise • súbete a la escalera de mano monte sur l'échelle 2. grimper à *(arbre)* • el gato se subió al manzano le chat est monté dans le pommier 3. monter dans *(voiture, train, avion)* • vamos, súbete al coche allez, monte dans la voiture

subscribirse voir **suscribirse**

suceder [45]

▪ **suceder a** *v + prép* succéder à • a la guerra sucedieron años terribles des années terribles ont suivi la guerre

sucumbir [03]
▪ **sucumbir a** *v + prép* succomber à • era difícil no sucumbir a su encanto il était difficile de ne pas succomber à son charme

sufrir [03]
▪ **sufrir de** *v + prép* souffrir de • sufre de asma il souffre d'asthme • sufro del corazón je suis malade du cœur

sujetarse [01]
▪ **sujetarse a** ou **de** *vp + prép* se tenir à • sujétate fuerte a la barra tiens-toi bien à la barre

sumarse [01]
▪ **sumarse a** *vp + prép* 1. s'ajouter à • una plaga de langostas se ha sumado al problema de la sequía une invasion de sauterelles s'est ajoutée au problème de la sécheresse 2. se joindre à • los estudiantes se sumaron a la manifestación les étudiants se sont joints à la manifestation

sumergirse [03]
▪ **sumergirse en** *vp + prép* se plonger dans • se sumergió en sus cristalinas aguas del lago il s'est plongé dans les eaux cristallines du lac • volvió a sumergirse en sus recuerdos il s'est de nouveau plongé dans ses souvenirs

sumirse [03]
▪ **sumirse en** *vp + prép* être plongé(e) dans • durante unos segundos se sumió en sus pensamientos/ensoñaciones pendant quelques secondes, il s'est plongé dans ses pensées/rêves

supeditarse [01]
▪ **supeditarse a** *vp + prép* se soumettre à • habrá que supeditarse a las normas vigentes il faudra se soumettre aux normes en vigueur

surtirse [03]
▪ **surtirse de** *vp + prép* s'approvisionner en • excavaron un pozo para surtirse de agua ils ont creusé un puits pour s'approvisionner en eau

suscribirse, subscribirse [03]
▪ **suscribirse a, subscribirse a** *vp + prép* 1. s'abonner à *(magazine, publication)* • por favor, introduzca su email para suscribirse a nuestra lista veuillez entrer votre adresse électronique pour vous abonner à notre liste 2. (COMM) souscrire à • me he suscrito a un seguro de vida j'ai souscrit une assurance-vie

suspirar [01]
▪ **suspirar por** *v + prép* 1. soupirer après *(personne)* • suspiraba por su vecina il soupirait après sa voisine 2. avoir très envie de *(voiture, voyage, etc.)* • suspiro por un vaso de agua j'ai très envie d'un verre d'eau

sustraerse [60]
▪ **sustraerse a** ou **de** *vp + prép* se soustraire à • esta vez no podrá sustraerse de la justicia cette fois, il ne pourra pas se soustraire à la justice

T

temer [02]
▪ **temer por** *v + prép* avoir peur pour • teme por sus hijos il a peur pour ses enfants

tender [26]
▪ **tender a** *v + prép* 1. *(fait, sujet)* tendre à, avoir tendance à • la historia tiende a repetirse l'histoire tend à se répéter • tiendo a engordar j'ai tendance à grossir 2. *(couleur)* tirer sur • el vestido es de un amarillo que tiende a verde la robe est d'un jaune qui tire sur le vert

teñirse [39]
▪ **teñirse de** *vp + prép* se teindre en • se tiñe de rubio/moreno il se teint en blond/brun

terciar [08]
▪ **terciar en** *v + prép* prendre part à • decidí terciar en la conversación para dejar clara mi postura j'ai décidé de prendre part à la conversation afin de clarifier mon point de vue

terminar [01]
▪ **terminar con** *v + prép* en finir avec • hemos terminado con este tema nous en avons fini avec ce sujet
▪ **terminar de** *v + prép* finir • terminó de conserje en un hotel de mala muerte il a fini concierge dans un hôtel miteux
▪ **terminar en** *v + prép* finir en • la discusión terminó en pelea la discussion a fini en bagarre
▪ **terminar por** *v + prép* finir par • terminó por convencerme il a fini par me convaincre

titularse [01]
▪ **titularse en** *vp + prép* obtenir un diplôme en • en 1999 se tituló en psicología en la Universidad

de Zaragoza en 1999, il a obtenu un diplôme en psychologie à l'université de Saragosse

tirar **[01]**
▪ **tirar a** *v + prép* 1. *(personne)* ressembler à • tira a su abuela il ressemble à sa grand-mère 2. *(couleur)* tirer sur • este vestido es azul tirando a verde cette robe est d'un bleu qui tire sur le vert

tocar **[29]**
▪ **tocar a** *v + prép (correspondre)* • tocamos a seis gambas por cabeza on a eu six crevettes chacun

tontear **[01]**
▪ **tontear con** *v + prép* flirter avec • tontea con todos los chicos elle flirte avec tous les garçons

toparse **[01]**
▪ **toparse con** *vp + prép (rencontrer)* tomber sur • se topó con su ex en una fiesta il est tombé sur son ex à une fête

trabajar **[01]**
▪ **trabajar de** *v + prép* travailler comme • trabaja de camarero il travaille comme serveur

traficar **[13]**
▪ **traficar con** ou **en** *v + prép* faire du trafic de • aquel hombre traficaba con drogas cet homme-là faisait du trafic de drogue

transformarse **[01]**
▪ **transformarse en** *vp + prép* se transformer en • el sofá se transforma en cama le canapé se transforme en lit

transigir **[18]**
▪ **transigir con** *v + prép* transiger sur • lo siento pero no transijo con algunas cosas je suis désolé, mais je ne transige pas sur certaines choses
▪ **transigir en** *v + prép* transiger sur • no estoy dispuesto a transigir en ese punto je ne suis pas disposé à transiger sur ce point

trascender, transcender **[26]**
▪ **trascender a, transcender a** *v + prép* 1. *(passer)* s'étendre à • el lenguaje de los jóvenes ha trascendido a otros ámbitos le langage des jeunes s'est étendu à d'autres groupes 2. *(atteindre)* gagner • el descontento de los jubilados ha trascendido al resto de los ciudadanos le mécontentement des retraités a gagné l'ensemble des citoyens

tratar **[01]**
▪ **tratar de** *v + prép* 1. traiter de *(sujet)* • la película trata de problemas muy actuales le film traite de problèmes très actuels 2. • tratar de hacer algo essayer de faire qqch : trata de explicárselo de nuevo essaie de lui expliquer à nouveau
▪ **tratarse con** *vp + prép* fréquenter • no me trato con individuos de su calaña je ne fréquente pas ce genre d'individus
▪ **tratarse de** *vp + prép (traiter de)* s'agir de • ¿de qué se trata? de quoi s'agit-il ?

triunfar **[01]**
▪ **triunfar sobre** *v + prép* triompher de • gracias a la educación se puede triunfar sobre la ignorancia grâce à l'éducation, on peut triompher de l'ignorance

tropezar **[23]**
▪ **tropezar con** *v + prép* buter sur *(obstacle)* • tropecé con la mesita j'ai buté sur la petite table • el proyecto tropezó con numerosas dificultades le projet a buté sur de nombreuses difficultés
▪ **tropezarse con** *vp + prép fam* tomber sur *(qqn)* • me tropecé con él en el pasillo je suis tombée sur lui dans le couloir

U, V

ufanarse **[01]**
▪ **ufanarse de** *vp + prép* se targuer de • no sé de qué te ufanas je me demande de quoi tu te targues

unirse **[03]**
▪ **unirse a** *vp + prép* se joindre à *(ami, invité)* • ¿queréis uniros a nosotros? voulez-vous vous joindre à nous ?

valer **[62]**
▪ **valer para** *v + prép* servir à • esto no vale para nada cela ne sert à rien
▪ **valerse de** *vp + prép* se servir de • se ha valido de sus conocidos para obtener un empleo il s'est servi de ses connaissances pour obtenir un emploi

vanagloriarse **[08]**
▪ **vanagloriarse de** *vp + prép* se vanter de • se vanagloriaba de su boyante situación financiera il se vantait de sa situation financière florissante

variar **[08]**
▪ **variar de** *v + prép* changer de • ha variado de color y de forma il a changé de couleur et de forme • los síntomas varían de una persona a otra les symptômes varient d'une personne à l'autre

velar [01]
▪ **velar por** *v + prép* veiller sur • vela por los intereses de su empresa il veille sur les intérêts de son entreprise

vengarse [19]
▪ **vengarse de** *vp + prép* se venger de • prometió vengarse de quienes le habían humillado il a promis de se venger de ceux qui l'avaient humilié

venir [73]
▪ **venir a** *v + prép (être équivalent à)* revenir à • viene a ser lo mismo ça revient au même • el viaje nos vino a costar unos 1.000 euros le voyage nous est revenu à environ 1 000 euros
▪ **venir de** *v + prép* 1. *(provenir de)* venir de • ¿a qué hora llega el avión que viene de Buenos Aires? à quelle heure arrive l'avion qui vient de Buenos Aires ? 2. *(trouver son origine)* venir de • esta palabra viene del latín ce mot vient du latin
▪ **venir con** *v + prép* venir • no me vengas con historias ne viens pas me raconter des histoires

versar [01]
▪ **versar sobre** *v + prép* porter sur, traiter de • su último ensayo versa sobre el arte africano son dernier essai porte sur l'art africain

verse [75]
▪ **verse con** *vp + prép (se fréquenter)* voir • me veo a menudo con Tomás je vois souvent Tomás

vestir [39]
▪ **vestir de** *v + prép* s'habiller en • siempre viste de azul il s'habille toujours en bleu
▪ **vestirse de** *vp + prép* 1. s'habiller en • se vistió de negro para ir al entierro il s'est habillé en noir pour aller à l'enterrement 2. se déguiser en • se vistió de hada elle s'est déguisée en fée

viciarse [08]
▪ **viciarse con** *vp + prép* être dépendant(e) de • acabó viciándose con el juego il a fini par être dépendant du jeu

vivir [03]
▪ **vivir de** *v + prép* vivre de • vive de lo que le dan sus padres il vit de ce que lui donnent ses parents

volcarse [13]
▪ **volcarse con** ou **en** *vp + prép* se consacrer à • desde entonces se vuelca en sus hijos/en su trabajo depuis lors, il se consacre à ses enfants/à son travail

volver [35]
▪ **volver a** *v + prép (faire à nouveau)* • vuelve a llover il recommence à pleuvoir • volver a hacer refaire • volver a leer relire
▪ **volverse a** *vp + prép* 1. *(revenir d'où l'on vient)* rentrer • me vuelvo a casa je rentre chez moi 2. *(reprendre le fil d'une histoire, d'un sujet)* revenir à • volvamos a nuestro tema revenons à notre sujet
▪ **volverse contra** ou **en contra de** *vp + prép* se retourner contre • la opinión pública se volvió contra él l'opinion publique s'est retournée contre lui
▪ **volverse de** *vp + prép* revenir de • hace ya un año que con mi mujer nos volvimos de Madrid al pueblo cela fait déjà un an que mon épouse et moi sommes revenus au village après avoir quitté Madrid

votar [01]
▪ **votar por** *v + prép* voter pour • ¿por quién votaste en las últimas elecciones? pour qui as-tu voté aux dernières élections ?

Z

zambullirse [03]
▪ **zambullirse en** *vp + prép* 1. plonger dans *(eau)* • se zambulló en la piscina il a plongé dans la piscine 2. *fig* se plonger dans *(activité)* • una visita que le permitirá zambullirse en una cultura milenaria une visite qui lui permettra de se plonger dans une culture millénaire

DICTIONNAIRE DES VERBES À RÉGIME INDIRECT

Verbes du type gustar

«a mí me gusta»		
(A mí)	me gusta	*j'aime*
(A ti)	te gusta	*tu aimes*
(A él, a ella, a usted)	le gusta	*il aime*
(A nosotros, a nosotras)	nos gusta	*nous aimons*
(A vosotros, a vosotras)	os gusta	*vous aimez*
(A ellos, a ellas, a ustedes)	les gusta	*ils aiment*

abrumar [01]
v ind accabler • el trabajo me abruma je suis accablé de travail

aburrir [03]
v ind ennuyer • me aburren sus temas de conversación ses sujets de conversation m'ennuient

acongojar [01]
v ind angoisser • le acongoja la soledad la solitude l'angoisse

alegrar [01]
v ind réjouir • me alegra que hayas aprobado las oposiciones je me réjouis que tu aies réussi ton concours

apenar [01]
v ind faire de la peine • me apena que no seas feliz cela m'attriste que tu ne sois pas heureux

apetecer [45]
v ind avoir envie de • ¿te apetece un café? tu as envie d'un café ? • me apetece salir j'ai envie de sortir

asombrar [01]
v ind stupéfier, étonner • me asombra tu sangre fría ton sang-froid me stupéfie

caer [49]
v ind • me cae bien je l'aime bien • me cae mal je ne l'aime pas

chiflar [01]
v ind fam raffoler de, adorer, être dingue de • me chiflan las patatas fritas j'adore les chips

compensar [01]
v • por lo que me pagan, no me compensa pasar tanto tiempo en ello ça ne vaut pas la peine que j'y passe autant de temps, vu ce qu'on me paie • ver a sus hijos felices le compensaba de tantos sacrificios voir ses enfants heureux le récompensait de tous ses sacrifices

complacer [61]
v ind rendre heureux (heureuse) • me complace que te guste je suis heureux que cela te plaise • me complace conocerla je suis ravi de faire votre connaissance • me complace verlo je suis heureuse de le voir

constar [01]
v ind • me consta que ha llegado je suis sûr qu'il est arrivé

costar [28]
v ind • me cuesta creerlo j'ai du mal à le croire

dañar [01]
v ind faire mal • me dañaron sus palabras ses paroles m'ont blessé

encantar [01]
v ind adorer • me encanta tu nuevo peinado j'adore ta nouvelle coiffure • nos encantan las tapas nous adorons les tapas • a mi hermana le encanta bailar ma sœur adore danser

extrañar [01]
v ind étonner • me extrañó verte allí j'ai été étonné de te voir là-bas

faltar [01]
v ind manquer • le falta confianza il manque de confiance (en lui)

fascinar [01]
v ind fasciner • me fascinan los coches deportivos j'adore les voitures de sport

gustar [01]
v ind • me gusta esa chica j'aime bien cette fille, cette fille me plaît • me gusta el deporte j'aime le sport • a mi hermano le gustan mucho las motos mon frère aime beaucoup les motos • ¿te gusta ir al cine? est-ce que tu aimes aller au cinéma ?

ilusionar [01]
v ind • me ilusiona verte je suis ravi de te voir

importar [01]
v ind avoir de l'importance • me importas mucho tu comptes beaucoup pour moi

pesar [01]
v ind causer du chagrin, regretter • me pesa habérselo dicho je regrette de le lui avoir dit

placer [61]
v ind • me place presentarles al nuevo director j'ai le plaisir de vous présenter le nouveau directeur

preocupar [01]
v ind • no le preocupa lo que piensen los demás il se moque de ce que pensent les autres

sobrar [01]
v ind • ¿te sobra un sello? est-ce que tu aurais un timbre en plus ?

tocar [29]
v ind • le ha tocado la lotería il a gagné à la loterie • le ha tocado sufrir mucho il a beaucoup souffert

Verbes du type ocurrírsele algo a uno

(A mí)	se me ocurre	*il me vient à l'esprit*
(A ti)	se te ocurre	*il te vient à l'esprit*
(A él, a ella, a usted)	se le ocurre	*il lui vient à l'esprit*
(A nosotros, a nosotras)	se nos ocurre	*il nous vient à l'esprit*
(A vosotros, a vosotras)	se os ocurre	*il vous vient à l'esprit*
(A ellos, a ellas, a ustedes)	se les ocurre	*il leur vient à l'esprit*

antojarse [01]
vp • antojársele a alguien (hacer) algo avoir envie de (faire) qqch • se le antojó que alguien quería asesinarlo il s'est mis dans la tête que qqn voulait le tuer

apañarse [01]
vp fam • apañárselas para hacer algo *fig* se débrouiller pour faire qqch • apáñatelas para que mañana el trabajo esté terminado débrouille-toi pour que le travail soit fini demain

dar [63]
vt • darle a alguien por hacer algo se mettre en tête de faire quelque chose • le ha dado por dejarse la barba ça lui a pris de se laisser pousser la barbe

figurarse [01]
vp • figurársele algo a alguien imaginer • se le figuraba que quería engañarla elle imaginait que je voulais la leurrer

hacerse [68]
vp • hacérsele + *adj* + a alguien • se me hace difícil creerlo j'ai du mal à le croire • me voy que se me hace tarde j'y vais, il se fait tard

ingeniarse [08]
vp • ingeniárselas para (hacer) algo s'arranger pour (faire) qqch • siempre se las ingenia para no pagar il s'arrange toujours pour ne pas payer

ocurrirse [03]
vp • ocurrírsele algo a alguien venir à l'esprit • no se me ocurre ninguna solución je ne vois aucune solution

olvidarse [01]
vp • olvidársele algo a alguien oublier qqch • se nos olvidó llamarte nous avons oublié de t'appeler • se le olvidó el paraguas en el taxi il a oublié son parapluie dans le taxi • se le olvidó lo que quería decir elle a oublié ce qu'elle voulait dire

Index

ABRÉVIATIONS UTILISÉES DANS CET INDEX

Pays et régions

Am	Amérique
AmC	Amérique centrale
Andes	Andes
Arg	Argentine
Bol	Bolivie
Car	Caraïbes
Chili	Chili
Col	Colombie
CR	Costa Rica
CSud	Cône Sud
Cuba	Cuba
Équat	Équateur
Esp	Espagne
Guat	Guatemala
Hond	Honduras
Mex	Mexique
Nica	Nicaragua
Pana	Panama
Para	Paraguay
Pérou	Pérou
PR	Porto Rico
RD	République dominicaine
RP	Río de la Plata
Salv	Salvador
Urug	Uruguay
Ven	Venezuela

Autres abréviations

fam	familier
fig	figuré
qqch	quelque chose
qqn	quelqu'un
tfam	très familier
v attr	verbe suivi d'un attribut
v aux	verbe auxiliaire
vi	verbe intransitif
v impers	verbe impersonnel
vp	verbe pronominal
vt	verbe transitif
vulg	vulgaire

Domaines du savoir

ADMIN	administration
AGRIC	agriculture
ARCHIT	architecture
ARM	armement
ART	art
CHARPENT	charpenterie
CHIM	chimie
COM	commerce
CULIN	cuisine
DR	droit
ÉCON	économie
ÉDUC	éducation
ÉLECTR	électricité
ÉQUIT	équitation
FIN	finance
GÉOL	géologie
GÉOM	géométrie
GRAMM	grammaire
HÉRALD	héraldique
HIST	histoire
IMPR	imprimerie
INFORM	informatique
MÉCAN	mécanique
MÉD	médecine
MIL	militaire
MIN	mines
MUS	musique
NAUT	nautique
PHILOS	philosophie
PHYS	physique
RELIG	religion
SPORT	sport
TAUROM	tauromachie
TECHNOL	technologie
TEXT	textiles
VÉTÉR	médecine vétérinaire

A

abacorar 01 *vt Car, Pérou* harceler

abajar 01 *vt* baisser *(les yeux)*

abalanzarse 16 *vp Arg, Urug* se cabrer *(cheval)*

abalaustrar 01 *vt* munir de balustres

abalear 01 *vt* AGRIC cribler – *AmC, Andes, Ven* cribler *(de coups de feu)*

abalizar 16 *vt* baliser

aballestar 01 *vt* haler

abaluartar 01 *vt* bastionner

abanar 01 *vt* éventer *(avec un éventail)*

abanderar 01 *vt* être le porte-drapeau de – immatriculer sous pavillon

abanderizar 16 *vt* diviser en factions

abandonar 01 *vt* abandonner – quitter

■ **abandonarse 01** *vp* se laisser aller

abanicar 13 *vt* éventer *(avec un éventail)*

■ **abanicarse 13** *vp* s'éventer *(avec un éventail)*

abarajar 01 *vt Am* saisir au vol – subodorer

abaratar 01 *vt* baisser le prix de

■ **abaratarse 01** *vp* baisser *(prix)*

abarbechar 01 *vt* mettre en jachère

abarcar 13 *vt* comprendre – embrasser du regard

abarloar 01 *vt* accoster

abarquillar 01 *vt* gondoler

■ **abarquillarse 01** *vp* (se) gondoler

abarrajar 01 *vt Pérou* lancer – sortir en coup de vent

abarrancar 13 *vt* raviner ; *vi* MAR échouer

■ **abarrancarse 13** *vp* s'embourber – *fig* s'empêtrer

abarrotar 01 *vt* remplir *(de monde)* – arrimer

abastardar 01 *vi* s'abâtardir – dégénérer

abastecer 45 *vt* approvisionner – ravitailler

abastionar 01 *vt* bastionner

abatanar 01 *vt* TEXT fouler

abatatar 01 *vt RP* clouer *(de peur)* – avachir

abatir 03 *vt/vi* abattre

■ **abatirse 03** *vp* se laisser abattre

abdicar 13 *vt/vi* abdiquer

abellacar 13 *vt* avilir

■ **abellacarse 13** *vp* s'avilir

abemolar 01 *vt* bémoliser

aberrar 01 *vi* errer

abetunar 01 *vt* cirer – bitumer

abicharse 01 *vp CSud* se gâter *(fruit)* – *Am* se putréfier *(plaie)*

abigarrar 01 *vt* bigarrer – barioler

abisagrar 01 *vt* munir de gonds *ou* de charnières

abiselar 01 *vt* biseauter

abjurar 01 *vt/vi* abjurer

ablandar 01 *vt* ramollir ; *vi* tomber *(vent)*

■ **ablandarse 01** *vp* se ramollir *(produit)* – *fig* fléchir

ablusar 01 *vt* faire blouser

abnegarse 24 *vp* se sacrifier – se dévouer

abobar 01 *vt* abrutir – hébéter

■ **abobarse 01** *vp* s'abrutir

abocar 13 *vt* mener - verser

abocardar 01 *vt* évaser

abocetar 01 *vt* esquisser – ébaucher

abochornar 01 *vt* étouffer – embarrasser

■ **abochornarse 01** *vp* avoir honte – AGRIC griller

abocinar 01 *vt* évaser

abofetear 01 *vt* gifler – bafouer

abogar 19 *vi* plaider – intercéder

abolir 79 *vt* abolir

abollar 01 *vt* cabosser

■ **abollarse 01** *vp* se cabosser

abolsarse 01 *vp* se creuser *(cernes)* – cloquer *(peinture)*

abombar 01 *vt* bomber – rendre convexe

■ **abombarse 01** *vp* bomber – *Am* s'abîmer

abominar 01 *vt* détester – avoir en horreur

abonanzar 16 *vi* s'éclaircir

abonar 01 *vt* régler – mettre de l'engrais

abordar 01 *vt* aborder

aborrajar 01 *vt Am* enrober

■ **aborrajarse 01** *vp* sécher prématurément

aborrascarse 13 *vp* devenir orageux – se mettre à l'orage

aborrecer 45 *vt* abhorrer – abandonner *(son nid, ses petits)*

aborregarse 19 *vp* se moutonner – moutonner

aborricarse 13 *vp* s'abrutir

abortar 01 *vi* avorter ; *vt* déjouer

aborujar 01 *vt* mettre en pelote

■ **aborujarse 01** *vp* se pelotonner – s'envelopper

abotargarse 19 *vp* boursoufler – bouffir

abotijarse 01 *vp* enfler – bouffir

abotonar 01 *vt* boutonner ; *vi* bourgeonner

■ **abotonarse 01** *vp* boutonner

abovedar 01 *vt* ARCHIT voûter

aboyar 01 *vt* baliser ; *vi* flotter

abozalar 01 *vt* museler

abrasar 01 *vt* embraser ; *vi* brûler

■ **abrasarse 01** *vp* brûler – se brûler

abrazar 16 *vt* étreindre – entourer

■ **abrazarse 16** *vp* s'étreindre

abrevar 01 *vi* s'abreuver ; *vt* abreuver

abreviar 08 *vt/vi* abréger

abribonarse 01 *vp* devenir un fripon

abrigar 19 *vt* couvrir ; *vi* tenir chaud

■ **abrigarse 19** *vp* se couvrir – s'abriter

abrillantar 01 *vt* lustrer – polir

abrir 03 *vt/vi* ouvrir

■ **abrirse 03** *vp* s'ouvrir – se fissurer

abrochar 01 *vt* boutonner – agrafer

■ **abrocharse 01** *vp* se boutonner – agrafer

abrogar 19 *vt* abroger

abromarse 01 *vp* se vermouler

abroncar 13 *vt* passer un savon à – siffler *(qqn)*

abroquelarse 01 *vp* se protéger – se retrancher dans

abrumar 01 *vt* écraser – gêner

■ **abrumarse 01** *vp* être accablé par – être mal à l'aise

absolver 35 *vt* innocenter – absoudre de

■ **absolverse 35** *vp* se soustraire à – s'affranchir de

absorber 02 *vt* absorber – accaparer

■ **absorberse 02** *vp* pénétrer *(liquide, poussière)*

abstenerse 72 *vp* s'abstenir

abstraer 60 *vt* distinguer

■ **abstraerse 60** *vp* s'abstraire – s'isoler

abuchear 01 *vt* huer – chahuter

abultar 01 *vt* gonfler ; *vi* prendre de la place

■ **abultarse 01** *vp* enfler – gonfler

abundar 01 *vi* foisonner – abonder

aburguesarse 01 *vp* s'embourgeoiser

aburrir 03 *vt* ennuyer

■ **aburrirse 03** *vp* s'ennuyer

abusar 01 *vi* exagérer

acaballonar 01 *vt* AGRIC faire des ados dans

acabañar **01** *vi* construire une cabane
acabar **01** *vt/vi* finir
▪ **acabarse** **01** *vp* se terminer – finir
acabildar **01** *vt* rallier à une opinion
acachetar **01** *vt* achever le taureau d'un coup de poignard
acachetear **01** *vt* gifler
academizar **16** *vt* académiser
acaecer **45** *vi* survenir – avoir lieu
acalabrotar **01** *vt* MAR câbler
acalambrarse **01** *vp* avoir une crampe
acalenturarse **01** *vp* avoir de la fièvre
acallar **01** *vt* apaiser – faire taire
acalorarse **01** *vp* s'échauffer *(avoir chaud)*
acamalar **01** *vt Arg* entretenir
acamar **01** *vt* coucher – courber
▪ **acamarse** **01** *vp* se coucher
acamellonar **01** *vt Mex* AGRIC faire des ados dans
acampanar **01** *vt* évaser
▪ **acampanarse** **01** *vp* s'évaser
acampar **01** *vi* camper ; *vt* bivouaquer
acanalar **01** *vt* canneler – strier
acanallar **01** *vt* encanailler
▪ **acanallarse** **01** *vp* s'encanailler
acantonar **01** *vt* cantonner
▪ **acantonarse** **01** *vp* se cantonner
acaparar **01** *vt* accaparer
acapujar **01** *vt Arg* attraper
acapullarse **01** *vp* être en bouton
acaramelar **01** *vt* caraméliser
▪ **acaramelarse** **01** *vp* être comme deux tourtereaux
acardenalar **01** *vt* meurtrir – couvrir de bleus
▪ **acardenalarse** **01** *vp* se couvrir de bleus
acardenillarse **01** *vp* se couvrir de vert-de-gris
acariciar **08** *vt* caresser – *fig* nourrir
▪ **acariciarse** **08** *vp* se caresser
acarralar **01** *vt* relâcher les fils
acarrear **01** *vt* porter – *fig* occasionner
acarroñarse **01** *vp Col* se décourager – prendre peur
acartonar **01** *vt* durcir
▪ **acartonarse** **01** *vp* se dessécher – se ratatiner
acatar **01** *vt* obéir à – *AmC* écouter
acatarrar **01** *vt Mex* ennuyer – fatiguer
▪ **acatarrarse** **01** *vp* s'enrhumer
acaudalar **01** *vt* thésauriser – amasser
acaudillar **01** *vt* commander – être à la tête de
acceder **02** *vi* accepter
accidentar **01** *vt* causer un accident – provoquer un accident
▪ **accidentarse** **01** *vp* être victime d'un accident
accionar **01** *vt* actionner ; *vi* gesticuler
acechar **01** *vt* guetter
acecinar **01** *vt* boucaner
▪ **acecinarse** **01** *vp* se dessécher – se ratatiner
acedar **01** *vt* aigrir
▪ **acedarse** **01** *vp* devenir aigre – se faner
aceitar **01** *vt* huiler – graisser
acelerar **01** *vt/vi* accélérer
▪ **acelerarse** **01** *vp* s'accélérer – s'énerver
acendrar **01** *vt* épurer
acenefar **01** *vt* orner de bordures
acentuar **09** *vt* accentuer – souligner
▪ **acentuarse** **09** *vp* s'accentuer
acepar **01** *vi* prendre racine
acepillar **01** *vt* raboter – brosser *(vêtement)*
aceptar **01** *vt* accepter
acercar **13** *vt* rapprocher – accompagner, ramener
▪ **acercarse** **13** *vp* se rapprocher – aller
acerrojar **01** *vt* verrouiller
acertar **22** *vt* deviner ; *vi* mettre dans le mille
acetificar **13** *vt* acétifier
acetilar **01** *vi* acétyler
acetrinar **01** *vt* rendre jaune citron
achabacanar **01** *vt* rendre vulgaire
▪ **achabacanarse** **01** *vp* devenir vulgaire
achacar **13** *vt* imputer – attribuer
achaflanar **01** *vt* chanfreiner
achamparse **01** *vp Andes* conserver – s'installer
achancharse **01** *vp Am* buller – *Am* s'empâter
achantar **01** *vt* faire peur – intimider
▪ **achantarse** **01** *vp* se dégonfler – s'écraser
achaparrarse **01** *vp* s'élargir *(arbre)* - se tasser *(personne, animal)*
acharar **01** *vt* faire honte
acharolar **01** *vt* vernir
achatar **01** *vt* aplatir
▪ **achatarse** **01** *vp* s'aplatir
achatarrar **01** *vt* casser
achicar **13** *vt* écoper *(bateau)* – vider *(mine, cave)*
▪ **achicarse** **13** *vp* avoir peur – trembler
achicharrar **01** *vt* brûler ; *vi* accabler
▪ **achicharrarse** **01** *vp* brûler
achicharronarse **01** *vp Mex* se rétrécir – se chiffonner
achicopalarse **01** *vp Salv, Hond, Mex* se laisser abattre
achiguarse **11** *vp Arg, Chili* se bomber – se gauchir
achinar **01** *vt* plisser *(yeux)*
achiquitar **01** *vt* rapetisser
▪ **achiquitarse** **01** *vp Am* prendre peur – se faire tout petit
achispar **01** *vt* griser
▪ **achisparse** **01** *vp* se griser
achocar **13** *vt* heurter – frapper
achocharse **01** *vp* devenir gâteux – radoter
achoclonarse **01** *vp Andes* s'attrouper
acholar **01** *vt Bol, Chili, Pérou* faire honte à – faire rougir
▪ **acholarse** **01** *vp fam* avoir la trouille
achubascarse **13** *vp* se couvrir *(de nuages)*
achuchar **01** *vt* bousculer – peloter
▪ **achucharse** **01** *vp* se pousser – se peloter
achucharrar **01** *vt Col, Hond* aplatir
▪ **achucharrarse** **01** *vp Mex* se décourager – *Col, Mex* se dessécher *(plante)*
achucutar **01** *vt AmC, Col, Cuba, Équat* démoraliser – faire honte
achucuyar **01** *vt AmC, Col, Cuba, Équat* démoraliser – faire honte
achulaparse **01** *vp* s'encanailler
achularse **01** *vp fam* frimer
achunchar **01** *vt Andes* faire honte à
▪ **achuncharse** **01** *vp Andes* se sentir honteux *ou* penaud
achurar **01** *vt RP* tuer à coups de couteau – étriper
acibarar **01** *vt* rendre amer – *fig* aigrir
acicalar **01** *vt* pomponner – décorer
▪ **acicalarse** **01** *vp* se pomponner – se faire beau
acicatear **01** *vt* stimuler – éperonner
acidificar **13** *vt* acidifier
acidular **01** *vt* aciduler

acigüatarse **01** *vp* contracter la jaunisse – *CR* être abattu

acitronar **01** *vt* confire

aclamar **01** *vt* acclamer – nommer

aclarar **01** *vt* éclaircir ; *vi* s'éclaircir

aclararse **01** *vp* se diluer – déteindre

aclimatar **01** *vt* acclimater

aclimatarse **01** *vp* s'acclimater

acobardar **01** *vt* faire peur à – décourager

acobardarse **01** *vp* avoir peur – se démoraliser

acobijar **01** *vt* butter

acocear **01** *vt* ruer – outrager

acochambrar **01** *vt Cuba, Mex* salir – souiller

acochinar **01** *vt* décourager – cerner un pion *(aux dames)*

acochinarse **01** *vp* se salir

acodalar **01** *vt* étrésillonner – étayer

acodar **01** *vt* couder – marcotter

acodarse **01** *vp* s'accouder

acoderar **01** *vt* embosser

acodillar **01** *vt* couder ; *vi* tomber sur les coudes

acoger **17** *vt* accueillir

acogollar **01** *vi* bourgeonner ; *vt* mettre sous cloche *ou* châssis

acogotar **01** *vt* assommer – colleter

acojinar **01** *vt* capitonner

acojonar **01** *vulg vt* ficher la trouille ; *vi* être flippant

acojonarse **01** *vp vulg* flipper

acolar **01** *vt* accoler

acolchar **01** *vt* capitonner – matelasser

acolitar **01** *vi Am* accompagner – *Col* partager le repas de qqn

acollar **01** *vt* AGRIC butter – NAUT calfater

acollarar **01** *vt* mettre un collier – atteler

acollararse **01** *vp CSud* se marier – se coller

acomedirse **39** *vp AmC, Andes, Mex* rendre service

acometer **02** *vt* attaquer ; *vi* venir *(idée, sentiment)*

acomodar **01** *vt* installer – placer

acomodarse **01** *vp* s'installer – s'adapter

acompañar **01** *vt* accompagner ; *vi* tenir compagnie

acompañarse **01** *vp* s'accompagner

acompasar **01** *vt* mesurer avec un compas – battre la mesure

acomplejar **01** *vt* donner des complexes

acomplejarse **01** *vp* être complexé

acomunarse **01** *vp* s'unir – s'allier

aconchabarse **01** *vp* s'entendre – s'acoquiner

aconchar **01** *vt* mettre à l'abri – NAUT drosser

aconcharse **01** *vp* s'échouer

acondicionar **01** *vt* aménager – climatiser

acondicionarse **01** *vp* acquérir certains caractères – se conditionner

acongojar **01** *vt* angoisser – affliger

acongojarse **01** *vp* s'angoisser – s'affliger

aconsejar **01** *vt* conseiller – engager à

aconsejarse **01** *vp* prendre conseil

aconsonantar **01** *vt* faire rimer ; *vi* rimer

acontecer **45** *vi* arriver – avoir lieu

acopar **01** *vt* tailler en dôme

acoparse **01** *vp* s'arrondir

acopiar **08** *vt* amasser *(provisions)* – rassembler *(données)*

acoplar **01** *vt* ajuster – adapter

acoplarse **01** *vp* s'ajuster – s'entendre

acoquinar **01** *vt* effrayer – décourager

acoquinarse **01** *vp* prendre peur – se décourager

acorazar **16** *vt* cuirasser – blinder

acorazarse **16** *vp* se cuirasser – s'endurcir

acorchar **01** *vt* recouvrir de liège

acorcharse **01** *vp* devenir spongieux – devenir cotonneux

acordar **28** *vt* se mettre d'accord pour – décider de

acordarse **28** *vp* se souvenir de – se mettre d'accord

acordelar **01** *vt* arpenter – aligner

acordonar **01** *vt* lacer – entourer d'un cordon *(de police)*

acornar **28** *vt* donner des coups de corne – encorner

acornear **01** *vt* donner des coups de corne – encorner

acorralar **01** *vt* parquer *(bétail)* - mettre aux abois *(animal)*

acorrer **02** *vt* secourir ; *vi* accourir

acortar **01** *vt* raccourcir ; *vi* couper (par)

acortarse **01** *vp* se raccourcir

acosar **01** *vt* poursuivre – traquer

acosijar **01** *vt Mex* harceler – persécuter

acostar **28** *vt* coucher ; *vi* NAUT aborder

acostarse **28** *vp* se coucher – s'allonger

acostumbrar **01** *vi* avoir l'habitude de

acostumbrarse **01** *vp* prendre l'habitude de – s'habituer à

acotar **01** *vt* borner – annoter

acotejar **01** *vt Col, Cuba, RD* arranger

acoyundar **01** *vt* atteler

acoyuntar ***vt*** **01** accoupler des bêtes de maîtres différents pour labourer en commun **acrecentar** **22** *vt* accroître – augmenter

acrecentarse **22** *vp* s'accroître

acrecer **45** *vt* accroître ; *vi* croître

acreditar **01** *vt* accréditer – confirmer

acreditarse **01** *vp* présenter ses lettres de créance – devenir réputé

acribar **01** *vt* cribler

acribillar **01** *vt* cribler – accabler

acriminar **01** *vt* incriminer

acriollarse **01** *vp* prendre les habitudes du pays

acrisolar **01** *vt* affiner *(métaux, sentiments)*

acristalar **01** *vt* vitrer

acromatizar **16** *vt* achromatiser

activar **01** *vt* déclencher – activer

activarse **01** *vp* se déclencher

actualizar **16** *vt* actualiser – mettre à jour

actuar **09** *vi* agir – jouer *(spectacle)*

acuadrillar **01** *vt* réunir en bande - commander *(une bande)*

acuartelar **01** *vt* caserner – consigner

acuartelarse **01** *vp* se retirer à la caserne

acuartillar **01** *vi* plier les jarrets *(cheval)*

acuatizar **16** *vi* amerrir

acuchillar **01** *vt* donner un coup de couteau à – passer au fil de l'épée

acuciar **08** *vt* presser

acuclillarse **01** *vp* s'accroupir

acudir **03** *vi* arriver – venir

acuilmarse **01** *vp AmC, Mex* se dégonfler

acuitar **01** *vt* affliger – chagriner

acuitarse **01** *vp* s'affliger

acular **01** *vt* caler – acculer

acularse **01** *vp* acculer *(animal)* - culer

acumular **01** *vt* accumuler – cumuler

acumularse **01** *vp* s'accumuler – se rassembler

acunar **01** *vt* bercer

acuñar **01** *vt* frapper *(monnaie)* – fixer *(mot, expression)*

acurrucarse **13** *vp* se blottir – se pelotonner

acurrullar **01** *vt* amener *(les voiles)*

acusar **01** *vt* accuser – reprocher

▪ **acusarse** **01** *vp* s'accuser

adamascar **13** *vt* damasser

adaptar **01** *vt* adapter

▪ **adaptarse** **01** *vp* s'adapter

adargar **19** *vt* défendre – protéger

adecenar **01** *vt* compter par dizaines

adecentar **01** *vt* ranger – arranger

▪ **adecentarse** **01** *vp* s'arranger

adecuar **10** *vt* adapter – accommoder

▪ **adecuarse** **10** *vp* être adapté – s'adapter

adehesar **01** *vt* convertir en pâturage

adelantar **01** *vt* doubler ; *vi* avancer *(montre, argent, date)*

▪ **adelantarse** **01** *vp* s'avancer – être avancé *(réunion)*

adelgazar **16** *vi* maigrir ; *vt* faire maigrir

▪ **adelgazarse** **16** *vp* s'amincir

ademar **01** *vt* étançonner – étayer

adentellar **01** *vt* mordre

aderezar **16** *vt* assaisonner – *fig* orner

adestrar **22** *vt* dresser

adeudar **01** *vt* devoir – débiter

▪ **adeudarse** **01** *vp* s'endetter – faire des dettes

adherir **55** *vt* coller

adiar **07** *vt* fixer un jour *ou* une date

adicionar **01** *vt* additionner – ajouter

adiestrar **01** *vt* dresser *(animal)* – entraîner *(personne)*

▪ **adiestrarse** **01** *vp* s'exercer – s'entraîner

adinerarse **01** *vp* s'enrichir – faire fortune

adir **03** *vt* accepter un héritage

adivinar **01** *vt* voir – deviner

▪ **adivinarse** **01** *vp* deviner, apercevoir

adjetivar **01** *vt* qualifier – adjectiver

adjudicar **13** *vt* adjuger

▪ **adjudicarse** **13** *vp* s'adjuger – s'approprier

adjuntar **01** *vt* joindre

adminicular **01** *vt* DR aider

administrar **01** *vt* administrer – gérer

▪ **administrarse** **01** *vp* gérer

admirar **01** *vt* admirer – étonner

admitir **03** *vt* admettre – accepter

adobar **01** *vt* mariner – apprêter *(peaux)*

adocenar **01** *vt* diviser par douzaines

▪ **adocenarse** **01** *vp* devenir médiocre *ou* commun

adoctrinar **01** *vt* endoctriner – enseigner

adoptar **01** *vt* adopter – prendre *(nationalité, nom)*

adoquinar **01** *vt* paver

adorar **01** *vt* adorer

adormecer **45** *vt* assoupir – endormir

▪ **adormecerse** **45** *vp* s'assoupir – s'engourdir

adormilar **01** *vt* endormir

▪ **adormilarse** **01** *vp* s'assoupir – somnoler

adornar **01** *vt* orner ; *vi* décorer

▪ **adornarse** **01** *vp* se parer

adosar **01** *vt* adosser

adquirir **38** *vt* acquérir

adrizar **16** *vt* NAUT redresser

adscribir **03** *vt* attribuer – affecter

adsorber **02** *vt* adsorber

aduanar **01** *vt* dédouaner

aducir **59** *vt* alléguer

adujar **01** *vt* NAUT lover – gléner

▪ **adujarse** **01** *vp* se pelotonner

adular **01** *vt* aduler – flatter

adulterar **01** *vt* frelater ; *vi* commettre un adultère

adulzar **16** *vt* TECHNOL adoucir

adulzorar **01** *vt* adoucir – modérer

adumbrar **01** *vt* ombrer *(tableau)*

adunar **01** *vt* réunir – unifier

adundarse **01** *vp Hond* s'abêtir

advenir **73** *vi* accéder *(trône)* - advenir

adverar **01** *vt* certifier – authentifier

adverbializar **16** *vt* adverbialiser

adversar **01** *vt AmC, Ven* freiner – s'opposer à

advertir **55** *vt* avertir – remarquer

aerificar **13** *vt* gazéifier

aerotransportar **01** *vt* transporter par voie aérienne

afamar **01** *vt* rendre célébre

▪ **afamarse** **01** *vp* devenir célébre

afanar **01** *vt* faucher *(voler)* ; *vi* travailler beaucoup

▪ **afanarse** **01** *vp* s'efforcer de – s'évertuer à

afarolarse **01** *vp Andes, Cuba* se troubler – monter sur ses grands chevaux

afear **01** *vt* enlaidir – reprocher

▪ **afearse** **01** *vp* s'enlaidir

afeccionarse **01** *vp* s'attacher – prendre en affection

afectar **01** *vt* affecter – feindre

afeitar **01** *vt* raser – TAUROM épointer

▪ **afeitarse** **01** *vp* se raser

afelpar **01** *vt* donner l'aspect du tissu-éponge

afeminar **01** *vt* efféminer

aferrar **01** *vt* saisir ; *vi* NAUT mouiller

afianzar **16** *vt* affermir – consolider

▪ **afianzarse** **16** *vp* se cramponner – se consolider

aficionar **01** *vt* donner le goût *ou* la passion de

▪ **aficionarse** **01** *vp* prendre goût à – prendre plaisir à

afiebrarse **01** *vp Am* avoir de la fièvre

afilar **01** *vt* affiler – aiguiser

▪ **afilarse** **01** *vp* s'effiler – *Arg, Cuba, Hond, Nica, Urug* se préparer

afiliar **08** *vt* affilier

▪ **afiliarse** **08** *vp* s'affilier

afiligranar **01** *vt* filigraner – polir

afinar **01** *vt* accorder *(instrument)* ; *vi* chanter *ou* jouer juste

▪ **afinarse** **01** *vp* s'affiner – raffiner

afincar **13** *vi* acquérir une propriété

▪ **afincarse** **13** *vp* se fixer – s'établir

afirmar **01** *vt* affirmer ; *vi* confirmer

afistularse **01** *vp* se transformer en fistule

aflamencarse **13** *vp* s'inspirer du flamenco – adopter le style du flamenco

aflatarse **01** *vp Hond, Nica* être abattu

aflautar **01** *vt* rendre aigu

afligir **18** *vt* affliger

▪ **afligirse** **18** *vp* désespérer

aflojar **01** *vt* desserrer ; *vi* diminuer

▪ **aflojarse** **01** *vp* se relâcher – desserrer

aflorar **01** *vi* affleurer – apparaître

afluir **52** *vi* affluer – se jeter

afofarse **01** *vp* se ramollir

afollar **28** *vt* souffler – plisser

▪ **afollarse** **28** *vp* se bomber

afondar **01** *vt* couler – faire couler

▪ **afondarse** **01** *vp* couler – sombrer

aforar **28** *vt* jauger – accorder des privilèges

aforrar **01** *vt* doubler – mettre une doublure à
■ **aforrarse** **01** *vp* s'emmitoufler – se gaver de
afoscarse **13** *vp* se brouiller – s'assombrir
afrailar **01** *vt* émonder – ébrancher
afrancesar **01** *vt* franciser
■ **afrancesarse** **01** *vp* se franciser – prendre le parti de Napoléon
afrenillar **01** *vt* rabaner – rabanter
afrentar **01** *vt* humilier – faire affront à
■ **afrentarse** **01** *vp* rougir – avoir honte
afretar **01** *vt* caréner
africanizar **16** *vt* africaniser
afrontar **01** *vt* affronter – confronter
afusilar **01** *vt Mex* fusiller
agabachar **01** *vt* franciser
■ **agabacharse** **01** *vp* se franciser
agachaparse **01** *vp Cuba, Esp* s'accroupir – se tapir
agachar **01** *vt* baisser
■ **agacharse** **01** *vp* se baisser – céder à
agalerar **01** *vt* NAUT incurver les voiles pour rejeter l'eau de pluie
agamuzar **16** *vt* chamoiser
agangrenarse **01** *vp* se gangrener
agarbillar **01** *vt* gerber – mettre en gerbes
agarrar **01** *vt* saisir ; *vi* prendre *(plante, teinture)*
■ **agarrarse** **01** *vp* s'accrocher – CULIN prendre (au fond)
agarrochar **01** *vt* TAUROM piquer – NAUT brasser au plus près du vent
agarrotar **01** *vt* raidir *(partie du corps)* - gripper *(moteur)*
■ **agarrotarse** **01** *vp* s'engourdir *(partie du corps)* - se gripper *(moteur)*
agasajar **01** *vt* accueillir chaleureusement
agaucharse **01** *vp Am, RP* adopter les habitudes du gaucho
agavillar **01** *vt* gerber – botteler
agazapar **01** *vt* attraper
■ **agazaparse** **01** *vp* se cacher – s'embusquer
agenciar **08** *vt* dégoter
■ **agenciarse** **08** *vp* se dégoter
agigantar **01** *vt* amplifier
■ **agigantarse** **01** *vp* s'accentuer
agilipollar **01** *vt tfam* abrutir
■ **agilipollarse** **01** *vp tfam* s'abrutir
agilizar **16** *vt* accélérer
agiotar **01** *vi* agioter
agitanar **01** *vt* donner une apparence gitane *ou* un caractère gitan à
■ **agitanarse** **01** *vp* se conduire comme un gitan – se donner des allures de gitan
agitar **01** *vt* agiter – troubler
■ **agitarse** **01** *vp* s'agiter – s'énerver
aglomerar **01** *vt* agglomérer
■ **aglomerarse** **01** *vp* se concentrer – se rassembler
aglutinar **01** *vt* agglutiner
agobiar **08** *vt* accabler – stresser
■ **agobiarse** **08** *vp* stresser
agolparse **01** *vp* se presser – s'accumuler
agonizar **16** *vi* agoniser
agorar **31** *vt* augurer – prédire
agorgojarse **01** *vp* être charançonné
agostar **01** *vt* dessécher ; *vi* paître
■ **agostarse** **01** *vp* se dessécher – s'étioler
agotar **01** *vt* épuiser – vider
■ **agotarse** **01** *vp* s'épuiser – être épuisé
agraciar **08** *vt* embellir – remettre *(décoration)*
agradar **01** *vi* plaire
agradecer **45** *vt* remercier – avoir besoin de
agramar **01** *vt* broyer – teiller
agramilar **01** *vt* égaliser – briqueter
agrandar **01** *vt* agrandir
■ **agrandarse** **01** *vp* s'accentuer – *Arg, Urug fam* frimer
agranujarse **01** *vp* s'encanailler
agravar **01** *vt* aggraver – augmenter
■ **agravarse** **01** *vp* s'aggraver
agraviar **08** *vt* offenser – nuire à
■ **agraviarse** **08** *vp* se froisser – s'offenser
agrazar **16** *vi* avoir un goût aigre ; *vt* déplaire à
agredir **79** *vt* attaquer – agresser
agregar **19** *vt* ajouter – affecter *(employé)*
■ **agregarse** **19** *vp* se joindre
agremiar **08** *vt* réunir en corporation *ou* en corps de métier
■ **agremiarse** **08** *vp* se réunir en corporation *ou* en corps de métier
agriar **07** *vt* aigrir – faire tourner
■ **agriarse** **07** *vp* s'aigrir – tourner
agrietar **01** *vt* crevasser – gercer
■ **agrietarse** **01** *vp* se crevasser – se lézarder
agringarse **19** *vp Am* se conduire comme un gringo *ou* un étranger
agrisar **01** *vt* donner une couleur grise à
■ **agrisarse** **01** *vp* devenir gris
agrumar **01** *vt* grumeler
■ **agrumarse** **01** *vp* se grumeler
agrupar **01** *vt* regrouper – réunir
■ **agruparse** **01** *vp* se rassembler – se répartir
aguachar **01** *vt* noyer – *Chili* apprivoiser
■ **aguacharse** **01** *vp Arg, Urug* sevrer – engraisser
aguacharnar **01** *vt* noyer – inonder
aguachinar **01** *vt* noyer – inonder
aguaitar **01** *vt Andes, Car* guetter – *Ven* attendre
aguantar **01** *vt* tenir ; *vi* résister
■ **aguantarse** **01** *vp* se retenir
aguar **11** *vt* couper *(avec de l'eau)* - gâcher
■ **aguarse** **11** *vp* être inondé - tomber à l'eau
aguardar **01** *vt/vi* attendre
aguazar **16** *vt* inonder
agudizar **16** *vt* aiguiser – affiner
■ **agudizarse** **16** *vp* s'aggraver – s'accentuer
aguerrir **79** *vt* aguerrir
aguijar **01** *vt* aiguillonner ; *vi* se hâter
aguijonear **01** *vt* piquer – aiguiser
aguizgar **19** *vt* aiguillonner – stimuler
agujerar **01** *vt* percer – faire des trous dans
■ **agujerarse** **01** *vp* se percer
agujerear **01** *vt* percer – faire des trous dans
■ **agujerearse** **01** *vp* se percer
agusanarse **01** *vp* devenir véreux - être mangé par les vers
aguzar **16** *vt* aiguiser – stimuler
ahechar **01** *vt* vanner
ahelear **01** *vt* enfieller
aherrojar **01** *vt* enchaîner – opprimer
aherrumbrar **01** *vt* donner la couleur du fer à
■ **aherrumbrarse** **01** *vp* rouiller – rendre ferrugineux
ahervorarse **01** *vp* s'échauffer
ahijar **06** *vt* adopter ; *vi* produire des rejetons
ahilar **06** *vi* marcher en file indienne
■ **ahilarse** **06** *vp* défaillir – maigrir

ahincar 06 *vt* insister
▪ **ahincarse 06** *vp* se dépêcher – se presser
ahitarse 06 *vp* se gaver
ahocinarse 01 *vp* se resserrer – s'étrangler
ahogar 19 *vt* noyer – étouffer
▪ **ahogarse 19** *vp* se noyer – s'étouffer
ahondar 01 *vt* creuser – approfondir
ahorcajarse 01 *vp* se mettre à califourchon
ahorcar 13 *vt* pendre *(personne)* – abandonner *(études)*
▪ **ahorcarse 13** *vp* se pendre
ahormar 01 *vt* adapter *(chaussures, vêtement)* – façonner *(caractère)*
ahornar 01 *vt* enfourner – mettre au four
▪ **ahornarse 01** *vp* être brûlé *(pain)*
ahorquillar 01 *vt* faire une fourche avec *(objet)* – étayer
ahorrar 01 *vt* économiser ; *vi* faire des économies
▪ **ahorrarse 01** *vp* économiser – gagner
ahuecar 13 *vt* creuser ; *vi* se casser *(partir)*
▪ **ahuecarse 13** *vp* se creuser – se gonfler d'orgueil
ahuesarse 01 *vp Andes* devenir inutile
ahuevar 01 *vt* donner la forme d'un œuf à – coller *(vin)*
▪ **ahuevarse 01** *vp AmC, Équat, Pérou* se dégonfler – être sidéré
ahumar 05 *vt/vi* fumer
▪ **ahumarse 05** *vp* se remplir de fumée – noircir
ahuyentar 01 *vt* mettre en fuite – chasser
▪ **ahuyentarse 01** *vp* s'enfuir
airar 04 *vt* fâcher – mettre en colère
▪ **airarse 04** *vp* se fâcher – se mettre en colère
airear 01 *vt* aérer – rendre public
▪ **airearse 01** *vp* prendre l'air – s'aérer
aislar 04 *vt* isoler
▪ **aislarse 04** *vp* s'isoler
ajamonarse 01 *vp* grossir – prendre de l'embonpoint
ajar 01 *vt* flétrir – défraîchir
▪ **ajarse 01** *vp* se flétrir – se faner
ajardinar 01 *vt* aménager en espaces verts
ajear 01 *vi* cacaber
ajetrearse 01 *vp* s'affairer – se donner du mal
ajobar 01 *vt* porter sur le dos
ajornalar 01 *vt* louer *ou* prendre à la journée
ajuiciar 08 *vt* assagir
ajumarse 01 *vp fam* prendre une cuite
ajuntar 01 *vt* être copain avec
▪ **ajuntarse 01** *vp* vivre avec
ajustar 01 *vt* ajuster ; *vi* bien fermer
▪ **ajustarse 01** *vp* coller *(vêtement)* – serrer *(ceinture)*
ajusticiar 08 *vt* exécuter
alabar 01 *vt* louer – faire des éloges à
▪ **alabarse 01** *vp* se vanter
alabear 01 *vt* tordre – gondoler
▪ **alabearse 01** *vp* se tordre – se gondoler
alacranear 01 *vi Am* médire
alambicar 13 *vt* distiller – abaisser le plus possible *(prix)*
alambrar 01 *vt* clôturer avec des barbelés – grillager
alamparse 01 *vp* brûler d'envie de
alancear 01 *vt* percer de coups de lance – TAUROM piquer
alardear 01 *vi* se vanter
alargar 19 *vt/vi* allonger
▪ **alargarse 19** *vp* se prolonger – s'étendre
alarmar 01 *vt* alarmer – prévenir
▪ **alarmarse 01** *vp* s'alarmer – s'inquiéter
albardar 01 *vt* bâter
albardear 01 *vt AmC* dresser
albear 01 *vi/vt* blanchir
albergar 19 *vt* héberger – abriter
▪ **albergarse 19** *vp* loger – s'abriter
alborear 01 *v impers* poindre *(jour)*
alborotar 01 *vi* faire du tapage ; *vt* troubler
▪ **alborotarse 01** *vp* s'exciter – s'emporter
alborozar 16 *vt* réjouir – remplir de joie
▪ **alborozarse 16** *vp* se réjouir
alburear 01 *vi Mex* faire des calembours
alcahuetear 01 *vi* servir d'entremetteur ; *vt Arg, Urug tfam* moucharder
alcalinizar 16 *vt* alcaliniser
alcalizar 16 *vt* alcaliniser
alcanforar 01 *vt* camphrer
alcantarillar 01 *vt* construire des égouts dans
alcanzar 16 *vt* atteindre ; *vi* y arriver
▪ **alcanzarse 16** *vp* se rejoindre – arriver à comprendre
alcoholar 01 *vt* CHIM alcooliser – NAUT goudronner
alcoholizar 16 *vt* alcooliser
▪ **alcoholizarse 16** *vp* s'alcooliser – s'enivrer
alcorzar 16 *vt* glacer
aldabear 01 *vi* frapper à la porte *(avec le heurtoir)*
alear 01 *vt* allier ; *vi* battre des ailes
alebrarse 01 *vp* se tapir – avoir peur
alebrestarse 01 *vp* se tapir – avoir peur
aleccionar 01 *vt* enseigner – faire la leçon à
alegar 19 *vt* alléguer ; *vi* plaider
alegorizar 16 *vt* allégoriser
alegrar 01 *vt* réjouir – égayer
▪ **alegrarse 01** *vp* se réjouir – sourire
alejar 01 *vt* éloigner
▪ **alejarse 01** *vp* s'éloigner
alelar 01 *vt* hébéter
▪ **alelarse 01** *vp* être hébété
alentar 22 *vt* encourager – *Col* applaudir
▪ **alentarse 22** *vp Andes, Mex, Ven* guérir – se rétablir
alertar 01 *vt* alerter
aletargar 19 *vt/vi* engourdir
▪ **aletargarse 19** *vp* tomber *ou* être en léthargie
aletear 01 *vi* battre des ailes – agiter les nageoires
alfabetizar 16 *vt* alphabétiser – classer par ordre alphabétique
alfeñicarse 13 *vp* devenir maigrichon
alfilerar 01 *vt* épingler
alfombrar 01 *vt* recouvrir de tapis – tapisser
alforzar 16 *vt* faire un pli à
algaliar 08 *vt* parfumer à la civette
algodonar 01 *vt* rembourrer de coton – ouater
alhajar 01 *vt* parer *ou* couvrir de bijoux – meubler
alheñar 01 *vt* teindre au henné
▪ **alheñarse 01** *vp* se dessécher
aliar 07 *vt* allier
▪ **aliarse 07** *vp* allier
alicatar 01 *vt* orner d'azulejos – carreler
alicortar 01 *vt* rogner les ailes de – blesser à l'aile
alienar 01 *vt* aliéner
▪ **alienarse 01** *vp* s'aliéner
aligerar 01 *vt* alléger ; *vi* se dépêcher

alijar **01** *vt* décharger – débarquer

alijarar **01** *vt* partager des terres en friche pour les cultiver

alimentar **01** *vt* nourrir ; *vi* nourrir

alimentarse **01** *vp* se nourrir – être alimenté

alimonarse **01** *vp* jaunir

alindar **01** *vt* borner ; *vi* être contigu

alinderar **01** *vt Am* limiter – borner

alinear **01** *vt* aligner

alinearse **01** *vp* être aligné - s'aligner

aliñar **01** *vt* assaisonner

alisar **01** *vt* lisser – aplanir

alisarse **01** *vp* se polir – se lisser

alistar **01** *vt* enrôler – inscrire sur une liste

alistarse **01** *vp* s'engager – se ranger

alivianar **01** *vt Am* aider – *Mex* réconforter

alivianarse **01** *vp Am* se reposer – *Mex* changer d'avis

aliviar **08** *vt/vi* soulager

aliviarse **08** *vp* être soulagé - se remettre

aljofarar **01** *vt* garnir de petites perles

aljofifar **01** *vt* passer la serpillière

allanar **01** *vt* aplanir – violer *(domicile)*

allanarse **01** *vp* s'aplanir – se soumettre à

allegar **19** *vt* réunir – approcher

almacenar **01** *vt* emmagasiner – accumuler

almacenarse **01** *vp* se conserver

almadiarse **08** *vp* avoir le mal de mer

almagrar **01** *vt* teindre en rouge

almarbatar **01** *vt* assembler *(planches)*

almenar **01** *vt* créneler

almibarar **01** *vt* confire *ou* baigner dans du sirop

almidonar **01** *vt* empeser – amidonner

almizclar **01** *vt* musquer

almogavarear **01** *vi* faire une razzia

almohadillar **01** *vt* rembourrer – orner de bossages

almohazar **16** *vt* étriller

almonedear **01** *vt* vendre aux enchères – vendre au rabais

almorzar **33** *vi* déjeuner ; *vt* manger au déjeuner

alocar **13** *vt* rendre fou

alojar **01** *vt* loger – contenir

alojarse **01** *vp* loger – se loger

alomar **01** *vt* billonner

aloquecerse **45** *vp* devenir fou

alotar **01** *vt* ariser

alpargatar **01** *vi* faire des espadrilles

alquilar **01** *vt* louer – *RP tfam* faire marcher *(qqn)*

alquitarar **01** *vt* distiller

alquitranar **01** *vt* goudronner

alterar **01** *vt* changer – troubler

alterarse **01** *vp* changer – se fâcher

alternar **01** *vt/vi* alterner

alternarse **01** *vp* se relayer – alterner

altivarse **01** *vp* s'enorgueillir

alucinar **01** *vi* halluciner ; *vt* séduire

alujar **01** *vt Guat, Mex* faire briller

alumbrar **01** *vt/vi* éclairer

alumbrarse **01** *vp* s'éclairer – être ivre

aluminar **01** *vt* aluminer

alunarse **01** *vp RP* se fâcher

alunizar **16** *vi* alunir

alustrar **01** *vt* lustrer – polir

alzaprimar **01** *vt* soulever – aviver

alzar **16** *vt* lever ; *vi* élever l'hostie

alzarse **16** *vp* se lever – se relever

amachetear **01** *vt* frapper à coups de machette

amacizar **16** *vt Mex* bourrer – remplir

amacollar **01** *vi* former une touffe

amacollarse **01** *vp* former une touffe

amadrigar **19** *vt* héberger – protéger

amadrigarse **19** *vp* se terrer – s'isoler

amadrinar **01** *vt* parrainer – *Andes, RP* atteler ensemble

amaestrar **01** *vt* dresser

amagar **19** *vt* faire mine de ; *vi* menacer

amainar **01** *vt* NAUT amener ; *vi* se calmer *(vent, tempête)*

amajadar **01** *vt/vi* parquer

amalayar **01** *vt AmC, Col* désirer – convoiter

amalgamar **01** *vt* amalgamer

amamantar **01** *vt* allaiter – nourrir au sein

amancebarse **01** *vp* vivre en concubinage *ou* en couple

amancillar **01** *vt* tacher

amanecer **45** *v impers* faire jour ; *vi* se réveiller (le matin)

amanecerse **45** *vp Andes, Car, Mex* veiller – se réveiller

amanerarse **01** *vp* faire des manières – être *ou* devenir efféminé

amanojar **01** *vt* botteler

amansar **01** *vt* dompter *(animal)* – calmer *(personne)*

amansarse **01** *vp* s'apprivoiser *(animal)* - s'adoucir *(personne)*

amanzanar **01** *vt Arg, Bol, Urug* lotir *(un terrain)*

amañar **01** *vt* truquer – falsifier

amar **01** *vt* aimer

amarse **01** *vp* s'aimer – faire l'amour

amarar **01** *vi* amerrir

amarchantarse **01** *vp Cuba, Mex, Ven* devenir client

amargar **19** *vi* être amer ; *vt* rendre amer

amargarse **19** *vp* s'aigrir

amarguear **01** *vi RP* boire du maté

amariconar **01** *vt vulg* efféminer

amariconarse **01** *vp vulg* devenir efféminé

amarillear **03** *vi* jaunir – pâlir

amarillecer **45** *vi* jaunir

amarinar **01** *vt* amariner

amaromar **01** *vt* amarrer

amarrar **01** *vt* amarrer – attacher

amarrarse **01** *vp* s'accrocher – *Andes, AmC, Car* s'attacher

amarrocar **13** *vt RP* accumuler

amartelar **01** *vt* rendre passionnément amoureux

amartelarse **01** *vp* tomber éperdument amoureux

amartillar **01** *vt* armer – marteler

amasar **01** *vt* pétrir – amasser *(argent)*

amasijar **01** *vt RP tfam* tabasser ; *vi fam* se bécoter

amayorazgar **19** *vt* constituer en majorat

ambarar **01** *vt* donner une couleur ambrée à

ambicionar **01** *vt* ambitionner – convoiter

ambientar **01** *vt* situer ; *vi* créer l'ambiance

ambientarse **01** *vp* s'adapter – s'acclimater

amblar **01** *vi* ambler

amedrentar **01** *vt* effrayer – intimider

amedrentarse **01** *vp* être intimidé - s'effrayer

amelar **01** *vi* fabriquer le miel

amelgar **19** *vt* labourer par planches

amenazar **16** *vt* menacer ; *v impers* menacer de

amenguar **11** *vt/vi* diminuer

amenizar **16** *vt* animer – égayer

americanizar **16** *vt* américaniser

ameritar **01** *vt Am* mériter ; *vi AmC, Mex* travailler dur

amerizar **16** *vi* amerrir

ametrallar **01** *vt* mitrailler

amigarse **19** *vp* se lier d'amitié – se mettre en concubinage *ou* en couple

amilanar **01** *vt* effrayer – décourager

■ **amilanarse** **01** *vp* être effrayé - se décourager

amillarar **01** *vt* cadastrer

aminorar **01** *vt* ralentir ; *vi* ralentir

amistar **01** *vt* rendre amis - réconcilier

■ **amistarse** **01** *vp* devenir amis - se réconcilier

amnistiar **07** *vt* amnistier

amoblar **01** *vt Am* meubler

amodorrar **01** *vt* endormir

■ **amodorrarse** **01** *vp* s'assoupir

amogollonarse **01** *vp* s'entasser – s'accumuler

amohinar **04** *vt* fâcher – chagriner

■ **amohinarse** **04** *vp* bouder – faire la moue

amojamar **01** *vt* boucaner – saurer

■ **amojamarse** **01** *vp* maigrir – se dessécher

amojonar **01** *vt* borner

amolar **28** *vt* aiguiser – casser les pieds à

■ **amolarse** **28** *vp Am* se fâcher – *Mex fam* se taper *(supporter)*

amoldar **01** *vt* adapter

■ **amoldarse** **01** *vp* s'adapter – s'ajuster

amollar **01** *vi* ne pas monter *(aux cartes)* ; *vt* NAUT mollir

amononar **01** *vt CSud* pomponner – faire beau *ou* belle

■ **amononarse** **01** *vp CSud* se faire beau *ou* belle – se mettre sur son trente et un

amonedar **01** *vt* monnayer

amonestar **01** *vt* admonester – publier le mariage de

amontonar **01** *vt* entasser – amonceler

■ **amontonarse** **01** *vp* s'entasser – s'accumuler

amoratar **01** *vt* violacer – couvrir de bleus

■ **amoratarse** **01** *vp* devenir violacé - être couvert de bleus

amordazar **16** *vt* bâillonner *(personne)* – museler *(animal)*

amorecer **45** *vt* couvrir – saillir

amorrar **01** *vi* baisser le nez *ou* la tête ; *vt* NAUT caler

■ **amorrarse** **01** *vp* se rapprocher

amorronar **01** *vt* mettre en berne

amortajar **01** *vt* ensevelir – mettre dans un linceul

amortecer **45** *vt* amortir

■ **amortecerse** **45** *vp* s'évanouir

amortiguar **11** *vt* amortir – atténuer

■ **amortiguarse** **11** *vp* s'amortir – décliner

amortizar **16** *vt* amortir – supprimer *(poste de travail)*

amoscarse **13** *vp* sortir de ses gonds

amostazar **16** *vt* faire sortir de ses gonds

■ **amostazarse** **16** *vp* sortir de ses gonds – *AmC, Andes* rougir

amotinar **01** *vt* soulever

■ **amotinarse** **01** *vp* se soulever – se mutiner

amparar **01** *vt* protéger

■ **ampararse** **01** *vp* s'abriter – se protéger

ampliar **07** *vt* agrandir – étendre

amplificar **13** *vt* amplifier

ampollar **01** *vt* produire des ampoules sur – creuser

■ **ampollarse** **01** *vp* se faire des ampoules

amputar **01** *vt* amputer

amueblar **01** *vt* meubler

amuelar **01** *vt* mettre en tas

amuermar **01** *vt fam* assommer – embêter

■ **amuermarse** **01** *vp fam* s'abrutir – s'embêter

amugronar **01** *vt* provigner

■ **amugronarse** **01** *vp* germer

amularse **01** *vp* devenir invendable *(jument)* - *Salv* se fâcher

amunicionar **01** *vt* fournir des munitions à

amurallar **01** *vt* entourer de murailles – fortifier

amurar **01** *vt* amurer

amurrarse **01** *vp Chili* s'entêter – se buter

amusgar **19** *vt* baisser *(oreilles)* ; *vi* coucher les oreilles

amustiar **08** *vt* faner – flétrir

anadear **01** *vi* se dandiner

analizar **16** *vt* analyser

anarquizar **16** *vt* anarchiser ; *vi* faire de la propagande anarchiste

■ **anarquizarse** **16** *vp* devenir anarchiste

anastomosarse **01** *vp* s'anastomoser

anatematizar **16** *vt* jeter l'anathème

anatomizar **16** *vt* anatomiser – disséquer

anclar **01** *vt/vi* NAUT mouiller

■ **anclarse** **01** *vp* s'ancrer – s'enraciner

ancorar **01** *vi* mouiller – jeter l'ancre

andaluzarse **16** *vp* prendre un caractère andalou

andamiar **08** *vt* échafauder – *fig* soutenir

andar **54** *vi* marcher ; *vt* parcourir

■ **andarse** **54** *vp* NAUT se laisser aller avec le vent – *Am* partir

anegar **19** *vt* inonder – *fig* plonger

■ **anegarse** **19** *vp* se noyer – être inondé

anejar **01** *vt* annexer

anestesiar **08** *vt* anesthésier

anexar **01** *vt* annexer

anexionar **01** *vt* annexer

■ **anexionarse** **01** *vp* s'annexer

anglicanizar **16** *vt* angliciser

angostarse **01** *vp* se rétrécir

angustiar **08** *vt* angoisser – affliger

■ **angustiarse** **08** *vp* paniquer

anhelar **01** *vt* souhaiter ardemment – aspirer à

anidar **01** *vi* nicher *(oiseau)* - se loger *(sentiment, pensée)*

anillar **01** *vt* anneler – baguer

animalizar **16** *vt* animaliser

■ **animalizarse** **16** *vp* s'animaliser

animar **01** *vt* encourager – remonter *(moral)*

■ **animarse** **01** *vp* s'animer – augmenter

aniñarse **01** *vp* faire l'enfant

aniquilar **01** *vt* anéantir – écraser *(adversaire)*

anochecer **45** *vi* arriver *ou* se trouver dans un endroit à la tombée de la nuit

anonadar **01** *vt* stupéfier – frapper de stupeur

anotar **01** *vt* noter – annoter

■ **anotarse** **01** *vp* remporter *(victoire, succès)* - *RP* s'inscrire

anquear **01** *vi* remuer de la croupe *(cheval)*

anquilosar **01** *vt* ankyloser – paralyser *(économie, science)*

■ **anquilosarse** **01** *vp* s'ankyloser – être paralysé *(institution, système)*

ansiar **07** *vt* désirer ardemment

antagallar **01** *vt* ariser

antagonizar **16** *vt* s'opposer à *(personne)* – neutraliser *(substance)*

anteceder **02** *vi* précéder
antedatar **01** *vt* antidater
antelar **01** *vi Mex* prévoir
anteponer **69** *vt* mettre devant – faire passer avant
▪ **anteponerse** **69** *vp* précéder – passer avant
antever **75** *vt* prévoir
anticipar **01** *vt* anticiper – avancer
▪ **anticiparse** **01** *vp* être en avance – anticiper
anticuar **10** *vt* déclarer vieilli *ou* inusité
▪ **anticuarse** **10** *vp* se démoder
antipatizar **16** *vi Am* éprouver de l'antipathie envers qqn
antojarse **01** *vp* avoir envie de – paraître
antologar **19** *vt* réaliser une anthologie de
anualizar **16** *vt* annualiser
anublar **01** *vt* obscurcir *(ciel)* – altérer *(bonheur, renommée)*
▪ **anublarse** **01** *vp* se couvrir *(ciel)* - s'éteindre *(bonheur, voix)*
anudar **01** *vt* nouer – attacher
▪ **anudarse** **01** *vp* attacher – nouer
anular **01** *vt* décommander – annuler
▪ **anularse** **01** *vp* annuler – abroger
anunciar **08** *vt* annoncer – faire de la publicité pour
▪ **anunciarse** **08** *vp* faire la réclame – annoncer
añadir **03** *vt* ajouter
añejar **01** *vt* vieillir *(vin)*
▪ **añejarse** **01** *vp* vieillir *(vin)*
añilar **01** *vt* teindre en bleu indigo
añorar **01** *vt* regretter – avoir la nostalgie de
aojar **01** *vt* jeter un sort sur
aovar **01** *vi* pondre – frayer
apabullar **01** *vt* impressionner
▪ **apabullarse** **01** *vp* être troublé
apacentar **22** *vt, vi* paitre – pâturer
▪ **apacentarse** **22** *vp* paître
apaciguar **11** *vt* apaiser – calmer
▪ **apaciguarse** **11** *vp* se calmer – s'apaiser
apadrinar **01** *vt* être le parrain de – *fig* défendre
apagar **19** *vt* éteindre – gâcher
▪ **apagarse** **19** *vp* s'éteindre – faiblir
apaisar **01** *vt* disposer dans la largeur
apalabrar **01** *vt* s'entendre sur – engager
apalancar **13** *vt* lever – forcer avec un levier
▪ **apalancarse** **13** *vp fam* s'avachir
apalear **01** *vt* donner des coups de bâton – battre
apaletarse **01** *vp fam* faire de plus en plus plouc
apalizar **16** *vt fam* flanquer une raclée *ou* une dérouillée
apanar **01** *vt AmC, Andes, RP* paner
apandar **01** *vt fam* rafler – piquer
apandillar **01** *vt* grouper en bande
▪ **apandillarse** **01** *vp* se mettre *ou* se grouper en bande
apantallar **01** *vt Mex* épater – *RP* éventer
apantanar **01** *vt* inonder
apañar **01** *vt* réparer – truquer
▪ **apañarse** **01** *vp* s'en tirer – s'en sortir
apañuscar **13** *vt* chiffonner – dérober
apapachar **01** *vt Mex fam* cajoler – câliner
aparcar **13** *vt* garer ; *vi* se garer
aparear **01** *vt* accoupler – apparier
▪ **aparearse** **01** *vp* s'accoupler
aparecer **45** *vi* apparaître ; *vt Mex* sortir
▪ **aparecerse** **45** *vp* apparaître – *Am fam* se pointer
aparejar **01** *vt* apprêter – harnacher
aparentar **01** *vt* feindre ; *vi* se donner des airs
aparroquiar **08** *vt* amener des clients
apartar **01** *vt* écarter ; *vi* se pousser
▪ **apartarse** **01** *vp* s'écarter – se pousser
apasionar **01** *vt* passionner
▪ **apasionarse** **01** *vp* se passionner – s'enflammer
apealar **01** *vt Am* entraver
apear **01** *vt* dissuader – faire descendre *(passager)*
▪ **apearse** **01** *vp* descendre
apechugar **19** *vi fam* s'accrocher
apedazar **16** *vt* rapiécer
apedrear **01** *vt* lapider ; *v impers* grêler
▪ **apedrearse** **01** *vp* être grêlé
apegualar **01** *vt Chili* entraver
apelambrar **01** *vt* planer
apelar **01** *vi* faire appel – faire un recours
apellidar **01** *vt* appeler – surnommer
▪ **apellidarse** **01** *vp* s'appeler – se nommer
apelmazar **16** *vt* rendre compact - agglomérer
▪ **apelmazarse** **16** *vp fam* être compact - s'agglomérer
apelotonar **01** *vt* mettre en boule
▪ **apelotonarse** **01** *vp fam* s'agglutiner – faire des grumeaux
apenar **01** *vt* peiner – faire de la peine
▪ **apenarse** **01** *vp AmC* avoir de la peine – *Andes, Car* être *ou* se sentir gêné
apencar **13** *vi* s'accrocher
apendejar **01** *vt fam AmC, Mex, Ven* rendre idiot *ou* imbécile – *Mex* flanquer la frousse à
▪ **apendejarse** **01** *vp AmC, Mex, Ven* se rendre bébête – *Mex* se dégonfler
apeñuscar **13** *vt* entasser – amonceler
▪ **apeñuscarse** **13** *vp* s'entasser – s'amonceler
apeonar **01** *vi* courir – trotter *(oiseau)*
aperar **01** *vt Andes, RP, Ven* seller
apercibir **03** *vt* prévenir – préparer
▪ **apercibirse** **03** *vp* s'apercevoir – se rendre compte
apercollar **01** *vt* colleter – assommer
apergaminarse **01** *vp* se parcheminer
apergollar **01** *vt Cuba, Mex* arrêter
aperrear **01** *vt* assommer – lâcher les chiens
apersonarse **01** *vp RP* se présenter *(quelque part)*
aperturar **01** *vt* FIN ouvrir
apesadumbrar **01** *vt* attrister – affliger
▪ **apesadumbrarse** **01** *vp* s'affliger – être affligé
apesarar **01** *vt* attrister – affliger
▪ **apesararse** **01** *vp* s'affliger – être affligé
apestar **01** *vt* empester ; *vi* puer
▪ **apestarse** **01** *vp* attraper la peste – *RP tfam* s'enrhumer
apetecer **45** *vt* désirer ; *vi* avoir envie de
apiadar **01** *vt* apitoyer
▪ **apiadarse** **01** *vp* s'apitoyer – prendre en pitié
apicararse **01** *vp* s'encanailler – devenir une canaille
apilar **01** *vt* empiler – entasser
▪ **apilarse** **01** *vp* s'empiler – s'entasser
apimplarse **01** *vp* se soûler
apimpollarse **01** *vp* bourgeonner

apiñar **01** *vt* entasser – empiler
■ **apiñarse** **01** *vp* s'agglutiner
apiolar **01** *vt* tuer – arrêter
apiparse **01** *vp* s'empiffrer
apiporrarse **01** *vp* s'empiffrer
apisonar **01** *vt* damer – cylindrer
apitonar **01** *vi* avoir les cornes qui poussent ; *vt* casser *(avec qqch de pointu)*
■ **apitonarse** **01** *vp* se fâcher – prendre la mouche
aplacar **13** *vt* apaiser – calmer
■ **aplacarse** **13** *vp* se calmer – s'apaiser
aplanar **01** *vt* aplanir – niveler
■ **aplanarse** **01** *vp* s'aplanir – dépérir
aplanchar **01** *AmC, Col vt* repasser ; *vi* faire du repassage
aplastar **01** *vt* aplatir – écraser
■ **aplastarse** **01** *vp* s'aplatir – s'écraser
aplatanar **01** *vt Mex fam* rendre ramollo – avachir
■ **aplatanarse** **01** *vp fam* être ramollo
aplaudir **03** *vt/vi* applaudir
aplazar **16** *vt* ajourner – différer
aplebeyar **01** *vt* avilir – dégrader
aplicar **13** *vt* appliquer
■ **aplicarse** **13** *vp* être appliqué - s'appliquer
aplomar **01** *vt* mettre d'aplomb
■ **aplomarse** **01** *vp* se remettre
apocar **13** *vt* intimider – amoindrir
■ **apocarse** **13** *vp* se laisser intimider – s'avilir
apocopar **01** *vt* faire une apocope
apodar **01** *vt* surnommer
■ **apodarse** **01** *vp* être surnommé
apoderar **01** *vt* mandater
apolillar **01** *vt* ronger ; *vi RP tfam* roupiller
■ **apolillarse** **01** *vp* être mité – être vermoulu
apolismar **01** *vt Cuba, Pana, PR* abîmer – meurtrir
apoltronarse **01** *vp* paresser – devenir paresseux
apomazar **16** *vt* poncer
aponer **69** *vt* mettre en apposition
apoquinar **01** *vt fam* cracher ; *vi* casquer
aporcar **13** *vt* AGRIC butter
aporrear **01** *vt* frapper – casser *(les oreilles)*
aportar **01** *vt* apporter ; *vi* arriver à
aportillar **01** *vt* faire une brèche dans un mur
aposentar **01** *vt* loger – héberger
■ **aposentarse** **01** *vp* loger – s'installer
apostar **28** *vt/vi* parier
■ **apostarse** **28** *vp* parier – se poster
apostatar **01** *vi* apostasier
apostemar **01** *vt* causer un apostème à
■ **apostemarse** **01** *vp* former un apostème
apostillar **01** *vt* apostiller – annoter
■ **apostillarse** **01** *vp* se couvrir de croûtes
apostolizar **16** *vt* évangéliser
apostrofar **01** *vt* apostropher
apotrerar **01** *vt* morceler – parcelliser
apoyar **01** *vt* poser – appuyer
■ **apoyarse** **01** *vp* s'appuyer
apozarse **16** *vp Andes* stagner
apreciar **08** *vt* apprécier – discerner
■ **apreciarse** **08** *vp* être visible – s'apprécier *(monnaie)*
aprehender **02** *vt* appréhender *(voleur)* – saisir *(marchandise)*
apremiar **08** *vt/vi* presser
aprender **02** *vt/vi* apprendre
■ **aprenderse** **02** *vp* apprendre
apresar **01** *vt* saisir *(avec les griffes ou avec les dents)* – arrêter *(qqn)*
aprestar **01** *vt* apprêter
■ **aprestarse** **01** *vp* s'apprêter
apresurar **01** *vt* presser – avancer *(réunion)*
■ **apresurarse** **01** *vp* se presser – se dépêcher
apretar **22** *vt* serrer ; *vi* être vif
■ **apretarse** **22** *vp* se serrer – s'agglutiner
apretujar **01** *vt* compresser
■ **apretujarse** **01** *vp* se tasser – se ratatiner
apriscar **13** *vt* rentrer à la bergerie
■ **apriscarse** **13** *vp* rentrer à la bergerie
aprisionar **01** *vt* retenir – emprisonner
aproar **01** *vi* mettre le cap sur
aprobar **28** *vt* approuver ; *vi* réussir *(examen)*
aprontar **01** *vt* préparer rapidement – payer comptant
■ **aprontarse** **01** *vp RP* se préparer
apropiar **08** *vt* adapter
aprovechar **01** *vt* profiter de ; *vi* en profiter
■ **aprovecharse** **01** *vp* en profiter
aprovisionar **01** *vt* approvisionner – ravitailler
■ **aprovisionarse** **01** *vp* s'approvisionner
aproximar **01** *vt* approcher – rapprocher
■ **aproximarse** **01** *vp* s'approcher – approcher
apulgarar **01** *vt* presser avec le pouce
apunarse **01** *vp CSud* avoir le mal des montagnes
apuntalar **01** *vt* étayer
apuntar **01** *vt* pointer ; *vi* mettre en joue
apuntarse **01** *vp* participer – remporter *(point, succès)*
■ **apuntillar** **01** *vt* achever – donner le coup de grâce
apuñalar **01** *vt* poignarder
apuñear **01** *vt* frapper à coups de poing
apurar **01** *vt* finir ; *vi Andes* se presser
apurarse **01** *vp Esp, Mex* s'inquiéter – se raser de près
apurruñar **01** *vt Ven tfam* serrer très fort
aquejar **01** *vt* frapper – atteindre
aquerenciarse **08** *vp* TAUROM prendre querencia
aquietar **01** *vt* apaiser – rassurer
■ **aquietarse** **01** *vp* s'apaiser
aquilatar **01** *vt* éprouver *(or)* – estimer *(pierre précieuse, prix)*
arabizar **16** *vt* arabiser
■ **arabizarse** **16** *vp* s'arabiser
arañar **01** *vt/vi* griffer
■ **arañarse** **01** *vp* s'égratigner
arar **01** *vt* labourer – sillonner
arbitrar **01** *vt/vi* arbitrer
arbolar **01** *vt* arborer – NAUT dresser
■ **arbolarse** **01** *vp* se démonter *(mer)* – être boisé *ou* reboisé
arborecer **45** *vi (arbre)* croître – atteindre sa maturité
arborizar **16** *vt* boiser
arcaizar **16** *vi* employer des archaïsmes ; *vt* rendre archaïque
archivar **01** *vt* archiver – enregistrer
arcillar **01** *vt* glaiser
arder **02** *vi* brûler – être brûlant *(plat, boisson)*
■ **arderse** **02** *vp* brûler *(plante)*
arenar **01** *vt* ensabler – sabler
arencar **13** *vt* saurer
arengar **19** *vt* haranguer
arfar **01** *vi* tanguer
argamasar **01** *vt* cimenter

argayar **01** *vi* s'ébouler

argentar **01** *vt* argenter

argentinizar **16** *vt* donner un caractère argentin *ou* des manières argentines à

argüir **53** *vt* déduire ; *vi* argumenter

argumentar **01** *vt* alléguer ; *vi* argumenter

aricar **13** *vt* labourer superficiellement

aridecer **45** *vt* assécher

■ **aridecerse** **45** *vp* s'assécher

aristocratizar **16** *vt* aristocratiser

armar **01** *vt* armer – bander

■ **armarse** **01** *vp* s'armer – éclater *(dispute, scandale)*

armonizar **16** *vt* harmoniser ; *vi* aller bien ensemble

aromar **01** *vt* parfumer – aromatiser

aromatizar **16** *vt* parfumer – aromatiser

arpegiar **08** *vt* arpéger

arponar **01** *vt* harponner

arponear **01** *vt* harponner

arquear **01** *vt* bomber ; *vi* avoir des nausées

■ **arquearse** **01** *vp* former un arc *ou* une voûte – se cambrer

arrabiatar **01** *vt AmC* attacher par la queue *(cheval)*

arracimarse **01** *vp* se réunir en grappes

arraigar **19** *vi* s'enraciner ; *vt* enraciner

■ **arraigarse** **19** *vp* s'enraciner – se fixer

arramblar **01** *vt* ensabler – embarquer *(prendre)*

■ **arramblarse** **01** *vp* s'ensabler

arrancar **13** *vt* arracher ; *vi* démarrer

■ **arrancarse** **13** *vp* TAUROM s'élancer – *Chili* filer

arranchar **01** *vt* NAUT ranger – *AmC, Andes* prendre

arrasar **01** *vt* détruire ; *vi* triompher

■ **arrasarse** **01** *vp* se remplir *(yeux)*

arrascar **13** *vt fam* gratter – grattouiller *(avec les ongles)*

arrastrar **01** *vt* traîner ; *vi* traîner par terre

■ **arrastrarse** **01** *vp* ramper – se traîner

arrear **01** *vt* faire avancer ; *vi* se dépêcher

arrebañar **01** *vt* liquider les restes de – nettoyer *(son assiette)*

arrebatar **01** *vt* arracher – séduire complètement

■ **arrebatarse** **01** *vp* s'emporter – se précipiter

arrebiatar **01** *vt Salv, Hond, Ven* attacher par la queue

■ **arrebiatarse** **01** *vp Salv, Mex* se soumettre

arrebolar **01** *vt* enflammer *(ciel, nuages)* – rougir

■ **arrebolarse** **01** *vp* flamboyer – devenir rouge

arrebozar **16** *vt* se couvrir *(visage)* – enrober *(avec de la farine, du sucre)*

■ **arrebozarse** **16** *vp* s'envelopper

arrebujar **01** *vt* chiffonner – envelopper *(avec un vêtement)*

■ **arrebujarse** **01** *vp* s'emmitoufler – s'envelopper

arrechar **01** *vt AmC, Col, Mex, Ven vulg* allumer *(qqn)*

■ **arrecharse** **01** *vp AmC, Col, Mex, Ven fam* se mettre en rogne

arreciar **08** *vi* redoubler *(pluie, tempête)*

arrecirse **79** *vp* être transi de froid

arredrar **01** *vt* faire reculer – faire peur à

■ **arredrarse** **01** *vp* avoir peur

arreglar **01** *vt* réparer ; *vi Am* s'arranger *(planifier)*

■ **arreglarse** **01** *vp* s'arranger – se préparer

arrejacar **13** *vt* herser – biner

arrejerar **01** *vt* mouiller sur trois ancres – mouiller en patte d'oie

arrejuntar **01** *vt Am fam* mettre ensemble – réunir

■ **arrejuntarse** **01** *vp* se mettre en ménage

arrellanarse **01** *vp* s'installer – se caler

arremangar **19** *vt* retrousser – retrousser les manches de

■ **arremangarse** **19** *vp* se retrousser – se retrousser les manches

arremeter **02** *vi* riposter physiquement *ou* verbalement

arremolinar **01** *vt* faire tourbillonner

■ **arremolinarse** **01** *vp* tournoyer – tourbillonner

arrempujar **01** *vt* pousser

arrendar **22** *vt* louer – attacher *(par la bride)*

arrepanchigarse **19** *vp* s'installer – se caler

arrepentirse **55** *vp* se repentir – se rétracter

arrestar **01** *vt* arrêter – mettre aux arrêts

■ **arrestarse** **01** *vp* s'aventurer

arriar **07** *vt* NAUT abaisser – inonder

■ **arriarse** **07** *vp* être inondé

arribar **01** *vi* arriver – parvenir

arriesgar **19** *vt* risquer – tenter

■ **arriesgarse** **19** *vp* s'exposer – se risquer

arrimar **01** *vt* approcher – appuyer

■ **arrimarse** **01** *vp* s'approcher – s'appuyer

arrinconar **01** *vt* mettre dans un coin – abandonner

■ **arrinconarse** **01** *vp* se renfermer – vivre dans son coin

arriostrar **01** *vt* étayer

arriscar **13** *vt AmC, Andes, Mex* retrousser – *Col* risquer

■ **arriscarse** **13** *vp AmC, Andes, Mex* retrousser – *Salv, Pérou* s'habiller avec soin

arrizar **16** *vt* ariser – lester

arrobar **01** *vt* ravir – mettre en extase

■ **arrobarse** **01** *vp* tomber en extase – être en extase

arrocinar **01** *vt* dresser – dompter

■ **arrocinarse** **01** *vp* tomber aveuglément amoureux

arrodillar **01** *vt* mettre à genoux

■ **arrodillarse** **01** *vp* s'agenouiller

arrodrigar **19** *vt* AGRIC échalasser

arrodrigonar **01** *vt* AGRIC échalasser

arrogarse **19** *vp* s'arroger

arrojar **01** *vt* lancer ; *vi fam* vomir

■ **arrojarse** **01** *vp* se jeter – se précipiter

arrollar **01** *vt* renverser – traîner

arromanzar **16** *vt* traduire en castillan

arronzar **16** NAUT *vt* soulever avec des leviers ; *vi* être trop sous le vent

arropar **01** *vt* border – couvrir

■ **arroparse** **01** *vp* se couvrir – *fig* s'appuyer

arrostrar **01** *vt* affronter – faire face à

arroyar **01** *vt* raviner

■ **arroyarse** **01** *vp* être raviné - être attaqué par la rouille

arruar **09** *vi* grogner *(sanglier)*

arrufar **01** *vt* NAUT tonturer ; *vi* grogner en montrant les crocs

■ **arrufarse** **01** *vp fam* se mettre en rogne

arrugar **19** *vt* chiffonner – rider

■ **arrugarse** **19** *vp* se chiffonner – se rider

arruinar 01 *vt* ruiner – détruire

▪ **arruinarse 01** *vp* se ruiner – tomber en ruine

arrullar 01 *vt* chanter une berceuse à ; *vi* roucouler

arrumar 01 *vt* arrimer – *Andes, Ven* empiler

arrumbar 01 *vt* reléguer ; *vi* mettre le cap sur un point

▪ **arrumbarse 01** *vp* déterminer sa position *ou* sa route

artesonar 01 *vt* ARCHIT orner de caissons

articular 01 *vt/vi* articuler

artigar 19 *vt* écobuer

artillar 01 *vt* armer

asaetear 01 *vt* tirer des flèches – cribler de flèches

asalariar 08 *vt* salarier

asaltar 01 *vt* assaillir – agresser

asar 01 *vt* rôtir – *fig/fam* casser les oreilles *ou* les pieds

ascender 26 *vi* monter ; *vt* promouvoir

asear 01 *vt* faire la toilette – préparer

▪ **asearse 01** *vp* faire sa toilette – se préparer

asechar 01 *vt* tendre des pièges

asedar 01 *vt* affiner

asediar 08 *vt* assiéger – poursuivre *(qqn)*

asegurar 01 *vt* assurer – fixer

▪ **asegurarse 01** *vp* s'assurer – s'accrocher

asemejar 01 *vt* faire ressembler

▪ **asemejarse 01** *vp* se ressembler

asenderear 01 *vt* tracer des sentiers

asentar 22 *vt* établir ; *vi* s'implanter

▪ **asentarse 22** *vp* s'appuyer – se fixer

asentir 55 *vi* acquiescer

aseptizar 16 *vt* aseptiser

aserenar 01 *vt* tranquilliser – rasséréner

▪ **aserenarse 01** *vp* se tranquilliser – se rasséréner

aseriarse 08 *vp* devenir sérieux

aserrar 22 *vt* scier

aserruchar 01 *vt CSud* scier *(avec une égoïne)*

asesinar 01 *vt* assassiner – tuer

asesorar 01 *vt* conseiller

▪ **asesorarse 01** *vp* prendre conseil

asestar 01 *vt* assener – tirer

aseverar 01 *vt* confirmer – assurer

asfaltar 01 *vt* asphalter

asfixiar 08 *vt* asphyxier – étouffer

▪ **asfixiarse 08** *vp* s'asphyxier – étouffer

asignar 01 *vt* assigner – affecter

asilar 01 *vt* accorder l'asile – placer en maison de retraite *ou* dans un hospice

▪ **asilarse 01** *vp* trouver refuge

asimilar 01 *vt* assimiler – digérer

▪ **asimilarse 01** *vp* s'assimiler

asir 51 *vt* saisir – attraper

▪ **asirse 51** *vp* s'accrocher

asistir 03 *vt* assister ; *vi* être présent

asnear 01 *vi* dire des âneries – se conduire comme un âne

asociar 08 *vt* associer – faire de qqn un associé

▪ **asociarse 08** *vp* s'associer

asolanar 01 *vt* AGRIC brûler – griller

asolar 28 *vt* dévaster – dessécher

▪ **asolarse 28** *vp* se déposer – former un dépôt

asolear 01 *vt* mettre au soleil

▪ **asolearse 01** *vp Andes, Mex, RP* se chauffer au soleil – *AmC, Mex* brunir

asomar 01 *vi* dépasser ; *vt* montrer

▪ **asomarse 01** *vp* apparaître – se pencher

asombrar 01 *vt* étonner – ombrager

▪ **asombrarse 01** *vp* s'étonner

asonantar 01 *vt* assonancer

asonar 28 *vi* assoner

asorochar 01 *vt Andes* donner le mal des montagnes

▪ **asorocharse 01** *vp* avoir le mal des montagnes – rougir

aspar 01 *vt* dévider – crucifier

▪ **asparse 01** *vp* s'égosiller – brailler

asperjar 01 *vt* asperger – arroser

aspirar 01 *vt/vi* aspirer

asquear 01 *vt* dégoûter – écœurer

▪ **asquearse 01** *vp* se lasser

astillar 01 *vt* fendre *(tronc)* – casser *(meuble)*

▪ **astillarse 01** *vp* se casser

astreñir 39 *vt* resserrer *(tissus organiques)* - astreindre

astringir 18 *vt* resserrer *(tissus organiques)* - astreindre

astrologar 19 *vt* lire l'avenir dans les astres

asumir 03 *vt* assumer – prendre *(un tour, des proportions)*

asurar 01 *vt* brûler

asurcar 13 *vt* sillonner

asustar 01 *vt* faire peur – effrayer

▪ **asustarse 01** *vp* avoir peur

atabalear 01 *vi* marteler le sol – tambouriner

atablar 01 *vt* AGRIC herser

atacar 13 *vt/vi* attaquer

atafagar 19 *vt* étourdir – importuner

▪ **atafagarse 19** *vp* être surchargé

atagallar 01 *vi* faire force de voiles

atajar 01 NAUT *vi* prendre un raccourci ; *vt* arrêter *(feu, hémorragie)*

▪ **atajarse 01** *vp* s'interrompre – s'enivrer

atalajar 01 *vt* atteler

atalayar 01 *vt* guetter

atañer 02 *vi* concerner

atar 01 *vt* attacher – lier

▪ **atarse 01** *vp* s'attacher – lacer

atarantar 01 *vt Am* étourdir

atarazar 16 *vt* mordre – tourmenter

atardecer 45 *vi* décliner *(jour)* – tomber *(nuit)*

atarear 01 *vt* donner une tâche *ou* un travail à faire à

▪ **atarearse 01** *vp* s'affairer

atarquinar 01 *vt* couvrir de boue

▪ **atarquinarse 01** *vp* s'embourber

atarragar 19 *vt* façonner

atarrayar 01 *vt* pêcher à l'épervier

atarugar 19 *vt fam* gaver – cheviller

▪ **atarugarse 19** *vp* s'abrutir – *fam* s'empiffrer

atasajar 01 *vt* découper en morceaux *(viande)*

atascar 13 *vt* boucher – coincer

▪ **atascarse 13** *vp* se boucher – se coincer

ataviar 07 *vt* parer

▪ **ataviarse 07** *vp* se parer – se pomponner

atediar 08 *vt* ennuyer

atemorizar 16 *vt* effrayer

▪ **atemorizarse 16** *vp* être effrayé - avoir peur

atemperar 01 *vt* tempérer – chambrer

▪ **atemperarse 01** *vp* se modérer – se calmer

atenazar 16 *vt* serrer – tenailler

atender 26 *vt* satisfaire ; *vi* faire *ou* prêter attention
▪ **atenderse 26** *vp Am* MÉD se faire suivre

atenebrarse 01 *vp* s'assombrir

atentar 01 *vi* attenter – commettre un attentat

atenuar 09 *vt* atténuer
▪ **atenuarse 09** *vp* s'atténuer

aterirse 79 *vp* être transi de froid

aterrajar 01 *vt* fileter – tarauder

aterrar 22 *vt* terrifier ; *vi* NAUT aborder
▪ **aterrarse 22** *vp* être terrifié *ou* terrorisé

aterrizar 16 *vi* atterrir – *fam* débarquer *(quelque part)*

aterronar 01 *vt* réduire en morceaux
▪ **aterronarse 01** *vp* être réduit en morceaux

aterrorizar 16 *vt* terrifier – terroriser
▪ **aterrorizarse 16** *vp* être terrifié – être terrorisé

atesorar 01 *vt* amasser – réunir

atestar 22 *vt* remplir – encombrer
▪ **atestarse 22** *vp* se remplir – s'empiffrer

atestiguar 11 *vt/vi* témoigner

atezar 16 *vt* brunir – noircir
▪ **atezarse 16** *vp* bronzer

atiborrar 01 *vt* gaver – bourrer
▪ **atiborrarse 01** *vp* se gaver – s'empiffrer

atiesar 01 *vt* raidir – tendre

atildar 01 *vt* parer – GRAMM mettre une tilde sur
▪ **atildarse 01** *vp* se parer – se pomponner

atinar 01 *vi* viser juste – taper dans le mille

atinconar 01 *vt* MIN étrésillonner

atiplar 01 *vt* rendre plus aigu
▪ **atiplarse 01** *vp* devenir plus aigu

atipujarse 01 *vp Salv fam* se gaver

atirantar 01 *vt* tendre

atisbar 01 *vt* entrevoir ; *vi* regarder attentivement

atizar 16 *vt* tisonner – raviver
▪ **atizarse 16** *vp* engloutir

atizonar 01 *vt* encastrer dans un mur
▪ **atizonarse 01** *vp* AGRIC se nieller

atoar 01 *vt* NAUT touer – remorquer

atochar 01 *vt* remplir de spart – NAUT plaquer
▪ **atocharse 01** *vp* NAUT être coincé

atocinar 01 *vt fam* abrutir – préparer *(le lard)*
▪ **atocinarse 01** *vp fam* se mettre en rogne – engraisser

atollarse 01 *vp* s'embourber – *fig* coincer

atolondrar 01 *vt* étourdir
▪ **atolondrarse 01** *vp* être étourdi

atomizar 16 *vt* atomiser – vaporiser

atontar 01 *vt* étourdir – abrutir
▪ **atontarse 01** *vp* devenir abruti – s'abêtir

atontolinar 01 *vt fam* abrutir

atorar 01 *vt* boucher – obstruer
▪ **atorarse 01** *vp* se boucher – s'enliser

atormentar 01 *vt* tourmenter – torturer
▪ **atormentarse 01** *vp* se tourmenter

atornillar 01 *vt/vi* visser

atorrar 01 *vi Am* fainéanter

atortolar 01 *vt* faire perdre la tête à
▪ **atortolarse 01** *vp* tomber fou amoureux de – roucouler

atortujar 01 *vt* aplatir – presser

atosigar 19 *vt* presser – harceler
▪ **atosigarse 19** *vp* être angoissé – *RP fam* s'empiffrer

atracar 13 *vt* attaquer ; *vi* accoster
▪ **atracarse 13** *vp fam* se gaver – *Andes, RP* s'empêtrer

atraer 60 *vt* exercer une attraction sur – attirer

atrafagar 19 *vi* se fatiguer – s'éreinter
▪ **atragantar 01** *vi* coincer dans la gorge – rester en travers de la gorge
▪ **atragantarse 01** *vp* s'étrangler – perdre le fil

atraillar 04 *vt* harder – dominer

atramparse 01 *vp (porte)* se coincer – se bloquer

atrancar 13 *vt* barricader – boucher
▪ **atrancarse 13** *vp* se boucher – se coincer

atrapar 01 *vt* attraper

atrasar 01 *vt/vi* retarder
▪ **atrasarse 01** *vp* retarder *(montre)* - avoir du retard

atravesar 22 *vt* traverser ; *vi* ne pas supporter
▪ **atravesarse 22** *vp* se mettre en travers

atrechar 01 *vi PR* prendre un raccourci

atreverse 02 *vp* oser

atribuir 52 *vt* attribuer
▪ **atribuirse 52** *vp* revendiquer – s'attribuer

atribular 01 *vt* affliger – consterner
▪ **atribularse 01** *vp* être affligé (affligée) - être consterné (consternée)

atrincar 13 *vt Am* attacher

atrincherar 01 *vt* retrancher – faire se retrancher
▪ **atrincherarse 01** *vp* se retrancher

atrochar 01 *vi* prendre un raccourci – couper

atrofiar 08 *vt* atrophier
▪ **atrofiarse 08** *vp* s'atrophier

atronar 28 *vi* retentir

atropar 01 *vt* rassembler – attrouper

atropellar 01 *vt* écraser – bousculer
▪ **atropellarse 01** *vp* bredouiller – se bousculer

atufar 01 *vt/vi* empester
▪ **atufarse 01** *vp* s'asphyxier - se mettre en colère

aturdir 03 *vt* étourdir – sonner
▪ **aturdirse 03** *vp* être étourdi - être sonné

aturrullar 01 *vt fam* embrouiller
▪ **aturrullarse 01** *vp* s'affoler

aturullar ▪ 01 *vt fam* embrouiller
▪ **aturullarse 01** *vp* s'affoler

atusar 01 *vt* lisser – égaliser le poil de
▪ **atusarse 01** *vp* se pomponner – se lisser

auditar 01 *vt* auditer

augurar 01 *vt* prédire – augurer

aullar 05 *vi* hurler

aumentar 01 *vt* augmenter ; *vi* grossir

aunar 05 *vt* allier – unifier
▪ **aunarse 05** *vp* se réunir

aupar 05 *vt* hisser – encourager

aureolar 01 *vt* auréoler – nimber

aurificar 13 *vt* aurifier

auscultar 01 *vt* sonder – MÉD ausculter

ausentarse 01 *vp* s'absenter

auspiciar 08 *vt fig* appuyer – présager

autenticar 13 *vt* DR INFORM authentifier

autentificar 13 *vt* authentifier

autoafirmarse 01 *vp* s'affirmer

autocensurarse 01 *vp* s'autocensurer

autodefenderse 26 *vp* se défendre (par ses propres moyens)

autodefinirse 03 *vp* se définir soi-même

autodestruirse **52** *vp* s'autodétruire

autodeterminarse **01** *vp* s'autodéterminer

autodisolverse **35** *vp* se dissoudre

autoeditar **01** *vt* INFORM éditer en PAO

autoemplearse **01** *vp* travailler à son compte

autoengañarse **01** *vp* se leurrer

autoevaluarse **09** *vp* faire une auto-évaluation

autoexcluirse **52** *vp* s'exclure

autofinanciarse **08** *vp* s'autofinancer

autogestionar **01** *vt* autogérer – gérer soi-même

autogestionarse **01** *vp* s'autogérer

autografiar **07** *vt* autographier

autoinculparse **01** *vp* s'accuser soi-même

autolimitarse **01** *vp* s'autolimiter

automarginarse **01** *vp* se marginaliser volontairement

automatizar **16** *vt* automatiser

automedicarse **13** *vp* pratiquer l'automédication

autoparodiarse **08** *vp* s'auto-parodier

autopsiar **08** *vt* autopsier

autorizar **16** *vt* autoriser – authentifier

autorregularse **01** *vp* se réguler *ou* se régler automatiquement

autosugestionarse **01** *vp* pratiquer l'autosuggestion

auxiliar **08** *vt* aider – assister

avalar **01** *vt* avaliser – appuyer

avalorar **01** *vt* donner de la valeur à – valoriser

avaluar **09** *vt Am* évaluer – estimer

avanzar **16** *vi/vt* avancer

avasallar **01** *vt* asservir ; *vi* dominer

avasallarse **01** *vp* se soumettre – s'asservir

avecinarse **01** *vp* approcher

avecindarse **01** *vp* s'installer – s'établir

avejentar **01** *vt* vieillir

avejentarse **01** *vp* vieillir

avejigar **19** *vt* cloquer

avejigarse **19** *vp* cloquer

avellanar **01** *vt* fraiser

avellanarse **01** *vp* se rider – se ratatiner

avenar **01** *vt* drainer

avenir **73** *vt* mettre d'accord – accorder

avenirse **73** *vp* s'entendre – se mettre d'accord

aventajar **01** *vt* surpasser – devancer

aventar **22** *vt* éventer – agiter *(air, vent)*

aventarse **22** *vp* se gonfler d'air – mettre les voiles

aventurar **01** *vt* risquer – hasarder

aventurarse **01** *vp* s'aventurer

avergonzar **32** *vt* faire honte

avergonzarse **32** *vp* avoir honte

averiar **08** *vt* endommager *(véhicule, moteur)* – avarier *(marchandise)*

averiarse **08** *vp* tomber en panne – avoir une avarie

averiguar **11** *vt* enquêter sur ; *vi AmC, Mex* se disputer

avezar **16** *vt* habituer

avezarse **16** *vp* s'habituer à

aviar **07** *vt* préparer ; *vi fam* se grouiller

aviarse **07** *vp* s'habiller

aviejar **01** *vt* vieillir

aviejarse **01** *vp* vieillir

avillanar **01** *vt* avilir

avillanarse **01** *vp* s'avilir – devenir vulgaire

avinagrar **01** *vt* aigrir

avinagrarse **01** *vp* s'aigrir – devenir aigre

avisar **01** *vt* avertir – appeler

avispar **01** *vt fam* déniaiser – fouetter *(cheval)*

avisparse **01** *vp* se dégourdir – s'inquiéter

avistar **01** *vt* apercevoir – distinguer

avistarse **01** *vp* se réunir – se voir

avituallar **01** *vt* ravitailler

avivar **01** *vt* raviver – *Arg, Urug* faire voir

avivarse **01** *vp* se grouiller – *Arg, Mex, Urug fam* se rendre compte

avizorar **01** *vt* guetter – distinguer

avocar **13** *vt* DR évoquer – se saisir de

axiomatizar **16** *vt* axiomatiser

ayudar **01** *vt* aider – venir en aide à

ayudarse **01** *vp* s'entraider

ayunar **01** *vi* jeûner

ayuntarse **01** *vp* s'unir

azacanear **01** *vi fam* bûcher – trimer

azafranar **01** *vt* safraner

azarar **01** *vt* faire rougir – troubler

azararse **01** *vp* se troubler – être gêné

azarear **01** *vt AmC, Chili, Mex, Pérou* faire sursauter – énerver

azarearse **01** *vp AmC, Chili, Mex, Pérou* sursauter – s'énerver

azoar **01** *vt* CHIM azoter

azogar **19** *vt* étamer

azolvar **01** *vt* boucher

azolvarse **01** *vp* se boucher

azorar **01** *vt* faire rougir – troubler

azorarse **01** *vp* se troubler – être gêné

azorrarse **01** *vp* s'assoupir

azorrillar **01** *vt Mex fam* donner les jetons – flanquer la frousse

azorrillarse **01** *vp Mex fam* avoir les jetons – avoir la frousse

azotar **01** *vt* fouetter – battre

azotarse **01** *vp Bol* se précipiter – se jeter

azucarar **01** *vt* sucrer – édulcorer

azucararse **01** *vp Am* se cristalliser – faire le/la sucré(e) *(personne)*

azufrar **01** *vt* soufrer – sulfurer

azular **01** *vt* colorer en bleu – bleuir

azulear **01** *vi* devenir bleu – tirer sur le bleu

azulejar **01** *vt* carreler

azumagarse **19** *vp Chili* moisir

azuzar **16** *vt* exciter – pousser

B

babear **01** *vi* baver – *fam* baver (d'admiration)

babosear **01** *vt* baver sur ; *fam vi* faire le joli cœur

bacharse **01** *vp Urug fam* perdre ses moyens – perdre les pédales

bachatear **01** *vi Car* faire la fête

bachear **01** *vt* boucher *ou* combler les ornières

bachearse **01** *vp Urug* perdre ses moyens – perdre les pédales

bachillerear **01** *vi tfam* bavasser – baratiner

bagar **19** *vi* grener *(lin)* – monter en graine

bagayear **01** *vt Urug tfam* faire de la petite contrebande de – trafiquer

bailar **01** *vi/vt* danser

bailotear **01** *vi fam* se trémousser

bajar **01** *vi/vt* descendre

bajarse **01** *vp* descendre – baisser

bajonear **01** *vt RP, Urug fam* donner le cafard *ou* le bourdon

bajonearse **01** *vp RP, Urug fam* devenir cafardeux

balacear **01** *vt Am* tirer

baladrar **01** *vi* hurler – pousser des hurlements

baladronear **01** *vi* faire le fanfaron – fanfaronner

balancear **01** *vi* rouler *(bateau)*; *vt* balancer

■ **balancearse** **01** *vp* se balancer – rouler *(bateau)*

balar **01** *vi* bêler

balastar **01** *vt* ballaster

balbucear **01** *vi, vt* balbutier

balbucir **80** *vi, vt* balbutier

balcanizar **16** *vt* balkaniser

balconear **01** *vi Am* regarder avec curiosité depuis une fenêtre *ou* un balcon

baldar **01** *vt* exténuer – estropier

■ **baldarse** **01** *vp* s'éreinter

baldear **01** *vt* laver à grande eau – écoper

baldonar **01** *vt* outrager – injurier

baldosar **01** *vt* carreler – daller

balear **01** *vt Am* tirailler sur – tirer sur

balitar **01** *vi* bêler souvent

balizar **16** *vt* baliser

bambalear **01** *vi* chanceler – vaciller

bambolear **01** *vt* secouer *(mouvement)* – agiter *(vent)*

■ **bambolearse** **01** *vp* vaciller *(personne)* - être ballotté *(en voiture)*

banalizar **16** *vt* banaliser

bancar **13** *vt Arg, Urug fam* entretenir *(financièrement)* - faire avec *(situation délicate)*

■ **bancarse** **13** *vp fam Arg, Urug* digérer – encaisser

bancarizar **16** *vt* bancariser

bandear **01** *vt* faire osciller – *Am* transpercer

■ **bandearse** **01** *vp* se tirer d'affaire – *Am* retourner sa veste

banderillear **01** *vi* TAUROM planter des banderilles

banquear **01** *vt Col* niveler

bañar **01** *vt* baigner – tremper

■ **bañarse** **01** *vp* se baigner – prendre un bain

baquear **01** *vi* naviguer

baquetear **01** *vt* abîmer – traiter durement

barajar **01** *vt/vi* mélanger *(cartes)*

baratear **01** *vt* solder – liquider

barbear **01** *vt fam* atteindre avec le menton *(animal)* ; *vi* faire la barbe

barbechar **01** *vt* mettre en jachère

barbotar **01** *vt, vi* marmotter – bredouiller

barbullar **01** *vi* bafouiller

bardar **01** *vt* hérisser de ronces – barder

barloar **01** *vt* accoster – mettre à couple

barloventear **01** *vi* NAUT louvoyer – traîner

barnizar **16** *vt* vernir – vernisser *(une poterie, une faïence)*

barquear **01** *vt* traverser en barque

barrenar **01** *vt* percer – miner

barrer **02** *vt/vi* balayer

barretear **01** *vt* barrer – renforcer avec des barres

barritar **01** *vi* barrir

barroquizar **16** *vt* baroquiser

■ **barroquizarse** **16** *vp* se baroquiser

barruntar **01** *vt* pressentir – annoncer

barzonear **01** *vi* flâner – se balader

basar **01** *vt* baser

bascular **01** *vi* osciller – basculer

basquear **01** *vi Mex fam* avoir des nausées

bastar **01** *vi* suffire

■ **bastarse** **01** *vp* se suffire

bastardear **01** *vt* abâtardir ; *vi* s'abâtardir

bastear **01** *vt* bâtir – faufiler

bastimentar **01** *vt* approvisionner

bastonear **01** *vt* bâtonner

basurear **01** *vt Pérou, RP* traîner dans la boue

batallar **01** *vi* livrer bataille – batailler

batanar **01** *vt* fouler

batanear **01** *vt* TEXT fouler

batear **01** *vt/vi* frapper avec une batte

batir **03** *vt* battre *(vagues, aliment, rival)* ; *vi* taper *(soleil, vent)*

■ **batirse** **03** *vp* se battre – s'affronter

batojar **01** *vt* gauler

batuquear **01** *vt Ven* battre – agiter

bautizar **16** *vt* baptiser – asperger

bazucar **13** *vt* remuer – secouer

bazuquear **01** *vt* remuer – secouer

beatificar **13** *vt* béatifier

beber **02** *vt/vi* boire

■ **beberse** **02** *vp* boire – absorber

beborrotear **01** *vi* siroter

becar **13** *vt* accorder une bourse à

becerrear **01** *vi* brailler

befar **01** *vi* remuer les lèvres *(cheval)* ; *vt* se moquer de

bejuquear **01** *vt Mex* tisser – *AmC* battre

beldar **22** *vt* AGRIC éventer

bellaquear **01** *vi* commettre des friponneries *ou* des canailleries – *RP* se cabrer *(cheval)*

bendecir **74** *vt* bénir – louer

beneficiar **08** *vt* bénéficier à – cultiver

■ **beneficiarse** **08** *vp vulg* coucher avec

bermejear **01** *vi* tirer sur le vermeil *ou* sur le rouge

berrear **01** *vi* mugir – brailler

besar **01** *vt* embrasser – toucher

■ **besarse** **01** *vp* s'embrasser – se toucher

besotear **01** *vt* bécoter

bestializar **16** *vt* rendre bestial

■ **bestializarse** **16** *vp* devenir bestial

besuquear **01** *vt* bécoter

■ **besuquearse** **01** *vp* se bécoter

bicicletear **01** *vi RP fam* spéculer avec l'argent des autres

bieldar **01** *vt* AGRIC vanner

bienquerer **70** *vt* estimer – apprécier

bienquistar **01** *vt* mettre d'accord – réconcilier

■ **bienquistarse** **01** *vp* se réconcilier – se mettre d'accord

bienvivir **03** *vi* vivre à son aise – mener une vie honnête

bifurcarse **13** *vp* se diviser en deux *(fleuve, branche)* – bifurquer *(route)*

bigardear **01** *vi* fainéanter – flemmarder

binar **01** *vt* AGRIC biner ; *vi* RELIG biner

biografiar **07** *vt* écrire la biographie de

bipolarizar **16** *vt* diviser *(personnes)*

birlar **01** *vt fam* piquer *(argent, objet)*

bisar **01** *vt* bisser

bisbisar **01** *vt* marmonner – murmurer

bisbisear **01** *vt* marmonner – murmurer

biselar **01** *vt* biseauter – tailler en biseau

bizarrear **01** *vi* faire preuve de courage - faire des largesses

bizcar **13** *vi* loucher

bizcochar **01** *vt* biscuiter

bizquear **01** *vi* loucher – s'étonner

blandear **01** *vi* faiblir ; *vt* faire changer d'avis

■ **blandearse** **01** *vp* fléchir

blandir **79** *vt* brandir *(arme)*

blanquear **01** *vt/vi* blanchir

blanquecer **45** *vt* blanchir

blasfemar **01** *vi* blasphémer – dire du mal de

blasonar **01** *vt* blasonner

blindar **01** *vt* blinder

blocar **13** *vt* SPORT bloquer

blofear **01** *vi Cuba, Mex* brasser du vent

bloquear **01** *vt* bloquer – geler
 ▪ **bloquearse** **01** *vp* se bloquer

blufear **01** *vi CSud* brasser du vent

bobear **01** *vi* faire l'âne – dire des bêtises

bobinar **01** *vt* embobiner – bobiner

bocadear **01** *vt* découper en petits morceaux

bocelar **01** *vt* tailler en tore

bochar **01** *vt RP* refouler

bochinchear **01** *vi Am* faire du raffut

bocinar **01** *vi* klaxonner – jouer de la corne

bogar **19** *vi* ramer ; *vt Andes* écumer *(métal)*

boicotear **01** *vt* boycotter

boycotear **01** *vt* boycotter

bojar **01** *vt* corroyer ; *vi* NAUT avoir un périmètre de

bolacear **01** *vi RP tfam* dire des sottises – raconter des bobards

bolchevizar **16** *vt* bolcheviser

bolear **01** *vi* jouer *(au billard, sans engager la partie)* ; *vt Mex* cirer
 ▪ **bolearse** **01** *vp RP* se tromper – s'embrouiller

boletear **01** *vt RP* liquider – supprimer

bolichear **01** *vi RP* sortir dans les bars

bollar **01** *vt* cabosser – bosseler

bolsear **01** *vt AmC, Mex* voler à la tire – soutirer de l'argent à

bolsiquear **01** *vt Arg* faire les poches à

boludear **01** *vi RP vulg* faire des conneries

bombardear **01** *vt* bombarder

bombear **01** *vt* pomper – lancer en cloche *(ballon)*

bonificar **13** *vt* augmenter *(financièrement)* - faire une réduction à

boquear **01** *vi* agoniser – ouvrir la bouche

borbollar **01** *vi* bouillonner

borbollonear **01** *vi* bouillonner

borbotar **01** *vi* bouillonner

borbotear **01** *vi* bouillonner

bordar **01** *vt* broder – fignoler

bordear **01** *vt* border ; *vi* NAUT tirer des bords

bordonear **01** *vi* jouer avec la corde grave *(guitare)* - bourdonner

bornear **01** *vt* tordre ; *vi* NAUT virer
 ▪ **bornearse** **01** *vp* gauchir

borrajear **01** *vt* griffonner – barbouiller

borrar **01** *vt* effacer – barrer
 ▪ **borrarse** **01** *vp* s'effacer – se rayer

borronear **01** *vt* griffonner – barbouiller

bosquejar **01** *vt* ébaucher – esquisser

bostezar **16** *vi* bâiller

botanear **01** *vi Mex* prendre un repas léger – parler

botar **01** *vt* lancer *(bateau)* ; *vi* rebondir
 ▪ **botarse** **01** *vp AmC, Andes, Car, Mex* se jeter

boxear **01** *vi* boxer

boyar **01** *vi* être renfloué *ou* remis à flot

bracear **01** *vi* agiter les bras – nager la brasse

bramar **01** *vi* mugir – bramer

brasear **01** *vt* cuire sur la braise

bravear **01** *vi* faire le bravache – crier bravo

bravuconear **01** *vi* fanfaronner

brear **01** *vt* enduire de poix *ou* de goudron – rouer de coups

bregar **19** *vi* lutter ; *vt* travailler *(le taureau)*

bricolar **01** *vt/vi* bricoler

brillar **01** *vi* briller – rayonner

brincar **13** *vi* sauter

brindar **01** *vi* trinquer ; *vt* TAUROM offrir

briscar **13** *vt* brocher – broder au fil d'or

brocearse **01** *vt Andes, Arg* s'épuiser *(mine)*

bromar **01** *vt* ronger *(bois)*

bromear **01** *vi* plaisanter

broncear **01** *vt* brunir – bronzer *(métal, statue)*
 ▪ **broncearse** **01** *vp* bronzer

bronquear **01** *vt* réprimander – gronder

brotar **01** *vi* pousser *(plante)* – jaillir *(eau)*
 ▪ **brotarse** **01** *vp Am* avoir une éruption *ou* des boutons

brujear **01** *vi* se livrer à la sorcellerie

brujulear **01** *vi* flâner ; *vt* filer *(cartes)*

bruñir **03** *vt* polir – lustrer

brutalizar **16** *vt* brutaliser
 ▪ **brutalizarse** **16** *vp* s'abrutir

bruzar **16** *vt* brosser

bucear **01** *vi* nager sous l'eau – plonger

bufar **01** *vi* souffler *(animal)* - écumer *ou* fumer de colère *(personne)*
 ▪ **bufarse** **01** *vp* se bomber – gondoler

bufonear **01** *vi* bouffonner – se moquer
 ▪ **bufonearse** **01** *vp* bouffonner – se moquer

buhonear **01** *vi* colporter

buitrear **01** *vt* taxer *(cigarette, argent)* ; *vi Andes* vomir

bullir **03** *vi* bouillir ; *vt* remuer

burbujear **01** *vi* bouillonner – pétiller

burilar **01** *vt* buriner – graver au burin

burlar **01** *vt* échapper à – tromper
 ▪ **burlarse** **01** *vp* se moquer – railler

burocratizar **16** *vt* bureaucratiser
 ▪ **burocratizarse** **16** *vp* se bureaucratiser

buscar **13** *vt/vi* chercher
 ▪ **buscarse** **13** *vp* s'attirer *(ennuis)*

buzar **16** *vi* GEOL pencher – s'affaisser

C

cabalgar **19** *vi* chevaucher ; *vt* monter

cabecear **01** *vi* dodeliner de la tête ; *vt* faire une tête *(avec le ballon)*

caber **66** *vi* tenir *(quelque part)* - être possible

cabildear **01** *vi* comploter – intriguer

cablear **01** *vt* câbler

cablegrafiar **07** *vt* câbler

cabrear **01** *vt* taper sur les nerfs ; *vi Am* jouer en sautant
 ▪ **cabrearse** **01** *vp* s'énerver – se mettre en colère

cabrillear **01** *vi* moutonner *(mer)* - scintiller

cabriolar **01** *vi* cabrioler

cabriolear **01** *vi* cabrioler

cacarear **01** *vi* caqueter ; *vt* se vanter de

cacear **01** *vt* remuer avec la louche

cacerolear **01** *vi* protester en frappant sur une casserole

cachar **01** *vt* briser – *Am* encorner

cachear **01** *vt* fouiller – *Chili* donner un coup de corne

cachetear **01** *vt* gifler

cachifollar **01** *vt* gâcher – *fig* écraser qqn

cachondearse **01** *vp tfam* se ficher – prendre à la rigolade

caducar **13** *vi* être périmé - expirer

caer **49** *vi* tomber – pendre

cagar 19 *vi tfam* faire caca ; *vt* foirer
▪ **cagarse 19** *vp tfam* – avoir la trouille
cairelar 01 *vt* garnir de franges
cajearse 01 *vp Mex fam* se retrouver avec – valoir
calafatear 01 *vt* calfater – calfeutrer
calandrar 01 *vt* TECHNOL calandrer
calar 01 *vt* tremper *(personne, vêtement)*; *vi* être perméable
▪ **calarse 01** *vp* être trempé – enfoncer *(chapeau)*
calcar 13 *vt* calquer – décalquer
calcificar 13 *vt* calcifier
▪ **calcificarse 13** *vp* se calcifier
calcinar 01 *vt* calciner
calcografiar 07 *vt* graver par chalcographie
calcular 01 *vt* calculer – penser
caldear 01 *vt* chauffer – rougir *(métaux)*
▪ **caldearse 01** *vp* se chauffer – rougir *(métaux)*
calefaccionar 01 *vt CSud* chauffer
calendarizar 16 *vt* établir un calendrier pour – planifier
calentar 22 *vt* faire chauffer ; *vi* s'échauffer
▪ **calentarse 22** *vp* se réchauffer – s'échauffer
caletear 01 *vi Andes* mouiller dans tous les ports
calibrar 01 *vt* calibrer – jauger
calificar 13 *vt* qualifier – noter *(devoir, élève)*
▪ **calificarse 13** *vp* prouver ses quartiers de noblesse
caligrafiar 07 *vt* calligraphier
callar 01 *vi* se taire ; *vt* taire
▪ **callarse 01** *vp* se taire – taire
callejear 01 *vi* flâner – courir les rues
calmar 01 *vt* calmer ; *vi* tomber *(vent)*
▪ **calmarse 01** *vp* se calmer
calumniar 08 *vt* calomnier
calzar 16 *vt* chausser ; *vi* porter des chaussures
▪ **calzarse 16** *vp* mettre ses chaussures
camaronear 01 *vt AmC* pêcher des crevettes
cambalachear 01 *vt* troquer ; *vi* faire du troc
cambiar 08 *vt/vi* changer
▪ **cambiarse 08** *vp* changer de – se changer
camelar 01 *vt* faire du baratin – faire la cour à
▪ **camelarse 01** *vp* amadouer
camellear 01 *vi* revendre de la drogue
caminar 01 *vi* marcher ; *vt* parcourir
camorrear 01 *vi* chercher la bagarre
campanear 01 *vi* sonner les cloches – osciller
▪ **campanearse 01** *vp* se débrouiller
campanillear 01 *vi* tinter
campar 01 *vi* bouger – remuer
campear 01 *vi* être exposé - aller paître
camuflar 01 *vt* camoufler
▪ **camuflarse 01** *vp* se camoufler
canalizar 16 *vt* canaliser
cancanear 01 *vi AmC, Mex* bégayer
cancelar 01 *vt* annuler – décommander
cancerarse 01 *vp* devenir cancéreux
canchear 01 *vi CSud* se débrouiller pour ne rien faire
candidatear 01 *vt Am* nommer – désigner
▪ **candidatearse 01** *vp Am* se présenter – présenter sa candidature
candombear 01 *vi RP* danser le candombe – magouiller
candonguear 01 *vt* charrier *(se moquer de)* ; *vi* flemmarder
canibalizar 16 *vt* cannibaliser
canjear 01 *vt* échanger
canonizar 16 *vt* canoniser – rendre hommage
cansar 01 *vt/vi* fatiguer
▪ **cansarse 01** *vp* se fatiguer – se lasser
cantaletear 01 *vt Am* rabâcher
cantar 01 *vt/vi* chanter
canturrear 01 *vi* chantonner – fredonner
canturriar 08 *vi* chantonner – fredonner
cañonear 01 *vt* canonner
▪ **cañonearse 01** *vp* se canonner – se bombarder
capacitar 01 *vt* habiliter – former
capar 01 *vt* châtrer – *Andes, Car* tailler
capear 01 *vt* ne pas se farcir ; *vi* NAUT être *ou* se mettre à la cape
capiscar 13 *vt* piger – capter
capitalizar 16 *vt* capitaliser – tirer profit de
capitanear 01 *vt* commander – diriger
capitular 01 *vi* capituler ; *vt* conclure un pacte sur
capotar 01 *vi* capoter *(avion, voiture)*
capotear 01 *vt* TAUROM leurrer avec la cape – éviter *(difficultés)*
capsular 01 *vt* capsuler
captar 01 *vt* capter – attirer
▪ **captarse 01** *vp* se concilier – gagner
capturar 01 *vt* capturer
caracolear 01 *vi* ÉQUIT caracoler
caracterizar 16 *vt* caractériser – interpréter
▪ **caracterizarse 16** *vp* se maquiller – se déguiser en
carambolear 01 *vt* caramboler *(au billard)*
caramelizar 16 *vt* caraméliser
caratular 01 *vt RP* relier
carbonatar 01 *vt* carbonater
carbonizar 16 *vt* carboniser
▪ **carbonizarse 16** *vp* brûler
carburar 01 *vt* faire carburer ; *vi* carburer
carcajearse 01 *vp* rire aux éclats
carcomer 02 *vt* ronger – miner
▪ **carcomerse 02** *vp* être rongé - se ronger
cardar 01 *vt* carder – crêper
carear 01 *vt* confronter
▪ **carearse 01** *vp* avoir une entrevue avec – s'expliquer *ou* avoir une explication avec
carenar 01 *vt* caréner – radouber
cargar 19 *vt/vi* charger
▪ **cargarse 19** *vp* s'alourdir – se recharger
cargosear 01 *vt CSud* harceler – importuner
cariar 08 *vt* carier
▪ **cariarse 08** *vp* se carier
caricaturar 01 *vt* caricaturer
caricaturizar 16 *vt* caricaturer
carmenar 01 *vt* démêler – peigner
carnear 01 *vt Andes, RP* – abattre, dépecer les animaux de boucherie – escroquer
carnerear 01 *vt* évincer – éliminer
carpir 03 *vt Am* sarcler
carraspear 01 *vi* se racler la gorge – grailler
carretear 01 *vt* charroyer ; *vi Am* rouler *(sur piste)*
carrochar 01 *vi* pondre
carrozar 16 *vt* carrosser
cartear 01 *vi* se défausser *(aux cartes)*
▪ **cartearse 01** *vp* correspondre – entretenir une correspondance
cartografiar 07 *vt* cartographier

casar **01** *vt* marier ; *vi* correspondre
■ **casarse** **01** *vp* se marier
cascabelear **01** *vi* faire un bruit de grelot ; *vt* bercer de vaines promesses
cascar **13** *vt* casser *(pot, œuf, amande)* ; *vi* papoter
■ **cascarse** **13** *fam vp* se casser – être flingué *ou* nase
cascotear **01** *vt Am* jeter des pierres à
castañetear **01** *vi* claquer des dents ; *vt* claquer *(dents)*
castellanizar **16** *vt* hispaniser
castigar **19** *vt* punir – châtier
■ **castigarse** **19** *vp* se torturer – se tourmenter
castrar **01** *vt* châtrer – tailler
catalanizar **16** *vt* catalaniser
■ **catalanizarse** **16** *vp* se catalaniser
catalizar **16** *vt* catalyser
catalogar **19** *vt* cataloguer
catapultar **01** *vt* catapulter – propulser
catar **01** *vt* goûter – châtrer
catatar **01** *vt Pérou* ensorceler
catear **01** *Esp fam vt* recaler ; *vi* être recalé
categorizar **16** *vt* catégoriser
catequizar **16** *vt* catéchiser
cauchutar **01** *vt* caoutchouter
caucionar **01** *vt* DR cautionner – garantir
causar **01** *vt* causer – susciter
cauterizar **16** *vt* MÉD cautériser – *fig* appliquer un remède énergique à
cautivar **01** *vt* captiver – faire prisonnier
cavar **01** *vt* bêcher ; *vi* creuser
cavilar **01** *vi fam* cogiter ; *vt* penser à
cazar **16** *vt/vi* chasser
cazoletear **01** *vi fam* fourrer son nez partout
cazumbrar **01** *vt* serrer avec de l'étoupe *(les douves d'un tonneau)*
cebar **01** *vt* engraisser ; *vi* pénétrer *(clou, vis)*
■ **cebarse** **01** *fam vp* aller un peu loin – passer les bornes
cecear **01** *vi* zézayer
cecinar **01** *vt* boucaner – faire sécher
cedacear **01** *vi* baisser *(la vue)*
ceder **02** *vt/vi* céder
cegar **24** *vt* aveugler ; *vi* éblouir
■ **cegarse** **24** *vp* être aveuglé par – aveugler
cejar **01** *vi* reculer – céder

celar **01** *vt* veiller à – surveiller
celebrar **01** *vt* célébrer ; *vi* célébrer la messe
■ **celebrarse** **01** *vp* avoir lieu – fêter
cellisquear **01** *v impers* tomber de la neige fondue
cementar **01** *vt* TECHNOL cémenter – GÉOL sédimenter
cenar **01** *vi* dîner ; *vt* dîner de
cencerrear **01** *vi* sonnailler – gratter du violon *ou* de la guitare
censar **01** *vt* recenser ; *vi* effectuer un recensement
censurar **01** *vt* censurer – blâmer
centellear **01** *vi* scintiller – briller
centonar **01** *vt* compiler
centralizar **16** *vt* centraliser
centrar **01** *vt/vi* centrer
■ **centrarse** **01** *vp* être centré sur – se concentrer sur
centrifugar **19** *vt* centrifuger
centuplicar **13** *vt* centupler
ceñir **39** *vt* serrer – mouler
■ **ceñirse** **39** *vp* serrer – coller
cepillar **01** *vt* brosser – raboter
■ **cepillarse** **01** *vp* se brosser – *fam* liquider
cercar **13** *vt* clore *(terrain)* - assiéger
cercenar **01** *vt* rogner – restreindre
cerchar **01** *vt* AGRIC marcotter – provigner
cerciorarse **01** *vp* vérifier
cerdear **01** *vi* fléchir les pattes antérieures ; *vt* tailler la crinière, la queue des chevaux
cerner **26** *vt* bluter *(farine)* – épurer *(pensée, action)* ; *vi* être en fleurs *(olivier, vigne, blé)*
■ **cernerse** **26** *vp* planer – se balancer *(en marchant)*
cernir **27** *vt* bluter – épurer *(pensée, action)*
cerotear **01** *vt (fil)* empoisser – poisser
cerrar **22** *vt/vi* fermer
■ **cerrarse** **22** *vp* se fermer – expirer
certificar **13** *vt* attester – recommander *(lettre)*
cesantear **01** *vt Am* renvoyer
cesar **01** *vi* cesser ; *vt* démettre de ses fonctions
chacharear **01** *vi fam* blablater
chacotear **01** *vi* plaisanter

chafallar **01** *vt* rafistoler – bricoler
chafar **01** *vt* aplatir – écraser
chafarrinar **01** *vt* barbouiller – souiller
chaflanar **01** *vt* chanfreiner
chalanear **01** *vi fam* maquignonner ; *vt Am* dresser des chevaux
chalar **01** *vt fam* adorer
■ **chalarse** **01** *vp fam* devenir dingue
chamarilear **01** *vt* brocanter
chambear **01** *vi Mex fam* bosser
chambonear **01** *vi Am fam* bâcler son travail
champurrar **01** *vt Mex* mélanger *(liqueurs)*
chamullar **01** *vt fam* baragouiner ; *vi* bavasser
chamuscar **13** *vt* brûler – roussir
■ **chamuscarse** **13** *vp* brûler – roussir
chamuyar **01** *RP, RP vt fam* ragoter ; *vi* papoter
chancar **13** *vt Andes* – concasser *(minerais)*
chancear **01** *vi* plaisanter
chanchullar **01** *vi fam* magouiller
chancletear **01** *vi* être en pantoufle
chanelar **01** *vi* connaître
changar **19** *vt fam* péter ; *vi Am* bricoler
changuear **01** *vi Ven* plaisanter
chantajear **01** *vt* faire chanter
chapalear **01** *vi* barboter – patauger
chapar **01** *vt* plaquer ; *vi* bosser
chaparrear **01** *vi* pleuvoir à verse
chapear **01** *vt* plaquer ; *vi* locher
chapecar **13** *vt Arg, Chili* tresser
chapodar **01** *vt* AGRIC élaguer – ébrancher
chapotear **01** *vi fam* patauger
chapucear **01** *fam vt/vi* bâcler
chapurrar **01** *vt fam* baragouiner – mélanger *(liqueurs)*
chapurrear **01** *vt fam* baragouiner
chapuzar **16** *vt* plonger
■ **chapuzarse** **16** *vp* faire un plongeon
chaquetear **01** *vi fam* se dégonfler – décamper
charlar **01** *vi* discuter ; *vt* raconter
charlatanear **01** *vi fam* bavasser
charlotear **01** *vi fam* bavasser
charolar **01** *vt* vernir
charquear **01** *vt Andes, RP* boucaner
charranear **01** *vi* se conduire comme un hypocrite

chascar **13** *(bois, aliment)* *vi* craquer; *vt* faire craquer
chasquear **01** *(bois, aliment)* *vi* craquer ; *vt* faire craquer
chatear **01** *vi* INFORM chatter – *ESP fam* boire un coup
checar **13** *vt AmC, Andes, Mex* vérifier – enregistrer
chequear **01** *vt* contrôler – faire un bilan de santé à
chicanear **01** *Am, Am vi/vt* chicaner
chichear **01** *vi, vt* siffler
chichonear **01** *vi RP fam* blaguer
chiclear **01** *vi AmC, Mex* mâcher de la gomme – mastiquer
chicolear **01** *fam vt* conter fleurette à ; *vi* badiner
chicotear **01** *vt Am* fouetter
chiflar **01** *vi/vt* siffler
▪ **chiflarse** **01** *vp fam* devenir maboul
chilenizar **16** *vt* donner le caractère chilien à
chillar **01** *vi* crier ; *vt* gronder
chimar **01** *vt AmC, Mex* ennuyer – importuner
chimbar **01** *vt Andes* traverser à gué
chimiscolear **01** *vi Mex* cancaner
chinchar **01** *fam vt* enquiquiner – casser les pieds
▪ **chincharse** **01** *vp fam* s'énerver
chinchinear **01** *vt Nica, Salv* caresser – câliner
chinchorrear **01** *fam vt* enquiquiner ; *vi* cancaner
chinear **01** *vt AmC* porter dans ses bras *ou* sur le dos – gâter
chinganear **01** *vi Andes* faire la bringue
chingar **19** *vt Esp, Mex tfam* enquiquiner
▪ **chingarse** **19** *vp Mex vulg* se gâcher – se soûler
chiquear **01** *vt Mex* flatter – cajoler
chiquitear **01** *vi fam* picoler
chiripear **01** *vi* faire un raccroc
chirlar **01** *vi fam* brailler
chirriar **07** *vi* grincer – craquer *(bois)*
chisguetear **01** *vi fam* boire un coup
chismear **01** *vi* cancaner
chismorrear **01** *vi* cancaner – faire des commérages
chisparse **01** *vp* être éméché - *fam* être pété
chispear **01** *vi* faire des étincelles ; *v impers* pleuvioter
chisporrotear **01** *vi* crépiter – grésiller
chistar **01** *vi* ouvrir la bouche *(pour parler)* ; *vt* appeler
chivar **01** *vt* souffler *(réponse)* - *Am* casser les pieds
▪ **chivarse** **01** *Esp fam vp* cafarder – balancer
chivatear **01** *vi fam* moucharder – *Andes* pousser des cris
chocar **13** *vi* entrer en collision ; *vt* se serrer *(les mains)*
chocarrear **01** *vi* plaisanter lourdement
chochar **01** *vi AmC* radoter
chochear **01** *vi* radoter – *fam* être gaga
chollar **01** *vt AmC* blesser
chorar **01** *vt tfam* chourer ; *vi fam* faucher
chorear **01** *vi Chili, Col, Pérou, RP* bougonner
choricear **01** *fam vt* chourer – faucher
chorizar **16** *vt fam* chourer
chorrear **01** *vi/vt* couler
▪ **chorrearse** **01** *vp RP fam* barboter
chozpar **01** *vi* cabrioler – sauter
chucear **01** *vt Am* blesser – piquer
chuchear **01** *vi* chasser aux pièges *ou* aux appeaux
chufletear **01** *vi fam* plaisanter
chulear **01** *vi* frimer ; *vt* se moquer
▪ **chulearse** **01** *vp fam* crâner
chumarse **01** *vp Bol, Pérou* prendre une cuite – se soûler
chumbar **01** *vt RP* exciter
chupar **01** *vt* sucer ; *vi* jouer personnel *(sportif)*
▪ **chuparse** **01** *vp* sucer – se lécher
chupetear **01** *vt/vi* suçoter
churrasquear **01** *vi RP* préparer une grillade – manger une grillade
churruscar **13** *vt* faire griller
churruscarse **13** *vt* faire griller
▪ **churruscarse** **13** *vp* brûler
chutar **01** *vi* SPORT tirer – marcher *(fonctionner)*
▪ **chutarse** **01** *vp* se shooter
ciar **07** *vi* reculer – NAUT ramer à reculons
cicatear **01** *vt/vi* lésiner – chipoter
cicatrizar **16** *vi/vt* cicatriser
cifrar **01** *vt* chiffrer – estimer
cilindrar **01** *vt* cylindrer
cimbrar **01** *vt* faire vibrer – balancer *(en marchant)*
▪ **cimbrarse** **01** *vp* se plier
cimbrear **01** *vt* faire vibrer – balancer *(en marchant)*
▪ **cimbrearse** **01** *vp* se balancer – s'abaisser
cimentar **22** *vt* jeter les fondations – édifier
cincelar **01** *vt* ciseler
cinchar **01** *vt* sangler ; *vi RP* – se démener pour obtenir qqch
cinematografiar **07** *vt* cinématographier
cinglar **01** *vt* NAUT godiller – TECHNOL cingler
cintilar **01** *vi* scintiller
circular **01** *vi* circuler
circuncidar **01** *vt* circoncire
circundar **01** *vt* environner – entourer
circunferir **55** *vt* circonscrire – limiter
circunnavegar **19** *vt* faire un périple *ou* de la circumnavigation
circunscribir **03** *vt* GEOM circonscrire
circunvalar **01** *vt* entourer – ceindre
circunvenir **73** *vt* circonvenir
circunvolar **01** *vt* survoler
cirujear **01** *vi Arg fam* faire les poubelles
ciscar **13** *vt* salir – *Cuba, Mex* fâcher
▪ **ciscarse** **13** *vp fam* faire caca
citar **01** *vt* donner rendez-vous – citer
▪ **citarse** **01** *vp* prendre rendez-vous
civilizar **16** *vt* civiliser
▪ **civilizarse** **16** *vp* se civiliser
cizallar **01** *vt* cisailler
cizañar **01** *vt* semer la discorde *ou* la zizanie dans *ou* entre
clamar **01** *vt* exiger – crier
clamorear **01** *vt* implorer ; *vi* sonner *(cloches)*
clarear **01** *vt* éclaircir ; *vi* poindre
▪ **clarearse** **01** *vp* être transparent - découvrir *ou* dévoiler son jeu
clarecer **45** *vi* poindre – se lever
clarificar **13** *vt* éclaircir
▪ **clarificarse** **13** *vp* être éclairci *(situation)*
clasificar **13** *vt* classer ; *vi Am* SPORT se qualifier
▪ **clasificarse** **13** *vp* SPORT se qualifier
claudicar **13** *vi* abdiquer – se soumettre
claustrar **01** *vt* cloîtrer – claustrer
clausular **01** *vt* clore – terminer

clausurar 01 *vt* clôturer – fermer
clavar 01 *vt* clouer
▪ **clavarse 01** *vp* s'enfoncer
clavetear 01 *vt* clouter – clouer
climatizar 16 *vt* climatiser
clisar 01 *vt* IMPR clicher
clonar 01 *vt* cloner
cloquear 01 *vi* caqueter
clorar 01 *vt* chlorer
cloroformar 01 *vt Am* chloroformer
cloroformizar 16 *vt* chloroformer
clorurar 01 *vt* chlorurer – chlorer
coaccionar 01 *vt* contraindre
coacervar 01 *vt* entasser – rassembler
coadunar 01 *vt* unir – mêler
▪ **coadunarse 01** *vp* s'unir
coadyuvar 01 *vi* contribuer – aider
coagular 01 *vt* coaguler – cailler
▪ **coagularse 01** *vp* (se) coaguler – (se) cailler
coaligar 19 *vt* coaliser
▪ **coaligarse 19** *vp* se coaliser
coartar 01 *vt* limiter – brider
cobijar 01 *vt* abriter – héberger
▪ **cobijarse 01** *vp* se réfugier – s'abriter
cobrar 01 *vt* toucher *(salaire, chèque)* ; *vi* recevoir un paiement
▪ **cobrarse 01** *vp* encaisser – faire *(victimes)*
cocear 01 *vi* ruer
cocer 36 *vt* cuire ; *vi* bouillir
▪ **cocerse 36** *vp* cuire – se tramer
cocinar 01 *vt/vi* cuisiner
▪ **cocinarse 01** *vp* se préparer – se tramer
codear 01 *vi* jouer des coudes – *Andes* réclamer
codiciar 08 *vt* convoiter
codificar 13 *vt* coder – codifier
codillear 01 *vi* TAUROM coller les coudes au corps en maniant le capote et la muleta
codirigir 18 *vt* codiriger
coeditar 01 *vt* coéditer
coercer 14 *vt* contraindre – contenir
coescribir 03 *vt* coécrire
coexistir 03 *vi* coexister
coextenderse 26 *vp* s'étendre simultanément
cofinanciar 08 *vt* cofinancer

coger 17 *vt/vi* prendre
▪ **cogerse 17** *vp* s'accrocher – se coincer
cohabitar 01 *vi* cohabiter
cohechar 01 *vt* suborner – AGRIC donner un dernier labour à
coheredar 01 *vt* cohériter de
cohesionar 01 *vt* donner de la cohésion à
cohibir 03 *vt* intimider
▪ **cohibirse 03** *vp* être intimidé
cohobar 01 *vt* cohober
cohonestar 01 *vt* présenter sous un jour favorable
coimear 01 *vt Andes, RP fam* offrir un pot-de-vin à
coincidir 03 *vi* coïncider – se rencontrer
coinquinar 01 *vt* tacher – salir
cojear 01 *vi* boiter – être bancal
cojudear 01 *Andes vt fam* rouler *(qqn)* ; *vi* faire l'idiot
colaborar 01 *vi* collaborer
colacionar 01 *vt* collationner – DR rapporter
colapsar 01 *vt* bloquer
▪ **colapsarse 01** *vp* saturer – s'effondrer
colar 28 *vt* passer *(liquide)* ; *vi* prendre *(histoire, excuses)*
▪ **colarse 28** *vp* s'infiltrer – resquiller
colchar 01 *vt* matelasser – capitonner
colear 01 *vi* remuer la queue ; *vt Col, Mex* casser les pieds à
▪ **colearse 01** *vp Arg, Ven* déraper
coleccionar 01 *vt* collectionner
colectar 01 *vt* collecter – cueillir
colectivizar 16 *vt* collectiviser
colegiarse 08 *vp* se réunir en corporation
colegir 40 *vt* déduire
colgar 30 *vt* suspendre ; *vi* pendre
▪ **colgarse 30** *vp* se pendre – INFORM planter
colicuar 10 *vt* fondre – liquéfier
▪ **colicuarse 10** *vp* fondre – se liquéfier
colicuecer 45 *vt* fondre – liquéfier
coligar 19 *vt* allier
▪ **coligarse 19** *vp* s'allier – se coaliser
colisionar 01 *vi* rentrer – s'affronter
colmar 01 *vt* remplir à ras bord – combler
colocar 13 *vt* mettre ; *vi fam* être fort *(alcool, drogue)*
▪ **colocarse 13** *vp* se mettre – trouver un emploi *ou* du travail
colonizar 16 *vt* coloniser

colorar 01 *vt* colorer – colorier
colorear 01 *vt* colorer ; *vi* rougir *(fruit)*
colorir 79 *vt* colorier
columbrar 01 *vt* apercevoir – deviner
columpiar 08 *vt* balancer *(sur une balançoire)*
▪ **columpiarse 08** *vp* se balancer – *fam* se gourer
comadrear 01 *vi* faire des commérages
comandar 01 *vt* commander – diriger
comanditar 01 *vt* COM commanditer
comarcar 13 *vi* être limitrophe ; *vt* planter en échiquier
combar 01 *vt (bois, fer)* courber – tordre
▪ **combarse 01** *vp (bois, fer)* se tordre – se courber
combatir 03 *vt/vi* combattre
combinar 01 *vt* combiner - associer
▪ **combinarse 01** *vp* combiner – se mettre d'accord
comedirse 39 *vp* se contenir – *Am* s'offrir
comentar 01 *vt* commenter – dire
comenzar 23 *vt/vi* commencer
comer 02 *vt/vi* manger
▪ **comerse 02** *vp* manger – prendre *(aux échecs, aux dames)*
comercializar 16 *vt* commercialiser – rendre commercial
▪ **comercializarse 16** *vp* se commercialiser
comerciar 08 *vi* faire du commerce – commercer
cometer 02 *vt* commettre – faire *(faute d'orthographe)*
comisar 01 *vt* confisquer – saisir
comiscar 13 *vt/vi* grignoter
comisionar 01 *vt* commissionner – mandater
comisquear 01 *vi/vt* grignoter
compactar 01 *vt* compacter – INFORM compresser
▪ **compactarse 01** *vp* devenir plus compact - se regrouper
compadecer 45 *vt* plaindre – compatir à
compadrar 01 *vi* sympathiser – se lier d'amitié
compadrear 01 *vi* sympathiser – se lier
compaginar 01 *vt* concilier – mettre en page
▪ **compaginarse 01** *vp* être compatibles – se concilier
comparar 01 *vt/vi* comparer

comparecer 45 *vi* comparaître – apparaître

compartimentar 01 *vt* compartimenter

compartir 03 *vt* partager

compasar 01 *vt* compasser – adapter

compatibilizar 16 *vt* rendre compatible

compeler 02 *vt* contraindre – forcer

compendiar 08 *vt* abréger – réunir *(qualités, caractéristiques)*

compenetrarse 01 *vp* se compléter – CHIM se mêler

compensar 01 *vt* compenser - dédommager

■ **compensarse 01** *vp* se compenser

competer 02 *vi* être de la compétence – être du ressort

competir 39 *vi* concourir – se faire concurrence

compilar 01 *vt* compiler

compincharse 01 *vp fam* s'acoquiner

complacer 61 *vt* se réjouir de – faire plaisir à

■ **complacerse 61** *vp* se faire plaisir

complementar 01 *vt* compléter

■ **complementarse 01** *vp* se compléter

completar 01 *vt* compléter – terminer

complicar 13 *vt* compliquer – embrouiller

■ **complicarse 13** *vp* se compliquer

complotar 01 *vi/vt* comploter

componer 69 *vt/vi* composer

■ **componerse 69** *vp Am* se remettre – *Am* se lever

comportar 01 *vt* comporter – supposer

■ **comportarse 01** *vp* se tenir – se comporter

compostar 01 *vt* AGRIC composter

comprar 01 *vt* acheter

■ **comprarse 01** *vp* s'acheter

comprender 02 *vt* comprendre

■ **comprenderse 02** *vp* se comprendre

comprimir 03 *vt* comprimer – réprimer

■ **comprimirse 03** *vp* se comprimer – se serrer

comprobar 28 *vt* vérifier – constater

■ **comprobarse 28** *vp* être démontré

comprometer 02 *vt* mettre en péril – compromettre

■ **comprometerse 02** *vp* s'engager – se fiancer

compulsar 01 *vt* certifier conforme – comparer

compungir 18 *vt* attrister – affliger

■ **compungirse 18** *vp* s'affliger

computadorizar 16 *vt* informatiser

computar 01 *vt* calculer – prendre en compte

computarizar 16 *vt* informatiser

computerizar 16 *vt* informatiser

comulgar 19 *vi* communier

comunicar 13 *vt* communiquer ; *vi* être occupé *(téléphone)*

■ **comunicarse 13** *vp* communiquer – se communiquer

concebir 39 *vt* concevoir ; *vi* tomber enceinte

conceder 02 *vt* accorder – décerner

concelebrar 01 *vt* concélébrer

concentrar 01 *vt* réunir – concentrer

■ **concentrarse 01** *vp* se concentrer – être concentré

conceptualizar 16 *vt* conceptualiser

conceptuar 09 *vt* juger – considérer

concernir 27 *vi* concerner

concertar 22 *vt* s'entendre sur ; *vi* GRAM s'accorder

■ **concertarse 22** *vp* se mettre d'accord – s'entendre

conchabar 01 *vt CSud* engager – embaucher

■ **conchabarse 01** *vp* s'associer – se liguer

concienciar 08 *vt* faire prendre conscience de

■ **concienciarse 08** *vp* prendre conscience

concientizar 16 *vt Am* sensibiliser

■ **concientizarse 16** *vp Am* se rendre compte

conciliar 08 *vt* concilier – trouver *(le sommeil)*

■ **conciliarse 08** *vp* s'attirer – se rejoindre

concitar 01 *vt* provoquer – attirer

■ **concitarse 01** *vp* s'attirer

concluir 52 *vt* conclure ; *vi* se terminer

■ **concluirse 52** *vp* prendre fin – se terminer

concomer 02 *vt* inquiéter

■ **concomerse 02** *vp* s'inquiéter

concordar 28 *vi* être en accord *ou* en conformité avec ; *vt* mettre d'accord

concretar 01 *vt* préciser – convenir

■ **concretarse 01** *vp* se concrétiser – prendre corps

concretizar 16 *vt* concrétiser

conculcar 13 *vt* DR enfreindre – violer

concursar 01 *vi* concourir ; *vt* ADMIN décider

condecir 74 *vi* se marier – s'assortir

condecorar 01 *vt* décorer

condenar 01 *vt* condamner – RELIG damner

■ **condenarse 01** *vp* RELIG se damner

condensar 01 *vt* condenser – regrouper

■ **condensarse 01** *vp* se condenser

condescender 26 *vi* accéder à – consentir à

condicionar 01 *vt* conditionner ; *vi* convenir

condimentar 01 *vt* assaisonner – épicer

condolerse 35 *vp* compatir

condonar 01 *vt* remettre *(une peine, une dette)*

conducir 59 *vt/vi* conduire

■ **conducirse 59** *vp* se conduire – se comporter

conectar 01 *vt* connecter – allumer

conexionarse 01 *vp* établir des connexions

confabularse 01 *vp* conspirer – comploter

confeccionar 01 *vt* confectionner *(vêtement)* – préparer *(repas, boisson)*

confederar 01 *vt* confédérer

■ **confederarse 01** *vp* se réunir en confédération

conferenciar 08 *vi* s'entretenir – conférer

conferir 55 *vt* donner *(qualité)* - conférer

confesar 22 *vt* avouer – confesser

■ **confesarse 22** *vp* se reconnaître – se confesser

confiar 07 *vt* confier

■ **confiarse 07** *vp* être sûr de soi

confidenciar 08 *vt Am* confier

configurar 01 *vt* configurer

confinar 01 *vt* confiner

confirmar 01 *vt* confirmer – RELIG faire sa confirmation

■ **confirmarse 01** *vp* se confirmer – RELIG faire sa confirmation

confiscar 13 *vt* confisquer

confitar 01 *vt* confire

confluir 52 *vi* confluer – se rencontrer

conformar **01** *vt* constituer
■ **conformarse** **01** *vp* se résigner à – se contenter de
confortar **01** *vt* remonter *(physiquement)* - réconforter
confraternar **01** *vi* fraterniser
confraternizar **16** *vi* sympathiser
confrontar **01** *vt* confronter
confundir **03** *vt* confondre – embrouiller
■ **confundirse** **03** *vp* se tromper – s'embrouiller
confutar **01** *vt* réfuter
congelar **01** *vt* geler – congeler
■ **congelarse** **01** *vp* se congeler – se geler
congeniar **08** *vi* sympathiser
congestionar **01** *vt* congestionner – encombrer
■ **congestionarse** **01** *vp* se congestionner – être embouteillé
conglomerar **01** *vt* conglomérer
■ **conglomerarse** **01** *vp* se conglomérer
conglutinar **01** *vt* conglutiner
■ **conglutinarse** **01** *vp* s'agglutiner – se coller
congojar **01** *vt* angoisser
■ **congojarse** **01** *vp* s'angoisser
congraciar **08** *vt* séduire – attirer la sympathie de
■ **congraciarse** **08** *vp* gagner *ou* s'attirer les bonnes grâces
congratular **01** *vt* féliciter
■ **congratularse** **01** *vp* se réjouir
congregar **19** *vt* réunir – rassembler
■ **congregarse** **19** *vp* se réunir – se rassembler
conjeturar **01** *vt* conjecturer
conjugar **19** *vt* conjuguer – joindre
conjuntar **01** *vt* harmoniser
■ **conjuntarse** **01** *vp* s'harmoniser
conjuramentar **01** *vt* prêter serment
■ **conjuramentarse** **01** *vp* prêter serment – s'engager par serment
conjurar **01** *vi/vt* conjurer
■ **conjurarse** **01** *vp* se conjurer
conllevar **01** *vt* impliquer – supporter
conmemorar **01** *vt* commémorer
conmensurar **01** *vt* mesurer exactement
conminar **01** *vt* menacer – DR enjoindre
conmocionar **01** *vt* commotionner – bouleverser
conmover **35** *vt* émouvoir – toucher
■ **conmoverse** **35** *vp* s'émouvoir

conmutar **01** *vt* commuer – échanger
connaturalizarse **16** *vp* s'habituer – s'adapter
connotar **01** *vt* connoter
conocer **46** *vt* connaître ; *vi* se représenter mentalement les choses
■ **conocerse** **46** *vp* se connaître – se rencontrer
conquistar **01** *vt* conquérir – décrocher
consagrar **01** *vt* consacrer – établir
■ **consagrarse** **01** *vp* être reconnu
conseguir **41** *vt* atteindre – arriver à
consensuar **09** *vt* adopter d'un commun accord
consentir **55** *vt* tolérer – permettre
conservar **01** *vt* garder – faire des conserves de
■ **conservarse** **01** *vp* rester *(jeune)* - conserver
considerar **01** *vt* examiner – considérer
■ **considerarse** **01** *vp* se considérer
consignar **01** *vt* consigner – allouer
consolar **28** *vt/vi* consoler
■ **consolarse** **28** *vp* se consoler – se rasséréner
consolidar **01** *vt* consolider – confirmer
■ **consolidarse** **01** *vp* se consolider
conspirar **01** *vi* conspirer
constar **01** *vi* être certain *ou* sûr - figurer
constatar **01** *vt* vérifier – constater
constelar **01** *vt* consteller
consternar **01** *vt* consterner
■ **consternarse** **01** *vp* être consterné - être accablé
constiparse **01** *vp* s'enrhumer
constitucionalizar **16** *vt* constitutionnaliser
constituir **52** *vt* constituer – représenter
■ **constituirse** **52** *vp* se constituer
constreñir **39** *vt* contraindre – MÉD resserrer
costreñir **39** *vt* contraindre – MÉD resserrer
construir **52** *vt* construire – bâtir
consultar **01** *vt* consulter – vérifier
consumar **01** *vt* consommer *(crime, mariage)*
consumir **03** *vt/vi* consommer
■ **consumirse** **03** *vp* se consumer – dépérir
contabilizar **16** *vt* comptabiliser – compter

contactar **01** *vt* contacter – joindre
contagiar **08** *vt* contaminer – transmettre
■ **contagiarse** **08** *vp* se transmettre – être contaminé
contaminar **01** *vt* polluer – contaminer
■ **contaminarse** **01** *vp* être pollué – être contaminé
contar **28** *vt/vi* compter
■ **contarse** **28** *vp* raconter
contemplar **01** *vt* contempler – envisager
contemporizar **16** *vi* temporiser – être accommodant
contender **26** *vi* lutter – rivaliser
contener **72** *vt* contenir – équivaloir à
■ **contenerse** **72** *vp* se contenir – se retenir
contentar **01** *vt* contenter – COM endosser
■ **contentarse** **01** *vp* se contenter – être satisfait
contestar **01** *vt* répondre (à) ; *vi* répondre
contextualizar **16** *vt* contextualiser
continuar **09** *vt/vi* continuer
contonearse **01** *vp* se dandiner
contornar **01** *vt* contourner – ébaucher
contornear **01** *vt* contourner – ébaucher
contorsionarse **01** *vp* se contorsionner – se tordre
contraatacar **13** *vt, vi* contre-attaquer
contrabalancear **01** *vt* contrebalancer – compenser
contrabandear **01** *vi* faire de la contrebande
contrabracear **01** *vt* NAUT haler en sens inverse
contracalcar **13** *vt* contre-calquer
contrachapar **01** *vt* contreplaquer
contrachapear **01** *vt* contreplaquer
contradecir **74** *vt* contredire
■ **contradecirse** **74** *vp* se contredire
contraer **60** *vt* contracter – INFORM compresser
■ **contraerse** **60** *vp* se contracter
contrafallar **01** *vt* surcouper
contragolpear **01** *vi* SPORT contre-attaquer
contrahacer **68** *vt* contrefaire – feindre
contraindicar **13** *vt* contre-indiquer
contramandar **01** *vt* contremander
contramanifestar **22** *vi* contre-manifester
contramatar **01** *vt Col, Pana* frapper fort
■ **contramatarse** **01** *vp Col, Pana* regretter

contraminar **01** *vt* contre-miner – déjouer
contrapasar **01** *vi* passer à l'ennemi
contrapesar **01** *vt* contrebalancer
contraponer **69** *vt* opposer – confronter
■ **contraponerse** **69** *vp* s'opposer
contraprogramar **01** *vi* contre-programmer
contrapuntear **01** *vt* MUS chanter en contrepoint ; *vi Andes, RP, Ven* chanter des rimes improvisées - *Car, RP* rivaliser
■ **contrapuntearse** **01** *vp Andes, Car* se fâcher
contrariar **07** *vt* contrarier
contrarrestar **01** *vt* empêcher – contre-carrer
contrastar **01** *vt* confronter – poinçonner
contratar **01** *vt* engager – passer un contrat avec
contravenir **73** *vi* contrevenir
contribuir **52** *vi* participer – payer des impôts
contristar **01** *vt* contrister
■ **contristarse** **01** *vp* s'affliger
controlar **01** *vt* contrôler ; *vi fam* savoir
■ **controlarse** **01** *vp* se contrôler
controvertir **55** *vt* contester
contundir **03** *vt* contusionner – meurtrir
conturbar **01** *vt* troubler – alarmer
contusionar **01** *vt* contusionner
convalecer **45** *vi* être en convalescence – se remettre
convalidar **01** *vt* EDUC valider – DR ratifier
convencer **14** *vt/vi* convaincre
■ **convencerse** **14** *vp* accepter
convenir **73** *vi/vt* convenir
converger **17** *vi* converger
convergir **18** *vi* converger
conversar **01** *vi* parler
convertir **27** *vt* transformer – convertir
■ **convertirse** **27** *vp* se convertir
convidar **01** *vt* inviter – *Am* partager
convivir **03** *vi* vivre en commun – coexister
■ **convocar** **13** *vt* convoquer – appeler *(à la grève, aux élections)*
convoyar **01** *vt* convoyer
■ **convulsionar** **01** *vt* convulsionner – secouer *(terre, mer)*
cooperar **01** *vi* coopérer
cooptar **01** *vt* coopter
coordinar **01** *vt* coordonner ; *vi* se contrôler

copar **01** *vt* rafler ; *vi RP* adorer
■ **coparse** **01** *vp RP fam* trouver plaisir
copear **01** *fam vi* boire *ou* prendre un verre – picoler
copiar **08** *vt* transcrire ; *vi* copier
copinar **01** *vt Mex* écorcher
coplear **01** *vi* composer des chansons – chanter des chansons
copresidir **03** *vi* coprésider
coproducir **59** *vt* coproduire
coprotagonizar **16** *vt* interpréter
copular **01** *vi* copuler
copularse **1** *vp* s'accoupler
coquear **01** *vi Andes, Arg* mâcher de la coca
coquetear **01** *vi* faire la coquette – flirter
coquizar **16** *vt* cokéfier
corchar **01** *vt* NAUT commettre *(câble)*
corcovar **01** *vt* courber
corcovear **01** *vi* faire des bonds
corear **01** *vt* reprendre en chœur
corlar **01** *vt* dorer
corlear **01** *vt* dorer
cornear **01** *vt* encorner
coronar **01** *vt* couronner – escalader
■ **coronarse** **01** *vp* se présenter *(bébé)*
corporeizar **16** *vt* matérialiser
■ **corporeizarse** **16** *vp* se matérialiser – se concrétiser
correar **01** *vt* corroyer
corregir **40** *vt* corriger
correlacionar **01** *vt* relier
correr **02** *vi* courir ; *vt* pousser
■ **correrse** **02** *vp* se déplacer – couler *(peinture)*
corresponder **02** *vi* rendre *(service, sentiment)* - remercier
■ **corresponderse** **02** *vp* correspondre – s'aimer
corresponsabilizarse **16** *vp* se déclarer conjointement responsable – assumer une coresponsabilité
corretear **01** *vi* galoper ; *vt Mex* doubler
corroborar **01** *vt* corroborer
corroer **50** *vt* ronger
■ **corroerse** **50** *vp* se corroder
corromper **02** *vt* détériorer – corrompre
■ **corromperse** **02** *vp* pourrir – se corrompre
cortar **01** *vt/vi* couper
■ **cortarse** **01** *vp* se couper – gercer
cortejar **01** *vt* courtiser

cortocircuitar **01** *vt* court-circuiter
coruscar **13** *vi* briller
corvar **01** *vt* courber
corvetear **01** *vi* ÉQUIT courbetter
cosechar **01** *vt* récolter ; *vi* faire la récolte
coser **02** *vt/vi* coudre
cosificar **13** *vt* chosifier – réifier
cosquillar **01** *vt* chatouiller
cosquillear **01** *vt* chatouiller
costar **28** *vi* coûter – prendre *(temps)*
costear **01** *vt* payer – financer
■ **costearse** **01** *vp* se payer – couvrir les frais
cotejar **01** *vt* confronter – rapprocher
cotillear **01** *vi fam* cancaner
cotizar **16** *vt* coter à ; *vi* cotiser
■ **cotizarse** **16** *vp* être coté
cotorrear **01** *vi fam* jacasser
coyotear **01** *vi Mex fam* passer
craquear **01** *vt* CHIM craquer
crear **01** *vt* créer – provoquer
■ **crearse** **01** *vp* se créer – s'inventer
crecer **45** *vi* grandir ; *vt* augmenter
■ **crecerse** **45** *vp* prendre de l'assurance
creer **12** *vt/vi* croire
■ **creerse** **12** *vp* croire – se croire
cremar **01** *vt* incinérer
creosotar **01** *vt* créosoter
crepitar **01** *vi* crépiter
criar **07** *vt* allaiter – élever
■ **criarse** **07** *vp* pousser – être élevé
cribar **01** *vt* cribler – sélectionner
criminalizar **16** *vt* criminaliser
criminar **01** *vt* incriminer
crispar **01** *vt* crisper
■ **crisparse** **01** *vp* se crisper
cristalizar **16** *vi* se cristalliser – se concrétiser
■ **cristalizarse** **16** *vp* se cristalliser – se concrétiser
cristianar **01** *vt* RELIG *fam* baptiser
cristianizar **16** *vt* RELIG christianiser
criticar **13** *vt* critiquer
croar **01** *vi* coasser
crocitar **01** *vi* croasser
cromar **01** *vt* TECHNOL chromer
cromolitografiar **07** *vt* chromolithographier
cronometrar **01** *vt* chronométrer
crotorar **01** *vi* claqueter – craqueter
crucificar **13** *vt* crucifier – tourmenter

crujir 03 *vi* craquer – crisser
▪ **crujirse 03** *vp* faire craquer
cruzar 16 *vt* croiser ; *vi* traverser
▪ **cruzarse 16** *vp* se croiser – s'entrecroiser
cuadrar 01 *vi* concorder ; *vt* faire coïncider
▪ **cuadrarse 01** *vp* MIL se mettre au garde-à-vous – TAUROM se planter ferme sur les quatre pattes
cuadricular 01 *vt* quadriller – graticuler
cuadriplicar 13 *vt* quadrupler
▪ **cuadruplicarse 13** *vp* être quadruplé
cuajar 01 *vt* cailler ; *vi* se solidifier
▪ **cuajarse 01** *vp* cailler – se coaguler
cualificar 13 *vt* former au métier de
cuantificar 13 *vt* quantifier
cuartar 01 *vt* quartager
cuartear 01 *vt* AGRIC diviser en quatre
▪ **cuartearse 01** *vp* se fendre – être ébranlé
cuartelar 01 *vt* HÉRALD écarteler
cuatrerear 01 *vt RP* voler
cuatrodoblar 01 *vt* quadrupler
cubanizar 16 *vt* donner un caractère cubain à
▪ **cubanizarse 16** *vp* prendre des manières cubaines
cubicar 13 *vt* cuber – mettre au cube
cubilar 01 *vi* parquer *(bétail)*
cubiletear 01 *vi* ruser
cubrir 03 *vt* couvrir
▪ **cubrirse 03** *vp* se cacher – se couvrir
cucar 13 *vt* cligner de l'œil
cuchichear 01 *vi* chuchoter
cuchichiar 08 *vi* cacaber *(perdrix)*
cuchuchear 01 *vi* chuchoter – cancaner
cuchufletear 01 *vi fam* blaguer
cuentear 01 *vi Am fam* cancaner
cuerear 01 *vt Am* donner une raclée à – *RP* écorcher
cuerpear 01 *vi RP* s'esquiver
cuestionar 01 *vt* remettre en question
▪ **cuestionarse 01** *vp* se demander
cuidar 01 *vt* soigner – s'occuper de
▪ **cuidarse 01** *vp* faire attention à soi – prendre soin de soi
culear 01 *vi* chasser de l'arrière *(voiture, bicyclette)* - se dandiner
culebrear 01 *vi* zigzaguer
culminar 01 *vt* marquer la fin de ; *vi* se terminer
culpabilizar 16 *vt* accuser – rendre responsable
culpar 01 *vt* inculper – accuser
cultivar 01 *vt* cultiver – élever
culturizar 16 *vt* transmettre la culture à – éduquer
▪ **culturizarse 16** *vp* se cultiver
cumplimentar 01 *vt* remplir – exécuter
cumplir 03 *vt* avoir ; *vi* faire *ou* remplir son devoir
▪ **cumplirse 03** *vp* se réaliser – s'accomplir
cundir 03 *vi* se répandre *(peur, nervosité)* – profiter *(temps, argent)*
cunear 01 *vt* bercer
▪ **cunearse 01** *vp* se balancer
curar 01 *vi/vt* guérir
▪ **curarse 01** *vp* guérir – se soigner
curiosear 01 *vi* mettre son nez ; *vt* jeter un œil sur
currar 01 *Esp fam vi* bosser ; *vt* tabasser
▪ **currarse 01** *Esp fam vp* bosser – bûcher
currelar 01 *Esp fam vi* bosser – trimer
curruscar 13 *vi* croustiller
cursar 01 *vt* faire *(études)* - prendre en compte
curtir 03 *vt* tanner *(cuir)* - endurcir
▪ **curtirse 03** *vp* être tanné – se tanner
curvar 01 *vt* courber – plier
▪ **curvarse 01** *vp* plier – se recourber
custodiar 08 *vt* surveiller *(objet, endroit)* – encadrer *(personne)*
cuzquear 01 *vt Am* faire la cour à

D

dactilografiar 07 *vt* dactylographier
dallear 01 *vt* faucher
damasquinar 01 *vt* damasquiner
damnificar 13 *vt* nuire à – porter préjudice à
danzar 16 *vi/vt* danser
dañar 01 *vt* abîmer – nuire à
▪ **dañarse 01** *vp* se blesser à – s'abîmer
dar 63 *vt/vi* donner
▪ **darse 63** *vp* arriver – se cogner
datar 01 *vt* dater – COM créditer
deambular 01 *vi* déambuler
debatir 03 *vt* débattre ; *vi* discuter
▪ **debatirse 03** *vp* se débattre
debelar 01 *vt* MIL réprimer
deber 02 *v aux/vt* devoir
▪ **deberse 02** *vp* se devoir
debilitar 01 *vt* affaiblir
▪ **debilitarse 01** *vp* s'affaiblir – faiblir
debitar 01 *vt* débiter
debutar 01 *vi* débuter
decaer 49 *vi* tomber – dépérir
decalcificar 13 *vt* détartrer – décalcifier
decampar 01 *vi* MIL décamper – lever le camp
decantar 01 *vt* décanter – faire basculer
▪ **decantarse 01** *vp* pencher
decapar 01 *vt* décaper
decapitar 01 *vt* décapiter
decapsular 01 *vt* ARM décoiffer
decepcionar 01 *vt* décevoir
decidir 03 *vt/vi* décider
▪ **decidirse 03** *vp* se décider
decir 74 *vt* dire
▪ **decirse 74** *vp* se dire ; *v impers* dire
declamar 01 *vt/vi* déclamer
declarar 01 *vt* déclarer ; *vi* déposer
▪ **declararse 01** *vp* se déclarer – faire une déclaration d'amour
declinar 01 *vt/vi* décliner
decolar 01 *vi Am* décoller
decomisar 01 *vt* confisquer – saisir
deconstruir 52 *vt* PHILOS déconstruire
decorar 01 *vt, vi* décorer
decrecer 45 *vi* diminuer – décroître
decrepitar 01 *vi* crépiter
decretar 01 *vt* décréter
decuplar 01 *vt* décupler
decuplicar 13 *vt* décupler
dedicar 13 *vt* consacrer – dédier
deducir 59 *vt* déduire – alléguer
defecar 13 *vi* déféquer
defender 26 *vt/vi* défendre
▪ **defenderse 26** *vp* se défendre – se débrouiller
defenestrar 01 *vt* défenestrer – destituer
definir 03 *vt* définir – ART finir
▪ **definirse 03** *vp* se définir – prendre parti
deflactar 01 *vt* ÉCON déflater
deflagrar 01 *vi* déflagrer – s'enflammer
defoliar 08 *vt* défolier
deforestar 01 *vt* déboiser
deformar 01 *vt* déformer
▪ **deformarse 01** *vp* se déformer
defraudar 01 *vt* frauder – décevoir

degenerar **01** *vi* dégénérer – se dégrader
▪ **degenerarse** **01** *vp* dégénérer – s'abâtardir
deglutir **03** *vt/vi* déglutir
degollar **31** *vt* égorger – ruiner
degradar **01** *vt* dégrader – endommager
▪ **degradarse** **01** *vp* se dégrader
degustar **01** *vt* déguster
deificar **13** *vt* déifier
dejar **01** *vt* prêter ; *vi* laisser
▪ **dejarse** **01** *vp* oublier – se négliger
delatar **01** *vt* dénoncer – trahir
delegar **19** *vt/vi* déléguer
deleitar **01** *vt* enchanter – charmer
▪ **deleitarse** **01** *vp* aimer beaucoup
deletrear **01** *vt* épeler
deliberar **01** *vi* délibérer
delimitar **01** *vt* délimiter
delinear **01** *vt* dessiner
delinquir **21** *vi* commettre un délit
delirar **01** *vi* délirer
demacrar **01** *vt* émacier
▪ **demacrarse** **01** *vp* s'émacier
demandar **01** *vt* DR poursuivre – demander
demarcar **13** *vt* délimiter – NAUT déterminer la route de
demasiarse **07** *vp* dépasser les bornes
demeritar **01** *vt Am* déprécier – rabaisser
democratizar **16** *vt* démocratiser
demoler **35** *vt* démolir – démanteler
demorar **01** *vt* repousser ; *vi Am* tarder
▪ **demorarse** **01** *vp* être retardé – s'attarder
demostrar **28** *vt* prouver – montrer
demudar **01** *vt* altérer – décomposer
demultiplicar **13** *vt* démultiplier
denegar **24** *vt* refuser – DR rejeter
denguear **01** *vi* minauder
denigrar **01** *vt* dénigrer – injurier
denominar **01** *vt* dénommer – nommer
▪ **denominarse** **01** *vp* se nommer
denostar **28** *vt* insulter – calomnier
denotar **01** *vt* dénoter
densificar **13** *vt* rendre plus dense
▪ **densificarse** **13** *vp* devenir plus dense
dentalizar **16** *vt* dentaliser
▪ **dentalizarse** **16** *vp* se dentaliser
dentar **22** *vt* denteler ; *vi* faire ses dents
dentellar **01** *vi* claquer des dents
dentellear **01** *vt* mordiller
denudar **01** *vt* dénuder
denunciar **08** *vt* dénoncer – révéler
deparar **01** *vt* réserver – donner
departir **03** *vi* converser – parler
depauperar **01** *vt* paupériser – affaiblir
▪ **depauperarse** **01** *vp* se paupériser – s'affaiblir
depender **02** *vi* dépendre
depilar **01** *vt* épiler – dépiler
deplorar **01** *vt* déplorer
deponer **69** *vt* renoncer à ; *vi* aller à la selle
deportar **01** *vt* déporter
depositar **01** *vt* mettre – entreposer
▪ **depositarse** **01** *vp* se déposer
depravar **01** *vt* dépraver
▪ **depravarse** **01** *vp* se pervertir
deprecar **13** *vt* supplier – prier
depreciar **08** *vt* déprécier
▪ **depreciarse** **08** *vp* se déprécier
depredar **01** *vt* capturer des animaux vivants – commettre des déprédations
deprimir **03** *vt* déprimer – appauvrir
▪ **deprimirse** **03** *vp* déprimer – former une dépression
depurar **01** *vt* épurer – INFORM déboguer
derechizar **16** *vt* droitiser
▪ **derechizarse** **16** *vp* se droitiser
derivar **01** *vt/vi* dériver
derogar **19** *vt* abroger – abolir
derramar **01** *vt* renverser – verser
▪ **derramarse** **01** *vp* se répandre
derrapar **01** *vi* déraper
derrengar **19** *vt fam* crever – casser les reins à
▪ **derrengarse** **19** *vp fam* se crever – se casser les reins
derretir **39** *vt* fondre – gaspiller
▪ **derretirse** **39** *vp* fondre
derribar **01** *vt* abattre – renverser
derrocar **13** *vt* renverser
derrochar **01** *vt/vi* gaspiller
derrotar **01** *vt* battre ; *vi* TAUROM donner des coups de corne
▪ **derrotarse** **01** *vp* se décourager – dériver
derrubiar **08** *vt* affouiller – éroder
derruir **52** *vt* démolir – abattre
derrumbar **01** *vt* abattre – démolir
▪ **derrumbarse** **01** *vp* s'écrouler – s'effondrer
desabastecer **45** *vt* cesser d'approvisionner – désapprovisionner
desabollar **01** *vt* débosseler
desabonarse **01** *vp* se désabonner
desabotonar **01** *vt* déboutonner
▪ **desabotonarse** **01** *vp* déboutonner
desabrigar **19** *vt* découvrir *(ôter un vêtement)*
▪ **desabrigarse** **19** *vp* se découvrir *(ôter un vêtement)*
desabrir **03** *vt* donner mauvais goût à – contrarier
▪ **desabrirse** **03** *vp* se fâcher
desabrochar **01** *vt* déboutonner – dégrafer
▪ **desabrocharse** **01** *vp* déboutonner – se déboutonner
desacalorarse **01** *vp* se rafraîchir
desacatar **01** *vt* désobéir à – enfreindre
desacelerar **01** *vt* ralentir ; *vi* décélérer
▪ **desacelerarse** **01** *vp* se ralentir
desacertar **22** *vi* avoir tort – se tromper
desacidificar **13** *vt* désacidifier
desaclimatar **01** *vt* désacclimater
▪ **desaclimatarse** **01** *vp* se désacclimater
desacomodar **01** *vt* incommoder – congédier
▪ **desacomodarse** **01** *vp* perdre son emploi
desacompañar **01** *vt* quitter – fausser compagnie à
desacompasar **01** *vt* faire perdre le rythme à
desaconsejar **01** *vt* déconseiller
desacoplar **01** *vt* désaccoupler – découpler
desacordar **28** *vt* désaccorder ; *vi* être en désaccord
▪ **desacordarse** **28** *vp* se désaccorder
desacostumbrar **01** *vt* déshabituer – faire perdre l'habitude à
▪ **desacostumbrarse** **01** *vp* perdre l'habitude – se déshabituer
desacralizar **16** *vt* désacraliser
desacreditar **01** *vt* discréditer
▪ **desacreditarse** **01** *vp* se discréditer
desactivar **01** *vt* désamorcer – annuler
desacuartelar **01** *vt* MIL déconsigner
desadeudar **01** *vt* libérer d'une dette
▪ **desadeudarse** **01** *vp* se libérer *ou* se dégager de ses dettes
desadoquinar **01** *vt* dépaver

desadormecer **45** *vt* réveiller – dégourdir
▪ **desadormecerse** **45** *vp* se réveiller – se dégourdir
desaduanar **01** *vt Am* dédouaner
desadvertir **55** *vt* ne pas remarquer
desafanarse **01** *vp Mex fam* se défiler
desaferrar **22** *vt* détacher – désamarrer
desafiar **07** *vt* défier – braver
▪ **desafiarse** **07** *vp* se défier
desafilar **01** *vt* émousser
▪ **desafilarse** **01** *vp* s'émousser
desafinar **01** *vt* désaccorder ; *vi* chanter faux
▪ **desafinarse** **01** *vp* se désaccorder
desaforar **01** *vt* , priver qqn de ses droits *ou* privilèges
▪ **desaforarse** **01** *vp* dépasser les bornes – s'emporter
desagarrar **01** *vt fam* lâcher
desagotar **01** *vt RP* vider – drainer
desagraciar **08** *vt* disgracier – enlaidir
desagradar **01** *vi* déplaire
desagradecer **45** *vt* se montrer ingrat – payer d'ingratitude
desagraviar **08** *vt* demander pardon – dédommager
desagregar **19** *vt* désagréger
▪ **desagregarse** **19** *vp* se désagréger
desaguar **11** *vt* épuiser *(endroit inondé)* ; *vi* vider *(lavabo, baignoire)*
▪ **desaguarse** **11** *vp* se vider *(lavabo, baignoire)*
desahijar **06** *vt* sevrer – essaimer
▪ **desahijarse** **06** *vp* essaimer
desahogar **19** *vt/vi* soulager
▪ **desahogarse** **19** *vp* se soulager – se défouler
desahuciar **08** *vt* expulser – condamner
desahumar **05** *vt* désenfumer
desainar **04** *vt* dégraisser
desairar **04** *vt* froisser – éconduire
desajustar **01** *vt* désajuster – dérégler
▪ **desajustarse** **01** *vp* se désajuster – se dérégler
desalabear **01** *vt* dégauchir – aplanir
desalar **01** *vt* dessaler
desalbardar **01** *vt* débâter
desalentar **22** *vt* abattre – décourager
▪ **desalentarse** **22** *vp* se décourager – se laisser abattre

desalinear **01** *vt* désaligner
▪ **desalinearse** **01** *vp* rompre l'alignement
desalinizar **16** *vt* désaliniser
desaliñar **01** *vt* froisser – chiffonner
desalmidonar **01** *vt* désempeser
desalojar **01** *vt* évacuer ; *vi* déménager
desalquilar **01** *vt* libérer (un logement) – déménager
▪ **desalquilarse** **01** *vp* se libérer
desalquitranar **01** *vt* dégoudronner
desalterar **01** *vt* calmer
desamar **01** *vt* cesser d'aimer
desamarrar **01** *vt* larguer les amarres – détacher
desambiguar **11** *vt* désambiguïser
desamelgar **19** *vt* assoler
desamorar **01** *vt* détacher
▪ **desamorarse** **01** *vp* cesser de s'aimer – se désaimer
desamortizar **16** *vt* séculariser
desamparar **01** *vt* abandonner – quitter
desamueblar **01** *vt* démeubler – dégarnir
desanclar **01** *vt* lever l'ancre
desandar **54** *vt* rebrousser chemin
desangrar **01** *vt* saigner – assécher
▪ **desangrarse** **01** *vp* se vider de son sang – perdre beaucoup de sang
desanidar **01** *vi* dénicher ; *vt* débusquer
desanimar **01** *vt* décourager – abattre
▪ **desanimarse** **01** *vp* se décourager – se laisser abattre
desanudar **01** *vt* dénouer
▪ **desanudarse** **01** *vp* se dénouer
desaparear **01** *vt* déparier – désaccoupler
desaparecer **45** *vi* disparaître
desaparejar **01** *vt* déharnacher – dégréer
desapasionar **01** *vt* dépassionner
▪ **desapasionarse** **01** *vp* se détacher – se dépassionner
desaplomar **01** *vt* TECHNOL faire perdre l'aplomb
▪ **desaplomarse** **01** *vp* TECHNOL perdre son aplomb
desapoderar **01** *vt* révoquer – déposséder
desapolillar **01** *vt* chasser les mites de
▪ **desapolillarse** **01** *vp* prendre l'air
desaporcar **13** *vt* AGRIC déchausser
desaprender **02** *vt* désapprendre
desapretar **22** *vt* desserrer
▪ **desapretarse** **22** *vp* se desserrer – desserrer

desaprobar **28** *vt* désapprouver
desaprovechar **01** *vt* gaspiller – manquer *(occasion)*
desapuntalar **01** *vt* enlever les étançons *ou* les étais
desapuntar **01** *vt* radier
▪ **desapuntarse** **01** *vp* se faire radier
desarbolar **01** *vt* NAUT démâter – démonter
▪ **desarbolarse** **01** *vp* NAUT démâter
desarenar **01** *vt* dessabler – désensabler
desargentar **01** *vt* TECHNOL désargenter
desarmar **01** *vt* désarmer – démonter
▪ **desarmarse** **01** *vp* se désarmer – se démonter
desarmonizar **16** *vt* désharmoniser
desaromatizarse **16** *vp* perdre son arôme
desarraigar **19** *vt* déraciner – éradiquer
▪ **desarraigarse** **19** *vp* s'exiler – s'expatrier
desarreglar **01** *vt* mettre en désordre – dérégler
▪ **desarreglarse** **01** *vp* se négliger – se décoiffer
desarrendar **22** *vt* annuler un bail *ou* un fermage – débrider
desarrimar **01** *vt* écarter – dissuader
desarrollar **01** *vt* développer
▪ **desarrollarse** **01** *vp* se développer – se dérouler
desarropar **01** *vt* découvrir – dévêtir
▪ **desarroparse** **01** *vp* se découvrir – se dévêtir
desarrugar **19** *vt* défroisser – dérider
▪ **desarrugarse** **19** *vp* se défroisser – se dérider
desarrumar **01** *vt* désarrimer
desarticular **01** *vt* désarticuler – démembrer *(os, membre)*
▪ **desarticularse** **01** *vp* désarticuler
desartillar **01** *vt* dégarnir *ou* démunir de son artillerie
desarzonar **01** *vt* désarçonner
desasear **01** *vt* salir – désordonner
desasimilar **01** *vt* désassimiler
desasir **51** *vt* lâcher – détacher
▪ **desasirse** **51** *vp* se détacher
desasistir **03** *vt* abandonner – délaisser
desasnar **01** *fam vt* dégourdir – déniaiser
desasociar **08** *vt* rompre une association

desasosegar **24** *vt* troubler – agiter
■ **desasosegarse** **24** *vp* se troubler – s'agiter
desatar **01** *vt* défaire – dénouer
■ **desatarse** **01** *vp* se détacher – éclater
desatascar **13** *vt* déboucher – dégager
■ **desatascarse** **13** *vp* se déboucher – se dégager
desatender **26** *vt* négliger – délaisser
desaterrar **22** *vt Am* désencombrer
desatinar **01** *vt* troubler ; *vi* déraisonner
desatollar **01** *vt* désembourber
desatorar **01** *vt* déboucher – désarrimer
desatornillar **01** *vt* dévisser
desatracar **13** NAUT *vt* déborder ; *vi* larguer les amarres
desatraillar **04** *vt* découpler *(chien)*
desatrancar **13** *vt* ôter la barre *(d'une porte, d'une fenêtre)* - déboucher
desaturdir **03** *vt* dissiper un étourdissement
■ **desaturdirse** **03** *vp* reprendre ses esprits – revenir à soi
desautorizar **16** *vt* désapprouver – interdire
desavenir **73** *vt* brouiller
desaviar **07** *vt* démunir – égarer
desayunar **01** *vi* prendre son petit-déjeuner
■ **desayunarse** **01** *vp* prendre son petit-déjeuner/déjeuner – découvrir
desazogar **19** *vt* ôter le mercure
desazolvar **01** *vt Mex* déboucher – dégager
desazonar **01** *vt* agiter – affadir
■ **desazonarse** **01** *vp* s'inquiéter – éprouver un malaise
desbancar **13** *vt* évincer – faire sauter la banque
desbandarse **01** *vp* se disperser – se débander *(troupe)*
desbarajustar **01** *vt* mettre sens dessus dessous – déranger
■ **desabarajustarse** **01** *vp* se détraquer
desbaratar **01** *vt* démantibuler – bouleverser
■ **desbaratarse** **01** *vp* tomber en morceaux – échouer
desbarbar **01** *vt* ébarber – raser
■ **desbarbarse** **01** *vp* se raser
desbarbillar **01** *vt* ébarber
desbardar **01** *vt* enlever les broussailles qui couvrent un mur
desbarrancarse **13** *vp Am* plonger
desbarrar **01** *vi* déraisonner – divaguer
desbastar **01** *vt* dégrossir – décrasser
■ **desbastarse** **01** *vp* se dégrossir – se civiliser
desbautizar **16** *vt* débaptiser
desbecerrar **01** *vt* sevrer
desbloquear **01** *vt* débloquer
■ **desbloquearse** **01** *vp* se débloquer
desbocar **13** *vt* égueuler – ébrécher
■ **desbocarse** **13** *vp* s'emballer – s'agrandir
desbolar **01** *vt RP fam* mettre en bazar
■ **desbolarse** **01** *vp RP fam* se désaper
desbordar **01** *vt* passer par-dessus – déborder de
■ **desbordarse** **01** *vp* déborder – s'emporter
desborrar **01** *vt* épinceter
desbotonar **01** *vt* déboutonner – ébourgeonner
■ **desbotonarse** **01** *vp* se déboutonner – déboutonner
desbravar **01** *vt* dresser – dompter
■ **desbravarse** **01** *vp* s'éventer – s'apaiser
desbravecer **45** *vi* s'apprivoiser – s'apaiser
■ **desbravecerse** **45** *vp* se calmer – s'apaiser *(courant)*
desbridar **01** *vt* débrider
desbriznar **01** *vt* hacher – enlever les fils *(des légumes)*
desbrozar **16** *vt* débroussailler – désherber
desbullar **01** *vt* ouvrir – écailler les huîtres
desburocratizar **16** *vt* débureaucratiser
descabalar **01** *vt* dépareiller – rendre incomplet
■ **descabalarse** **01** *vp* être dépareillé – être incomplet
descabalgar **19** *vi* descendre de cheval – mettre pied à terre
descabellar **01** *vt* donner *ou* porter l'estocade – estoquer
■ **descabellarse** **01** *vp* être dépeigné – être échevelé
descabezar **16** *vt* décapiter – étêter
■ **descabezarse** **16** *vp* étêter – se casser la tête
descabritar **01** *vt* sevrer
descachar **01** *vt Am* écorner
descacharrar **01** *vt* casser – gâcher
■ **descacharrarse** **01** *vp* se casser – échouer
descachazar **16** *vt Am* retirer l'écume du vesou – épurer
descaderar **01** *vt* déhancher
■ **descaderarse** **01** *vp* se déboîter la hanche
descadillar **01** *vt* énouer
descaecer **45** *vi* décliner
descafeinar **04** *vt* décaféiner – édulcorer
descafilar **01** *vt* égaliser les bords – enlever le mortier
descalabazarse **16** *vp* se casser la tête – se creuser la cervelle
descalabrar **01** *vt* blesser à la tête – nuire
■ **descalabrarse** **01** *vp* se blesser à la tête – subir un préjudice
descalaminar **01** *vt* décalaminer
descalcificar **13** *vt* décalcifier – adoucir
■ **descalcificarse** **13** *vp* se décalcifier – s'adoucir
descalificar **13** *vt* disqualifier – discréditer
descalzar **16** *vt* déchausser – décaler
■ **descalzarse** **16** *vp* se déchausser
descamar **01** *vt* écailler – desquamer
■ **descamarse** **01** *vp* se desquamer – peler
descambiar **08** *vt* annuler un échange – échanger
descaminar **01** *vt* fourvoyer – égarer
■ **descaminarse** **01** *vp* s'égarer – se fourvoyer
descamisar **01** *vt* enlever la chemise – ruiner
■ **descamisarse** **01** *vp* enlever sa chemise
descampar **01** *vi* cesser de pleuvoir
descansar **01** *vt* reposer ; *vi* se reposer
descantillar **01** *vt* ébrécher – défalquer
■ **descantillarse** **01** *vp* s'ébrécher
descantonar **01** *vt* ébrécher – déduire
descañonar **01** *vt* plumer – raser à contre-poil
descapirotar **01** *vt* déchaperonner
descapitalizar **16** *vt* décapitaliser
■ **descapitalizarse** **16** *vp* être décapitalisé
descapotar **01** *vt* décapoter
descararse **01** *vp* parler *ou* agir avec insolence *ou* effronterie – être insolent
descarbonatar **01** *vt* décarbonater
descarburar **01** *vt* décarburer

descargar **19** *vt* décharger ; *vi* crever *(nuage, tempête)*
■ **descargarse** **19** *vp* se décharger – télécharger
descarnar **01** *vt* décharner – éroder
■ **descarnarse** **01** *vp* être décharné – se déchausser
descarozar **16** *vt Am* dénoyauter
descarriar **07** *vt* égarer *(personne)* – séparer *(d'un troupeau)*
■ **descarriarse** **07** *vp* s'écarter *(brebis)* – s'égarer
descarrilar **01** *vi* dérailler – échouer *(négociation, processus)*
descartar **01** *vt* écarter – éliminer
■ **descartarse** **01** *vp* écarter *(cartes)*
descasar **01** *vt* démarier – dépareiller
■ **descasarse** **01** *vp* se démarier
descascar **13** *vt* décortiquer *(œuf, noix)* – peler
■ **descascarse** **13** *vp* se détériorer *(surface, mur)* – s'effriter
descascarar **01** *vt* écaler – peler
■ **descascararse** **01** *vp* se détériorer *(surface, mur)* – s'effriter
descascarillar **01** *vt* décortiquer *(riz, amande)* – écailler *(mur, assiette)*
■ **descascarillarse** **01** *vp* s'écailler
descaspar **01** *vt* enlever les pellicules
descastar **01** *vt* exterminer *(les animaux nuisibles)*
descatolizar **16** *vt* déchristianiser
descebar **01** *vt* désamorcer
descender **26** *vi* diminuer ; *vt* descendre
descentralizar **16** *vt* décentraliser
■ **descentralizarse** **16** *vp* se décentraliser
descentrar **01** *vt* décentrer – désorienter
■ **descentrarse** **01** *vp* se décentrer – être désorienté
descepar **01** *vt* déraciner
descercar **13** *vt* abattre *(clôture, muraille)* – libérer *(ville)*
descerebrar **01** *vt* décérébrer
■ **descerebrarse** **01** *vp Andes, RP fam* devenir crétin
descerezar **16** *vt* décortiquer *(café)*
descerrajar **01** *vt* forcer *(porte, serrure)* – tirer *(coup de feu)*
deschavetarse **01** *vp fam* perdre la boule
descifrar **01** *vt* déchiffrer – décrypter
descimbrar **01** *vt* décintrer
descinchar **01** *vt* dessangler
desclasificar **13** *vt* déclasser
desclavar **01** *vt* déclouer
descoagular **01** *vt* liquéfier
descobajar **01** *vt* égrapper
descocar **13** *vt* écheniller
descocarse **13** *vp fam* être effronté - avoir du culot *ou* du toupet
descodificar **13** *vt* décoder
descogotar **01** *vt* couper les bois *(cerf)* – assommer
descojonarse **01** *vp tfam* se marrer – se bidonner
descolar **01** *vt* couper la queue
descolchar **01** *vt* NAUT décommettre – détordre
descolgar **30** *vt/vi* décrocher
■ **descolgarse** **30** *vp* se décrocher – se laisser glisser
descollar **28** *vi* briller *(personne)* – ressortir *(fait)*
descolmillar **01** *vt* arracher les canines *ou* les défenses
descolocar **13** *vt* déplacer – déconcerter
■ **descolocarse** **13** *vp* déplacer
descolonizar **16** *vt* décoloniser
descolorar **01** *vt* décolorer
■ **descolorarse** **01** *vp* se décolorer
descolorir **79** *vt* décolorer
■ **descolorirse** **79** *vp* se décolorer
descombrar **01** *vt* dégager – déblayer
descomedirse **39** *vp* dépasser les bornes – être insolent(e)
descompasarse **01** *vp* manquer de respect – être saccadé
descompensar **01** *vt* déséquilibrer
■ **descompensarse** **01** *vp* être déséquilibré
descomponer **69** *vt* décomposer – détraquer
■ **descomponerse** **69** *vp* se décomposer – être dérangé *ou* barbouillé
descomprimir **03** *vt* décomprimer
descomulgar **19** *vt* excommunier
desconcentrar **01** *vt* déconcentrer
■ **desconcentrarse** **01** *vp* se déconcentrer
desconceptuar **09** *vt* discréditer
desconcertar **22** *vt* déconcerter
■ **desconcertarse** **22** *vp* être déconcerté
desconchar **01** *vt* décrépir – écailler
■ **desconcharse** **01** *vp* se décrépir – s'ébrécher
desconchinflar **01** *vt Mex fam* bousiller
■ **desconchinflarse** **01** *vp Mex fam* tomber en panne
desconectar **01** *vt/vi* déconnecter
■ **desconectarse** **01** *vp* se déconnecter
desconfiar **07** *vi* se défier – se méfier
desconformar **01** *vi* ne pas être d'accord
descongelar **01** *vt* décongeler – dégeler *(salaires, négociation)*
■ **descongelarse** **01** *vp* décongeler – dégeler *(salaires, négociation)*
descongestionar **01** *vt* décongestionner
■ **descongestionarse** **01** *vp* se décongestionner – être dégagé
desconocer **46** *vt* ne pas savoir – ne pas connaître
desconsiderar **01** *vt* déconsidérer – mépriser
desconsolar **28** *vt* affliger – désoler
descontaminar **01** *vt* décontaminer – dépolluer
descontar **28** *vt* déduire – SPORT ajouter du temps supplémentaire
descontentar **01** *vt* mécontenter – fâcher
descontextualizar **16** *vt* sortir de son contexte – prendre hors contexte
descontrolar **01** *vt* perdre le contrôle de ; *vi* se déchaîner
■ **descontrolarse** **01** *vp* s'emballer – provoquer l'emballement de
desconvenir **73** *vi* diverger – ne pas aller ensemble
desconvocar **13** *vt* annuler *(grève, élections)*
descorazonar **01** *vt* décourager
■ **descorazonarse** **01** *vp* se décourager
descorchar **01** *vt* déboucler *(bouteille)* – démascler
descordar **28** *vt* MUS ôter les cordes
descornar **28** *vt* décorner
■ **descornarse** **28** *vp* se tuer *(au travail)* – se cogner
descoronar **01** *vt* découronner
descorrer **02** *vt* tirer *(verrou)* – ouvrir *(rideau)*
descortezar **16** *vt* enlever la croûte *(pain)* – écorcer
descoser **02** *vt* découdre
■ **descoserse** **02** *vp* se découdre
descostillarse **01** *vp* tomber sur le dos
descostrar **01** *vt* enlever la croûte
descotar **01** *vt* échancrer – décolleter

descoyuntar **01** *vt* démettre *(os)* – disloquer *(structure, groupe, texte)*
■ **descoyuntarse** **01** *vp* se luxer – se déboîter
descremar **01** *vt* écrémer
descrestar **01** *vt* couper la crête – écrêter
describir **03** *vt* décrire
descrismar **01** *fam vt* assommer – casser la figure
■ **descrismarse** **01** *fam vp* s'assommer – se casser la figure
descristianizar **16** *vt* déchristianiser
descruzar **16** *vt* décroiser
descuadernar **01** *vt* retirer la reliure – troubler
■ **descuadernarse** **01** *vp* être dérelié
descuadrillarse **01** *vp* VÉTÉR se démettre la hanche
descuajar **01** *vt* liquéfier – décourager
■ **descuajarse** **01** *vp* se liquéfier
descuajaringar **19** *fam vt* démantibuler – déglinguer
■ **descuajaringarse** **19** *vp fam* se déglinguer – mourir de rire
descuajeringar **19** *fam vt* démantibuler – déglinguer
■ **descuajeringarse** **19** *vp fam* se déglinguer – mourir de rire
descuartizar **16** *vt* écarteler *(personne)* – dépecer *(animal)*
descubrir **03** *vt* découvrir – dévoiler
■ **descubrirse** **03** *vp* se découvrir – tirer son chapeau
descuerar **01** *vt* écorcher *(bétail)* – *Chili* éreinter *(personne)*
descuidar **01** *vt* négliger ; *vi* ne pas s'inquiéter
■ **descuidarse** **01** *vp* se négliger – avoir un moment d'inattention
descular **01** *vt* défoncer
desculatar **01** *vt* déculasser
desdecir **74** *vi* détonner *(couleur)*
■ **desdecirse** **74** *vp* se dédire
desdentar **22** *vt* édenter
desdeñar **01** *vt* dédaigner – refuser *(possibilité, prix)*
desdevanar **01** *vt* désembobiner – débobiner
desdibujar **01** *vt* rendre flou
■ **desdibujarse** **01** *vp* devenir flou
desdoblar **01** *vt* déplier – dédoubler
■ **desdoblarse** **01** *vp* se déplier – se dédoubler
desdorar **01** *vt* dédorer – ternir
desdramatizar **16** *vt* dédramatiser
desear **01** *vt* vouloir – souhaiter
desecar **13** *vt* dessécher – assécher
■ **desecarse** **13** *vp* se dessécher – s'assécher
desechar **01** *vt* rejeter – bannir
deselectrizar **16** *vt* ÉLECTR décharger
desellar **01** *vt* décacheter
desembalar **01** *vt* déballer *(paquet, vaisselle)*
desembaldosar **01** *vt* décarreler
desembanastar **01** *vt* enlever *ou* retirer de la corbeille – dégainer
desembarazar **16** *vt* débarrasser
desembarcar **13** *vt/vi* débarquer
desembargar **19** *vt* lever l'embargo sur
desembarrancar **13** *vt* remettre à flot – renflouer
desembarrar **01** *vt* décrotter
desembaular **05** *vt* sortir *(bêtise)* – déballer *(pensées)*
desembebecerse **45** *vp* déchanter
desembelesarse **01** *vp* se reprendre – se ressaisir
desembocar **13** *vi* NAUT débouquer
desembojar **01** *vt* décoconner
desembolsar **01** *vt* débourser
desemborrachar **01** *vt* dessoûler
desemboscarse **13** *vp* sortir d'un bois *ou* d'un fourré
desembotar **01** *vt* dégourdir
desembragar **19** *vt, vi* débrayer
desembravecer **45** *vt* apprivoiser
■ **desembravecerse** **45** *vp* s'apprivoiser *(animal)* – s'apaiser *(personne)*
desembrear **01** *vt* dégoudronner
desembriagar **19** *vt* dégriser – désenivrer
desembridar **01** *vt* débrider *(cheval)*
desembrollar **01** *vt* éclaircir *(histoire, affaire)*
desembrozar **16** *vt* débroussailler
desembrujar **01** *vt* désensorceler – désenvoûter
desembuchar **01** *vt* dégorger *(oiseau)* ; *vi fam* vider son sac
desemejar **01** *vi* différer de ; *vt* défigurer
desempacar **13** *vt* déballer – défaire *(valises)*
■ **desempacarse** **13** *vp* s'apaiser – se calmer
desempachar **01** *vt* soulager
■ **desempacharse** **01** *vp* se soulager *(l'estomac)* – s'enhardir
desempalmar **01** *vt* déconnecter
desempañar **01** *vt* désembuer – démailloter
desempapelar **01** *vt* enlever le papier peint de
desempaquetar **01** *vt* dépaqueter – déballer
desemparejar **01** *vt* dépareiller
■ **desemparejarse** **01** *vp* être dépareillé
desemparvar **01** *vt* AGRIC entasser
desempastar **01** *vt* déplomber *(dent)*
desempatar **01** *vt* départager
desempedrar **22** *vt* dépaver – passer à toute vitesse
desempeñar **01** *vt* dégager *(objet, bijou)* – remplir *(fonction, mission)*
■ **desempeñarse** **01** *vp* se libérer *ou* s'acquitter de ses dettes – se tirer d'affaire
desemperezarse **16** *vp* se secouer
desempernar **01** *vt* déboulonner
desemplumar **01** *vt* plumer – déplumer
desempolvar **01** *vt* dépoussiérer – ressortir *(objet usagé)*
desemponzoñar **01** *vt* désintoxiquer
desempotrar **01** *vt* desceller
desempuñar **01** *vt* lâcher
desenastar **01** *vt* démancher
desencabalgar **19** *vt* démonter
desencabestrar **01** *vt* dépêtrer *(cheval)*
desencadenar **01** *vt* détacher – déclencher
■ **desencadenarse** **01** *vp* se détacher – se déclencher
desencajar **01** *vt* déboîter *(os)* – décrocher *(machoire)*
■ **desencajarse** **01** *vp* se déboîter *(os)* – se décrocher *(machoire)*
desencajonar **01** *vt* décaisser – TAUROM faire sortir des cages de transport
desencallar **01** *vt* renflouer – remettre à flot
desencantar **01** *vt* décevoir – rompre le sort jeté sur
desencapar **01** *vt* défricher
desencapillar **01** *vt* NAUT décapeler

desencapotar 01 *vt* ôter le manteau de – dévoiler

■ **desencapotarse 01** *vp* s'éclaircir *(ciel)* – ôter son manteau

desencarcelar 01 *vt* relâcher – libérer

desencargar 19 *vt* annuler la commande de – décommander

desencarpetar 01 *vt* sortir d'un dossier

desencasquillar 01 *vt* désenrayer

desencenagar 19 *vt* désenvaser

desencerrar 22 *vt* relâcher – mettre en liberté

desenchufar 01 *vt* débrancher

desenclavar 01 *vt* déclouer – expulser

desenclavijar 01 *vt* retirer les chevilles de

desencobrar 01 *vt* décuivrer

desencofrar 01 *vt* TECHNOL décoffrer

desencoger 17 *vt* tendre *(tissu)*

■ **desencogerse 17** *vp* se tendre *(tissu)* – se délasser *(personne)*

desencolar 01 *vt* décoller

■ **desencolarse 01** *vp* se décoller

desencolerizar 16 *vt* apaiser – calmer

■ **desencolerizarse 16** *vp* se calmer

desenconar 01 *vt* calmer l'inflammation de – calmer *(colère)*

■ **desenconarse 01** *vp* s'adoucir *(tissu, objet)* – se calmer

desencontrarse 28 *vp CSud* se rater *(à un rendez-vous)*

desencordelar 01 *vt* déficeler

desencorvar 01 *vt* redresser

desencrespar 01 *vt* défriser

desencuadernar 01 *vt* enlever la reliure de

■ **desencuadernarse 01** *vp* perdre sa reliure

desendemoniar 08 *vt* exorciser

desendiablar 01 *vt* exorciser

desendiosar 01 *vt* remettre à sa place – rabattre le caquet à

desenfadar 01 *vt* calmer – apaiser

■ **desenfadarse 01** *vp* se calmer

desenfilar 01 *vt* défiler – mettre à couvert

desenfocar 13 *vt* perdre la mise au point de – fausser

■ **desenfocarse 13** *vp* être flou

desenfrenar 01 *vt* débrider *(cheval)* – libérer *(imagination)*

■ **desenfrenarse 01** *vp* se déchaîner

desenfundar 01 *vt/vi* dégainer

desenfurecer 45 *vt* apaiser – calmer

■ **desenfurecerse 45** *vp* s'apaiser – se calmer

desenfurruñar 01 *vt* calmer – apaiser

■ **desenfurruñarse 01** *vp* se calmer – s'apaiser

desengalgar 19 *vt* désenrayer

desenganchar 01 *vt* dételer – *fam* décrocher *(de la drogue)*

■ **desengancharse 01** *vp* se détacher *(wagon, cheval)*

desengañar 01 *vt* ouvrir les yeux à – faire perdre ses illusions à

■ **desengañarse 01** *vp* se détromper – ne pas *ou* plus se faire d'illusions

desengarzar 16 *vt* défiler *(perles)* – dessertir

desengastar 01 *vt* dessertir

desengomar 01 *vt* dégommer

desengoznar 01 *vt* arracher les gonds de

desengranar 01 *vt* désengrener

desengrasar 01 *vt* dégraisser ; *vi* maigrir

desenguantarse 01 *vp* se déganter

desenhebrar 01 *vt* désenfiler

desenhornar 01 *vt* défourner

desenjaezar 16 *vt* déharnacher

desenjalmar 01 *vt* débâter

desenjaular 01 *vt* faire sortir de sa cage

desenladrillar 01 *vt* décarreler

desenlazar 16 *vt* dénouer *(nœud, cheveux)* – résoudre

■ **desenlazarse 16** *vp* se dénouer – avoir un dénouement

desenlodar 01 *vt* débourber – enlever la boue de

desenlosar 01 *vt* retirer les dalles de

desenlutar 01 *vt* faire quitter le deuil à

■ **desenlutarse 01** *vp* quitter le deuil

desenmarañar 01 *vt* démêler *(pelote, cheveux)* – éclaircir *(problème, histoire)*

desenmascarar 01 *vt* démasquer

desenmohecer 45 *vt* dérouiller

desenmudecer 45 *vt* délier la langue à ; *vi* recouvrer la parole

desenojar 01 *vt* calmer – apaiser

■ **desenojarse 01** *vp* se calmer – s'apaiser

desenredar 01 *vt* démêler *(nœud, pelote, cheveux)* – dénouer *(problème, question)*

■ **desenredarse 01** *vp* se démêler – se débrouiller

desenrollar 01 *vt* dérouler

■ **desenrollarse 01** *vp* se dérouler

desenroscar 13 *vt* dévisser

■ **desenroscarse 13** *vp* se dévisser

desensamblar 01 *vt* désassembler

desensañar 01 *vt* calmer – apaiser

■ **desensañarse 01** *vp* s'apaiser – se calmer

desensartar 01 *vt* défiler *(collier)* – retirer *ou* enlever le fil de *(aiguille)*

desensibilizar 16 *vt* désensibiliser

desensillar 01 *vt* desseller

desensoberbecer 45 *vt* rabattre l'orgueil de

desentablar 01 *vt* arracher *(planches d'une scène)* – mettre fin à *(amitié, fréquentation)*

desentalingar 19 *vt* NAUT détacher le câble de

desentarimar 01 *vt* enlever le plancher de

desenterrar 22 *vt* déterrer – exhumer

desentonar 01 *vi* chanter faux – jouer faux

desentornillar 01 *vt* dévisser

■ **desentornillarse 01** *vp* se dévisser

desentorpecer 45 *vt* dégourdir – désengorger

■ **desentorpecerse 45** *vp* se dégourdir – désengorger

desentrañar 01 *vt* élucider – éventrer *(animal)*

■ **desentrañarse 01** *vp* se saigner aux quatre veines

desentrenarse 01 *vp* manquer d'entraînement

desentronizar 16 *vt* détrôner *(roi)* – faire tomber de son piédestal

desentubar 01 *vt* débrancher *(un malade)*

desentumecer 45 *vt* dégourdir – se dégourdir

■ **desentumecerse 45** *vp* se dégourdir

desentumir 03 *vt* dégourdir

■ **desentumirse 03** *vp* se dégourdir

desenvainar 01 *vt* dégainer *(épée)* – sortir *(griffes)*

desenvergar 19 NAUT *vt* déverguer – désenverguer

desenvolver 35 *vt* défaire *(paquet)* – dérouler *(fil)*

■ **desenvolverse 35** *vp* se dérouler *(affaire, processus)* – se débrouiller

desenzarzar 16 *vt* dégager des ronces

desequilibrar **01** *vt* déséquilibrer
▪ **desequilibrarse** **01** *vp* être déséquilibré
desertizar **16** *vt* désertifier
▪ **desertizarse** **16** *vp* se désertifier
desescombrar **01** *vt* enlever les décombres de – déblayer
deseslabonar **01** *vt* démailler
desespaldar **01** *vt* blesser dans le dos
desespañolizar **16** *vt* faire perdre son caractère espagnol à
desesperar **01** *vt/vi* désespérer
▪ **desesperarse** **01** *vp* se désespérer
desestabilizar **16** *vt* déstabiliser
▪ **desestabilizarse** ▪ *vp* **16** être déstabilisé ▪ **desestatizar** **16** *vt Am* privatiser
desestimar **01** *vt* mépriser – repousser
desestructurar **01** *vt* destructurer
desfalcar **13** *vt* détourner
desfallecer **45** *vi* faiblir – s'évanouir
desfasar **01** *vt* ÉLECTR déphaser ; *vi* délirer
desfavorecer **45** *vt* défavoriser – désavantager
desfibrar **01** *vt* TECHNOL défibrer
desfigurar **01** *vt* défigurer – déformer
▪ **desfigurarse** **01** *vp* être défiguré
desfilachar **01** *vt* effilocher
desfilar **01** *vi* défiler – partir
desfinanciar **08** *vt Am* laisser sans financement
▪ **desfinanciarse** **08** *vp Am* rester sans financement
desflemar **01** *vt* séparer les flegmes de ; *vi* MÉD expulser les flegmes de
desflorar **01** *vt* défleurir – faner
desflorecer **45** *vi* défleurir
▪ **desflorecerse** **45** *vp* défleurir
desfogar **19** *vt* laisser libre cours à ; *vi* NAUT faiblir *(tempête)*
▪ **desfogarse** **19** *vp* se libérer *(d'un problème)* – se détendre
desfondar **01** *vt* défoncer – épuiser
▪ **desfondarse** **01** *vp* être défoncé - s'épuiser
desforestar **01** *vt* déforester
desformar **01** *vt* déformer
▪ **desformarse** **01** *vp* se déformer
desfortalecer **45** *vt* démanteler
desfosforar **01** *vt* déphosphorer
desfrenar **01** *vt* débrider
desfruncir **15** *vt* cesser de froncer *(sourcil)* – défroisser
desgajar **01** *vt* arracher – couper en quartiers
▪ **desgajarse** **01** *vp* se détacher *(page)* – être arraché *(branche)*
desganar **01** *vt* couper l'appétit à – ôter l'envie de
desgañitarse **01** *vp fam* s'égosiller
desgargantarse **01** *vp fam* s'égosiller
desgargolar **01** *vt* égrener *(le lin ou le chanvre)*
desgaritarse **01** *vp* s'égarer
desgarrar **01** *vt* déchirer
▪ **desgarrarse** **01** *vp* se déchirer
desgastar **01** *vt* user *(semelle, roche, personne)* – affaiblir *(organisation)*
▪ **desgastarse** **01** *vp* s'user *(semelle, roche, personne)* – s'affaiblir *(organisation)*
desgerminar **01** *vt* dégermer
desglasar **01** *vt* déglacer
desglosar **01** *vt* examiner à part – détacher *(coupon)*
desgobernar **22** *vt* mal gouverner – démettre *(os)*
▪ **desgobernarse** **22** *vp* se démettre – se déboîter
desgomar **01** *vt* dégommer
desgonzar **16** *vt* enlever les gonds de
▪ **desgonzarse** **16** *vp* sortir de ses gonds
desgoznar **01** *vt* enlever les gonds de
desgraciar **08** *vt fam* esquinter – amocher
▪ **desgraciarse** **08** *vp* tourner mal – s'esquinter
desgramar **01** *vt* arracher le chiendent de
desgranar **01** *vt* AGRIC égrener – débiter *(insultes)*
▪ **desgranarse** **01** *vp* se défiler *(perles)* – se disperser
desgrasar **01** *vt* dégraisser – dégorger *(laine)*
desgravar **01** *vt* déduire ; *vi* être déductible
▪ **desgravarse** **01** *vp* se déduire – déduire
desgreñar **01** *vt* ébouriffer – décoiffer
▪ **desgreñarse** **01** *vp fam* se crêper le chignon
desguañangar **19** *vt Mex, Ven fam* bousiller
desguañingar **19** *vt Mex, Ven fam* bousiller
desguarnecer **45** *vt* enlever les ornements de – dégarnir
desguazar **16** *vt* mettre en pièces *(voiture, bateau)* – CHARPENT dégrossir
desguindar **01** *vt* NAUT amener
▪ **desguindarse** **01** *vp* se laisser glisser
desguinzar **16** *vt* défiler
deshabitar **01** *vt* quitter *(maison)* – dépeupler
deshabituar **09** *vt* désaccoutumer
▪ **deshabituarse** **09** *vp* se désaccoutumer
deshacer **68** *vt* défaire *(nœud, lit, couture)* – faire fondre *(glace, beurre)*
▪ **deshacerse** **68** *vp* fondre – se dissoudre
deshebillar **01** *vt* déboucler
deshebrar **01** *vt* effilocher – désenfiler
deshechizar **16** *vt* désensorceler
deshelar **22** *vt* faire fondre – dégeler
▪ **deshelarse** **22** *vp* fondre – dégeler
desherbar **22** *vt* désherber
desheredar **01** *vt* déshériter
deshermanar **01** *vt* désassortir – dépareiller
▪ **deshermanarse** **01** *vp* se conduire en frère *ou* sœur indigne
desherrar **22** *vt* déferrer – ôter les fers à
desherrumbrar **01** *vt* dérouiller
deshidratar **01** *vt* déshydrater
▪ **deshidratarse** **01** *vp* se déshydrater
deshidrogenar **01** *vt* déshydrogéner
deshijar **01** *vt Am* sevrer *(animal)* – *AmC, Car, Col* couper les rejetons de
deshilachar **01** *vt* effiler – effranger
▪ **deshilacharse** **01** *vp* s'effiler – s'effilocher
deshilar **01** *vt* effiler – découdre
deshilvanar **01** *vt* défaufiler – débâtir
deshincar **13** *vt* enlever – arracher
deshinchar **01** *vt* dégonfler – désenfler
▪ **deshincharse** **01** *vp* se dégonfler – désenfler
deshipnotizar **16** *vt* tirer de l'hypnose
deshipotecar **13** *vt* déshypothéquer
deshojar **01** *vt* effeuiller – arracher les pages de
▪ **deshojarse** **01** *vp* s'effeuiller
deshollejar **01** *vt* peler – écosser
deshollinar **01** *vt* ramoner – nettoyer *(toit, murs)*
deshonorar **01** *vt* déshonorer
▪ **deshonorarse** **01** *vp* se déshonorer
deshonrar **01** *vt* déshonorer – insulter

deshornar **01** *vt* défourner
deshuesar **01** *vt* désosser – dénoyauter
deshuevarse **01** *vp vulg* se fendre la gueule
deshumanizar **16** *vt* déshumaniser
▪ **deshumanizarse** **16** *vp* se déshumaniser
deshumedecer **45** *vt* déshumidifier
deshumidificar **13** *vt* déshumidifier
desideologizar **16** *vt* faire perdre son idéologie à
designar **01** *vt* désigner – fixer
desilusionar **01** *vt* ôter ses illusions à – décevoir
▪ **desilusionarse** **01** *vp* être déçu - perdre ses illusions
desimanar **01** *vt* désaimanter
desimantar **01** *vt* désaimanter
desimponer **69** *vt* IMPR dégarnir
desimpresionar **01** *vt* détromper
▪ **desimpresionarse** **01** *vp* se détromper
desincentivar **01** *vt* décourager
desincorporar **01** *vt* séparer
▪ **desincorporarse** **01** *vp* se séparer
desincrustar **01** *vt* désincruster – détartrer
desinfectar **01** *vt* désinfecter
desinflamar **01** *vt* désenflammer
▪ **desinflamarse** **01** *vp* se désenflammer
desinflar **01** *vt* dégonfler – minimiser
▪ **desinflarse** **01** *vp* se dégonfler – se démoraliser
desinformar **01** *vt* désinformer
desinsectar **01** *vt* désinsectiser
desintegrar **01** *vt* désintégrer – faire éclater
▪ **desintegrarse** **01** *vp* se désintégrer – éclater
desinteresarse **01** *vp* se désintéresser
desintoxicar **13** *vt* désintoxiquer
▪ **desintoxicarse** **13** *vp* se désintoxiquer
desinvertir **55** *vt* désinvestir
desistir **03** *vi* se désister
desjarretar **01** *vt* couper les jarrets de – affaiblir
desjugar **19** *vt* presser – extraire le jus de
desjuntar **01** *vt* séparer
deslabonar **01** *vt* démailler
desladrillar **01** *vt* décarreler
deslastrar **01** *vt* délester
deslavar **01** *vt* laver superficiellement – délaver
deslavazar **16** *vt* délaver
deslazar **16** *vt* dénouer *(lacet, nœud)*
deslechugar **19** *vt* AGRIC ébourgeonner – sarcler
deslechuguillar **01** *vt* AGRIC ébourgeonner – sarcler
deslegitimar **01** *vt* délégitimer
desleír **42** *vt* diluer – affaiblir
▪ **desleírse** **42** *vp* se délayer
deslendrar **22** *vt* enlever les lentes à
deslenguar **11** *vt* couper la langue à
▪ **deslenguarse** **11** *vp fam* être insolent - être grossier
desliar **07** *vt* défaire *(nœud, paquet)* – délier *(corde)*
▪ **desliarse** **07** *vp* se délier – se défaire
desligar **19** *vt* détacher – dissocier
▪ **desligarse** **19** *vp* se défaire – se dissocier
deslindar **01** *vt* délimiter – définir
desliñar **01** *vt* épinceter
deslizar **16** *vt* glisser – passer *(avec un mouvement continu)*
▪ **deslizarse** **16** *vp* couler – coulisser
deslomar **01** *vt* casser les reins à – rompre l'échine à
▪ **deslomarse** **01** *vp fam* s'esquinter *(à travailler)*
deslucir **47** *vt* gâcher
deslumbrar **01** *vt* éblouir – aveugler
deslustrar **01** *vt* ternir *(chaussures)* – décatir *(tissu)*
desmadejar **01** *vt* démêler – *fam* laisser sur les rotules
▪ **desmadejarse** **01** *vp* avoir un moment de faiblesse
desmadrar **01** *vt* sevrer *(animal)* ; *vi Mex* tomber en panne
▪ **desmadrarse** **01** *vp* sortir de son lit *(rivière)* – *fam* perdre les pédales
desmagnetizar **16** *vt* démagnétiser
desmajolar **28** *vt* délacer
desmalezar **16** *vt Am* désherber – sarcler
desmallar **01** *vt* démailler
desmamar **01** *vt* sevrer
desmamonar **01** *vt* AGRIC émonder
desmanarse **01** *vp* s'écarter du troupeau
desmanchar **01** *vt Am* nettoyer – ôter les taches
▪ **desmancharse** **01** *vp Andes, PR* se retirer
desmandarse **01** *vp* désobéir – faire preuve d'insubordination
desmanear **01** *vt* désentraver
desmangar **19** *vt* démancher
desmantecar **13** *vt* écrémer
desmantelar **01** *vt* démanteler – démonter
desmaquillar **01** *vt* démaquiller
desmarcar **13** *vt* COM & SPORT démarquer
▪ **desmarcarse** **13** *vp* SPORT se démarquer
desmarojar **01** *vt* émonder
desmatar **01** *vt* AGRIC défricher – débroussailler
desmayar **01** *vi* faiblir – s'effacer
▪ **desmayarse** **01** *vp* s'évanouir
desmedirse **39** *vp* dépasser les bornes
desmejorar **01** *vt* gâcher ; *vi* s'affaiblir
▪ **desmejorarse** **01** *vp* s'affaiblir – dépérir
desmelenar **01** *vt* écheveler
▪ **desmelenarse** **01** *vp fam* se lâcher – se déchaîner
desmembrar **22** *vt* démembrer – morceler
▪ **desmembrarse** **22** *vp* se démembrer – se morceler
desmemoriarse **08** *vp* perdre la mémoire
desmentir **55** *vt* démentir – desservir
desmenuzar **16** *vt* émietter – hacher
desmeollar **01** *vt* extraire la moelle à
desmerecer **45** *vi* ne pas être mis en valeur – démériter
desmigajar **01** *vt* émietter – enlever *ou* retirer la mie de
desmigajarse **01** *vp* s'émietter – tomber en miettes
desmigar **19** *vt* émietter – enlever *ou* retirer la mie de
▪ **desmigarse** **19** *vp* s'émietter – tomber en miettes
desmilitarizar **16** *vt* démilitariser
desmitificar **13** *vt* démythifier
desmochar **01** *vt* écimer – écorner
desmogar **19** *vi* muer *(cornes)*
desmoldar **01** *vt* démouler
desmonetizar **16** *vt* démonétiser
desmontar **01** *vt* démonter ; *vi* mettre pied à terre
desmoñar **01** *vt fam* se défaire le chignon
desmoralizar **16** *vt* démoraliser
▪ **desmoralizarse** **16** *vp* se démoraliser
desmoronar **01** *vt* démolir – ébouler
▪ **desmoronarse** **01** *vp* tomber en ruine – s'ébouler
desmotar **01** *vt* épinceter – égrener
desmotivar **01** *vt* démotiver

desmovilizar **16** *vt* démobiliser
desmultiplicar **13** *vt* MÉCAN démultiplier
desnacionalizar **16** *vt* dénationaliser
desnarigar **19** *vt* arracher le nez – écraser le nez
desnatar **01** *vt* écrémer
desnaturalizar **16** *vt* dénaturaliser – dénaturer
desnazificar **13** *vt* dénazifier
desnitrificar **13** *vt* dénitrifier
desnivelar **01** *vt* déniveler – déséquilibrer
■ **desnivelarse** **01** *vp* se déstabiliser – être déséquilibré
desnucar **13** *vt* rompre la nuque *ou* le cou
■ **desnucarse** **13** *vp* se rompre le cou
desnuclearizar **16** *vt* dénucléariser – fermer *(centrale)*
desnudar **01** *vt* déshabiller – dépouiller
■ **desnudarse** **01** *vp* se déshabiller – se dépouiller
desnutrirse **03** *vp* souffrir de dénutrition
desobedecer **45** *vi* désobéir ; *vt* désobéir à
desobstruir **52** *vt* désobstruer
desocupar **01** *vt* évacuer – vider
■ **desocuparse** **01** *vp* se vider – être libre *(chambre, place)*
desodorar **01** *vt* désodoriser
desodorizar **16** *vt* désodoriser
desoír **58** *vt* ne pas écouter – ne pas tenir compte de
desojar **01** *vt* casser le chas d'une aiguille
■ **desojarse** **01** *vp* s'user les yeux
desolar **81** *vt* désoler – dévaster
■ **desolarse** **81** *vp* se désoler
desoldar **28** *vt* dessouder
desollar **28** *vt* écorcher – descendre *(film, pièce)*
■ **desollarse** **28** *vp* s'écorcher
desopilar **01** *vt* MÉD désopiler
desoprimir **03** *vt* libérer *(de l'oppression)* – affranchir
desorbitar **01** *vt* rendre exorbitant – exagérer
■ **desorbitarse** **01** *vp* être démesuré – quitter son orbite
desordenar **01** *vt* mettre en désordre – ébouriffer
■ **desordenarse** **01** *vp* se mélanger
desorejar **01** *vt* couper les oreilles à
desorganizar **16** *vt* déranger – perturber
■ **desorganizarse** **16** *vp* être désorganisé – se désorganiser
desorientar **01** *vt* désorienter – égarer
■ **desorientarse** **01** *vp* s'égarer – être désorienté
desorillar **01** *vt* couper la lisière de
desortijar **01** *vt* sarcler
desosar **28** *vt* désosser – dénoyauter
desovar **01** *vi* frayer – pondre
desovillar **01** *vt* dévider – démêler
desoxidar **01** *vt* décaper – décrasser
desoxigenar **01** *vt* CHIM désoxygéner
despabilar **01** *vt* réveiller ; *vi* se réveiller
■ **despabilarse** **01** *vp* se réveiller – se secouer
despachar **01** *vt* vendre ; *vi* se dépêcher
■ **despacharse** **01** *fam vp* vider son sac – descendre *(boisson)*
despachurrar **01** *fam vt* écrabouiller – péter
despajar **01** *vt* AGRIC vanner – MIN cribler
despaldar **01** *vt* démettre l'épaule à
despaldillar **01** *vt* échiner – *fam* tabasser
despaletillar **01** *vt* échiner – *fam* tabasser
despalillar **01** *vt* écôter – égrapper
despalmar **01** *vt* NAUT espalmer – CHARPENT biseauter
despampanar **01** *vt* ébourgeonner – *fam* épater
■ **despampanarse** **01** *vp fam* se casser la gueule
despampanillar **01** *vt* AGRIC épamprer
despanchurrar **01** *vt fam* écrabouiller – péter
despanzurrar **01** *vt* étriper – écrabouiller
■ **despanzurrarse** **01** *vp* se péter
despapar **01** *vi* porter le nez au vent *(cheval)*
desparasitar **01** *vt* déparasiter
desparedar **01** *vt* abattre les murs de – démolir les murs de
desparejar **01** *vt* dépareiller
desparpajar **01** *vt* disperser ; *vi*, parler à tort à travers
desparramar **01** *vt* répandre – éparpiller
■ **desparramarse** **01** *vp* se répandre – s'éparpiller
desparvar **01** *vt* AGRIC défaire, retourner les gerbes
despatarrar **01** *vt fam* écarter les jambes en grand – épater
■ **despatarrarse** **01** *vp* tomber les quatre fers en l'air
despatillar **01** *vt* tailler les pattes à – CHARPENT entailler
despavesar **01** *vt* moucher *(chandelle)*
despavonar **01** *vt* TECHNOL décaper
despavorir **79** *vt* épouvanter – effrayer
■ **despavorirse** **79** *vp* s'effrayer
despearse **01** *vp* avoir mal aux pieds – être fourbu *(cheval)*
despechar **01** *vt* sevrer *(enfant)*
despechugar **19** *vt* enlever le blanc de *(volaille)*
■ **despechugarse** **19** *vp fam* se dépoitrailler – se mettre les seins à l'air
despedazar **16** *vt* dépecer – mettre en pièces
despedir **39** *vt* dire au revoir à – mettre à la porte
■ **despedirse** **39** *vp* (se) dire au revoir – démissionner
despedrar **22** *vt* épierrer
despedregar **19** *vt* épierrer
despegar **19** *vt/vi* décoller
■ **despegarse** **19** *vp* se décoller
despeinar **01** *vt* décoiffer
■ **despeinarse** **01** *vp* se décoiffer – *fam* se fouler
despejar **01** *vt/vi* dégager
■ **despejarse** **01** *vp* s'éclaircir les idées – se réveiller
despellejar **01** *vt* écorcher – médire de
■ **despellejarse** **01** *vp* peler
despelotar **01** *vt RP fam* mettre en bordel
■ **despelotarse** **01** *vp fam* se mettre à poil – *RP* perdre son sérieux
despeluznar **16** *vt* ébouriffer – faire dresser les cheveux sur la tête à
■ **despeluznarse** **16** *vp* s'ébouriffer – avoir les cheveux qui se dressent sur la tête
despenalizar **16** *vt* dépénaliser
despenar **01** *vt Am fam* zigouiller – *Chili* priver d'espoir
despeñar **01** *vt* précipiter
■ **despeñarse** **01** *vp* se précipiter – plonger *(dans la passion, le vice)*
despepitar **01** *vt* épépiner
■ **despepitarse** **01** *vp fam* gueuler – se bidonner
desperdiciar **08** *vt* gaspiller – gâcher
desperdigar **19** *vt* disperser
■ **desperdigarse** **19** *vp* se disperser – s'éparpiller

desperecer **45** *vi* périr

desperezarse **16** *vp* s'étirer

desperfilar **01** *vt* ART adoucir *(les contours)* – MIL défiler

despernancarse **13** *vp* écarter les jambes

despernar **22** *vt* amputer – estropier

despersonalizar **16** *vt* dépersonnaliser – rendre impersonnel

▪ **despersonalizarse** **16** *vp* se dépersonnaliser

despertar **22** *vt* réveiller ; *vi* se réveiller

▪ **despertarse** **22** *vp* se réveiller – se dégourdir

despestañar **01** *vt* arracher les cils à

despezonar **01** *vt* arracher – équeuter

▪ **despezonarse** **01** *vp* se casser *(voiture à cheval)*

despezuñarse **01** *vp* s'abîmer les sabots – *Andes, Hond, PR* se hâter

despicar **13** *vt* rasséréner – apaiser

▪ **despicarse** **13** *vp* prendre sa revanche

despichar **01** *vt* dessécher ; *vi fam* casser sa pipe

▪ **despicharse** **01** *vp fam* casser sa pipe – péter

despiezar **16** *vt* dépecer – démonter

despilarar **01** *vt Am* dépiler *(une mine)* – abattre les étais

despilfarrar **01** *vt* gaspiller *(argent)* – déborder de *(amour, bonne humeur)*

despimpollar **01** *vt* AGRIC ébourgeonner – épamprer

despinochar **01** *vt* effeuiller *(le maïs)*

despintar **01** *vt* délaver *(mur)* – effacer *(souvenir)*

▪ **despintarse** **01** *vp* s'effacer

despinzar **16** *vt* épincer – épinceter

despiojar **01** *vt* épouiller

despiolar **01** *vt RP fam* mettre en désordre

despistar **01** *vt* semer – mettre sur une fausse piste

▪ **despistarse** **01** *vp* s'égarer – se tromper

despistolizar **16** *vt Mex* désarmer

desplacer **61** *vt* déplaire à – faire de la peine à

desplantar **01** *vt* dévier de la verticale – AGRIC dépiquer

▪ **desplantarse** **01** *vp* SPORT perdre l'équilibre

desplatar **01** *vt* désargenter – extraire l'argent *(d'un alliage)*

desplatear **01** *vt Am* désargenter – soutirer de l'argent à

desplazar **16** *vt* déplacer – remplacer

▪ **desplazarse** **16** *vp* se déplacer

desplegar **24** *vt* déplier – déployer

▪ **desplegarse** **24** *vp* se déplier – se déployer

despleguetear **01** *vt* couper les vrilles *(de la vigne)*

desplomar **01** *vt* démolir *(immeuble, mur)* – *Am* réprimander

▪ **desplomarse** **01** *vp* s'écrouler *(immeuble, mur)* – s'effondrer *(système, empire)*

desplumar **01** *vt* plumer

▪ **desplumarse** **01** *vp* se déplumer – perdre ses plumes

despoblar **28** *vt* dépeupler – débarrasser de

▪ **despoblarse** **28** *vp* se dépeupler – se dégarnir

despoetizar **16** *vt* dépoétiser

despojar **01** *vt* dépouiller – enlever

despolarizar **16** *vt* dépolariser

despolitizar **16** *vt* dépolitiser

despolvar **01** *vt* épousseter – dépoussiérer

despolvorear **01** *vt* épousseter – *Am* saupoudrer

despopularizar **16** *vt* faire perdre sa popularité à

desportillar **01** *vt* ébrécher

▪ **desportillarse** **01** *vp* s'ébrécher

desposar **01** *vt* épouser ; *vi* se marier

▪ **desposarse** **01** *vp* se fiancer – se marier

desposeer **12** *vt* déposséder

despostar **01** *vt Am* découper – dépecer

despotizar **16** *vt Am* traiter en despote – tyranniser

despotricar **13** *vi* , parler à tort à travers – déblatérer

despreciar **08** *vt* mépriser – refuser

desprecintar **01** *vt* déballer *(paquet)* – lever les scellés

desprender **02** *vt* détacher – décoller

▪ **desprenderse** **02** *vp* se détacher – se décoller

despreocuparse **01** *vp* se détendre

despresar **01** *vt Andes* équarrir

desprestigiar **08** *vt* discréditer – dénigrer

▪ **desprestigiarse** **08** *vp* perdre son prestige – être discrédité

despresurizar **16** *vt* dépressuriser

▪ **despresurizarse** **16** *vp* se dépressuriser

desprogramar **01** *vt* déprogrammer – déconditionner

desproporcionar **01** *vt* disproportionner

desproveer **12** *vt* démunir

despulpar **01** *vt* dépulper

despumar **01** *vt* écumer

despuntar **01** *vt* épointer ; *vi* bourgeonner

▪ **despuntarse** **01** *vp* s'émousser

desquebrajar **01** *vt* fendiller – craqueler

▪ **desquebrajarse** **01** *vp* se fendiller – se craqueler

desquejar **01** *vt* bouturer

desquerer **70** *vt* cesser d'aimer – ne plus aimer

desquiciar **08** *vt* ébranler – faire sortir de ses gonds

▪ **desquiciarse** **08** *vp* sortir de ses gonds – se dégonder

desquijarar **01** *vt* démantibuler

desquijerar **01** *vt* araser

desrabar **01** *vt* couper la queue à *(brebis)*

desrabotar **01** *vt* couper la queue à *(brebis)*

desramar **01** *vt* ébrancher – émonder

desratizar **16** *vt* dératiser

desregular **01** *vt* dérégler

desrielar **01** *vi AmC, Andes, Ven* dérailler

desriñonar **01** *fam vt* crever – vanner

▪ **desriñonarse** **01** *fam vp* se crever – se faire un tour de reins

desriscarse **13** *vp Am* tomber dans un ravin

desrizar **16** *vt* défriser – larguer les ris de

▪ **desrizarse** **16** *vp* se défriser

desroblar **01** *vt* dériver

desrodrigar **19** *vt* enlever les tuteurs de

destacar **13** *vt* mettre en valeur ; *vi* briller

▪ **destacarse** **13** *vp* se détacher – se détacher de

destajar **01** *vt* traiter à forfait – couper *(aux cartes)*

destallar **01** *vt* émonder – élaguer

destalonar **01** *vt* éculer *(chaussure)* – détacher *(reçu, feuille)*

destapar **01** *vt* déboucher ; *vi Mex* s'emballer *(cheval)*

▪ **destaparse** **01** *vp* se découvrir – se déboucher

destapiar **08** *vt* abattre les murs de
destaponar **01** *vt* déboucher – désobstruer
destarar **01** *vt* déduire la tare
destazar **16** *vt* équarrir
destechar **01** *vt* enlever le toit de
destejar **01** *vt* enlever les tuiles de – exposer
destejer **02** *vt* défaire *(tissu)* – déjouer
destellar **01** *vi* étinceler ; *vt* émettre
destemplar **01** *vt* dérégler – désaccorder
■ **destemplarse** **01** *vp* être souffrant – s'emporter
destender **26** *vt* ramasser ; *vi* ramasser le linge
destensar **01** *vt* détendre
■ **destensarse** **01** *vp* se détendre
desteñir **39** *vt/vi* déteindre
■ **desteñirse** **39** *vp* déteindre – se décolorer
desternerar **01** *vt CSud, PR* sevrer *(le bétail)*
desterrar **22** *vt* exiler – chasser *(idées, doutes)*
desterronar **01** *vt* AGRIC émotter
destetar **01** *vt* sevrer
■ **destetarse** **01** *vp* être sevré – couper le cordon familial
destilar **01** *vt* distiller ; *vi* goutter
■ **destilarse** **01** *vp* être distillé
destinar **01** *vt* adresser – affecter
destituir **52** *vt* destituer
destocar **13** *vt* dépeigner
■ **destocarse** **13** *vp* se découvrir *(la tête)*
destorcer **36** *vt* détordre – redresser
■ **destorcerse** **36** *vp* se détordre – se redresser
desentornillar **01** *vt* dévisser
■ **desentornillarse** **01** *vp* se dévisser
destornillar **01** *vt* dévisser
■ **destornillarse** **01** *vp* se dévisser – *fam* perdre la boule
destrabar **01** *vt* désentraver – dégager
■ **destrabarse** **01** *vp* se dégager
destramar **01** *vt* défaire la trame *(d'un tissu)*
destrenzar **16** *vt* dénatter – détresser
destripar **01** *vt* étriper – éventrer
destriunfar **01** *vt* obliger à jouer tous ses atouts
destrizar **16** *vt* mettre en pièces – réduire en miettes
destrocar **29** *vt* annuler un échange
destronar **01** *vt* détrôner
destroncar **13** *vt* abattre – mutiler
destrozar **16** *vt* casser – abîmer
■ **destrozarse** **16** *vp* se briser – s'exténuer
destruir **52** *vt* détruire – réduire à néant
■ **destruirse** **52** *vp* s'annuler
destusar **01** *vt AmC* enlever les feuilles du maïs
desubicar **13** *vt Andes, RP* désorienter
■ **desubicarse** **13** *vp Andes, RP* se perdre
desuerar **01** *vt Am* délaiter
desulfurar **01** *vt* désulfurer
desuncir **15** *vt* dételer
desunir **03** *vt* détacher – désunir
■ **desunirse** **03** *vp* se désunir
desuñar **01** *vt* arracher les ongles de – AGRIC arracher les racines de
desurdir **03** *vt* défaire la trame de – déjouer
desusar **01** *vt* perdre l'habitude de
desustanciar **08** *vt* affaiblir – dénaturer
desvahar **01** *vt* enlever les feuilles mortes *ou* les fleurs fanées d'une plante
desvainar **01** *vt* écosser
desvalijar **01** *vt* dévaliser – cambrioler
desvalorar **01** *vt* dévaloriser – dévaluer
■ **desvalorarse** **01** *vp* se dévaloriser – se dévaluer
desvalorizar **16** *vt* dévaloriser – dévaluer
■ **desvalorizarse** **16** *vp* se dévaloriser – se dévaluer
desvanecer **45** *vt* dissiper – estomper
■ **desvanecerse** **45** *vp* s'évanouir – s'estomper
desvarar **01** *vt* déséchouer – remettre à flot
desvariar **07** *vi* délirer – divaguer
desvastigar **19** *vt* AGRIC émonder
desvedar **01** *vt* lever l'interdit sur – ouvrir *(chasse, pêche)*
desvelar **01** *vt* empêcher de dormir – dévoiler
■ **desvelarse** **01** *vp* se réveiller – *AmC, Mex* faire une nuit blanche
desvenar **01** *vt* enlever les veines à *(viande)* – écôter
desvencijar **01** *vt* démolir – disloquer
■ **desvencijarse** **01** *vp* se casser – se disloquer
desvendar **01** *vt* débander
desventar **22** *vt* aérer
desvertebrarse **01** *vp* se déstructurer *(pays, société)*
desvestir **39** *vt* déshabiller – dévêtir
■ **desvestirse** **39** *vp* se déshabiller – se dévêtir
desviar **07** *vt* dévier – détourner *(fonds)*
■ **desviarse** **07** *vp* tourner – être dévié
desvincular **01** *vt* détacher – délier
desvirar **01** *vt* rogner
desvirgar **19** *vt* déflorer
desvirtuar **09** *vt* affaiblir – dénaturer
desvitalizar **16** *vt* dévitaliser
desvitrificar **13** *vt* dévitrifier
desvolcanarse **01** *vp Am* s'écrouler – s'effondrer
desyemar **01** *vt* ébourgeonner
desyerbar **01** *vt* désherber – sarcler
desyugar **19** *vt* dételer
deszulacar **13** *vt* déluter
deszumar **01** *vt* exprimer le jus de
detallar **01** *vt* détailler
detectar **01** *vt* découvrir – déceler
detener **72** *vt* arrêter – détenir
■ **detenerse** **72** *vp* s'arrêter – s'attarder
detentar **01** *vt* détenir
deterger **17** *vt* nettoyer *(sans corroder)* – déterger
deteriorar **01** *vt* détériorer – abîmer
■ **deteriorarse** **01** *vp* se détériorer – s'abîmer
determinar **01** *vt* déterminer – statuer sur
■ **determinarse** **01** *vp* se décider
detestar **01** *vt* détester – avoir horreur de
detonar **01** *vi* détoner ; *vt* faire détoner
detractar **01** *vt* détracter
detraer **60** *vt* détourner – dénigrer
devalar **01** *vi* dériver
devaluar **09** *vt* dévaluer
■ **devaluarse** **09** *vp* se dévaluer
devanar **01** *vt* dévider – bobiner
■ **devanarse** **01** *vp* se dévider – s'enrouler
devanear **01** *vi* divaguer – délirer
devastar **01** *vt* dévaster – ravager
develar **01** *vt Am* dévoiler – *Am* inaugurer
devengar **19** *vt* rapporter – percevoir
devenir **73** *vi* devenir – advenir
devolver **35** *vt* rendre ; *vi fam* dégobiller
■ **devolverse** **35** *vp AmC, Andes, Car, Mex* revenir
devorar **01** *vt* dévorer – engloutir

diablear **01** *vi* faire le diable *(enfant)*
diagnosticar **13** *vt* diagnostiquer
dializar **16** *vt* dialyser
dialogar **19** *vi/vt* dialoguer
diamantar **01** *vt* diamanter
dibujar **01** *vt/vi* dessiner
■ **dibujarse** **01** *vp* se dessiner
dictaminar **01** *vt* estimer – déterminer
dictar **01** *vt* dicter – donner *(conférence, cours)*
diezmar **01** *vt* décimer – payer la dîme sur
difamar **01** *vt* diffamer
diferenciar **08** *vt* différencier
■ **diferenciarse** **08** *vp* différer – se différencier
diferir **55** *vi/vt* différer
dificultar **01** *vt* rendre difficile
difluir **52** *vi* affluer – foisonner
difractar **01** *vt* diffracter
difuminar **01** *vt* estomper – effacer
■ **difuminarse** **01** *vp* s'estomper
difundir **03** *vt* diffuser – propager
■ **difundirse** **03** *vp* se diffuser – se propager
digerir **55** *vt* digérer – assimiler
digitalizar **16** *vt* numériser
digitar **01** *vt Am* saisir *(sur un clavier)* – *RP fam* truquer
dignarse **01** *vp* daigner
dignificar **13** *vt* donner une certaine dignité à – faire honneur à
dilapidar **01** *vt* dilapider
dilatar **01** *vt* dilater ; *vi* avoir le col dilaté
■ **dilatarse** **01** *vp* se dilater – s'étendre
diligenciar **08** *vt* faire les démarches nécessaires pour
dilucidar **01** *vt* élucider – éclaircir
diluir **52** *vt* diluer – délayer
■ **diluirse** **52** *vp* se diluer – s'affaiblir
diluviar **08** *v impers* pleuvoir à verse *ou* à torrents
dimitir **03** *vi* démissionner – donner sa démission
dinamitar **01** *vt* dynamiter – saboter
dinamizar **16** *vt* dynamiser
diñar **01** *vt* donner
diplomar **01** *vt* diplômer
■ **diplomarse** **01** *vp* obtenir son diplôme
diptongar **19** *vt* diphtonguer
diputar **01** *vt* déléguer – mandater
direccionar **01** *vt* adresser
dirigir **18** *vt* conduire – diriger
dirimir **03** *vt* régler *(désaccord)* – annuler *(mariage, contrat)*
discar **13** *vt Andes, RP* composer *(un numéro de téléphone)*
discernir **27** *vt* discerner ; *vi* faire la différence
disciplinar **01** *vt* discipliner – punir
■ **disciplinarse** **01** *vp* se soumettre à la discipline – s'auto-flageller
discontinuar **09** *vt* discontinuer
discordar **28** *vi* diverger – jurer *(couleurs)*
discrepar **01** *vi* diverger – différer
discretear **01** *vi* chuchoter – faire des messes basses
discriminar **01** *vt* distinguer ; *vi* faire la différence
disculpar **01** *vt/vi* excuser
■ **disculparse** **01** *vp* s'excuser
discurrir **03** *vi* penser – passer *(temps)*
discursear **01** *vi* faire des discours – pérorer
discutir **03** *vi* parler ; *vt* débattre de
disecar **13** *vt* empailler – disséquer
diseccionar **01** *vt* disséquer
diseminar **01** *vt* disséminer – propager
■ **diseminarse** **01** *vp* se répandre – se disséminer
disentir **55** *vi* différer – diverger
diseñar **01** *vt* dessiner – élaborer
disertar **01** *vi* disserter
disfrazar **16** *vt* déguiser – masquer
disfrutar **01** *vi* s'amuser ; *vt* profiter de
disgregar **19** *vt* désagréger – disperser
■ **disgregarse** **19** *vp* se désagréger – se disperser
disgustar **01** *vt* déplaire à – contrarier
■ **disgustarse** **01** *vp* s'énerver – être contrarié
disidir **03** *vi* faire dissidence
disimilar **01** *vt* différencier
disimular **01** *vt* cacher ; *vi* feindre
disipar **01** *vt* dissiper – dilapider
■ **disiparse** **01** *vp* se dissiper – s'évaporer
dislocar **13** *vt* déboîter – démettre
■ **dislocarse** **13** *vp* se déboîter – se démettre
disminuir **52** *vt/vi* diminuer
disociar **08** *vt* dissocier
■ **disociarse** **08** *vp* être dissocié – se dissocier
disolver **35** *vt* dissoudre – disperser
■ **disolverse** **35** *vp* se dissoudre – être dissous
disonar **28** *vi* dissoner – jurer
disparar **01** *vt* tirer sur ; *vi* tirer
■ **dispararse** **01** *vp* se décharger – se déclencher
disparatar **01** *vi* divaguer – agir de manière absurde
dispensar **01** *vt* accorder – délivrer *(ordonnance)*
dispersar **01** *vt* disperser – PHYS propager
■ **dispersarse** **01** *vp* se disperser – se dissiper
displacer **61** *vt* déplaire à
disponer **69** *vt* disposer – arranger
disputar **01** *vt* disputer
■ **disputarse** **01** *vp* se disputer
distanciar **08** *vt* éloigner – distancer
■ **distanciarse** **08** *vp* s'éloigner
distar **01** *vi* être à *(distance)*
distender **26** *vt* distendre – détendre
■ **distenderse** **26** *vp* se distendre – se détendre
distinguir **20** *vt* distinguer ; *vi* faire la distinction (entre)
■ **distinguirse** **20** *vp* se distinguer – distinguer
distorsionar **01** *vt* déformer
distraer **60** *vt* distraire ; *vi* être distrayant
■ **distraerse** **60** *vp* se distraire
distribuir **52** *vt* distribuer – répartir
■ **distribuirse** **52** *vp* se répartir – se disposer
disturbar **01** *vt* perturber – troubler
disuadir **03** *vt* dissuader
divagar **19** *vi* digresser
divergir **18** *vi* diverger
diversificar **13** *vt* diversifier
■ **diversificarse** **13** *vp* se diversifier
divertir **55** *vt* divertir – détourner l'attention de
■ **divertirse** **55** *vp* se divertir – s'amuser
dividir **03** *vt* diviser ; *vi* faire les divisions
■ **dividirse** **03** *vp* se diviser – se partager
divinizar **16** *vt* diviniser – déifier
divisar **01** *vt* distinguer – apercevoir
divorciarse **08** *vp* divorcer – se séparer
divulgar **19** *vt* divulguer – vulgariser
■ **divulgarse** **19** *vp* être divulgué – se répandre
dobladillar **01** *vt* ourler

doblar **01** *vt* doubler ; *vi* tourner
doblarse **01** *vp* doubler – se courber
doblegar **19** *vt* faire plier – plier
doblegarse **19** *vp* plier – se plier
doctorar **01** *vt* conférer le titre de docteur à
doctorarse **01** *vp* obtenir son doctorat
doctorear **01** *vi* pontifier
doctrinar **01** *vt* endoctriner
documentar **01** *vt* documenter
documentarse **01** *vp* se documenter
dogmatizar **16** *vi* dogmatiser
dolar **28** *vt* doler
dolarizar **16** *vt* dollariser
doler **35** *vi* faire mal – faire souffrir
dolerse **35** *vp* regretter – se plaindre de
domar **01** *vt* dompter – dresser
domeñar **01** *vt* dompter
domesticar **13** *vt* apprivoiser
domiciliar **08** *vt Esp* domicilier – prélever
domiciliarse **08** *vp* se domicilier
dominar **01** *vt* dominer ; *vi* prédominer
dominarse **01** *vp* se maîtriser
donar **01** *vt* faire (une) donation de – faire don de
dopar **01** *vt* doper
doparse **01** *vp* se doper
dorar **01** *vt* dorer – rissoler
dorarse **01** *vp* rissoler
dormir **57** *vt* endormir ; *vi* dormir
dormirse **57** *vp* s'endormir – s'engourdir
dormitar **01** *vi* sommeiller – somnoler
dosificar **13** *vt* doser
dotar **01** *vt* doter – équiper
dovelar **01** *vt* tailler *(en forme de voussoir)*
dragar **19** *vt* NAUT draguer
dragonear **01** *vt Urug* faire la cour à – courtiser
dramatizar **16** *vt/vi* dramatiser
drapear **01** *vt* draper
drenar **01** *vt* drainer
driblar **01** *vt/vi* dribbler
drizar **16** *vt* hisser
drogar **19** *vt* droguer
drogarse **19** *vp* se droguer
dropar **01** *vt* droper
duchar **01** *vt* doucher – arroser
ducharse **01** *vp* se doucher – prendre une douche
dudar **01** *vt/vi* douter
dulcificar **13** *vt* adoucir
dulcificarse **13** *vp* s'adoucir
duplicar **13** *vt* doubler – dupliquer
duplicarse **13** *vp* doubler
durar **01** *vt* durer

E

echar **01** *vt* jeter – poster
echarse **01** *vp* se jeter – s'allonger
eclipsar **01** *vt* éclipser – faire de l'ombre à
eclipsarse **01** *vp* s'éclipser – décliner
ecologizar **16** *vt* rendre écologique
economizar **16** *vt/vi* économiser
edificar **13** *vt* édifier ; *vi* construire
editar **01** *vt* éditer – publier
editorializar **16** *vi* éditorialiser
educar **13** *vt* enseigner à – élever
educarse **13** *vp* être élevé
edulcorar **01** *vt* édulcorer
efectuar **09** *vt* effectuer – faire *(achat, visite, voyage)*
efectuarse **09** *vp* s'effectuer
eflorecerse **45** *vp* être en efflorescence
egresar **01** *vi Am* obtenir son baccalauréat – obtenir sa licence
ejecutar **01** *vt* exécuter – DR saisir
ejecutoriar **08** *vt* confirmer – contrôler
ejemplarizar **16** *vt* servir d'exemple
ejemplificar **13** *vt* illustrer
ejercer **14** *vt/vi* exercer
ejercitar **01** *vt* exercer – pratiquer *(langue)*
elaborar **01** *vt* fabriquer – élaborer *(plan, idée)*
electrificar **13** *vt* électrifier
electrizar **16** *vt* électriser – électrifier
electrocutar **01** *vt* électrocuter
electrocutarse **01** *vp* s'électrocuter
electrolizar **16** *vt* électrolyser
elegir **40** *vt/vi* choisir
elevar **01** *vt* monter – élever
elevarse **01** *vp* s'élever – être en hausse
elidir **03** *vt* GRAMM élider
eliminar **01** *vt* éliminer – supprimer
elogiar **08** *vt* louer
elucidar **01** *vt* élucider
elucubrar **01** *vi* réfléchir ; *vt* élucubrer
eludir **03** *vt* éluder – fuir
emanar **01** *vt* dégager
emancipar **01** *vt* émanciper
emanciparse **01** *vp* s'émanciper
emascular **01** *vt* émasculer
embadurnar **01** *vt* barbouiller
embadurnarse **01** *vp* se barbouiller
embaír **79** *vt* duper – tromper
embalar **01** *vt* emballer – *RP fam* monter le bourrichon à
embalarse **01** *vp* aller très vite – s'emballer
embaldosar **01** *vt* daller – carreler
emballenar **01** *vt* baleiner
embalsamar **01** *vt* embaumer
embalsar **01** *vt* retenir
embalsarse **01** *vp* former une mare
embanastar **01** *vt* mettre dans un panier – entasser
embancarse **13** *vp* s'échouer – *Chili, Équat* s'envaser
embanderar **01** *vt* pavoiser
embanquetar **01** *vt Mex* paver
embarazar **16** *vt* embarrasser – gêner
embarbascarse **13** *vp* s'embrouiller – AGRIC s'empêtrer
embarbecer **45** *vi* commencer à avoir de la barbe
embarbillar **01** *vt* CHARPENT embrever
embarcar **13** *vt/vi* embarquer
embarcarse **13** *vp* s'embarquer
embardar **01** *vt* garnir de ronces *(la crête d'un mur)*
embargar **19** *vt* DR saisir – NAUT mettre l'embargo sur
embarrancar **13** *vi* échouer
embarrancarse **13** *vp* s'échouer – s'embourber
embarrar **01** *vt* crotter – couvrir de boue
embarrarse **01** *vp* se crotter – se brancher *(perdrix)*
embarrilar **01** *vt* entonner – enfutailler
embarullar **01** *vt fam* mélanger – embrouiller
embarullarse **01** *vp fam* s'embrouiller
embastar **01** *vt* bâtir *(ourlet)* – piquer *(matelas)*
embastecer **45** *vi* engraisser
embastecerse **45** *vp* devenir grossier
embaucar **13** *vt* enjôler

embaular **05** *vt* mettre dans une malle – entasser

embazar **16** *vt* brunir – embarrasser

embazarse **16** *vp* faire des plis *(aux cartes)*

embebecer **45** *vt* distraire – éblouir

embebecerse **45** *vp* être ébloui - être ébahi

embeber **02** *vt* absorber ; *vi* rétrécir

embelecar **13** *vt* enjôler

embelesar **01** *vt* charmer – ravir

embelesarse **01** *vp* être charmé

embellaquecerse **45** *vp* mal tourner

embellecer **45** *vt/vi* embellir

embellecerse **45** *vp* s'embellir

embermejar **03** *vt/vi* rougir

embermejecer **45** *vt/vi* rougir

emberrenchinarse **01** *vp fam* piquer une colère

emberrincharse **01** *vp fam* piquer une colère

embestir **39** *vt* charger *(attaquer)*

embetunar **01** *vt* cirer – goudronner

embicar **13** *vt* NAUT apiquer

embicharse **01** *vp Mex fam* se mettre à poil

embijar **01** *vt* colorer *ou* peindre en rouge – *AmC, Mex* salir

embizcar **13** *vi* loucher

emblandecer **45** *vt* ramollir

emblandecerse **45** *vp* se ramollir – s'attendrir

emblanquecer **45** *vt* blanchir

embobar **01** *vt* ébahir – embobiner

embobarse **01** *vp* rester bouche bée

embobecer **45** *vt* rendre stupide – abêtir

embocar **13** *vt* s'engager dans

embocinarse **01** *vp Am* s'empêtrer

embochinarse **01** *vp Am* s'empêtrer

embodegar **19** *vt* encaver

embojar **01** *vt* encabaner

embolar **01** *vt* TAUROM bouler les cornes de – *RP fam* emmerder

embolarse **01** *vp RP fam* s'emmerder

embolismar **01** *vt Chili* exciter

embolsar **01** *vt* mettre en sacs – empocher

embolsarse **01** *vp* empocher

embonar **01** *vt Andes, Cuba, Mex* assembler – ajuster

emboñigar **19** *vt* crotter

emboquillar **01** *vt* garnir d'un filtre *(cigarette)* – MIN ouvrir une galerie

emborrachar **01** *vt* soûler – imbiber d'alcool

emborracharse **01** *vp* se soûler – s'enivrer

emborrar **01** *vt* rembourrer – engloutir

emborrascarse **13** *vp* se gâter *(temps)* – s'obscurcir *(ciel)*

emborrazar **16** *vt* barder

emborricarse **13** *vp fam* s'emberlificoter – s'amouracher

emborrizar **16** *vt* paner

emborronar **01** *vt* gribouiller – barbouiller

emboscar **13** *vt* MIL embusquer

emboscarse **13** *vp* MIL s'embusquer

embosquecer **45** *vi* se couvrir d'arbres

embostar **01** *vt* fumer

embotar **01** *vt* engourdir *(sentiments, esprit)* – étourdir *(alcool)*

embotarse **01** *vp* s'engourdir – se botter

embotellar **01** *vt* embouteiller – acculer

embotellarse **01** *vp* apprendre par cœur

embotijar **01** *vt* mettre dans des cruches

embotijarse **01** *fam vp* prendre du bide – gueuler

embovedar **01** *vt* voûter

embozalar **01** *vt* museler

embozar **16** *vt* cacher le bas du visage – se cacher

embozarse **16** *vp* se cacher le bas du visage – se draper

embragar **19** *vi* embrayer

embravecer **45** *vt* rendre furieux

embravecerse **45** *vp* s'emporter – se déchaîner *(mer, tempête)*

embrazar **16** *vt* passer à son bras *(bouclier)*

embrear **01** *vt* goudronner

embreñarse **01** *vp* se fourrer dans les buissons

embriagar **19** *vt* enivrer

embriagarse **19** *vp* s'enivrer

embridar **01** *vt* EQUIT brider – faire relever la tête à

embrocar **13** *vt* transvaser – fixer la semelle de *(avec des clous)*

embrochalar **01** *vt* ARCHIT enchevêtrer

embrollar **01** *vt* embrouiller – emmêler

embrollarse **01** *vp* s'embrouiller – s'emmêler

embromar **01** *vt* se moquer de – berner

embromarse **01** *vp Andes, Car, RP* tomber en panne – rendre l'âme

embroquetar **01** *vt* embrocher

embrujar **01** *vt* ensorceler

embrutecer **45** *vt* abrutir

embrutecerse **45** *vp* s'abrutir

embuchar **01** *vt* farcir – gaver

embudar **01** *vt* placer un entonnoir sur – berner

embullar **01** *vt Car fam* exciter ; *vi* chahuter

emburujar **01** *vt* entasser – *Car* troubler

emburujarse **01** *vp Col, Mex, PR, Ven* s'emmitoufler

embutir **03** *vt* farcir – fourrer

embutirse **03** *vp RP fam* s'empiffrer

emerger **17** *vi* émerger

emigrar **01** *vi* émigrer – migrer

emitir **03** *vt/vi* émettre

emocionar **01** *vt* émouvoir – exciter

emocionarse **01** *vp* être ému - être excité

empacar **13** *vt* conditionner ; *vi Am* faire ses valises

empacarse **13** *vp* s'entêter – se troubler

empachar **01** *vt* gaver ; *vi* donner une indigestion

empacharse **01** *vp* avoir une indigestion

empadronar **01** *vt* recenser – inscrire sur les listes électorales

empadronarse **01** *vp* se faire inscrire sur les listes électorales

empajar **01** *vt* empailler – *Chili, Col, Équat* couvrir de chaume

empajarse **01** *vp Chili* avoir trop de paille – *PR, Ven* manger à sa faim

empalagar **19** *vt* écœurer ; *vi* être écœurant

empalar **01** *vt* empaler – taper dans la balle

empalarse **01** *vp Chili* s'entêter – s'engourdir

empaliar **08** *vt* garnir de tentures

empalizar **16** *vt* palissader

empalmar **01** *vt* raccorder ; *vi* s'embrancher

empanar **01** *vt* paner – enrober de pâte
 empanarse **01** *vp* AGRIC étouffer
empanizar **16** *vt Mex* paner
empantanar **01** *vt* inonder – s'enliser
 empantanarse **01** *vp* être inondé - s'enliser
empañar **01** *vt* embuer – ternir
empapar **01** *vt* tremper – imbiber
 empaparse **01** *vp* se tremper – tremper
empapelar **01** *vt* tapisser *(de papier peint)* – envelopper
empapirotarse **01** *vp fam* se mettre sur son trente-et-un
empaquetar **01** *vt* empaqueter – entasser *(personnes)*
 empaquetarse **01** *vp RP* se mettre sur son trente-et-un
emparamar **01** *vt Col, Ven fam* tremper
 emparamarse **01** *vp Col, Ven fam* se faire tremper
emparchar **01** *vt Am fam* rapiécer
empardar **01** *vt RP* égaler
emparedar **01** *vt* enfermer
emparejar **01** *vt* assortir – assembler *(par deux)*
 emparejarse **01** *vp* former un couple
emparentar **22** *vt* apparenter
emparrar **01** *vt* treillager
emparrillar **01** *vt* griller – construire une armature *(dans les fondations)*
emparvar **01** *vt* AGRIC faire l'airée
empastar **01** *vt* plomber *(dent)* – cartonner *(livre)*
 empastarse **01** *vp Chili, Mex, Nica* être converti en pâturage – *Arg, Chili* souffrir de la météorisation
empastelar **01** *vt* faire un mastic – *fam* transiger
empastillar **01** *vt fam* bourrer de médicaments
 empastillarse **01** *vp* se bourrer de médicaments
empatar **01** *vi* égaliser
 empatarse **01** *vp* fréquenter
empatizar **16** *vi* faire preuve de sympathie
empavar **01** *vt Pérou* se moquer de – *Équat* irriter
 empavarse **01** *vp Pérou* être gêné – *Équat* être irrité (irritée) *ou* agacé
empavesar **01** *vt* voiler *(monument)* – NAUT pavoiser
empavonar **01** *vt* bleuir – *Col, PR* enduire
 empavonarse **01** *vp AmC* se mettre sur son trente-et-un
empecinar **01** *vt* poisser – salir
empedar **01** *vt Mex, RP tfam* bourrer
 empedarse **01** *vp Mex, RP tfam* se bourrer
empedernir **79** *vt* endurcir
 empedernirse **79** *vp* s'endurcir
empedrar **22** *vt* paver – empierrer
empegar **19** *vt* poisser – marquer avec de la poix
empelechar **01** *vt* recouvrir de marbre – assembler *(des plaques de marbre)*
empellar **01** *vt* pousser
empellejar **01** *vt* couvrir *ou* doubler de peaux
empeller **02** *vt* pousser
empelotarse **01** *vp fam* s'emmêler – *Andes, Cuba, Mex* se mettre à poil
empenachar **01** *vt* empanacher
empentar **01** *vt* MIN étayer
empeñar **01** *vt* engager – mettre en gage
 empeñarse **01** *vp* s'obstiner – insister
empeorar **01** *vi* se dégrader – *vt* aggraver
empequeñecer **45** *vt/vi* rapetisser
 empequeñecerse **45** *vp* rapetisser – diminuer
emperchar **01** *vt* accrocher à un portemanteau *ou* à un cintre
emperdigar **19** *vt* faire revenir *(de la viande)*
emperejilarse **01** *vp fam* se mettre sur son trente-et-un
emperezarse **16** *vp* paresser – fainéanter
empergaminar **01** *vt* relier en parchemin
emperifollar **01** *vt fam* pomponner
 emperifollarse **01** *vp fam* se mettre sur son trente-et-un
empernar **01** *vt* TECHNOL boulonner
empertigar **01** *vt Chili* mettre au joug
empezar **23** *vt/vi* commencer
 empicarse en *ou* **con** **23** *vp* se passionner pour – s'enticher de
empicotar **01** *vt* mettre au pilori
empilar **01** *vt* empiler
empilcharse **01** *vi/vp RP fam* se saper
empiltrarse **01** *vp tfam* se pieuter
empinar **01** *vt* dresser – *vi fam* picoler
 empinarse **01** *vp* se raidir – se cabrer
empingorotar **01** *vt fam* faire grimper
 empingorotarse **01** *vp* grimper – prendre de grands airs
empipada empiparse : se gaver **01** *vt Chili, Équa, PR* gueuleton *(m)*
empitonar **01** *vt* encorner
empizarrar **01** *vt* ardoiser
emplastar **01** *vt* appliquer un emplâtre sur – entraver le cours de
emplastecer **45** *vt* apprêter
emplazar **16** *vt* situer – positionner
emplear **01** *vt* employer – consacrer
 emplearse **01** *vp* s'employer – se dépenser
emplebeyecer **45** *vt* mettre à la portée de tous
emplomar **01** *vt* plomber
emplumar **01** *vt* emplumer – *vi* se couvrir de plumes
emplumecer **45** *vi* se couvrir de plumes
empobrecer **45** *vt* appauvrir – *vi* s'appauvrir
 empobrecerse **45** *vp* s'appauvrir
empodrecer **45** *vi* pourrir
 empodrecerse **45** *vp* pourrir
empollar **01** *vt* couver – *vi* pondre le couvain
 empollarse **01** *vp fam* potasser – bûcher
empolvar **01** *vt* empoussiérer – saupoudrer
 empolvarse **01** *vp* se poudrer – prendre la poussière
empolvorar **03** *vt* poudrer
empolvorizar **16** *vt* couvrir de poussière
emponcharse **01** *vp Andes, RP* s'envelopper dans un poncho
emponzoñar **01** *vt* empoisonner
empopar **01** *vi* NAUT naviguer vent arrière
emporcar **29** *vt* salir
 emporcarse **29** *vp* se salir
emporrarse **01** *vp fam* fumer un joint *ou* un pétard
empotrar **01** *vt* encastrer – sceller
 empotrarse **01** *vp* s'encastrer
empozar **16** *vt* jeter dans un puits – rouir
 empozarse **16** *vp fam* passer à la trappe – *Andes, RP, Ven* stagner
empradizar **16** *vt* transformer en pré
emprender **02** *vt* entreprendre – engager

empreñar **01** *vt* féconder
▪ **empreñarse** **01** *vp* être fécondée
emprestar **01** *vt* prêter
emprimar **01** *vt fam* rouler – apprêter
empujar **01** *vt/vi* pousser
empulgar **19** *vt* encocher
empuntar **01** *vt Col* diriger
▪ **empuntarse** **01** *vp Ven* s'obstiner
empuñar **01** *vt* empoigner – *vi* montrer le poing
emular **01** *vt* rivaliser avec – INFORM émuler
emulsionar **01** *vt* émulsionner
enaceitar **01** *vt* huiler
▪ **enaceitarse** **01** *vp* rancir
enaguachar **01** *vt* détremper – gonfler
▪ **enaguacharse** **01** *vp* avoir l'estomac gonflé
enaguar **11** *vt* détremper
enaguazar **16** *vt* détremper
enajenar **01** *vt* rendre fou – transporter
▪ **enajenarse** **01** *vp* s'aliéner
enalbar **01** *vt* chauffer à blanc
enalbardar **01** *vt* bâter – barder
enaltecer **45** *vt* vanter – élever
▪ **enaltecerse** **45** *vp* se vanter – s'élever
enamorar **01** *vt* rendre amoureux – *vi* inviter à l'amour
▪ **enamorarse** **01** *vp* tomber amoureux
enamoricarse **13** *vp fam* s'amouracher
enamoriscarse **01** *vp fam* s'amouracher
enancarse **13** *vp Andes, Arg, Pérou* monter en croupe – *Mex* se cabrer
enanchar **01** *vt fam* élargir
enarbolar **01** *vt* arborer – brandir
▪ **enarbolarse** **01** *vp* se cabrer – se fâcher
enarcar **13** *vt* hausser – arquer
enardecer **45** *vt* enflammer
▪ **enardecerse** **45** *vp* s'enflammer – s'échauffer
enarenar **01** *vt* sabler
▪ **enarenarse** **01** *vp* s'ensabler
enastar **01** *vt* emmancher
encabalgar **19** *vi* chevaucher – *vt* pourvoir en chevaux
encaballar **01** *vt* embroncher – IMPR faire un mastic
encabestrar **01** *vt* munir d'un licou – habituer à suivre le sonnailler
▪ **encabestrarse** **01** *vp* s'enchevêtrer
encabezar **16** *vt* mener – être le premier
encabritarse **01** *vp* se cabrer – monter en chandelle
encabronarse **01** *vp Esp, Mex* se mettre en pétard
encachar **01** *vt* établir un radier
encadenar **01** *vt* enchaîner
▪ **encadenarse** **01** *vp* s'enchaîner
encajar **01** *vt* encastrer – *vi* s'encastrer
▪ **encajarse** **01** *vp* se glisser – se coincer
encajonar **01** *vt* coincer – mettre dans des caisses
▪ **encajonarse** **01** *vp* s'encaisser
encalabozar **16** *vt fam* coffrer – mettre à l'ombre
encalabrinar **01** *vt* étourdir – porter sur
▪ **encalabrinarse** **01** *vp* s'entêter
encalar **01** *vt* chauler – badigeonner
encallar **01** *vi* s'échouer – se retrouver dans une impasse
▪ **encallarse** **01** *vp* s'échouer – être dans une impasse
encallecer **45** *vi* devenir calleux – durcir
▪ **encallecerse** **45** *vp* devenir calleux – s'endurcir
encalmarse **01** *vp* tomber – se rasséréner
encalomar **01** *vt Esp tfam* refiler – fourguer
encalvecer **45** *vi* devenir chauve
encamarse **01** *vp* s'aliter – gîter
encambijar **01** *vt* canaliser
encaminar **01** *vt* montrer *ou* indiquer le chemin – orienter
▪ **encaminarse** **01** *vp* se diriger
encamisar **01** *vt* mettre une chemise à – envelopper
encamotarse **01** *vp AmC, Andes fam* s'amouracher
encampanar **01** *vt Mex* laisser en plan – *Col, PR, Ven* lever
▪ **encampanarse** **01** *vp* se vanter – *Am* plastronner
encanalar **03** *vt* acheminer par une canalisation
encanalizar **16** *vt* acheminer par une canalisation
encanallar **01** *vt* encanailler
▪ **encanallarse** **01** *vp* s'encanailler
encanar **01** *vt Andes, Cuba, RP fam* coffrer – mettre à l'ombre
encanastar **01** *vt* mettre dans une corbeille
encancerarse **01** *vp* devenir cancéreux
encandecer **45** *vt* chauffer à blanc
encandelar **01** *vi* fleurir
encandelillar **01** *vt Am* éblouir – *Andes, Arg* surfiler
encandilar **01** *vt* éblouir – captiver
▪ **encandilarse** **01** *vp* pétiller
encanecer **45** *vi* blanchir – vieillir
▪ **encanecerse** **45** *vp* blanchir – vieillir
encanijarse **01** *vp* dépérir
encanillar **01** *vt* bobiner
encantar **01** *vi/vt* ensorceler
encanutar **01** *vt* rouler
encañar **01** *vt* canaliser – bobiner
encañonar **01** *vt* braquer sur – *vi* commencer à se couvrir de plumes
encapachar **01** *vt* mettre dans un cabas
encaparazonar **01** *vt* caparaçonner
encapillar **01** *vt* chaperonner – NAUT capeler
▪ **encapillarse** **01** *vp fam* enfiler
encapirotar **01** *vt* chaperonner
encapotar **01** *vt* couvrir d'un manteau
▪ **encapotarse** **01** *vp* se couvrir – froncer les sourcils
encapricharse **01** *vp Esp* s'engouer – s'enticher
encapuchar **03** *vt* encapuchonner
▪ **encapucharse** **03** *vp* s'encapuchonner
encapuzar **16** *vt* encapuchonner
▪ **encapuzarse** **16** *vp* s'encapuchonner
encaramar **01** *vt* hisser – élever
▪ **encaramarse** **01** *vp* grimper – *Am* rougir
encarar **01** *vt* affronter – faire face à
encarcelar **01** *vt* DR incarcérer – écrouer
encarecer **45** *vt* faire monter le prix de – recommander
▪ **encarecerse** **45** *vp* augmenter – devenir plus cher
encargar **19** *vt* charger de – commander
▪ **encargarse** **19** *vp* être confié à – se faire faire
encariñar **01** *vt* inspirer de l'affection à
encarnar **01** *vt* incarner – *vi* s'incarner
▪ **encarnarse** **01** *vp* s'incarner – faire curée
encarnecer **45** *vi* engraisser
encarnizar **16** *vt* acharner – déchaîner
encarpetar **01** *vt* ranger *ou* classer dans un dossier – faire traîner en longueur

encarrilar **01** *vt* remettre sur les rails – engager
encarrilarse **01** *vp* s'engager – s'orienter
encarroñar **01** *vt* corrompre
encarroñarse **01** *vp* se corrompre
encarrujarse **01** *vp* se tortiller
encartar **01** *vt/vi* impliquer – *fam* marcher
encartonar **01** *vt* cartonner
encascabelar **01** *vt* garnir de grelots
encascotar **01** *vt* remplir de gravats
encasillar **01** *vt* cataloguer – cantonner
encasillarse **01** *vp* se limiter
encasquetar **01** *vt* enfoncer sur la tête – *fam* fourrer dans la tête
encasquetarse **01** *vp* enfoncer sur sa tête – *fam* se fourrer dans la tête
encasquillar **01** *vt Am* ferrer
encasquillarse **01** *vp* s'enrayer – se brouiller
encastillar **01** *vt* fortifier – entasser
encastillarse **01** *vp* se retrancher – se draper
encastrar **01** *vt* encastrer – TECHNOL engrener
encauchar **01** *vt* caoutchouter
encausar **01** *vt* DR inculper
encausticar **13** *vt* encaustiquer
encauzar **16** *vt* endiguer – diriger
encebadar **01** *vt* gaver
encebadarse **01** *vp* avoir le ventre gonflé après avoir été gavé *(cheval)*
encebollar **01** *vt* CULIN garnir d'oignons
enceguecer **45** *vt Am* aveugler
encelar **01** *vt* rendre jaloux
encelarse **01** *vp* devenir jaloux – être en rut *(animal)*
encellar **01** *vt* mettre à égoutter
encenagarse **19** *vp* s'embourber – se rouler dans la boue
encender **26** *vt* allumer – enflammer
encenderse **26** *vp* prendre – s'allumer
encenizar **16** *vt* couvrir de cendres
encentar **22** *vt* entamer
encepar **01** *vi* s'enraciner – *vt* mettre le carcan à
enceparse **01** *vp* AGRIC planter
encerar **01** *vt* cirer – *vi* blondir
encerotar **01** *vt* poisser
encerrar **22** *vt* enfermer – contenir
encerrarse **22** *vp* s'enfermer – se renfermer
encespedar **01** *vt* gazonner – engazonner
encestar **01** *vi* SPORT marquer un panier – *vt* SPORT marquer
enchalecar **13** *vt Am* mettre une camisole de force à
enchancletar **01** *vt* enfiler *(des babouches, des savates)*
enchapar **01** *vt/vi RP* plaquer
encharcar **13** *vt* inonder – détremper
encharcarse **13** *vp* être inondé – MÉD être noyé
enchicharse **01** *vp AmC, Andes, Mex* s'enivrer à la chicha
enchilar **01** *vt/vi AmC, Mex* accommoder au piment – pimenter
enchilarse **01** *vp* forcer sur le piment – *fam* se fâcher
enchinar **01** *vt* caillouter – *Mex* friser
enchinchar **01** *vt*, *Arg, Guat, Mex* enquiquiner – *Mex* retarder
enchincharse **01** *vp RP fam* s'énerver
enchiquerar **01** *vt* TAUROM mettre au toril – *fig fam* coffrer
enchironar **01** *vt fam* coffrer
enchivarse **01** *vp Col, Équa, Pérou* sortir de ses gonds
enchuecar **13** *vt Andes, Mex* tordre
enchufar **01** *vt* brancher – raccorder
enchufarse **01** *vp* se brancher
encimar **01** *vt* monter sur – *Mex* empiler
encintar **01** *vt* orner de rubans – encercler
encismar **01** *vt* provoquer un schisme dans
encizañar **01** *vt* semer la discorde dans
enclaustrar **01** *vt* cloîtrer
enclaustrarse **01** *vp* se cloîtrer
enclavar **01** *vt* clouer – bloquer
enclavarse **01** *vp* être enclavé – se classer
enclavijar **01** *vt* cheviller
enclocar **29** *vi* glousser pour demander à couver *(poule)*
encobrar **01** *vt* cuivrer
encocorar **01** *vt fam* enquiquiner
encofrar **01** *vt* MIN coffrer
encoger **17** *vt/vi* rétrécir
encogerse **17** *vp* se rétrécir – se replier
encolar **01** *vt* coller – encoller
encolerizar **16** *vt* irriter – mettre en colère
encolerizarse **16** *vp* se mettre en colère – s'emporter
encomendar **22** *vt* charger de – confier
encomiar **08** *vt fam* louer – vanter
encompadrar **01** *vi fam* devenir copains *ou* potes
enconar **01** *vt* enflammer – envenimer
enconarse **01** *vp* s'enflammer – s'envenimer
encontrar **28** *vt* retrouver – trouver
encontrarse **28** *vp* se rencontrer – se trouver
encoñarse **01** *vp Esp vulg* être raide dingue de qqn
encopetar **01** *vt* élever – mettre en haut
encopetarse **01** *vp* prendre de grands airs
encorajinar **01** *vt* mettre en colère – encourager
encorajinarse **01** *vp* se fâcher – être stimulé
encorar **28** *vt* recouvrir de cuir – *vi* MÉD (se) cicatriser
encorbatarse **01** *vp fam* être cravaté
encorchar **01** *vt* boucher
encorchetar **01** *vt* poser des agrafes – agrafer
encordar **28** *vt* corder – ficeler
encordarse **28** *vp* s'encorder
encordelar **01** *vt* ficeler
encordonar **01** *vt* garnir de cordons
encorozar **16** *vt* mettre la cagoule *(à un condamné)*
encorralar **01** *vt* parquer *(animal)*
encorsetar **01** *vt* corseter – *fig* entraver
encorvar **01** *vt* courber – voûter
encorvarse **01** *vp* se courber – se voûter
encostalar **01** *vt Mex* ensacher
encostrar **28** *vt* encroûter
encostrarse **28** *vp* s'encroûter
encovar **28** *vt* enfermer – cacher
encrasar **01** *vt* AGRIC fumer
encrespar **01** *vt* friser – hérisser
encresparse **01** *vp* friser – se hérisser
encriptar **01** *vt* INFORM crypter
encristalar **01** *vt* vitrer
encrudecerse **45** *vp* devenir plus rigoureux *ou* rude – se durcir
encuadernar **01** *vt* relier

encuadrar **01** *vt* encadrer – classer
▪ **encuadrarse** **01** *vp* s'inscrire
encubar **01** *vt* encuver – cuveler
encubrir **03** *vt* receler – dissimuler
encuerar **01** *vt Cuba, Mex fam* déshabiller – dépouiller
encuestar **01** *vt* interroger – sonder
encularse **01** *vp Arg tfam* prendre la mouche
encumbrar **01** *vt* élever – *fig* encenser
▪ **encumbrarse** **01** *vp* s'élever – *fig* prendre de grands airs
encunar **01** *vt* mettre dans un berceau – TAUROM encorner
encurtir **03** *vt* confire dans du vinaigre
endemoniar **01** *vt* ensorceler – envoûter
endentar **22** *vt* TECHNOL endenter
endentecer **45** *vi* faire ses dents
enderezar **16** *vt/vi* redresser
▪ **enderezarse** **16** *vp* se redresser – se reprendre
endeudar **01** *vt* endetter
▪ **endeudarse** **01** *vp* s'endetter
endiablar **01** *vt* ensorceler – envoûter
endilgar **01** *vt fam* refiler – faire avaler
endiñar **01** *vt Esp fam* coller – refiler
endiosar **01** *vt* déifier – rendre vaniteux
▪ **endiosarse** **01** *vp* s'enorgueillir – devenir vaniteux
endomingar **19** *vt* endimancher
▪ **endomingarse** **19** *vp* s'endimancher
endosar **01** *vt* refiler – coller *(personne, en sport)*
endoselar **01** *vt* couvrir d'un dais
endrogarse **19** *vp Chili, Mex, Pérou* s'endetter
endulzar **16** *vt* sucrer – adoucir
endurar **01** *vt* endurcir
endurecer **45** *vt* durcir – raffermir
▪ **endurecerse** **45** *vp* durcir – se durcir
enemistar **01** *vt* brouiller
▪ **enemistarse** **01** *vp* se brouiller
enervar **01** *vt* énerver – affaiblir
enfadar **01** *vt* mettre en colère
▪ **enfadarse** **01** *vp* se mettre en colère – se fâcher
enfaldar **01** *vt* retrousser – élaguer
enfangar **19** *vt* rendre boueux
▪ **enfangarse** **19** *vp* se couvrir de boue – devenir boueux
enfardar **01** *vt* emballer – empaqueter
enfardelar **01** *vt* emballer – empaqueter
enfatizar **16** *vt* mettre l'accent sur *(mot, phrase)*
enfermar **01** *vi* tomber malade ; *vt* rendre malade
▪ **enfermarse** **01** *vp* tomber malade – *CSud fam* avoir ses règles
enfervorizar **16** *vt* enthousiasmer
▪ **enfervorizarse** **16** *vp* s'enthousiasmer
enfeudar **01** *vt* inféoder
enfiestarse **01** *vp Am* s'amuser – être en fête
enfilar **01** *vt* enfiler ; *vi* se diriger
enfistolarse **01** *vp* MÉD dégénérer en fistule
enflaquecer **45** *vt* amaigrir ; *vi* maigrir
enflautar **01** *vt Col, Guat, Mex fam* refiler
enfocar **13** *vt* faire *ou* effectuer la mise au point ; *vi* faire la mise au point
enfoscar **13** *vt* crépir
▪ **enfoscarse** **13** *vp* s'obscurcir – se couvrir
enfrascar **13** *vt* mettre en flacon
enfrenar **01** *vt* brider – dresser
enfrentar **01** *vt* opposer – affronter
▪ **enfrentarse** **01** *vp* affronter – s'affronter
enfriar **07** *vt/vi* refroidir
▪ **enfriarse** **07** *vp* se refroidir – attraper froid
enfrontar **01** *vt* affronter
enfundar **01** *vt* mettre dans une housse – couvrir
▪ **enfundarse** **01** *vp* endosser – revêtir
enfurecer **45** *vt* rendre furieux
▪ **enfurecerse** **45** *vp* s'emporter – se déchaîner *(mer)*
enfurruñarse **01** *vp* se mettre en rogne – se couvrir *(ciel)*
enfurtir **03** *vt* fouler – feutrer
engafar **01** *vt* NAUT gaffer
engaitar **01** *vt fam* rouler – embobiner
engalanar **01** *vt* décorer – pomponner
▪ **engalanarse** **01** *vp* se parer – se pomponner
engalgar **19** *vt* mettre sur la piste – NAUT empenneler
engallarse **01** *vp* devenir arrogant – ÉQUIT effectuer le ramener
enganchar **01** *vt* accrocher ; *vi fam* rendre accro
▪ **engancharse** **01** *vp* s'accrocher – s'engager
engañar **01** *vt* tromper
▪ **engañarse** **01** *vp* se faire des illusions – se tromper
engarabitarse **01** *vp* grimper
engargolar **01** *vt* relier avec des spirales en plastique *ou* métalliques
engarrotar **01** *vt* garrotter
engarzar **16** *vt* enfiler – sertir
engastar **01** *vt* sertir – monter
engatillar **01** *vt* effectuer un tir *(football)* – cramponner
engatusar **01** *vt fam* embobiner
engavillar **01** *vt* botteler
engazar **16** *vt* NAUT estroper
engendrar **01** *vt* engendrer – être à l'origine de
englobar **01** *vt* englober
engolfar **01** *vi* gagner le large
▪ **engolfarse** **01** *vp* s'avilir – gagner le large
engolosinar **01** *vt* allécher – tenter
engomar **01** *vt* gommer
engominar **01** *vt* gominer
▪ **engominarse** **01** *vp* se gominer
engordar **01** *vt* engraisser ; *vi* grossir
▪ **engordarse** **01** *vp* grossir
engoznar **01** *vt* fixer des gonds
engrampar **01** *vt RP* agrafer
engranar **01** *vt* engrener ; *vi* s'engrener
engrandecer **45** *vt* agrandir – grandir
▪ **engrandecerse** **45** *vp* s'agrandir – grandir
engrapar **01** *vt* agrafer
engrasar **01** *vt* graisser – graisser la patte à
▪ **engrasarse** **01** *vp* s'encrasser
engreír **42** *vt* remplir d'orgueil – *Pérou* gâter
▪ **engreírse** **42** *vp* s'enorgueillir
engrescar **13** *vt* monter *(qqn contre)*
▪ **engrescarse** **13** *vp* entrer en conflit
engrifarse **01** *vp fam* se camer
engrillar **01** *vt* coffrer
▪ **engrillarse** **01** *vp PR, Ven* baisser la tête *(cheval)*
engringarse **19** *vp Am* prendre les allures d'un étranger
engriparse **01** *vp CSud* s'enrhumer – attraper froid
engrosar **28** *vt* se développer ; *vi* grossir
▪ **engrosarse** **28** *vp* grossir de – augmenter

engrudar **01** *vt* coller *(papier)* – empeser
▪ **engrudarse** **01** *vp* épaissir
engrupir **03** *vt RP* embobiner – enjôler
enguachinar **01** *vt* tremper – détremper
engualdrapar **01** *vt* housser
engualichar **01** *vt Andes, RP* jeter un sort
enguantarse **01** *vp* mettre ses gants
enguatar **01** *vt* ouater – molletonner
enguijarrar **01** *vt* caillouter
enguirnaldar **01** *vt* enguirlander
engullir **03** *vt* engloutir
enharinar **01** *vt* enfariner
enhebrar **01** *vt* enfiler – aligner *(idées, mots)*
enherbolar **01** *vt* empoisonner
enhilar **01** *vt* enfiler – aligner *(idées, mots)*
enhornar **01** *vt* enfourner
enjabonar **01** *vt* savonner – passer de la pommade à
▪ **enjabonarse** **01** *vp* se savonner
enjaezar **16** *vt* harnacher
enjalbegar **19** *vt* chauler
enjalmar **01** *vt* bâter
enjambrar **01** *vt* former un essaim ; *vi* essaimer
enjaquimar **01** *vt* mettre un licou à
enjarciar **08** *vt* gréer
enjaretar **01** *vt* faire passer un cordon dans – bâcler
enjaular **01** *vt* mettre en cage – coffrer
▪ **enjaularse** **01** *vp* se cloîtrer
enjebar **01** *vt* chauler
enjertar **01** *vt* greffer
enjimelgar **19** *vt* jumeler
enjoyar **01** *vt* parer – sertir
▪ **enjoyarse** **01** *vp* se parer
enjuagar **19** *vt* rincer
▪ **enjuagarse** **19** *vp* se rincer
enjugar **19** *vt* essuyer – sécher *(larmes, sueur, sang)*
▪ **enjugarse** **19** *vp* essuyer – s'essuyer
enjuiciar **08** *vt* se prononcer sur – DR poursuivre
enlabiar **08** *vt* duper – leurrer
enladrillar **01** *vt* carreler
enlagunar **01** *vt* inonder *(terrain)*
enlardar **01** *vt* graisser avec du lard
enlatar **01** *vt* mettre en conserve – *AmC* latter
enlazar **16** *vt* enchaîner *(idées, mots)* – enlacer
▪ **enlazarse** **16** *vp* être lié *(idées, thèmes)* – s'unir
enlegamar **01** *vt* procéder au limonage
enligar **19** *vt* engluer
▪ **enligarse** **19** *vp* s'engluer
enllantar **01** *vt* garnir de jantes
enlobreguecer **45** *vt* assombrir – obscurcir
enlodar **03** *vt* couvrir de boue – traîner dans la boue
enlodazar **16** *vt* couvrir de boue – traîner dans la boue
enlomar **01** *vt* endosser *(livre)*
▪ **enlomarse** **01** *vp* courber *ou* bomber l'échine
enloquecer **45** *vt* rendre fou ; *vi* devenir fou
enlosar **01** *vt* daller – carreler
enlozar **16** *vt Am* vernir
enlucir **47** *vt* crépir – fourbir *(métal)*
enlustrecer **45** *vt* lustrer
enlutar **01** *vt* endeuiller
▪ **enlutarse** **01** *vp* prendre le deuil
enmaderar **01** *vt* réaliser la charpente de
enmadrarse **01** *vp* s'attacher excessivement à sa mère
enmallarse **01** *vp* être pris dans le filet
enmangar **19** *vt* emmancher
enmantar **01** *vt* couvrir d'une couverture
enmantecar **13** *vt RP, Ven* beurrer
enmarañar **01** *vt* emmêler – embrouiller
▪ **enmarañarse** **01** *vp* s'emmêler – s'embrouiller
enmararse **01** *vp* gagner le large
enmarcar **13** *vt* encadrer – inscrire *(dans le cadre de)*
▪ **enmarcarse** **13** *vp* s'inscrire *(dans le cadre de)*
enmaridar **01** *vi* se marier ; *vt* marier
enmarillecerse **45** *vp* jaunir
enmaromar **01** *vt* attacher *(animal)*
enmascarar **01** *vt* masquer – MIL camoufler
▪ **enmascararse** **01** *vp* mettre *ou* porter un masque – se déguiser
enmasillar **01** *vt* mastiquer
enmelar **22** *vt* emmieller ; *vi* fabriquer du miel
enmendar **22** *vt* réparer *(erreur, faute)* – corriger
▪ **enmendarse** **22** *vp* s'amender – TAUROM bouger
enmicar **13** *vt Mex* plastifier
enmohecer **45** *vt* moisir – rouiller
▪ **enmohecerse** **45** *vp* moisir – rouiller
enmollecerse **45** *vp* se ramollir
enmontarse **01** *vp Col, Ven* devenir sauvage
enmoquetar **01** *vt* poser de la moquette dans
enmudecer **45** *vi* rester muet ; *vt* faire taire
enmugrar **01** *vt Am* encrasser
▪ **enmugrarse** **01** *vp Am* s'encrasser
enmugrecer **45** *vt* encrasser
▪ **enmugrecerse** **45** *vp* s'encrasser
enmuinarse **01** *vp fam Mex* s'emporter – sortir de ses gonds
ennegrecer **45** *vt/vi* noircir
▪ **ennegrecerse** **45** *vp* se noircir – s'assombrir
ennoblecer **45** *vt* anoblir – ennoblir
enojar **01** *vt Esp Am* mettre en colère – agacer
▪ **enojarse** **01** *vp* se mettre en colère – être agacé
enorgullecer **45** *vt* enorgueillir – flatter
enquiciar **08** *vt* fixer sur ses gonds
enquistarse **01** *vp* s'enkyster – s'implanter *(problème, coutume)*
enrabiar **08** *vt* mettre en colère – faire enrager
▪ **enrabiarse** **08** *vp* se mettre en colère – enrager
enraizar **16** *vi* s'enraciner
▪ **enraizarse** **16** *vp* s'enraciner
enramar **01** *vt* garnir de branchages ; *vi* se développer *(arbre, plante)*
enranciar **08** *vt* faire rancir
▪ **enranciarse** **08** *vp* rancir
enrarecer **45** *vt* détériorer ; *vi* devenir rare
▪ **enrarecerse** **45** *vp* se détériorer – se raréfier
enrasar **01** *vt* remplir ; *vi* être aligné
enrayar **01** *vt* enrayer
enredar **01** *vt* emmêler ; *vi* farfouiller
▪ **enredarse** **01** *vp* s'emmêler – s'enrouler autour de
enrejar **01** *vt* grillager – *fam* coffrer
enriar **07** *vt* rouir
enrielar **01** *vt* laminer – poser des rails

enripiar **08** *vt* remplir de gravats
enriquecer **45** *vt* enrichir
■ **enriquecerse** **45** *vp* s'enrichir
enriscarse **13** *vp* se réfugier dans un lieu peu accessible
enristrar **01** *vt* mettre en chapelet *(ails, oignons)* – mettre en arrêt *(lance)*
enrocar **13** *vt/vi* roquer *(aux échecs)*
■ **enrocarse** **13** *vp* roquer – se coincer *(hameçon, filet)*
enrodrigar **19** *vt* échalasser – tuteurer
enrodrigonar **19** *vt* échalasser – tuteurer
enrojecer **45** *vt/vi* rougir
■ **enrojecerse** **45** *vp* rougir – devenir rouge
enrolar **01** *vt* enrôler – embarquer
enrollar **01** *vt* enrouler – embobiner
■ **enrollarse** **01** *vp* s'enrouler – *fam* coucher
enromar **01** *vt* émousser
enronquecer **45** *vt* enrouer
■ **enronquecerse** **45** *vp* s'enrouer
enroscar **13** *vt* visser – enrouler
■ **enroscarse** **13** *vp* s'enrouler
enrostrar **01** *vt Am* reprocher
enrubiar **08** *vt* éclaircir *(les cheveux)*
■ **enrubiarse** **08** *vp* blondir
enrular **01** *vt CSud* coiffer en rouleaux
■ **enrularse** **01** *vp CSud* friser
ensabanar **01** *vt* recouvrir d'un drap
■ **ensabanarse** **01** *vp Ven* se rebeller
ensacar **13** *vt* ensacher
ensalivar **01** *vt* humecter de salive
ensalmar **01** *vt* remettre *(os)* – guérir
ensalzar **16** *vt* louer – glorifier
ensambenitar **01** *vt* revêtir d'un sanbenito *(les condamnés par l'Inquisition)*
ensamblar **01** *vt* monter *(meuble)* – INFORM assembler
ensanchar **01** *vt* élargir – agrandir
■ **ensancharse** **01** *vp* s'élargir – s'agrandir
ensandecer **45** *vi* devenir stupide – s'abrutir
ensangrentar **22** *vt* ensanglanter
■ **ensangrentarse** **22** *vp* se couvrir *ou* se tacher de sang – s'énerver
ensañarse **01** *vp* s'acharner
ensarmentar **22** *vt* provigner
ensartar **01** *vt* enfiler – embrocher
■ **ensartarse** **01** *vp Am fam* se faire avoir
ensayar **01** *vt* essayer ; *vi* répéter *(spectacle)*
ensebar **01** *vt* suiffer – graisser
ensenar **01** *vt* ancrer dans une crique
enseñar **01** *vt* apprendre – enseigner
■ **enseñarse** **01** *vp Mex* prendre l'habitude de
enserar **01** *vt* clisser
enseriarse **08** *vp Car, Pérou* prendre une mine sérieuse
ensilar **01** *vt* AGRIC ensiler
ensillar **01** *vt* seller
ensilvecerse **45** *vp* se transformer en forêt
ensimismarse **01** *vp* se plonger – être captivé
ensoberbecer **45** *vt* rendre orgueilleux
■ **ensoberbecerse** **45** *vp* devenir orgueilleux - s'agiter *(mer)*
ensogar **19** *vt* ficeler – clisser
ensombrecer **45** *vt* assombrir
■ **ensombrecerse** **45** *vp* s'assombrir
ensopar **01** *vt Andes, RP, Ven* tremper
■ **ensoparse** **01** *vp Andes, RP, Ven* se faire tremper
ensordecer **45** *vt* rendre sourd; *vi* devenir sourd
ensortijar **01** *vt* boucler *(cheveux)* – enrouler
■ **ensortijarse** **01** *vp* se parer de bijoux – boucler *(cheveux)*
ensuciar **08** *vt/vi* salir
■ **ensuciarse** **08** *vp* salir – se vendre
entablar **01** *vt* engager ; *vi Am* faire partie nulle
■ **entablarse** **01** *vp Am* commencer – *Am* tourner *(vent)*
entablerarse **01** *vp* TAUROM se réfugier contre les barrières
entablillar **01** *vt* MÉD éclisser
entalamar **01** *vt* bâcher
entalegar **19** *vt* ensacher – mettre de côté *(argent)*
■ **entalegarse** **19** *vp fam* empocher
entalingar **19** *vt* NAUT étalinguer
entallar **01** *vt* entailler ; *vi* être ajusté *(vêtement)*
entallecer **45** *vi* germer
entapar **01** *vt Chili* relier
entapizar **16** *vt* tapisser
entapujar **01** *vt fam* planquer
entarimar **01** *vt* parqueter – planchéier
entarquinar **01** *vt* salir avec de la boue – colmater
entarugar **19** *vt* paver en bois
entechar **01** *vt Chili* couvrir *(une maison)*
entender **26** *vt* comprendre ; *vi* en être
■ **entenderse** **26** *vp* se comprendre – s'entendre
entenebrecer **45** *vt* enténébrer
■ **entenebrecerse** **45** *vp* plonger dans les ténèbres
enterar **01** *vt* informer – *AmC, Chili, Col* verser *(argent)*
■ **enterarse** **01** *vp* apprendre – *fam* piger
entercarse **13** *vp* s'obstiner – s'entêter
enternecer **45** *vt* attendrir
■ **enternecerse** **45** *vp* s'attendrir
enterrar **22** *vt* enterrer – enfoncer
■ **enterrarse** **22** *vp* s'enterrer
entesar **01** *vt* tendre – renforcer
entibar **01** *vt* MIN boiser ; *vi* reposer sur
entibiar **08** *vt* tiédir – refroidir *(sentiment)*
■ **entibiarse** **08** *vp* tiédir – se réchauffer *(atmosphère, pièce)*
entinar **01** *vt* encuver – mettre en cuve
entintar **01** *vt* teindre – IMPR encrer
■ **entintarse** **01** *vp* se mettre de l'encre sur
entiznar **01** *vt* noircir – souiller
entoldar **01** *vt* tendre un vélum sur *ou* au-dessus de – orner de tentures
■ **entoldarse** **01** *vp* se couvrir *(ciel)* – s'enorgueillir
entomizar **16** *vt* lier avec des cordelettes
entonar **01** *vt* entonner ; *vi* chanter juste
■ **entonarse** **01** *vp fam* être bourré - se requinquer
entonelar **01** *vt* enfutailler – entonner
entongar **19** *vt* disposer en couches
entontar **01** *vt Am* assommer ; *vi* s'abêtir
■ **entontarse** **01** *vp* s'abêtir
entontecer **45** *vt* étourdir ; *vi* s'abêtir
■ **entontecerse** **45** *vp* s'abêtir – devenir stupide
entorchar **01** *vt* filer – torsader
entorilar **01** *vt* TAUROM mettre au toril
entornar **01** *vt* entrebâiller – plisser *(yeux)*
entorpecer **45** *vt* engourdir – entraver
entortar **28** *vt* tordre – éborgner
entosigar **19** *vt* harceler
entramar **01** *vt* latter – *Am* tisser

entrampar 01 *vt* prendre au piège – faire patauger
■ **entramparse 01** *vp* tomber dans un piège – *fam* avoir une longue ardoise
entrañar 01 *vt* impliquer – renfermer
■ **entrañarse 01** *vp* pénétrer – se lier intimement
entrar 01 *vi* entrer ; *vt* rentrer
entreabrir 03 *vt* entrebâiller – entrouvrir
■ **entreabrirse 03** *vp* s'entrouvrir
entreayudarse 01 *vp* s'entraider
entrecavar 01 *vt* bêcher légèrement
entrecerrar 22 *vt* laisser entrebâillé - fermer à moitié
entrechocar 13 *vt* entrechoquer ; *vi* s'entrechoquer
■ **entrechocarse 13** *vp* s'entrechoquer – claquer
entrecomar 01 *vt* mettre entre virgules
entrecomillar 01 *vt* mettre entre guillemets
entrecortar 01 *vt* entrecouper – hacher
■ **entrecortarse 01** *vp* être entrecoupé - être haché
entrecruzar 16 *vt* croiser
■ **entrecruzarse 16** *vp* se croiser
entredecir 74 *vt* interdire
entregar 19 *vt* remettre – livrer
■ **entregarse 19** *vp* se rendre – déposer les armes
entrejuntar 01 *vt* assembler
entrelazar 16 *vt* entrelacer – entremêler
■ **entrelazarse 16** *vp* s'entrelacer
entrelinear 01 *vt* interligner
entrelucir 47 *vi* transparaître
entremeter 02 *vt* mettre
entremezclar 01 *vt* entremêler
■ **entremezclarse 01** *vp* s'entremêler
entrenar 01 *vt* entraîner ; *vi* s'entraîner
■ **entrenarse 01** *vp* s'entraîner
entreoír 58 *vt* entendre vaguement
entrepelar 01 *vi* être mêlé *(cheval)*
entrerrenglonar 01 *vt* interligner
entresacar 13 *vt* retenir – tirer *(d'un texte)*
entretallar 01 *vt* sculpter en bas relief – découper *(tissu)*
entretejer 02 *vt* brocher – entrelacer
entretener 72 *vt* distraire – retenir
■ **entretenerse 72** *vp* se distraire – se laisser distraire

entrever 75 *vt* entrevoir – percevoir
■ **entreverse 75** *vp* distinguer – entrevoir
entreverar 01 *vt CSud* entremêler
■ **entreverarse 01** *vp CSud* se mêler – s'entremêler
entrevistar 01 *vp* interviewer – faire passer un entretien
■ **entrevistarse 01** *vp* s'entretenir
entristecer 45 *vt* attrister
entrojar 01 *vt* engranger
entrometerse 02 *vt* se mêler de
entromparse 01 *vp fam* se soûler – *Am* se fâcher
entronar 01 *vt* introniser
entroncar 13 *vt* rattacher ; *vi* être apparenté
entronizar 16 *vt* introniser
entruchar 01 *vt fam* embobiner
entrujar 01 *vt* mettre au grenier – engranger
entubar 01 *vt* tuber – MÉD intuber
entullecer 45 *vt* paralyser ; *vi* devenir perclus
entumecer 45 *vt* engourdir – tuméfier
■ **entumecerse 45** *vp* s'engourdir – enfler
entumirse 03 *vp* s'engourdir
entunicar 13 *vt* enduire
entupir 03 *vt* obstruer – comprimer
enturbiar 08 *vt* troubler *(air, liquide)* – perturber
■ **enturbiarse 08** *vp* se troubler – se voiler
entusiasmar 01 *vt/vi* enthousiasmer
■ **entusiasmarse 01** *vp* s'enthousiasmer
enuclear 01 *vt* MÉD énucléer
enumerar 01 *vt* énumérer
enunciar 08 *vt* énoncer
envainar 01 *vt* engainer – rengainer
envalentonar 01 *vt* enhardir – encourager
■ **envalentonarse 01** *vp* s'enhardir – se donner du courage
envanecer 45 *vt* enorgueillir
■ **envanecerse 45** *vp* devenir orgueilleux
envarar 01 *vt* engourdir
■ **envararse 01** *vp* s'engourdir – *fam* prendre la grosse tête
envasar 01 *vt* conditionner – descendre *(boisson)*
envedijarse 01 *vp* s'emmêler – *fam* s'embrouiller

envejecer 45 *vi/vt* vieillir
■ **envejecerse 45** *vp* vieillir – se vieillir
envenenar 01 *vt* empoisonner
■ **envenenarse 01** *vp* s'empoisonner – s'envenimer
enverar 01 *vi* dorer – mûrir
enverdecer 45 *vi* verdir
envergar 19 *vt* NAUT enverguer
enviar 07 *vt* envoyer
enviciar 08 *vt* débaucher ; *vi* s'adonner à
■ **enviciarse 08** *vp* tomber dans la débauche – se déformer
envidar 01 *vt* renvier *(aux cartes)*
envidiar 08 *vt* admirer – envier
envigar 19 *vt* mettre les solives *ou* la charpente
envilecer 45 *vt* avilir – dévaluer
■ **envilecerse 45** *vp* s'avilir
envinagrar 01 *vt* vinaigrer
envinar 01 *vt* rougir
enviscar 13 *vt* engluer *(oiseaux)* – exciter *(chiens)*
■ **enviscarse 13** *vp* s'engluer
enviudar 01 *vi* devenir veuf
envolver 35 *vt* envelopper – enrouler
■ **envolverse 35** *vp* avoir une liaison – s'enrouler
enyerbar 01 *vt* enherber
enyesar 01 *vt* plâtrer
enyetar 01 *vt RP fam* porter la poisse à
enyodar 01 *vt* ioder
enyugar 19 *vt* atteler
enyuntar 01 *vt* atteler
enzainarse 01 *vp* regarder de travers
enzarzar 16 *vt* mêler – couvrir de ronces
enzunchar 01 *vt* fretter
enzurdecer 45 *vi* devenir gaucher
enzurizar 16 *vt* brouiller
enzurronar 01 *vt* mettre dans un sac – *fam* balancer
epatar 01 *vt* épater
epilogar 19 *vt* épiloguer
epitomar 01 *vt* abréger
equidistar 01 *vi* être équidistant
equilibrar 01 *vt* équilibrer
■ **equilibrarse 01** *vp* s'équilibrer
equipar 01 *vt* équiper
■ **equiparse 01** *vp* s'équiper
equiparar 01 *vt* comparer – mettre sur un pied d'égalité
■ **equipararse 01** *vp* se comparer

equiponderar 01 *vi* être du même poids
equivocar 13 *vt* se tromper dans – embrouiller
▪ **equivocarse 13** *vp* se tromper
ergotizar 16 *vi* ergoter
erguir 56 *vt* lever *(tête)* – redresser *(épaules, corps)*
▪ **erguirse 56** *vp* se hausser – se dresser
erigir 18 *vt* ériger – nommer
erizar 16 *vt* hérisser ; *vi Am* hérisser
▪ **erizarse 16** *vp* se hérisser – s'irriter
erogar 19 *vt* DR distribuer – *Am* payer
erosionar 01 *vt* éroder – user
▪ **erosionarse 01** *vp* être érodé - être usé
erotizar 16 *vt* érotiser
erradicar 13 *vt* éradiquer
errar 25 *vt* manquer, se tromper ; *vi* errer
eructar 01 *vi* éructer
esbozar 16 *vt* ébaucher – esquisser
escabechar 01 *vt* (faire) mariner – étriper
escabullirse 03 *vp* filer – se défiler
escachar 01 *vt* écraser – mettre en pièces *ou* en morceaux
escacharrar 01 *vt fam* bousiller – ficher en l'air
▪ **escacharrarse 01** *vp fam* être en rade
escalar 01 *vt* escalader ; *vi* faire de l'escalade
escaldar 01 *vt* ébouillanter – chauffer à blanc
▪ **escaldarse 01** *vp* s'ébouillanter – se brûler
escalfar 01 *vt* pocher
escalonar 01 *vt* échelonner – étager
escalpar 01 *vt* scalper
escamar 01 *vt* écailler – *fam* mettre la puce à l'oreille de
escamondar 01 *vt* émonder – nettoyer à fond
escamotear 01 *vt* dissimuler – *fam* piquer
escampar 01 *v impers* cesser de pleuvoir
escamujar 01 *vt* tailler
escanciar 08 *vt* verser à boire ; *vi* boire du vin
escandalizar 16 *vt* scandaliser ; *vi* faire du tapage
▪ **escandalizarse 16** *vp* se scandaliser
escandallar 01 *vt* NAUT sonder – COM contrôler
escandir 03 *vt* scander
escanear 01 *vt* scanner – faire un scanner
escantillar 01 *vt* ARCHIT prendre une mesure
escapar 01 *vi* échapper ; *vt* faire courir ventre à terre *(cheval)*
▪ **escaparse 01** *vp* s'échapper – manquer
escaquearse 01 *vp Esp fam* se débiner
escarabajear 01 *vi* griffonner – remuer
escaramucear 01 *vi* escarmoucher
escaramuzar 16 *vi* escarmoucher
escarapelar 01 *vt Col, CR, Ven* éplucher – *Col* froisser
▪ **escarapelarse 01** *vp Pérou* avoir la chair de poule
escarbar 01 *vt/vi* gratter
▪ **escarbarse 01** *vp* se curer
escarchar 01 *v impers/vt* givrer
escardar 01 *vt* sarcler – trier
escardillar 01 *vt* sarcler
escariar 08 *vt* aléser
escarificar 13 *vt* scarifier
▪ **escarificarse 13** *vp* se faire scarifier
escarizar 16 *vt* MÉD enlever les croûtes
escarmenar 01 *vt* démêler – MIN trier
escarmentar 22 *vt* corriger ; *vi* avoir *ou* tirer une leçon
escarnecer 45 *vt* railler
escarolar 01 *vt* fraiser – plisser
escarpar 01 *vt* couper en pente raide – gratter *(sculpture)*
escarrancharse 01 *vt* écarter les jambes
escarzar 16 *vt* AGRIC châtrer
escasear 01 *vi* manquer ; *vt* lésiner sur
escatimar 01 *vt* lésiner sur – épargner
escayolar 01 *vt* plâtrer
escenificar 13 *vt* mettre en scène – adapter à la scène
escindir 03 *vt* scinder – fissionner
▪ **escindirse 03** *vp* se scinder – se détacher
esclarecer 45 *vt* éclaircir ; *vi* se lever *(jour)*
esclavizar 16 *vt* réduire en esclavage
escobar 01 *vt* balayer
escobillar 01 *vt* brosser
escocer 36 *vi* brûler – *fig* blesser
▪ **escocerse 36** *vp* s'enflammer – *fig* se froisser
escodar 01 *vt* frayer – TECHNOL smiller
escofinar 01 *vt* râper
escoger 17 *vt/vi* choisir
escolarizar 16 *vt* scolariser
escoliar 08 *vt* annoter
escollar 01 *vi* échouer
escoltar 01 *vt* escorter
escombrar 01 *vt* déblayer
esconder 02 *vt* cacher
▪ **esconderse 02** *vp* se cacher
escoñar 01 *vt tfam* bousiller – péter
▪ **escoñarse 01** *vp tfam* se péter – s'esquinter
escopetear 01 *vi* tirer des coups de fusil
▪ **escopetearse 01** *vp fam* se renvoyer la balle
escoplear 01 *vt* CHARPENT mortaiser
escorar 01 *vt* accorer ; *vi* gîter
▪ **escorarse 01** *vp* gîter – SPORT se décaler
escoriar 08 *vt* excorier
escorificar 13 *vt* TECHNOL scorifier
escorzar 16 *vt* ART tracer en raccourci
escoscarse 13 *vp* remuer les épaules
escotar 01 *vt* échancrer ; *vi* se cotiser
escrachar 01 *vt RP – fam* balancer
▪ **escracharse 01** *vp RP* avoir un accident de voiture
escribir 03 *vt/vi* écrire
▪ **escribirse 03** *vp* s'écrire
escriturar 01 *vt* DR passer un contrat devant notaire
escrutar 01 *vt* scruter – dépouiller *(votes)*
escuadrar 01 *vt* équarrir – mettre à l'équerre
escuadronar 01 *vt* former des escadrons
escuchar 01 *vt* écouter
▪ **escucharse 01** *vp* s'écouter
escudar 01 *vt* protéger
escuderear 01 *vi* être l'écuyer de
escudillar 01 *vt* verser dans une écuelle – arroser de soupe
escudriñar 01 *vt* scruter – examiner *(en détail)*
escueznar 01 *vt* extraire les cerneaux
esculcar 13 *vt Mex* fouiller
esculpir 03 *vt* sculpter – graver
escupir 03 *vi/vt* cracher
escurrir 03 *vt/vi* égoutter
▪ **escurrirse 03** *vp* s'égoutter – glisser
esdrujulizar 16 *vt* accentuer sur l'antépénultième syllabe
esfacelarse 01 *vp* se gangrener
esforzar 33 *vt* forcer
▪ **esforzarse 33** *vp* faire des efforts

esfumar **01** *vt* estomper
▫ **esfumarse** **01** *vp* se volatiliser – *fam* se barrer
esfuminar **01** *vt* estomper
esgrafiar **07** *vt* égratigner
esgrimir **03** *vt* manier *(arme blanche)* – brandir *(objet, idées)*
esguazar **16** *vt* guéer – passer à gué
eslabonar **01** *vt* attacher *ou* rattacher les maillons de – enchaîner
eslavizar **16** *vt* slaviser
eslingar **19** *vt* NAUT élinguer
esmachar **01** *vi, vt* smasher
esmaltar **01** *vt* émailler – vernir *(ongles)*
esmerarse **01** *vp* s'appliquer – faire de son mieux
esmerilar **01** *vt* polir à l'émeri – dépolir à l'émeri
esnifar **01** *vt fam* sniffer
espabilar **01** *vt* réveiller ; *vi* se réveiller
▫ **espabilarse** **01** *vp* se réveiller – se secouer
espachurrar **01** *vt* écraser – éventrer
espaciar **08** *vt* espacer – IMPR blanchir
▫ **espaciarse** **08** *vp* s'espacer – espacer
espaldear **01** *vt* battre la poupe – *Chili* protéger
espaldonarse **01** *vp* se retrancher
espantar **01** *vt* chasser ; *vi Mex, Ven* être effrayant, être hanté
▫ **espantarse** **01** *vp* s'effrayer – être stupéfait
españolear **01** *vi* faire un éloge exagéré de l'Espagne
españolizar **16** *vt* espagnoliser – hispaniser
▫ **españolizarse** **16** *vp* s'espagnoliser – s'hispaniser
esparcir **15** *vt* éparpiller – répandre
▫ **esparcirse** **15** *vp* s'éparpiller – se répandre
esparrancarse **13** *vp* écarter les jambes
espatarrarse **01** *vp* écarter les jambes
especializar **16** *vt* spécialiser
▫ **especializarse** **16** *vp* se spécialiser
especificar **13** *vt* préciser
especular **01** *vi* réfléchir – spéculer
espejear **01** *vi* miroiter – reluire
espeluzar **16** *vt* ébouriffer
espeluznar **01** *vt* faire dresser les cheveux sur la tête à – effrayer
esperanzar **16** *vt* donner de l'espoir à
▫ **esperanzarse** **16** *vp* espérer
esperar **01** *vt/vi* attendre
▫ **esperarse** **01** *vp* attendre – s'attendre à
espesar **01** *vt* épaissir – lier
▫ **espesarse** **01** *vp* s'épaissir – épaissir
espetar **01** *vt* embrocher – *fam* sortir *(discours, sermon)*
espiar **07** *vt/vi* épier
espichar **01** *vt* piquer ; *vi fam* claquer
espigar **19** *vt* TECHNOL faire un tenon à ; *vi* monter en épi
▫ **espigarse** **19** *vp* monter en graine – grandir beaucoup *ou* d'un coup
espinar **01** *vt* piquer – blesser *(moralement)*
espirar **01** *vt/vi* expirer
espiritualizar **16** *vt* spiritualiser
espitar **01** *vt* mettre une cannette à un tonneau
esplender **02** *vi* resplendir
espolear **01** *vt* éperonner – stimuler
espoliar **08** *vt* spolier – dépouiller
espolvorear **01** *vt* saupoudrer
esponjar **01** *vt* rendre spongieux – imbiber
▫ **esponjarse** **01** *vp* devenir spongieux – s'imbiber
esponsorizar **16** *vt* sponsoriser
esportear **01** *vt* transporter dans des paniers
esposar **01** *vt* menotter
esprintar **01** *vi* sprinter
espulgar **19** *vt* épouiller – éplucher *(article, comptes)*
espumajear **01** *vi* écumer
espumar **01** *vt/vi* écumer
espurrear **03** *vt* arroser avec la bouche – asperger
espurriar **08** *vt* arroser avec la bouche – asperger
esputar **01** *vt* cracher – expectorer
esquematizar **16** *vt* schématiser
esquiar **07** *vi* skier – faire du ski
esquilar **01** *vt* tondre
esquilmar **01** *vt* épuiser – tarir
esquinar **01** *vt* mettre en angle – faire un angle
esquinzar **16** *vt* défiler
esquivar **01** *vt* esquiver – éviter
▫ **esquivarse** **01** *vp* se dérober – s'esquiver
estabilizar **16** *vt* stabiliser
▫ **estabilizarse** **16** *vp* se stabiliser
establecer **45** *vt* établir – stipuler
▫ **establecerse** **45** *vp* s'établir
estabular **01** *vt* établer
estacar **13** *vt* palissader – attacher à un pieu
▫ **estacarse** **13** *vp* demeurer immobile – *Am* se piquer
estacionar **01** *vt* garer ; *vi* stationner
▫ **estacionarse** **01** *vp Am* s'interrompre – *Am* se garer
estafar **01** *vt* escroquer – *fam* arnaquer
estallar **01** *vi* exploser – éclater
estambrar **01** *vt* tordre la laine
estampar **01** *vt* imprimer – gaufrer *(tissu)*
▫ **estamparse** **01** *vp* s'écraser
estampillar **01** *vt* estampiller
estancar **13** *vt* retenir *(eaux)* – suspendre *(processus)*
▫ **estancarse** **13** *vp* stagner – s'enliser
estandardizar **16** *vt* standardiser
estandarizar **16** *vt* standardiser
estañar **01** *vt* étamer
estaquear **01** *vt RP* clouer au sol *(cuirs)*
estaquillar **01** *vt* cheviller
estar **64** *vi* être – rester
▫ **estarse** **64** *vp* rester – *RP* être
estarcir **03** *vt* poncer
estatalizar **16** *vt* étatiser
estatificar **13** *vt* étatiser
estatizar **16** *vt* étatiser
estatuir **52** *vt* stipuler – établir
estelarizar **16** *vt Mex* jouer *(dans un film)*
esterar **01** *vt* recouvrir de tapis
estercolar **01** *vt* fumer *(terre)* ; *vi* épandre du fumier
estereotipar **01** *vt* stéréotyper
esterificar **13** *vt* CHIM estérifier
esterilizar **16** *vt* stériliser
estezar **16** *vt* tanner à sec
estibar **01** *vt* tasser – arrimer
estigmatizar **16** *vt* stigmatiser
estilar **01** *vt* dresser en bonne et due forme
▫ **estilarse** **01** *vp* être à la mode – se faire *(coutume)*

estilizar 16 *vt* styliser ; *vi* donner du style

estilizarse 16 *vp* mincir

estimar 01 *vt* estimer – apprécier

estimarse 01 *vp* s'estimer – être estimé

estimular 01 *vt* stimuler – exciter

estipendiar 08 *vt* rémunérer

estipular 01 *vt* stipuler

estirar 01 *vt* étirer ; *vi* s'étirer

estirarse 01 *vp* s'allonger – s'étirer

estofar 01 *vt* broder en relief – étuver

estomagar 19 *vt* rester sur l'estomac – *fam* débecter

estoquear 01 *vt* TAUROM porter une estocade à

estorbar 01 *vt/vi* gêner

estornudar 01 *vi* éternuer

estovar 01 *vt* étuver

estragar 19 *vt* abîmer – ravager

estragarse 19 *vp* se gâter

estrangular 01 *vt* étrangler – resserrer

estrangularse 01 *vp* s'étrangler – se resserrer

estraperlear 01 *vi* faire du marché noir

estratificar 13 *vt* stratifier

estratificarse 13 *vp* se stratifier

estrechar 01 *vt* rétrécir – resserrer

estrecharse 01 *vp* (se) rétrécir – se resserrer

estregar 24 *vt* frotter

estregarse 24 *vp* se frotter

estrellar 01 *vt* lancer – écraser

estrellarse 01 *vp* s'écraser – s'étoiler

estrellarse contra 01 *vp* s'écraser contre – s'écraser sur *ou* contre

estremecer 45 *vt* bouleverser – ébranler

estremecerse 45 *vp* frissonner – tressaillir

estrenar 01 *vt* étrenner – essuyer les plâtres de

estrenarse 01 *vp* débuter

estreñir 39 *vt/vi* constiper

estresar 01 *vt* stresser

estresarse 01 *vp* se stresser

estriar 07 *vt* strier – rayer

estriarse 07 *vp* se couvrir de vergetures

estridular 01 *vi* striduler

estropear 01 *vt* abîmer – gâcher

estropearse 01 *vp* tomber en panne – se gâter

estroquear 01 *vi* être éliminé *(en faisant un strike)*

estructurar 01 *vt* structurer

estrujar 01 *vt* presser *(citron, olives)* – froisser *(papier)*

estrujarse 01 *vp* se presser

estucar 13 *vt* stuquer

estudiar 08 *vt* apprendre ; *vi* travailler

estudiarse 08 *vp* apprendre – s'étudier

estuprar 01 *vt* DR commettre un attentat à la pudeur sur un mineur

eterificar 13 *vt* estérifier – éthérifier

eterizar 16 *vt* éthériser

eternizar 16 *vt* éterniser

eternizarse 16 *vp* s'éterniser

etimologizar 16 *vi* faire de l'étymologie *ou* rechercher les étymologies

etiquetar 01 *vt* étiqueter – coller une étiquette à

europeizar 16 *vt* européaniser

europeizarse 16 *vp* s'européaniser

euscaldunizar 16 *vt* basquiser

euskaldunizar 16 *vt* basquiser

evacuar 10 *vt* évacuer ; *vi* déféquer

evadir 03 *vt* fuir – éviter

evadirse 03 *vp* s'évader

evaluar 09 *vt* évaluer – estimer

evangelizar 16 *vt* évangéliser

evaporar 01 *vt* évaporer

evaporarse 01 *vp* s'évaporer – s'éclipser

evaporizar 16 *vt* vaporiser ; *vi* s'évaporer

evidenciar 08 *vt* mettre en évidence – faire ressortir

evidenciarse 08 *vp* être manifeste *ou* évident – sauter aux yeux

evitar 01 *vt* éviter

evitarse 01 *vp* s'éviter

evocar 13 *vt* évoquer – invoquer

evolucionar 01 *vi* évoluer

exacerbar 01 *vt* exacerber

exacerbarse 01 *vp* s'exacerber

exagerar 01 *vt,vi* exagérer

exaltar 01 *vt* exalter

exaltarse 01 *vp* s'exalter – s'enflammer

examinar 01 *vt* examiner – faire passer un examen à

examinarse 01 *vp* passer un examen

exasperar 01 *vt* exaspérer – excéder

exasperarse 01 *vp* s'énerver – s'irriter

excarcelar 01 *vt* relâcher *(prisonnier)*

excarcelarse 01 *vp* sortir de prison

excavar 01 *vt* excaver – faire des fouilles

exceder 02 *vt* excéder – dépasser

excederse 02 *vp* exagérer – aller trop loin

exceptuar 09 *vt* excepter

exceptuarse 09 *vp* faire exception

excitar 01 *vt* exciter

excitarse 01 *vp* s'énerver – s'exciter *(sexuellement)*

exclamar 01 *vt* s'exclamer – s'écrier

exclamarse 01 *vp* s'exclamer – s'écrier

exclaustrar 01 *vt* séculariser

excluir 52 *vt* exclure

excluirse 52 *vp* être exclus – s'exclure

excomulgar 19 *vt* excommunier

excoriar 08 *vt* MÉD excorier

excoriarse 08 *vp* MÉD s'excorier

excrementar 01 *vi* déféquer

excretar 01 *vt* excréter ; *vi* déféquer

exculpar 01 *vt* disculper

exculparse de 01 *vp* se disculper de

excusar 01 *vt* excuser

excusarse 01 *vp* s'excuser – faire *ou* présenter des excuses

execrar 01 *vt* exécrer

exentar 01 *vt* exempter

exfoliar 08 *vt* exfolier

exfoliarse 08 *vp* s'exfolier

exhalar 01 *vt* exhaler

exheredar 01 *vt* exhéréder

exhibir 03 *vt* exhiber – démontrer *(force, enthousiasme, agilité)*

exhibirse 03 *vp* s'exhiber

exhortar 01 *vt* exhorter

exhumar 01 *vt* exhumer

exigir 18 *vt* exiger – demander

exilar 01 *vt* exiler

exiliar 08 *vt* exiler

exiliarse 08 *vp* s'exiler

eximir 03 *vt* exempter

eximirse 03 *vp* être exempté – être dispensé

existir 03 *vi* exister

exonerar 01 *vt* exonérer – destituer

exorbitar 01 *vt* exagérer

exorcizar 16 *vt* exorciser

exornar 01 *vt* orner – ornementer

expandir 03 *vt* dilater – propager

expandirse 03 *vp* se dilater – se propager

expansionar **01** *vt* dilater – développer
■ **expansionarse** **01** *vp* se dilater – se développer
expatriar **08** *vt* expatrier
■ **expatriarse** **08** *vp* s'expatrier
expectorar **01** *vt/vi* expectorer
expedientar **01** *vt* soumettre à une enquête
expedir **39** *vt* expédier – délivrer *(document)*
■ **expedirse** **39** *vp Am* s'exprimer
expeler **02** *vt* rejeter *(matière, substance)* – dégager *(odeur, chaleur)*
expender **02** *vt* débiter *(marchandise)* – délivrer *(billet, entrée)*
expensar **01** *vt Arg* payer les dépens
experimentar **01** *vt* éprouver – subir
expiar **07** *vt* expier – purger
expirar **01** *vi* expirer
explanar **01** *vt* aplanir – expliquer *(texte, fait)*
explayar **01** *vt* étendre – déployer
■ **explayarse** **01** *vp* s'étendre – se défouler
explicar **13** *vt* expliquer – enseigner
■ **explicarse** **13** *vp* s'expliquer – s'exprimer
explicitar **01** *vt* expliciter
explicotear **01** *vi* s'exprimer
explorar **01** *vt* explorer – prospecter
explosionar **01** *vt* faire exploser ; *vi* exploser
explotar **01** *vt* exploiter ; *vi* exploser
expoliar **08** *vt* spolier
exponer **69** *vt/vi* exposer
■ **exponerse** **69** *vp* s'exposer
exportar **01** *vt* exporter
expresar **01** *vt* exprimer
■ **expresarse** **01** *vp* s'exprimer
exprimir **03** *vt* presser – pressurer
expropiar **08** *vt* exproprier
expugnar **01** *vt* prendre d'assaut
expulsar **01** *vt* expulser – expirer
expurgar **19** *vt* expurger
extasiar **07** *vt* enthousiasmer
■ **extasiarse** **07** *vp* s'extasier
extender **26** *vt* dérouler – étendre
■ **extenderse** **26** *vp* s'étendre *(dans l'espace)* – aller *(dans le temps)*
extenuar **09** *vt* exténuer
■ **extenuarse** **09** *vp* s'exténuer
exteriorizar **16** *vt* extérioriser – externaliser
exterminar **01** *vt* exterminer – éradiquer
externalizar **16** *vt* externaliser
externar **01** *vt Mex* exprimer
extinguir **20** *vt* éteindre – faire disparaître
■ **extinguirse** **20** *vp* s'éteindre – disparaître
extirpar **01** *vt* faire disparaître – extirper
extornar **01** *vt* ristourner
extorsionar **01** *vt* extorquer
extractar **01** *vt* résumer
extradir **03** *vt* extrader
extraditar **01** *vt* extrader
extraer **60** *vt* extraire – soutirer
extralimitarse **01** *vp* outrepasser ses droits *ou* ses pouvoirs
extranjerizar **16** *vt* intégrer des coutumes étrangères
extrañar **01** *vt* regretter ; *vi* étonner
■ **extrañarse** **01** *vp* s'étonner
extrapolar **01** *vt* extrapoler – déduire
extravasarse **01** *vp* s'extravaser
extravenarse **01** *vp* s'extravaser
extraviar **07** *vt* égarer – détourner *(regard, yeux)*
■ **extraviarse** **07** *vp* s'égarer – se détourner du droit chemin
extremar **01** *vt* renforcer jusqu'à l'extrême – pousser à l'extrême
■ **extremarse** **01** *vp* se surpasser
extrudir **03** *vt* extruder
exudar **01** *vt/vi* exsuder
exulcerar **01** *vt* exulcérer
exultar **01** *vi* exulter
eyacular **01** *vt/vi* éjaculer
eyectar **01** *vt* éjecter

F

fabricar **13** *vt* fabriquer – construire
fabular **01** *vi* écrire des fables ; *vt* fabuler
fachear **01** *vi* se mettre en panne
fachendear **01** *vi fam* bluffer – frimer
facilitar **01** *vt* faciliter – fournir
facturar **01** *vt* facturer – enregistrer un chiffre d'affaires
facultar **01** *vt* autoriser – habiliter
faenar **01** *vi* pêcher ; *vt RP* abattre *(bétail)*
fagocitar **01** *vt* phagocyter
fajar **01** *vt* mettre un corset – bander
■ **fajarse** **01** *vp* mettre un corset – *Am* se battre
faldear **01** *vt* cheminer à flanc de montagne
fallar **01** *vt* rater ; *vi* faillir
fallecer **45** *vi* décéder – mourir
falopear **01** *vt RP* droguer
■ **falopearse** **01** *fam vp RP* se camer – se shooter
falsear **01** *vt* dénaturer ; *vi* fléchir
falsificar **13** *vt* falsifier – contrefaire
faltar **01** *vi* manquer – rester
familiarizar **16** *vt* familiariser
fanatizar **16** *vt* fanatiser
fanfarrear **01** *vi* fanfaronner
fanfarronear **01** *vi* fanfaronner – faire le fanfaron
fantasear **01** *vi* rêvasser ; *vt* rêver
fardar **01** *vi fam* en jeter
farfullar **01** *vt/vi* bafouiller
farolear **01** *vi fam* bluffer – frimer
farrear **01** *vi Andes, RP fam* faire la bombe – s'amuser
farsear **01** *vi Chili* faire l'imbécile
fascinar **01** *vt* fasciner
fastidiar **08** *Esp vt* bousiller ; *vi* déranger
■ **fastidiarse** **08** *vp* se détraquer – être gâché
fatigar **19** *vt* fatiguer
■ **fatigarse** **19** *vp* se fatiguer – s'essouffler
faulear **01** *vt Am* commettre une faute contre
favorecer **45** *vt* favoriser – avantager
faxear **01** *vt* faxer ; *vi* envoyer un fax
fayuquear **01** *vi Mex* frauder – trafiquer
falluquear **01** *vi Mex* frauder – trafiquer
fechar **01** *vt* dater – utiliser *(billets)*
fecundar **01** *vt* féconder – fertiliser
fecundizar **16** *vt* féconder – fertiliser
federalizar **16** *vt* fédéraliser
federar **01** *vt* fédérer – réunir
■ **federarse** **01** *vp* se fédérer – s'inscrire à une fédération
felicitar **01** *vt* féliciter – souhaiter
■ **felicitarse** **01** *vp* se féliciter
feminizar **16** *vt* féminiser
■ **feminizarse** **16** *vp* se féminiser
fenecer **45** *vi* périr – expirer
feriar **08** *vt* brader – échanger

fermentar **01** *vi* fermenter ; *vt* faire fermenter
fertilizar **16** *vt* féconder – fertiliser
festejar **01** *vt* fêter ; *vi* se fréquenter
■ **festejarse** **01** *vp* se célébrer
festinar **01** *vt Andes, Mex, Ven* hâter
festonear **01** *vt* festonner
fiar **07** *vt* faire crédit à ; *vi* faire crédit
■ **fiarse** **07** *vp* avoir confiance
fibrilar **01** *vi* fibriller
fichar **01** *vt* ficher ; *vi* pointer
fidelizar **16** *vt* fidéliser
figurar **01** *vi/vt* figurer
■ **figurarse** **01** *vp* s'imaginer
fijar **01** *vt* fixer – afficher
■ **fijarse** **01** *vp* faire attention – se rendre compte
fildear **01** *Am vt* être joueur de champ ; *vi* jouer au champ
filetear **01** *vt* couper en petits morceaux – orner de filets
filiar **08** *vt* établir l'identité de
■ **filiarse** **08** *vp* s'affilier – s'enrôler
filmar **01** *vt* filmer
filosofar **01** *vi* philosopher – *fam* délirer
filtrar **01** *vt* filtrer – divulguer
■ **filtrarse** **01** *vp* filtrer – être divulgué
finalizar **16** *vt* terminer ; *vi* prendre fin
financiar **08** *vt* financer
finar **01** *vi* décéder
fincar **13** *vi* acheter de l'immobilier – *Mex* construire
fingir **18** *vt* feindre ; *vi* faire semblant
■ **fingirse** **18** *vp* faire semblant de
finiquitar **01** *vt* solder – donner quitus à
fintar **01** *vt/vi* SPORT feinter ; *vi Mex* bluffer
firmar **01** *vt/vi* signer
fiscalizar **16** *vt* contrôler – *fam* fliquer
fisgar **19** *vt* épier ; *vi* fouiner
fisgonear **01** *vt* épier ; *vi* fouiner
fisionar **01** *vt* fissionner
flagelar **01** *vt* flageller – fustiger
■ **flagelarse** **01** *vp* se flageller
flambear **01** *vt* flamber
flamear **01** *vi/vt* flamber
flanquear **01** *vt* flanquer
flaquear **01** *vi* flageoler – faiblir
flechar **01** *vt* bander ; *vi* être bandé
fletar **01** *vt* affréter – charger
■ **fletarse** **01** *vp Am fam* se barrer
flexibilizar **16** *vt* assouplir
flexionar **01** *vt* fléchir – être fléchi
■ **flexionarse** **01** *vp* se courber – être fléchi
flipar **01** *vi fam* s'éclater ; *vt* brancher
flirtear **01** *vi* flirter
flocular **01** *vi* floculer
flojear **01** *vi* faiblir – défaillir *(mémoire)*
florar **01** *vi* fleurir
flordelisar **01** *vt* fleurdeliser
florear **01** *vt* tamiser *(pour en extraire la fleur)* ; *vi AmC, Mex* fleurir
florecer **45** *vi* fleurir – être florissant
■ **florecerse** **45** *vp* moisir – *RP* fourcher *(cheveux)*
floretear **01** *vt* fleurir ; *vi* manier le fleuret
flotar **01** *vi* flotter
fluctuar **09** *vi* fluctuer – hésiter
fluidificar **13** *vt* fluidifier – faciliter
fluir **52** *vi* couler – s'écouler
focalizar **16** *vt* focaliser
foguear **01** *vt* MIL habituer au feu – aguerrir
■ **foguearse** **01** *vp* se former – se faire
foliar **08** *vt* folioter – paginer
fomentar **01** *vt* encourager – susciter *(haine, guerre)*
fondear **01** *vt* mouiller ; *vi* mouiller l'ancre
■ **fondearse** **01** *vp Am* s'enrichir
forcejear **01** *vi* faire des efforts – batailler
forestar **01** *vt* boiser
forjar **01** *vt* forger
■ **forjarse** **01** *vp* se forger
formalizar **16** *vt* légaliser – officialiser
formar **01** *vt* former ; *vi* figurer
■ **formarse** **01** *vp* se former – être formé
formatear **01** *vt* formater
formular **01** *vt* formuler
fornicar **13** *vi* forniquer
forrajear **01** *vt* récolter le fourrage – aller au fourrage
forrar **01** *vt* couvrir – recouvrir
■ **forrarse** **01** *vp fam* s'en mettre plein les poches – *Am* s'en mettre plein la lampe
fortalecer **45** *vt* fortifier
■ **fortalecerse** **45** *vp* se fortifier
fortificar **13** *vt* fortifier
■ **fortificarse** **13** *vp* se fortifier
forzar **33** *vt* forcer – violer
■ **forzarse** **33** *vp* se forcer
fosar **01** *vt* creuser un fossé
fosfatar **01** *vt* phosphater
fosforescer **45** *vi* être phosphorescent
fosilizarse **16** *vp* se fossiliser
fotocomponer **69** *vt* photocomposer
fotocopiar **08** *vt* photocopier
fotograbar **01** *vt* photograver
fotografiar **07** *vt* photographier
fotolitografiar **07** *vt* photolithographier
foulear **01** *vt Am* commettre une faute contre
fracasar **01** *vi* échouer
fraccionar **01** *vt* fractionner – mensualiser
fracturar **01** *vt* fracturer
■ **fracturarse** **01** *vp* se fracturer
fragmentar **01** *vt* fragmenter – morceler
■ **fragmentarse** **01** *vp* se fragmenter – se morceler
fraguar **11** *vt* forger ; *vi* prendre
■ **fraguarse** **11** *vp* se tramer
franjar **01** *vt* franger
franjear **01** *vt* franger
franquear **01** *vt* dégager – franchir
■ **franquearse** **01** *vp* s'ouvrir – parler à cœur ouvert
franquiciar **08** *vt* franchiser
frasear **01** *vt* phraser
fraternizar **16** *vi* fraterniser
frecuentar **01** *vt* fréquenter
fregar **24** *vt* laver ; *vi Andes, Mex, Ven fam* casser les pieds
fregotear **01** *vt* passer sous l'eau
freír **42** *vt* faire frire – *fam* buter
■ **freírse** **42** *vp* cuire
frenar **01** *vt/vi* freiner
■ **frenarse** **01** *vp* freiner – se modérer
fresar **01** *vt* fraiser
frezar **16** *vi* fienter – frayer
fricar **13** *vt* frotter
friccionar **01** *vt* frictionner
frigorizar **16** *vt* frigorifier
frisar **01** *vt* friser *(âge)* – ratiner
fritar **01** *vt Am* frire
frotar **01** *vt/vi* frotter
■ **frotarse** **01** *vp* se frotter
fructificar **13** *vi* fructifier
fruncir **15** *vt* froncer
frustrar **01** *vt* frustrer – décevoir
■ **frustrarse** **01** *vp* se sentir frustré – être déçu
fucilar **01** *vi* étinceler – scintiller

fugarse **19** *vp* s'enfuir – fuir *(gaz, liquide)*
fulgir **18** *vi* étinceler – resplendir
fulgurar **01** *vi* fulgurer – étinceler
fullear **01** *vi* tricher
fulminar **01** *vt* foudroyer – fulminer
fumar **01** *vi/vt* fumer
■ **fumarse** **01** *vp* fumer – *Esp fam* sécher
fumetear **01** *vi fam* cloper
fumigar **19** *vt* désinfecter *(par fumigation)* – désinfecter
funcar **13** *vi RP* – marcher *(fonctionner)*
funcionar **01** *vi* fonctionner – marcher
fundamentar **01** *vt* fonder – consolider
fundar **01** *vt* fonder
fundir **03** *vt* fondre – couler *(statue)*
■ **fundirse** **03** *vp* fondre – griller
fungir de *ou* **como** **18** *vi* faire fonction de
fusilar **01** *vt* fusiller – *fam* pomper
fusionar **01** *vt/vi* fusionner
■ **fusionarse** **01** *vp* fusionner
fustigar **19** *vt* fouetter *(cheval)* – fustiger

G

gafar **01** *vt* accrocher – agripper
gaguear **01** *vi Andes, Car* bégayer
galantear **01** *vt* courtiser – faire la cour à
galardonar **01** *vt* couronner – primer
galguear **01** *vi RP fam* être fauché
galibar **01** *vt* gabarier
gallardear **01** *vi* se vanter – se pavaner
gallear **01** *vt* côcher ; *vi fam* frimer
gallofear **01** *vi* mendier
galonear **01** *vt* galonner
galopar **01** *vi* galoper
galopear **01** *vi* galoper
galvanizar **16** *vt* galvaniser
gambetear **01** *vi* faire des entrechats – faire des courbettes
ganar **01** *vt/vi* gagner
■ **ganarse** **01** *vp* gagner – encourir
gandulear **01** *vi fam* flemmarder – glandouiller
gangosear **01** *vi* nasiller – parler du nez
gangrenarse **01** *vp* se gangrener
ganguear **01** *vi* nasiller – parler du nez
gansear **01** *vi tfam* faire des conneries – dire des conneries
gañir **03** *vi* glapir – croasser
garabatear **01** *vt/vi* griffonner
garantir **79** *vt* garantir
garantizar **16** *vt* garantir – assurer
garapiñar **01** *vt* congeler
garbear **01** *vi* se promener – se vanter
■ **garbearse** **01** *vp* faire une balade *ou* une virée
garbillar **01** *vt* cribler
garfear **01** *vi* crocher
gargajear **01** *vi* cracher
gargantear **01** *vi* triller ; *vt* estroper
gargarizar **16** *vi* se gargariser
garlar **01** *vi fam* bavasser – tailler une bavette
garpar **01** *vt, vi RP* cracher
garrafiñar **01** *vt* arracher
garrapatear **01** *vt/vi* gribouiller – griffonner
garrapiñar **01** *vt* praliner
garapiñar **01** *vt* praliner
garrar **01** *vi* NAUT chasser sur ses ancres
garrear **01** *vi* NAUT chasser sur ses ancres
garrochear **01** *vt* donner un coup de pique
garronear **01** *vt/vi RP* taper
garuar **09** *v impers Andes, RP, Ven* bruiner
gasear **01** *vt* gazéifier – gazer
gasificar **13** *vt* gazéifier
gastar **01** *vt/vi* dépenser
■ **gastarse** **01** *vp* dépenser – s'user
gatear **01** *vi* marcher à quatre pattes ; *vt* griffer
gayar **01** *vt* orner de rayures
gelificar **13** *vt* gélifier
gemir **39** *vi* gémir – geindre
generalizar **16** *vt* généraliser ; *vi* faire des généralisations
■ **generalizarse** **16** *vp* se généraliser
generar **01** *vt* produire – générer
geometrizar **16** *vt* géométriser
gerenciar **08** *vt Am* assumer la gérance
germanizar **16** *vt* germaniser
germinar **01** *vi* germer
gestar **01** *vt* concevoir
■ **gestarse** **01** *vp* se préparer
gestear **01** *vi* grimacer – faire des grimaces
gesticular **01** *vi* gesticuler – grimacer
gestionar **01** *vt* gérer – faire des démarches
gibar **01** *vt tfam* voûter – soûler
gimotear **01** *vi* pleurnicher – geindre
girar **01** *vi/vt* tourner
■ **girarse** **01** *vp* se retourner
gitanear **01** *vi* manigancer – *fam* fricoter
glasear **01** *vt* glacer
globalizar **16** *vt* mondialiser ; *vi* généraliser
gloriar **08** *vt* glorifier
glorificar **13** *vt* glorifier
glosar **01** *vt* gloser – commenter
glotonear **01** *vi* manger gloutonnement – se gaver
gluglutear **01** *vi* glouglouter
gobernar **22** *vt/vi* gouverner
■ **gobernarse** **22** *vp* se gouverner
gofrar **01** *vt* gaufrer
golear **01** *vt* battre à plate couture
golfear **01** *vi fam* glander – faire le trottoir *ou* le tapin
golletear **01** *vt Col* colleter
golosear **01** *vi* manger des friandises
golosinar **01** *vi* manger des friandises
golosinear **01** *vi* manger des friandises
golpear **01** *vt* frapper à *ou* sur ; *vi* frapper
■ **golpearse** **01** *vp* se cogner – *Am* claquer *(porte)*
golpetear **01** *vt* frapper à coups répétés *ou* redoublés ; *vi* tambouriner
gongorizar **16** *vi,* parler *ou* écrire dans un style précieux, maniéré
gorgojarse **01** *vp* être charançonné
gorgojearse **01** *vp* être charançonné
gorgoritear **01** *vi* faire des roulades
gorgotear **01** *vi* gargouiller
gorjear **01** *vi* gazouiller – faire des roulades
gorrear **01** *fam vt* taxer ; *vi* vivre à l'œil
gorronear **01** *vt Esp, Mex fam* taper
gotear **01** *vi* goutter ; *v impers* pleuvoter *ou* pleuvioter
gozar **16** *vi* en profiter ; *vt* profiter de
grabar **01** *vt* graver – enregistrer
gracejar **01** *vi* plaisanter
gradar **01** *vt* herser
graduar **09** *vt* graduer – corriger *(vue)*
■ **graduarse** **09** *vp* se faire corriger *(vue)* – MIL obtenir un grade
grafilar **01** *vt* moleter
grajear **01** *vi* croasser
granar **01** *vi* grener – s'épanouir *(personne)*
granear **01** *vt* semer – grener
granizar **16** *v impers* grêler

granjear **01** *vt* valoir ; *vi* NAUT gagner
granjearse **01** *vp* gagner – encourir
granular **01** *vt* granuler
granularse **01** *vp* se couvrir de boutons – faire des grumeaux
grapar **01** *vt* agrafer
gratar **01** *vt* TECHNOL brunir
gratificar **13** *vt* gratifier – satisfaire
gratinar **01** *vt* gratiner
gravar **01** *vt* grever
gravitar **01** *vi* graviter
graznar **01** *vi* croasser ; *vt* beugler
grillarse **01** *vp* germer – *fam* péter un câble *ou* boulon
grisear **01** *vi* grisonner
gritar **01** *vi* crier ; *vt* gronder
gruir **52** *vi* craqueter
grujir **03** *vt* gréser
gruñir **03** *vi* grogner – grincer *(porte)*
guachapear **01** *vt* patouiller dans ; *vi* locher
guadañar **01** *vt* faucher
gualdrapear **01** *vi* NAUT fouetter – claquer
guantear **01** *vt Mex* gifler
guapear **01** *vi* avoir du cran – faire le beau
guaquear **01** *vi* piller des tombes précolombiennes
guarachar **01** *vi Car* faire la fête
guarachear **01** *vi Car* faire la fête
guardar **01** *vt* garder – ranger
guardarse **01** *vp* ranger – garder
guarecer **45** *vt* abriter – mettre à l'abri
guarecerse **45** *vp* se réfugier – s'abriter
guarnecer **45** *vt* garnir – crépir
guarnicionar **01** *vt* établir une garnison
guarnir **79** *vt* garnir
guarrear **01** *vt* cochonner ; *vi* faire des cochonneries
guasearse **01** *vp fam* blaguer
guatear **01** *vt* ouater
guayabear **01** *vi AmC, Andes, Cuba* raconter des histoires
guayar **01** *vt Car* râper – *Car* gratter
guayarse **01** *vp PR* se soûler – *Car* se fatiguer
guerrear **01** *vi* guerroyer – faire la guerre
guerrillear **01** *vi* se livrer à la guérilla
guiar **07** *vt* guider – mener
guiarse **07** *vp* se guider – se repérer
guillarse **01** *vp fam* décamper – péter un plomb
guillotinar **01** *vt* guillotiner – couper au massicot
guinchar **01** *vt* percer – piquer
guindar **01** *vt* accrocher – *fam* souffler
guindarse **01** *vp AmC, Esp, Mex, Ven* se pendre – se bagarrer
guiñar **01** *vt* cligner de l'œil ; *vi* faire des embardées
guiñarse **01** *vp* se faire des clins d'œil
guipar **01** *vt* y voir – capter
guisar **01** *vt/vi* cuisiner
guisarse **01** *vp* se goupiller
guisotear **01** *vi fam* faire la popote ; *vt* fricoter
guitar **01** *vt* ficeler
guitarrear **01** *vi* jouer de la guitare
guitonear **01** *vi* vagabonder
gulusmear **01** *vi* renifler les plats – fureter
gusanear **01** *vi* fourmiller – grouiller
gustar **01** *vi* plaire ; *vt* goûter
gustarse **01** *vp* se plaire

H

haber **76** *v aux/vt* avoir
habérse **76** *vp* avoir affaire *(à qqn)*
habilitar **01** *vt* aménager – habiliter
habitar **01** *vi* vivre ; *vt* habiter
habituar **09** *vt* habituer
habituarse **09** *vp* s'habituer
hablar **01** *vi/vt* parler
hablarse **01** *vp* se parler
hacendar **22** *vt* donner la propriété d'une terre
hacendarse **22** *vp* s'établir
hacer **68** *vt/vi* faire
hacerse **68** *vp* se faire – cuire
hachar **01** *vt* couper à la hache
hachear **01** *vt* dégrossir à la hache ; *vi* donner des coups de hache
hacinar **01** *vt* mettre en meule – entasser
hacinarse **01** *vp* s'entasser – être entassé
halagar **19** *vt* flatter
halar **01** *vt* haler
hallar **01** *vt* trouver
hallarse **01** *vp* se trouver – se trouver à *ou* en
hamacar **13** *vt RP* balancer – bercer
hamacarse **13** *vp RP* se balancer – bercer
hambrear **01** *Andes, RP* ; *vt* exploiter ; *vi* avoir faim
haraganear **01** *vi* fainéanter – paresser
harmonizar **16** *vt* harmoniser ; *vi* aller bien ensemble
haronear **01** *vi* paresser – fainéanter
hartar **01** *vt* ennuyer – gaver
hartarse **01** *vp* être rassasié – se gaver
hastiar **07** *vi* exaspérer – dégoûter
hatajar **01** *vt* diviser en troupeaux
hatear **01** *vt* empaqueter – donner des provisions à *(bergers)*
hebraizar **16** *vi* hébraïser
hechizar **16** *vt* jeter un sort *ou* un charme sur – ensorceler
heder **26** *vi* empester – agacer
helar **22** *vt/v impers* geler
helarse **22** *vp* geler – se figer
helenizar **16** *vt* helléniser
helenizarse **16** *vp* s'helléniser
helitransportar **01** *vt* héliporter
henchir **39** *vt* remplir
hender **26** *vt* fendre
hendir **03** *vt* fendre
henificar **13** *vt* AGRIC faner
heñir **39** *vt* pétrir
herbajar **01** *vt* herbager ; *vi* paître
herbar **22** *vt* tanner
herbecer **45** *vi* pousser
herborizar **16** *vi* herboriser
heredar **01** *vt* hériter (de) ; *vi* faire *ou* toucher un héritage
herir **55** *vt* blesser – *fig* heurter
herirse **55** *vp* se blesser
hermanar **01** *vt* rapprocher – jumeler
hermanarse **01** *vp* fraterniser – se jumeler
hermosear **01** *vt* embellir
herniarse **08** *vp* se faire une hernie
heroificar **13** *vt* héroïser
herrar **22** *vt* ferrer – marquer au fer
herretear **01** *vt* ferrer – garnir de ferrets
herrumbrar **01** *vt* rouiller
herrumbrarse **01** *vp* rouiller
hervir **55** *vt* faire bouillir ; *vi* bouillir
hesitar **01** *vi* hésiter
hibernar **01** *vi* hiberner ; *vt* mettre en hibernation

hibridar **01** *vt* hybrider
- **hibridarse** **01** *vp* s'hybrider

hidratar **01** *vt* hydrater

hidrogenar **01** *vt* hydrogéner

hidrolizar **16** *vt* hydrolyser

higienizar **16** *vt* soumettre aux règles d'hygiène
- **higienizarse** **16** *vp RP* se laver

hijear **01** *vi AmC, Mex* tailler – pousser des rejetons

hilar **01** *vt* filer – tisser *(araignée, ver à soie)*

hilvanar **01** *vt* bâtir *(tissu, vêtement)* - relier *(idées, phrases)*

himplar **01** *vi* rugir

hincar **13** *vt* enfoncer *(clou, couteau)* – poser *(partie du corps)*
- **hincarse** **13** *vp* s'agenouiller – se mettre à genoux

hinchar **01** *vt fam* gonfler
- **hincharse** **01** *vp* se gonfler – enfler

hipar **01** *vi* avoir le hoquet – hoqueter

hipertrofiar **08** *vt* hypertrophier

hiperventilar **01** *vi* hyperventiler

hipnotizar **16** *vt* hypnotiser – fasciner

hipotecar **13** *vt* hypothéquer
- **hipotecarse** **13** *vp* prendre une hypothèque

hisopar **01** *vt* asperger avec un goupillon

hisopear **01** *vt* asperger avec un goupillon

hispanizar **16** *vt* hispaniser
- **hispanizarse** **16** *vp* s'hispaniser

historiar **08** *vt* écrire l'histoire de – raconter l'histoire de

hocicar **13** *vt* cogner du museau ; *vi* fouiller
- **hocicarse** **13** *vp fam* se bécoter

hociquear **01** *vt* fouiller ; *vi* vermiller
- **hociquearse** **01** *vp fam* se bécoter

hojaldrar **01** *vt* feuilleter

hojear **01** *vt* feuilleter

holgar **30** *vi* être inutile – ne rien faire
- **holgarse** **30** *vp* se réjouir – s'amuser

holgazanear **01** *vi* fainéanter – paresser

hollar **28** *vt* marcher sur – piétiner

hollinar **01** *vt Chili* couvrir de suie

holografiar **07** *vt* holographier

hombrear **01** *vi* se donner des airs d'homme ; *vt Am* protéger

homenajear **01** *vt* rendre hommage à

homogeneizar **16** *vt* homogénéiser

homologar **19** *vt* homologuer – reconnaître

hondear **01** *vt* sonder – décharger

honestar **01** *vt* honorer

honorar **01** *vt* honorer

honrar **01** *vt* honorer – faire honneur
- **honrarse** **01** *vp* s'enorgueillir

hopear **01** *vi* remuer la queue

horadar **01** *vt* percer – forer

horcar **13** *vt Mex* pendre

hormigonar **01** *vt* bétonner

hormiguear **01** *vi* grouiller – fourmiller

hornaguear **01** *vt* extraire de la houille

hornear **01** *vt* mettre au four ; *vi* exercer la profession de fournier

horrar **01** *vt Am* épargner – économiser
- **horrarse** **01** *vp Am* devenir stérile

horripilar **01** *vt* terrifier – dégoûter

horrorizar **16** *vt* terrifier – faire horreur
- **horrorizarse** **16** *vp* s'effrayer – s'affoler

hospedar **01** *vt* loger – héberger
- **hospedarse** **01** *vp* loger – habiter

hospitalizar **16** *vt* hospitaliser
- **hospitalizarse** **16** *vp Am* être admis à l'hôpital

hostiar **07** *vt vulg* casser la gueule
- **hostiarse** **07** *vp vulg* se casser la gueule

hostigar **19** *vt* harceler – fouetter

hostilizar **16** *vt* harceler – attaquer

hoyar **01** *vt Cuba, Chili, PR* faire des trous dans

hozar **16** *vt* fouiller ; *vi* vermiller

huaquear **01** *vi* piller des tombes précolombiennes

huchear **01** *vi* crier – appeler

huevar **01** *vi* commencer à pondre

humanar **01** *vt* humaniser
- **humanarse** **01** *vp* s'humaniser – se faire homme *(Dieu)*

humanizar **16** *vt* humaniser
- **humanizarse** **16** *vp* s'humaniser

humear **01** *vi* fumer ; *vt Am* fumiger

humectar **01** *vt* humidifier – humecter

humedecer **45** *vt* humidifier – humecter
- **humedecerse** **45** *vp* s'humecter

humidificar **13** *vt* humidifier – humecter

humillar **01** *vt* humilier – incliner *(partie du corps)*
- **humillarse** **01** *vp* s'humilier

hundir **03** *vt* plonger – faire tomber
- **hundirse** **03** *vp* couler – s'effondrer

huracanarse **01** *vp* redoubler de violence

hurgar **19** *vt* gratter ; *vi* fouiller
- **hurgarse (la nariz)** **19** *vp* se curer le nez

hurgonear **01** *vt* tisonner

hurguetear **01** *Am, Am vt* fureter ; *vi* farfouiller

huronear **01** *vi* fureter – fouiner

hurtar **01** *vt* voler – éviter

husmear **01** *vt* flairer ; *vi* renifler

I

idealizar **16** *vt* idéaliser

idear **01** *vt* envisager – imaginer

identificar **13** *vt* identifier
- **identificarse** **13** *vp* se présenter – décliner son identité

ideologizar **16** *vt* idéologiser

idiotizar **16** *vt* abrutir – rendre idiot
- **idiotizarse** **16** *vp* s'abrutir

idolatrar **01** *vt* idolâtrer

ignorar **01** *vt* ignorer – négliger
- **ignorarse** **01** *vp* s'ignorer

igualar **01** *vt* égaler ; *vi* égaliser
- **igualarse** **01** *vp* être égal – être comparable

ijadear **01** *vi* haleter

ilegalizar **16** *vt* illégaliser

ilegitimar **01** *vt* être illégitime *ou* injustifié

iluminar **01** *vt* illuminer ; *vi* éclairer
- **iluminarse** **01** *vp* être éclairé - s'illuminer

ilusionar **01** *vt* remplir de joie – donner des illusions
- **ilusionarse** **01** *vp* être enthousiaste – se faire des illusions

ilustrar **01** *vt* illustrer – instruire
- **ilustrarse** **01** *vp* s'illustrer – se distinguer

imaginar **01** *vt* imaginer – concevoir
- **imaginarse** **01** *vp* (s')imaginer – imaginer

imanar **01** *vt* aimanter

imantar **01** *vt* aimanter

imbricar **13** *vt* imbriquer
- **imbricarse** **13** *vp* s'imbriquer

imbuir **52** *vt* inculquer

imbunchar **01** *vt Chili* ensorceler – escroquer
imitar **01** *vt* imiter – reproduire
impacientar **01** *vt* impatienter – faire perdre patience
▪ **impacientarse** **01** *vp* s'impatienter
impactar **01** *vt* choquer ; *vi* percuter
impartir **03** *vt* donner *(ordre, bénédiction)*
impedir **39** *vt* empêcher
impeler **02** *vt* pousser – stimuler
impender **02** *vt* dépenser
imperar **01** *vi* prédominer – régner
impermeabilizar **16** *vt* imperméabiliser
impersonalizar **16** *vt* employer impersonnellement
impetrar **01** *vt* impétrer – solliciter
implantar **01** *vt* établir – implanter
▪ **implantarse** **01** *vp* s'implanter
implementar **01** *vt* mettre en œuvre – mettre en application
implicar **13** *vt* impliquer – exiger
▪ **implicarse** **13** *vp* être impliqué
implorar **01** *vt* implorer
imponer **69** *vt* imposer ; *vi* en imposer
▪ **imponerse** **69** *vp* s'imposer – être indispensable
importar **01** *vt/vi* importer
importunar **01** *vt* importuner
imposibilitar **01** *vt* rendre impossible – empêcher
imprecar **13** *vt* proférer *ou* lancer des imprécations contre
impregnar **01** *vt* imprégner – empreindre
imprentar **01** *vt Chili* repasser
impresionar **01** *vt* impressionner ; *vi* être impressionnant
▪ **impresionarse** **01** *vp* être impressionné – être étonné
imprimar **01** *vt* apprêter
imprimir **03** *vt* imprimer – communiquer
improvisar **01** *vt/vi* improviser
impugnar **01** *vt* contester – réfuter
impulsar **01** *vt* pousser – stimuler
impurificar **13** *vt* souiller – HIST destituer
imputar **01** *vt* imputer
inactivar **01** *vt* inactiver
▪ **inactivarse** **01** *vp* s'inactiver
inaugurar **01** *vt* inaugurer – SPORT ouvrir
incapacitar **01** *vt* handicaper – rendre inapte
incendiar **08** *vt* incendier
▪ **incendiarse** **08** *vp* prendre feu – brûler
incensar **22** *vt* encenser
incentivar **01** *vt* stimuler – encourager
incidir **03** *vi* tomber *(lumière, projectile, ondes)* ; *vt* inciser
incinerar **01** *vt* incinérer
incitar **01** *vt* inciter
inclinar **01** *vt* incliner – pencher
▪ **inclinarse** **01** *vp* pencher – s'incliner
incluir **52** *vt* contenir – comprendre
▪ **incluirse** **52** *vp* compter – être inclus
incoar **01** *vt* entamer *(enquête, processus)* - intenter
incomodar **01** *vt* incommoder – agacer
▪ **incomodarse** **01** *vp* être incommodé - se fâcher
incomunicar **13** *vt* priver de communications – mettre au secret
▪ **incomunicarse** **13** *vp* s'isoler
incordiar **08** *vt fam* casser les pieds
incorporar **01** *vt* intégrer – redresser *(corps, personne)*
▪ **incorporarse** **01** *vp* intégrer *(entreprise, groupe)* - s'asseoir
incrasar **01** *vt* MÉD engraisser
incrementar **01** *vt* augmenter – accroître
▪ **incrementarse** **01** *vp* s'accroître – se développer
increpar **01** *vt* réprimander – insulter
incriminar **01** *vt* incriminer – accuser
incrustar **01** *vt* enfoncer – incruster
▪ **incrustarse** **01** *vp* s'incruster
incubar **01** *vi/vt* couver
▪ **incubarse** **01** *vp* germer *(plan, projet)*
inculcar **13** *vt* inculquer – imprimer trop serré
inculpar **01** *vt* inculper – accuser
incumbir **03** *vi* incomber
incumplir **03** *vt* ne pas tenir *(promesse)* - se dérober à
incursionar **01** *vi* faire une incursion
indagar **19** *vt* rechercher ; *vi* faire des recherches sur
indemnizar **16** *vt* indemniser – dédommager
independizar **16** *vt* rendre indépendant
▪ **independizarse** **16** *vp* s'émanciper – devenir indépendant
indexar **01** *vt* indexer
indicar **13** *vt* indiquer – prescrire
indiciar **08** *vt* indiquer – soupçonner
indigestarse **01** *vp* avoir une indigestion
indignar **01** *vt* indigner – révolter
▪ **indignarse** **01** *vp* s'indigner
indisciplinarse **01** *vp* se dissiper – se rebeller
indisponer **69** *vt* indisposer
▪ **indisponerse** **69** *vp* être indisposé - se fâcher
individualizar **16** *vt* personnaliser
individuar **09** *vt* individualiser
indizar **16** *vt* indexer
inducir **59** *vt* induire – pousser
indultar **01** *vt* gracier
indurar **01** *vt* indurer
industrializar **16** *vt* industrialiser
▪ **industrializarse** **16** *vp* s'industrialiser
industriarse **08** *vp* se débrouiller
inervar **01** *vt* innerver
infamar **01** *vt* diffamer
▪ **infamarse** **01** *vp* se déshonorer
infartar **01** *vt* provoquer un infarctus
▪ **infartarse** **01** *vp* s'engorger
infatuar **09** *vt* rendre imbu de soi-même
infeccionar **01** *vt* infecter
infectar **01** *vt* infecter
▪ **infectarse** **01** *vp* s'infecter
inferir **55** *vt* inférer – causer
infestar **01** *vt* envahir – infester
infeudar **01** *vt* inféoder
inficionar **01** *vt* contaminer – infecter
infiltrar **01** *vt* infiltrer – instiller
▪ **infiltrarse** **01** *vp* s'infiltrer – se diffuser
infirmar **01** *vt* infirmer – démentir
inflamar **01** *vt* enflammer – provoquer une inflammation de
▪ **inflamarse** **01** *vp* s'enflammer
inflar **01** *vt* gonfler ; *vi RP fam* gonfler qqn
▪ **inflarse** **01** *vp* se gonfler – se rengorger
infligir **18** *vt* infliger
influenciar **08** *vt* influencer
influir **52** *vt* influencer
informar **01** *vt* informer ; *vi* donner des informations
▪ **informarse** **01** *vp* se renseigner – prendre des renseignements
informatizar **16** *vt* informatiser
▪ **informatizarse** **16** *vp* s'informatiser
infraccionar **01** *Am vt* condamner à une amende ; *vi* commettre une faute
infrautilizar **16** *vt* sous-employer

infravalorar **01** *vt* sous-estimer
▪ **infravalorarse** **01** *vp* se sous-estimer
infringir **18** *vt* enfreindre – transgresser
infundir **03** *vt* inspirer *(respect, terreur)* - donner *(courage)*
ingeniar **08** *vt* inventer
▪ **ingeniarse** **08** *vp* s'arranger
ingerir **55** *vt* ingérer – avaler
ingresar **01** *vt Esp* déposer *(à la banque)* - encaisser
ingurgitar **01** *vt* ingurgiter
inhabilitar **01** *vt* interdire
▪ **inhabilitarse** **01** *vp* devenir inhabile
inhalar **01** *vt* inhaler
inhibir **03** *vt* inhiber – faire opposition à
▪ **inhibirse** **03** *vp* se retenir – s'abstenir
inhumar **01** *vt* inhumer
inicialar **01** *vt RP* parapher
inicializar **16** *vt* initialiser
iniciar **08** *vt* commencer – initier
▪ **iniciarse** **08** *vp* commencer
injerir **55** *vt* insérer – introduire
injertar **01** *vt* greffer
injuriar **08** *vt* injurier – offenser
inmaterializar **16** *vt* immatérialiser
inmergir **18** *vt* immerger
inmigrar **01** *vi* immigrer
inmiscuir **52** *vt* mélanger – mêler
▪ **inmiscuirse** **52** *vp* s'immiscer dans – se mêler de
inmolar **01** *vt* immoler
▪ **inmolarse** **01** *vp* s'immoler
inmortalizar **16** *vt* immortaliser
▪ **inmortalizarse** **16** *vp* s'immortaliser
inmovilizar **16** *vt* immobiliser
inmunizar **16** *vt* immuniser
inmutar **01** *vt* altérer – changer
▪ **inmutarse** **01** *vp* se troubler – perdre contenance
innivar **01** *vt* enneiger
innovar **01** *vt/vi* innover
inocular **01** *vt* inoculer
▪ **inocularse** **01** *vp* s'inoculer
inquietar **01** *vt* inquiéter
▪ **inquietarse** **01** *vp* s'inquiéter
inquirir **38** *vt* enquêter sur
insacular **01** *vt* mettre les billets dans l'urne pour un tirage
insalivar **01** *vt* imprégner de salive
inscribir **03** *vt* inscrire
▪ **inscribirse** **03** *vp* s'inscrire
inseminar **01** *vt* inséminer
insensibilizar **16** *vt* insensibiliser
▪ **insensibilizarse** **16** *vp* s'insensibiliser
insertar **01** *vt* insérer
▪ **insertarse** **01** *vp* s'insérer
insidiar **08** *vt* dresser *ou* tendre des pièges
insinuar **09** *vt* insinuer
▪ **insinuarse** **09** *vp* faire des avances – apparaître
insistir **03** *vi* insister
insolar **01** *vt* insoler – exposer au soleil
▪ **insolarse** **01** *vp* attraper une insolation
insolentarse **01** *vp* être insolent - devenir insolent
insonorizar **16** *vt* insonoriser
inspeccionar **01** *vt* inspecter
inspirar **01** *vt/vi* inspirer
▪ **inspirarse** **01** *vp* être inspiré
instalar **01** *vt* monter – installer
▪ **instalarse** **01** *vp* s'installer
instar **01** *vt* prier *(instamment)* ; *vi* être urgent
instaurar **01** *vt* instaurer
instigar **19** *vt* inciter
instilar **01** *vt* instiller
institucionalizar **16** *vt* institutionnaliser
▪ **institucionalizarse** **16** *vp* s'institutionnaliser
instituir **52** *vt* instituer
instruir **52** *vt* informer ; *vi* instruire
▪ **instruirse** **52** *vp* s'instruire
instrumentalizar **16** *vt* instrumenter
instrumentar **01** *vt* orchestrer – mettre en œuvre
insubordinar **01** *vt* soulever – révolter
▪ **insubordinarse** **01** *vp* se soulever – se révolter
insuflar **01** *vt* insuffler
insultar **01** *vt* insulter
insumir **03** *vt* investir – *RP* mettre *(temps)*
insurreccionar **01** *vt* soulever
▪ **insurreccionarse** **01** *vp* s'insurger
integrar **01** *vt* constituer – intégrer
▪ **integrarse** **01** *vp* intégrer – s'intégrer
intensificar **13** *vt* intensifier
▪ **intensificarse** **13** *vp* s'intensifier
intentar **01** *vt* essayer – tenter
interaccionar **01** *vi* interagir
interactuar **09** *vi* interagir
intercalar **01** *vt* intercaler – insérer
intercambiar **08** *vt* échanger
interceder **02** *vi* intervenir – intercéder
interceptar **01** *vt* intercepter – barrer
intercomunicar **13** *vt* faire communiquer – mettre en relation
interconectar **01** *vt* interconnecter
interesar **01** *vi/vt* intéresser
interferir **55** *vt* interférer avec ; *vi* interférer
interfoliar **08** *vt* interfolier
interiorizar **16** *vt* intérioriser – *CSud* renseigner
▪ **interiorizarse** **16** *vp CSud* se familiariser avec
interlinear **01** *vt* interligner
intermediar **08** *vi* intervenir
internacionalizar **16** *vt* internationaliser
▪ **internacionalizarse** **16** *vp* s'internationaliser
internar **01** *vt* mettre en pension – interner
▪ **internarse** **01** *vp* pénétrer – se plonger
interpaginar **01** *vt* interfolier
interpelar **01** *vt* interpeller
interpolar **01** *vt* interpoler
interponer **69** *vt* interposer – interjeter
▪ **interponerse** **69** *vp* s'interposer
interpretar **01** *vt* interpréter
interrelacionar **01** *vt* mettre en relation – faire des rapprochements entre
▪ **interrelacionarse** **01** *vp* nouer contact – être lié
interrogar **19** *vt* interroger – questionner
interrumpir **03** *vt* interrompre ; *vi* déranger
▪ **interrumpirse** **03** *vp* s'interrompre – être interrompu
intersecarse **13** *vp* se couper
intervenir **73** *vi* intervenir ; *vt* mettre sur écoute
interviuvar **01** *vt* interviewer
intimar **01** *vi* se lier d'amitié ; *vt* intimer
intimidar **01** *vt* intimider
intitular **01** *vt* intituler
intoxicar **13** *vt* intoxiquer
▪ **intoxicarse** **13** *vp* s'intoxiquer
intranquilizar **16** *vt* inquiéter
▪ **intranquilizarse** **16** *vp* s'inquiéter
intrigar **19** *vi/vt* intriguer
intrincar **13** *vt* intriquer – embrouiller
introducir **59** *vt* introduire – amener
▪ **introducirse** **59** *vp* s'introduire

intubar **01** *vt* intuber

intuir **52** *vt* pressentir – deviner

inundar **01** *vt* inonder

▪ **inundarse** **01** *vp* être inondé

inutilizar **16** *vt* mettre hors d'état

invadir **03** *vt* envahir – empiéter sur

invaginar **01** *vt* invaginer

invalidar **01** *vt* invalider

inventar **01** *vt* inventer

▪ **inventarse** **01** *vp* s'inventer

inventariar **07** *vt* inventorier – faire l'inventaire de

invernar **22** *vi* hiverner

invertir **55** *vt* inverser ; *vi* investir

▪ **invertirse** **55** *vp* s'inverser

investigar **19** *vt* rechercher ; *vi* faire de la recherche

investir **39** *vt* investir

inveterarse **01** *vp* s'invétérer

invitar **01** *vt, vi* inviter

invocar **13** *vt* invoquer – solliciter

involucionar **01** *vi* diminuer – régresser

involucrar **01** *vt* impliquer *(compromettre)* - *Am* impliquer *(engendrer)*

▪ **involucrarse** **01** *vp* s'impliquer

inyectar **01** *vt* injecter – insuffler

▪ **inyectarse** **01** *vp* s'injecter

ionizar **16** *vt* ioniser

ir **77** *vi* aller ; *vt Mex* être supporter de

▪ **irse** **77** *vp* partir – aller

irisar **01** *vt/vi* iriser

ironizar **16** *vi* ironiser ; *vt* tourner en dérision

irradiar **08** *vt* irradier – rayonner

irreverenciar **08** *vt* traiter avec irrévérence

irrigar **19** *vt* irriguer

irritar **01** *vt* irriter – exciter

▪ **irritarse** **01** *vp* s'irriter – être irrité

irrogar **19** *vt* causer – occasionner

irrumpir **03** *vi* faire irruption – apparaître

islamizar **16** *vt* islamiser

▪ **islamizarse** **16** *vp* s'islamiser

italianizar **16** *vt* italianiser

▪ **italianizarse** **16** *vp* s'italianiser

itemizar **16** *vt Am* donner le détail de

iterar **01** *vt* réitérer – itérer

izar **16** *vt* hisser

izquierdear **01** *vi* déraisonner

J

jabalconar **01** *vt* étançonner

jabardear **01** *vi* essaimer

jabonar **01** *vt* savonner – *fam* passer un savon à

▪ **jabonarse** **01** *vp* se savonner

jacalear **01** *vi Mex* cancaner

jacarear **13** *vi* chanter des jácaras – faire du tapage

jactarse **01** *vp* se vanter

jadear **01** *vi* haleter

jaezar **16** *vt* harnacher

jaharrar **01** *vt* crépir

jalar **01** *vt/vi Esp fam* bouffer

▪ **jalarse** **01** *vp* s'enfiler – *Ven* se soûler

jalbegar **19** *vt* chauler – farder

jalear **01** *vt* acclamer – encourager

jalonar **01** *vt* jalonner

jalonear **01** *Mex vt* haler ; *vi* marchander

jamar **01** *vt fam* bouffer

▪ **jamarse** **01** *vp fam* bouffer

jambar **01** *vt AmC, Mex fam* bouffer

jaquear **01** *vt* mettre en échec – harceler

jaranear **01** *vt AmC, Andes* escroquer ; *vi fam* faire la fête *ou* la noce *ou* la foire

jarciar **08** *vt* NAUT gréer

jaropear **01** *vt* droguer – gaver de médicaments

jarrear **01** *v impers* flotter – pleuvoir à verse *ou* à seaux

jaspear **01** *vt* jasper

jemiquear **01** *vi Andes, Car, Chili* geindre

jaremiquear **01** *vi Andes, Car, Chili* geindre

jerarquizar **16** *vt* hiérarchiser

jeremiquear **01** *vi Am* geindre

jeringar **19** *vt Am fam* – raser – bousiller

jeringuear **01** *vt Am fam* – raser – bousiller

▪ **jeringarse** **19** *vp Am fam* – tant pis pour qqn – bousiller

▪ **jeringuearse** **01** *vp Am fam* – tant pis pour qqn – bousiller

jesusear **01** *vi* répéter fréquemment le nom de Jésus

jinetear **01** *vi* se promener à cheval ; *vt Mex* dompter *(des chevaux)*

jipar **01** *vi* hoqueter

jipiar **08** *vt fam* mater ; *vi* voir

joderse **02** *vp vulg* foirer

jonronear **01** *vi Am* taper un coup de circuit *(au base-ball)*

jorrar **01** *vt* traîner

jubilar **01** *vt* mettre à la retraite ; *vi* jubiler

▪ **jubilarse** **01** *vp* prendre sa retraite – se réjouir

judaizar **16** *vi* judaïser

juerguearse **01** *vp fam* faire la bringue *ou* la fiesta *ou* la noce – charrier

jugar **34** *vi/vt* jouer

▪ **jugarse** **34** *vp* parier – risquer

juguetear **01** *vi* jouer – s'amuser

julepear **01** *vt RP* faire peur – *Mex* fatiguer

jumarse **01** *vp vulg* prendre une cuite

junar **01** *vt Esp, RP fam* surveiller

juntar **01** *vt* joindre – réunir

▪ **juntarse** **01** *vp* se rejoindre – se réunir

juramentar **01** *vt* recevoir le serment de

▪ **juramentarse** **01** *vp* se jurer – se faire le serment de

jurar **01** *vt/vi* jurer

▪ **jurarse** **01** *vp* se jurer

jurgar **19** *vi RP, Ven fam* asticoter

justar **01** *vi* jouter

justificar **13** *vt* justifier

▪ **justificarse** **13** *vp* se justifier

justipreciar **08** *vt* estimer à son juste prix – évaluer

juzgar **19** *vt* juger – estimer

K

kilometrar **01** *vt* kilométrer

L

labializar **16** *vt* labialiser

laborar **01** *vt* labourer ; *vi* travailler

laborear **01** *vt* travailler

labrar **01** *vt* cultiver – labourer

▪ **labrarse** **01** *vp* bâtir *(fortune)* - se préparer *(avenir)*

laburar **01** *vi RP fam* bosser

lacar **13** *vt* laquer

lacear **01** *vt CSud* attraper au lasso

lacerar **01** *vt* lacérer – blesser

lacrar **01** *vt* cacheter à la cire

lactar **01** *vt* allaiter ; *vi* être allaité

ladear **01** *vt* incliner – contourner

▪ **ladearse** **01** *vp* s'incliner – s'écarter

ladrar **01** *vi* aboyer ; *vt* aboyer après

ladrillar **01** *vt* carreler

ladronear **01** *vi Am* voler

lagartear **01** *vi Chili* immobiliser en saisissant par les bras
lagotear **01** *vi fam* faire de la lèche à qqn
lagrimar **01** *vi* verser des pleurs *ou* des larmes – pleurer
lagrimear **01** *vi* larmoyer
laicalizar **16** *vt Am* séculariser
laicizar **16** *vt* laïciser
lamber **02** *vt Am* lécher – *Col, Mex* flatter
lambetear **01** *vt Mex, RP* lécher – *Mex* flatter
lambisconear **01** *vt Mex* lécher les bottes de – flatter
lambisquear **01** *vt Mex* lécher les bottes de – flatter
lamentar **01** *vt* regretter – déplorer
■ **lamentarse** **01** *vp* se plaindre
lamer **02** *vt* lécher
■ **lamerse** **02** *vp* se lécher
lametear **01** *vt* lécher
laminar **01** *vt* laminer – latter
lamiscar **13** *vt* lécher goulûment
lampacear **01** *vt* passer le faubert
lampar **01** *vi* faire la manche
lampear **01** *vt Andes* enlever à la pelle
lamprear **01** *vt*, faire cuire (un rôti) dans du vin sucré et des épices
lancear **01** *vt* blesser à coups de lance – TAUROM faire des passes de cape
lancinar **01** *vt* lanciner
languidecer **45** *vi* languir
lanzar **16** *vt* lancer – tirer *(flèche)*
■ **lanzarse** **16** *vp* se jeter – se lancer
lañar **01** *vt* agrafer – vider *(poisson)*
lapidar **01** *vt* lapider
lapidificar **13** *vt* lapidifier
laquear **01** *vt* laquer
lardar **01** *vt* enduire de matière grasse – larder
lardear **01** *vt* enduire de matière grasse – larder
largar **19** *vt* détendre ; *vi Esp fam* cafeter
■ **largarse** **19** *vp fam* se tirer – prendre le large
lascar **13** *vt* mollir
lastimar **01** *vt* faire mal à – blesser
■ **lastimarse** **01** *vp* se faire mal – se blesser
lastrar **01** *vt* lester ; *vi RP* s'empiffrer
latear **01** *vt Andes* ennuyer
latiguear **01** *vi* faire claquer son fouet – *Hond* fouetter
latinear **01** *vi* fourrer du latin partout
latinizar **16** *vt* latiniser
■ **latinizarse** **16** *vp* se latiniser
latir **03** *vi* battre *(cœur, pouls)* - élancer *(plaie, tumeur)*
laudar **01** *vi* DR se prononcer
laurear **01** *vt* récompenser – couronner de lauriers
lavar **01** *vt/vi* laver
■ **lavarse** **01** *vp* se laver
lavotear **01** *vt* laver vite fait
■ **lavotearse** **01** *vp* se débarbouiller
laxar **01** *vt* relâcher – purger
layar **01** *vt* bêcher
lazar **16** *vt* prendre au lasso
lechar **01** *vt Andes* traire – *Hond, Mex* badigeonner
lechucear **01** *vi RP* fureter – se mêler des affaires des autres
leer **12** *vt/vi* lire
legajar **01** *vt Chili, Col, Hond* attacher – mettre en liasse
legalizar **16** *vt* légaliser
legar **19** *vt* léguer – déléguer
legislar **01** *vi* légiférer
legitimar **01** *vt* légitimer
legrar **01** *vt* cureter – ruginer
lengüetear **01** *vi* lécher – *Car, RP* bavarder
lenificar **13** *vt* lénifier
lentificar **13** *vt* ralentir
lerdear **01** *vi AmC* marcher pesamment
lesionar **01** *vt* blesser – léser
■ **lesionarse** **01** *vp* se blesser
leudar **01** *vt* mêler le levain à la pâte
■ **leudarse** **01** *vp* lever
levantar **01** *vt* lever ; *vi* se lever
■ **levantarse** **01** *vp* se lever – s'élever
levar **01** *vt* lever ; *vi* mettre à la voile
levigar **19** *vt* léviger
levitar **01** *vi* léviter
lexicalizar **16** *vt* lexicaliser
■ **lexicalizarse** **16** *vp* se lexicaliser
liar **07** *vt* lier – ficeler
■ **liarse** **07** *vp* se compliquer – se mêler
libar **01** *vt* butiner – déguster
libelar **01** *vt* libeller – présenter une requête
liberalizar **16** *vt* libéraliser
■ **liberalizarse** **16** *vp* devenir libéral
liberar **01** *vt* libérer – affranchir
■ **liberarse** **01** *vp* se libérer – affranchir
libertar **01** *vt* délivrer – libérer
librar **01** *vt* livrer ; *vi* accoucher
■ **librarse** **01** *vp* échapper à – éviter
licenciar **08** *vt* licencier – libérer
■ **licenciarse** **08** *vp* passer sa licence – être libéré
licitar **01** *vt* enchérir ; *vi* offrir un prix
licuar **10** *vt* liquéfier – liquater
liderar **01** *vt* être à la tête de – dominer
lidiar **08** *vt* combattre *(un taureau)* ; *vi* combattre
liftar **01** *vt* lifter
ligar **19** *vt* attacher ; *vi Esp fam* draguer
■ **ligarse** **19** *vp* s'allier – faire la conquête de
lignificarse **13** *vp* se lignifier
lijar **01** *vt* polir au papier de verre
limar **01** *vt* limer – polir
limitar **01** *vt* limiter – délimiter
limosnear **01** *vi* mendier – demander l'aumône
limpiar **08** *vt/vi* nettoyer
■ **limpiarse** **08** *vp* nettoyer – s'essuyer
linchar **01** *vt* lyncher
linear **01** *vt* esquisser
liofilizar **16** *vt* lyophiliser
liquidar **01** *vt* régler – liquider
■ **liquidarse** **01** *vp* se liquéfier – liquider
lisiar **08** *vt* estropier
■ **lisiarse** **08** *vp* s'estropier
lisonjear **01** *vt* flatter – charmer
listar **01** *vt* inscrire sur une liste – lister
listear **01** *vt* rayer
listonar **01** *vt* poser des baguettes *ou* des listels
litar **01** *vt* faire une oblation
litigar **19** *vi* être en litige – se disputer
litofotografiar **07** *vt* photolithographier
litografiar **07** *vt* lithographier
lividecer **45** *vi* blêmir
lixiviar **08** *vt* lixivier
llagar **19** *vt* faire une plaie *ou* des plaies à
■ **llagarse** **19** *vp* se couvrir de plaies
llamar **01** *vt* appeler ; *vi* frapper
■ **llamarse** **01** *vp* s'appeler – tourner *(vent)*
llamear **01** *vi* flamber – flamboyer
llanear **01** *vi* rouler sur le plat – marcher en terrain plat

llegar 19 *vi* arriver – toucher

llenar 01 *vt* remplir ; *vi* rassasier

llenarse 01 *vp* se remplir – être rassasié

lleudar 01 *vt* mêler le levain *(à la pâte)*

llevar 01 *vt* apporter ; *vi* emporter

llevarse 01 *vp* emporter – emmener

llorar 01 *vi/vt* pleurer

lloriquear 01 *vi* pleurnicher

llover 35 *v impers/vi* pleuvoir

lloviznar 01 *v impers* bruiner

loar 01 *vt* faire l'éloge de – louer

lobreguecer 45 *vt* obscurcir ; *vi* tomber *(nuit)*

localizar 16 *vt* situer – trouver

lograr 01 *vt* atteindre – obtenir

lograrse 01 *vp* réussir

logrear 01 *vi* prêter à usure

lomear 01 *vi* remuer la croupe

lonchar 01 *vi Mex* casser la croûte

loquear 01 *vi* s'amuser comme un fou – *Am* faire des folies

losar 01 *vt* daller

lotear 01 *vt Andes, Mex, RP* parceller

lotificar 13 *vt AmC, Mex, Pérou* lotir

lubricar 13 *vt* lubrifier

lubrificar 13 *vt* lubrifier

luchar 01 *vi* lutter – se battre

lucir 47 *vi* briller ; *vt* porter *(vêtements, bijoux, moustache)*

lucirse 47 *vp* s'exhiber – se distinguer

lucrar 01 *vt* gagner – obtenir

lucrarse 01 *vp* s'enrichir

lucubrar 01 *vt* méditer

ludir 03 *vt* frotter

lujuriar 08 *vi* se livrer à la luxure – s'accoupler

lustrar 01 *vt* cirer – lustrer

lustrarse 01 *vp* cirer

luxarse 01 *vp* se luxer

M

macanear 01 *vi Am* blaguer – travailler ferme

macaquear 01 *vi CSud* faire le singe

macarse 13 *vp* commencer à se gâter – blettir

macear 01 *vt* battre – frapper

macerar 01 *vt* macérer ; *vi* mariner

macerarse 01 *vp* se mortifier

machacar 13 *vt* écraser ; *vi* rabâcher

machacarse 13 *vp* s'écraser – bûcher

machar 01 *vt* piler

machear 01 *vi* engendrer un mâle - jouer les durs

machetear 01 *vt* donner des coups de machette ; *vi* planter des pieux

machihembrar 01 *vt* assembler – emboîter

machucar 13 *vt* broyer – meurtrir *(fruit)*

macizar 16 *vt* combler – remplir

macollar 01 *vi* former une touffe

macular 01 *vt* entacher – maculer

madrear 01 *fam vt Mex* tabasser – déglinguer

madrugar 19 *Am* ; *vi* se lever de bonne heure ; *vt* devancer

madurar 01 *vt/vi* mûrir

maestralizar 16 *vi* dévier du côté du vent

maestrear 01 *vt* agir en maître ; *vi* jouer les chefs *ou* caïds

magnetizar 16 *vt* magnétiser

magnificar 13 *vt* exagérer – magnifier

magostar 01 *vt* griller *(des marrons)*

magrear 01 *fam vt* peloter – tripoter

magrearse 01 *vp* se tripoter

magullar 01 *vt* contusionner – endommager

magullarse 01 *vp* se contusionner – s'abîmer

majadear 01 *vt* fumer

majaderear 01 *Car, Col vt* casser les pieds à ; *vi* être un casse-pieds *ou* un enquiquineur

majar 01 *vt* piler – broyer

malacostumbrar 01 *vt* mal habituer – gâter

malaxar 01 *vt* malaxer

malbaratar 01 *vt* vendre à vil prix – gaspiller

malcasar 01 *vt* faire faire un mauvais mariage – mésallier

malcasarse 01 *vp* faire un mauvais mariage – se mésallier

malcomer 02 *vi* manger peu – manger mal

malcriar 07 *vt* mal élever – gâter

maldecir 74 *vt* maudire ; *vi* médire

maleabilizar 16 *vt* malléabiliser

malear 01 *vt* corrompre – pervertir

malearse 01 *vp* se corrompre – se débaucher

maleficiar 08 *vt* jeter un maléfice – faire du mal

malenseñar 01 *vt CSud* gâter

malentender 26 *vt* mal interpréter – comprendre de travers

malgastar 01 *vt* gaspiller – user

malherir 55 *vt* blesser grièvement

malhumorar 01 *vt* mettre de mauvaise humeur

maliciar 08 *vt* soupçonner – endommager

maliciarse 08 *vp* soupçonner – être endommagé

malinformar 01 *vt Am* mal renseigner

malinterpretar 01 *vt* mal interpréter

mallar 01 *vi* mailler

malmeter 02 *vt* discréditer

malograr 01 *vt* rater – laisser passer

malograrse 01 *vp* se dévoyer – rater

malparar 01 *vt* maltraiter – mettre mal en point

malparir 03 *vi* faire une fausse couche

malpasar 01 *vi* avoir du mal à joindre les deux bouts

malquerer 70 *vt* ne pas aimer

malquistar 01 *vt* fâcher – brouiller

malquistarse 01 *vp* se fâcher – se brouiller

maltear 01 *vt* malter

maltraer 60 *vt* maltraiter – malmener

maltratar 01 *vt* maltraiter – abîmer

malvender 02 *vt* mévendre

malversar 01 *vt* détourner des fonds

malvivir 03 *vi* subsister

mamar 01 *vt/vi* téter

mamarse 01 *vp Esp, RP tfam* se descendre *(boisson)* - se bourrer (la gueule)

mampostear 01 *vt* maçonner

mampresar 01 *vt* dompter *(cheval sauvage)*

mamullar 01 *vt* mâchonner – marmotter

manar 01 *vi* jaillir ; *vt* jaillir de

mancar 13 *vt* estropier

mancarse 13 *vp RP* se tromper

manchar 01 *vt/vi* tacher

mancharse 01 *vp* se tacher – se salir

mancillar 01 *vt* souiller

mancomunar 01 *vt* réunir – mettre en commun

mancomunarse 01 *vp* s'unir – s'associer

mancornar **28** *vt* attacher par les cornes – apparier
mandar **01** *vt* ordonner ; *vi* commander
■ **mandarse** **01** *vp* vouloir – s'en aller
mandrilar **01** *vt* aléser
manducar **13** *vt/vi fam* bouffer
■ **manducarse** **13** *vp fam* s'envoyer – se bouffer
manear **01** *vt* entraver
manejar **01** *vt* manier ; *vi Am* conduire
■ **manejarse** **01** *vp* se débrouiller
manganear **01** *vt* prendre au lasso
mangar **19** *Esp fam vt* piquer ; *vi RP* taxer
mangonear **01** *vi* se mêler de tout ; *vt* mener à la baguette
manguear **01** *vt RP* parquer *(bétail)* ; *vi fam* taxer
manguerear **01** *vt CSud* arroser au jet
maniatar **01** *vt* lier les mains – limiter
manifestar **22** *vt* manifester – déclarer
■ **manifestarse** **22** *vp* manifester – se manifester
manijear **01** *vt RP* pousser – inciter
maniobrar **01** *vi/vt* manœuvrer
manipular **01** *vt* manipuler – manutentionner
manir **79** *vt* faisander
manosear **01** *vt* tripoter
■ **manosearse** **01** *vp* tripoter – se peloter
manotear **01** *vt* frapper de la main ; *vi* gesticuler
mantear **01** *vt* berner
mantener **72** *vt* maintenir – avoir
■ **mantenerse** **72** *vp* se maintenir – vivre
manufacturar **01** *vt* manufacturer
manumitir **03** *vt* affranchir
manuscribir **03** *vt* écrire à la main
manutener **72** *vt* maintenir – protéger
manyar **01** *RP vt fam* bouffer ; *vi* manger un morceau
mañanear **01** *vi* se lever de bonne heure *ou* de bon matin
mañear **01** *vi* savoir s'y prendre – agir avec adresse
mañosear **01** *vi Chili, Ven* faire des siennes
mapear **01** *vt* dresser une carte topographique – établir une carte génique
maquear **01** *vt* laquer – arranger *(personne)*
■ **maquearse** **01** *vp fam* se saper
maquetar **01** *vt* maquetter
maquilar **01** *vt AmC, Mex* assembler
maquillar **01** *vt* maquiller
■ **maquillarse** **01** *vp* se maquiller
maquinar **01** *vt* tramer
maquinizar **16** *vt* mécaniser
maravillar **01** *vi* émerveiller – stupéfier
■ **maravillarse** **01** *vp* s'émerveiller – s'étonner
marcar **13** *vt/vi* marquer
■ **marcarse** **13** *vp* voir la marque de *(vêtement)* - marquer *(but)*
marchamar **01** *vt* plomber – marquer
marchar **01** *vi* aller – être *(à telle position)*
■ **marcharse** **01** *vp* partir – s'en aller
marchitar **01** *vt* flétrir – faner
■ **marchitarse** **01** *vp* se faner – se flétrir
marear **01** *vt* donner mal au cœur ; *vi* monter à la tête
■ **marearse** **01** *vp* avoir mal au cœur *ou* des nausées – avoir le mal de mer
margar **19** *vt* AGRIC marner
marginalizar **16** *vt Am* marginaliser
marginar **01** *vt* marginaliser – marger
■ **marginarse** **01** *vp* se marginaliser
mariconear **01** *vi fam* faire la folle – *vulg* glander
maridar **01** *vt* marier ; *vi* convoler
marinar **01** *vt* mariner – amariner
marinear **01** *vi* naviguer *(exercer le métier de marin)*
mariposear **01** *vi* papillonner – virevolter
mariscar **13** *vt* pêcher des coquillages
maromear **01** *vi AmC, Andes, Car, Mex* voltiger – se mettre du côté du plus fort
marrar **01** *vt* manquer ; *vi* s'égarer
martajar **01** *vt AmC, Mex* broyer
martillar **01** *vt* marteler
martillear **01** *vt* taper sur *(avec un marteau)* – marteler
martirizar **16** *vt* martyriser
marujear **01** *vi* cancaner
masacrar **01** *vt* massacrer
masajear **01** *vt* masser
mascar **13** *vt* mâcher – chiquer
■ **mascarse** **13** *vp* sentir
mascujar **01** *vt* mâchonner – maugréer
masculinizar **16** *vt* masculiniser
mascullar **01** *vt* mâchonner – marmotter
masificar **13** *vt* envahir – remplir
■ **masificarse** **13** *vp* être envahi – se remplir
masticar **13** *vt* mâcher – ruminer
masturbar **01** *vt* masturber
■ **masturbarse** **01** *vp* se masturber
mataperrear **01** *vi Am* faire le diable *ou* le polisson
matar **01** *vt* tuer – abattre
■ **matarse** **01** *vp* se tuer – jurer
matear **01** *vi* taller *(blé)*– battre les buissons *(à la chasse)*
materializar **16** *vt* matérialiser
matizar **16** *vt* nuancer – préciser
matonear **01** *vi* jouer les durs *ou* les terreurs
matraquear **01** *vi* faire un bruit de crécelle – se payer la tête de
matricular **01** *vt* immatriculer – inscrire
■ **matricularse** **01** *vp* s'inscrire
matrimoniar **08** *vi* se marier
matutear **01** *vi* faire de la contrebande
maulear **01** *vi Chili* tromper
maullar **05** *vi* miauler
maximizar **16** *vt* maximiser – maximaliser
mayar **01** *vi* miauler
mazar **16** *vt* baratter *(lait)*
maznar **01** *vt* pétrir – battre *(fer)*
mear **01** *vi tfam* pisser
mecanizar **16** *vt* mécaniser – usiner
mecanografiar **07** *vt* taper *(à la machine)* – dactylographier
mecer **14** *vt* bercer – remuer *(liquide)*
■ **mecerse** **14** *vp* se bercer
mechar **01** *vt* larder
mediar **08** *vi* être à moitié *ou* à mi- – passer *(temps)*
mediatizar **16** *vt* médiatiser
medicalizar **16** *vt* médicaliser
medicamentar **01** *vt Am* médicamenter
■ **medicamentarse** **01** *vp* prendre des médicaments
medicar **13** *vt* administrer *ou* prescrire des médicaments à
medicinar **01** *vt* médicamenter
■ **medicinarse** **01** *vp* prendre des médicaments
medir **39** *vt* mesurer – scander
■ **medirse** **39** *vp Mex* essayer
■ **medirse** ■ **con** **39** *vp* se mesurer à
meditar **01** *v* méditer

medrar **01** *vi* faire fortune – pousser *(plantes)*

mejorar **01** *vt* améliorer ; *vi* aller mieux

■ **mejorarse** **01** *vp* s'améliorer – se rétablir

melancolizar **16** *vt* attrister – chagriner

melar **22** *vt* donner la seconde cuisson au sucre de canne

melificar **13** *vi* fabriquer le miel

melindrear **01** *vi* faire des manières – minauder

mellar **01** *vt* ébrécher – entamer *(honneur, réputation)*

■ **mellarse** **01** *vp* perdre ses dents

memorar **01** *vt* rappeler – remémorer

memorizar **16** *vt* mémoriser

mencionar **01** *vt* mentionner – signaler

mendigar **19** *vt/vi* mendier

menear **01** *vt* remuer – balancer *(hanches)*

■ **menearse** **01** *vp* bouger – s'agiter

menguar **11** *vi/vt* diminuer

menoscabar **01** *vt* amoindrir – détériorer

menospreciar **08** *vt* mépriser – sous-estimer

menstruar **09** *vi* avoir ses règles

mensualizar **16** *vt* mensualiser

mensurar **01** *vt* mesurer

mentalizar **16** *vt* sensibiliser – faire prendre conscience à

■ **mentalizarse** **16** *vp* se préparer psychologiquement – se faire à l'idée

mentar **22** *vt* mentionner

mentir **55** *vi* mentir – tromper

menudear **01** *vi* abonder ; *vt* multiplier

merar **01** *vt* mélanger

mercadear **01** *vi* commercer

mercantilizar **16** *vt* commercialiser

mercar **13** *vt* acheter

mercerizar **16** *vt* merceriser

merecer **45** *vt* mériter ; *vi* faire reconnaître ses mérites

■ **merecerse** **45** *vp* mériter

merendar **22** *vi* goûter ; *vt* prendre au goûter

■ **merendarse** **22** *vp* ne faire qu'une bouchée de – dévorer

merengar **19** *vt* meringuer

mermar **01** *vt/vi* diminuer

merodear **01** *vi* marauder

mesar **01** *vt* arracher les cheveux *ou* la barbe

■ **mesarse** **01** *vp* s'arracher les cheveux *ou* la barbe

mestizar **16** *vt* métisser – croiser

mesurar **01** *vt* modérer

■ **mesurarse** **01** *vp* se modérer

metabolizar **16** *vt* métaboliser

metaforizar **16** *vt* métaphoriser

metalizar **16** *vt* métalliser

■ **metalizarse** **16** *vp* se métalliser

metamorfosear **01** *vt* métamorphoser

■ **metamorfosearse** **01** *vp* se métamorphoser

meteorizar **16** *vt* météoriser

meter **02** *vt* mettre – investir

■ **meterse** **02** *vp* entrer – consommer

metodizar **16** *vt* organiser méthodiquement – rationaliser

metrificar **13** *vi/vt* versifier

mezclar **01** *vt* mélanger – confondre

■ **mezclarse** **01** *vp* se mélanger – s'embrouiller

mezquinar **01** *vt Am* lésiner sur

microfilmar **01** *vt* microfilmer

migar **19** *vt* émietter

migrar **01** *vi* migrer

militarizar **16** *vt* militariser

milonguear **01** *vi RP* danser

milpear **01** *vt AmC, Mex* labourer ; *vi AmC, Mex* germer *(maïs)*

mimar **01** *vt* dorloter – gâter

mimbrear **01** *vi* osciller

mimeografiar **07** *vt* polycopier – multiplier

mimetizar **16** *vt* imiter

■ **mimetizarse** **16** *vp* agir par mimétisme

minar **01** *vt* miner – saper

mineralizar **16** *vt* minéraliser

■ **mineralizarse** **16** *vp* se minéraliser

miniar **08** *vt* miniaturer

miniaturizar **16** *vt* miniaturiser

minimizar **16** *vt* minimiser

minorar **01** *vt* diminuer – amoindrir

minusvalorar **01** *vt* sous-estimer – sous-évaluer

minutar **01** *vt* minuter – minuter *(un acte)*

mirar **01** *vt/vi* regarder

■ **mirarse** **01** *vp* se regarder – prendre exemple sur

miserear **01** *vi* être dans la dèche

mistar (no) **01** *vi* ne pas souffler mot – ne pas broncher

mistificar **13** *vt* mystifier

mitificar **13** *vt* mythifier

mitigar **19** *vt* calmer – assouvir

mitotear **01** *vi Mex* minauder – faire des manières

mitridatizar **16** *vt* mithridatiser

mixtificar **13** *vt* mystifier

mixturar **01** *vt* mélanger – mixtionner

moblar **28** *vt* meubler

mocar **13** *vt* moucher

■ **mocarse** **13** *vp* se moucher

mocear **01** *vi* se conduire comme un jeune homme *ou* une jeune fille

■ **mocharse con** *vp Mex* partager – graisser la patte de

mocionar **01** *vt* faire la demande de

modelar **01** *vt* modeler – *Am* être mannequin

moderar **01** *vt* modérer

■ **moderarse** **01** *vp* se modérer – diminuer

modernizar **16** *vt* moderniser

■ **modernizarse** **16** *vp* se moderniser

modificar **13** *vt* modifier

modorrar **01** *vt* causer *ou* donner le tournis

■ **modorrarse** **01** *vp* devenir blet – blettir

modular **01** *vt* moduler

mofar **01** *vi* railler

mohatrar **01** *vi* frauder – arnaquer

mohecer **45** *vt* moisir

mojar **01** *vt* mouiller ; *vi* avoir son mot à dire

■ **mojarse** **01** *vp fam* se mouiller – faire (pipi) dans sa culotte *ou* au lit

mojonar **01** *vt* borner *(un terrain)*

molar **01** *vi fam* être super *ou* génial

molcajetear **01** *Mex vt* broyer ; *vi* grincer

moldar **01** *vt* moulurer – mouler

moldear **01** *vt* mouler – permanenter

■ **moldearse** **01** *vp* se faire faire une mise en plis

moldurar **01** *vt* moulurer

moler **35** *vt* moudre – esquinter

molestar **01** *vt/vi* déranger

■ **molestarse** **01** *vp* se fâcher

moletear **01** *vt* moleter

molificar **13** *vt* amollir

molliznar **01** *v impers* bruiner – pleuviner

molliznear **01** *v impers* bruiner – pleuviner

molturar **01** *vt* moudre – presser

momear **01** *vi* faire des grimaces – grimacer

momificar **13** *vt* momifier

▪ **momificarse** **13** *vp* se momifier

mondar **01** *vt* éplucher – tailler

monear **01** *vi* faire des grimaces – faire le guignol

monedar **01** *vt* monnayer

monedear **01** *vt* monnayer

monetarizar **16** *vt* monétariser

monetizar **16** *vt* monétiser

monitorear **01** *vt Am* suivre – contrôler

monitorizar **16** *vt* monitoriser – surveiller en continu

monologar **19** *vi* monologuer

monopolizar **16** *vt* monopoliser

montar **01** *vt/vi* monter

▪ **montarse** **01** *vp* monter

montear **01** *vt* faire une battue – ARCHIT voûter

moquear **01** *vi* couler *(nez)* – *RP, Ven* pleurnicher

moquetear **01** *vt RP* moquetter ; *vi* couler abondamment

moralizar **16** *vt/vi* moraliser

morar **01** *vi* habiter – demeurer

mordentar **01** *vt* mordancer

morder **35** *vt* mordre dans ; *vi* mordre

▪ **morderse** **35** *vp* se mordre

mordicar **13** *vt* piquer – picoter

mordiscar **13** *vt* mordiller

mordisquear **01** *vt* mordiller

morfar **01** *vt/vi RP fam* bouffer

morigerar **01** *vt* modérer – tempérer

▪ **morigerarse** **01** *vp* se modérer

morir **57** *vi* mourir – s'interrompre

▪ **morirse** **57** *vp* mourir – mourir de

morrear **01** *vulg vi* rouler un patin

▪ **morrearse** **01** *vp vulg* se rouler un patin

mortificar **13** *vt* affliger – maltraiter

▪ **mortificarse** **13** *vp* s'affliger – se mortifier

moscardear **01** *vi* pondre

mosconear **01** *vt* assommer ; *vi* bourdonner

mosquear **01** *vt* vexer – éveiller les soupçons

▪ **mosquearse** **01** *vp* se vexer – avoir des soupçons

mostrar **28** *vt* montrer

▪ **mostrarse** **28** *vp* se montrer – paraître

motear **01** *vt* moucheter – *Pérou* manger du mote

motejar **01** *vt* donner un surnom

motivar **01** *vt* entraîner – motiver

▪ **motivarse** **01** *vp* motiver

motorizar **16** *vt* motoriser

▪ **motorizarse** **16** *vp* se motoriser

mover **35** *vt* bouger ; *vi* jouer

▪ **moverse** **35** *vp* bouger – se remuer

movilizar **16** *vt* mobiliser – *CSud* transporter

▪ **movilizarse** **16** *vp* se mobiliser – *CSud* se déplacer

muchachear **01** *vi* faire l'enfant – faire le jeune homme

mudar **01** *vt/vi* changer

▪ **mudarse** **01** *vp* déménager – se changer

mufarse **01** *vp RP* prendre la mouche – se vexer

mugir **18** *vi* mugir – beugler

muletear **01** *vt* travailler le taureau avec la muleta

mullir **03** *vt* battre *(oreiller, laine)* - ameublir

multar **01** *vt* mettre une amende à

multicopiar **08** *vt* polycopier

multiplicar **13** *vt* multiplier

▪ **multiplicarse** **13** *vp* se multiplier – se mettre en quatre

mundanear **01** *vi* être mondain

mundializar **16** *vt* mondialiser

municipalizar **16** *vt* municipaliser

murar **01** *vt* murer – entourer de murs

murmurar **01** *vt/vi* murmurer

muscular **01** *vt* muscler

▪ **muscularse** **01** *vp* prendre du muscle

musicalizar **16** *vt* musicaliser

musicar **13** *vt* mettre en musique

musitar **01** *vt/vi* marmotter

mustiar **08** *vt* faner – flétrir

▪ **mustiarse** **08** *vp* se faner – se flétrir

mutar **01** *vt* modifier ; *vi* muter

mutilar **01** *vt* mutiler

N

nacarar **01** *vt* nacrer

nacer **44** *vi* naître – éclore

nacionalizar **16** *vt* nationaliser – naturaliser

▪ **nacionalizarse** **16** *vp* se faire naturaliser

nadar **01** *vi/vt* nager

najarse **01** *vp* ficher le camp – se tirer

narcotizar **16** *vt* narcotiser

narrar **01** *vt* raconter – narrer

nasalizar **16** *vt* nasaliser

naturalizar **16** *vt* naturaliser

▪ **naturalizarse** **16** *vp* se faire naturaliser

naufragar **19** *vi* faire naufrage – échouer *(projet, affaire)*

navegar **19** *vi* naviguer ; *vt* NAUT filer

neblinear **01** *v impers Chili* bruiner

necear **01** *vi* dire *ou* faire des niaiseries

necesitar **01** *vt* avoir besoin de – devoir

negar **24** *vt* nier ; *vi* dire non

▪ **negarse** **24** *vp* refuser

negociar **08** *vt* négocier ; *vi* commercer

negrear **01** *vi RP* frauder *(fisc)*

nesgar **19** *vt* couper en biais

neurotizar **16** *vt* névroser

▪ **neurotizarse** **16** *vp* devenir névrosé

neutralizar **16** *vt* neutraliser – déclarer nul

▪ **neutralizarse** **16** *vp* se neutraliser

nevar **22** *v impers* neiger ; *vt* couvrir de neige

neviscar **13** *v impers* neiger légèrement

nidificar **13** *vi* nidifier

nielar **01** *vt* nieller

nimbar **01** *vt* nimber

ningunear **01** *vt* cracher sur

niñear **01** *vi* faire l'enfant

niquelar **01** *vt* nickeler

nitratar **01** *vt* nitrater

nitrificar **13** *vt* nitrifier

nivelar **01** *vt* niveler – équilibrer

▪ **nivelarse** **01** *vp* se mettre au même niveau

nombrar **01** *vt* mentionner – nommer

nominar **01** *vt* nommer – sélectionner

noquear **01** *vt* mettre K.-O. – *Am* battre à plates coutures

normalizar **16** *vt* normaliser – réglementer

▪ **normalizarse** **16** *vp* se normaliser

normar **01** *vt Am* gouverner – régler

nortear **01** *vi* aller vers le Nord – tourner au nord

notar **01** *vt* remarquer – sentir

▪ **notarse** **01** *vp* se voir – se sentir

noticiar **08** *vt* informer de – faire savoir

notificar **13** *vt* notifier – informer

novar **01** *vt* nover

novelar **01** *vt* romancer ; *vi* écrire des romans

novelizar **16** *vt* romancer

nublar **01** *vt* obscurcir – brouiller

▪ **nublarse** **01** *vp* se couvrir – se brouiller

nuclear **01** *vt Am* rassembler

▪ **nuclearse** **01** *vp Am* se rassembler

nuclearizar **16** *vt* nucléariser

numerar **01** *vt* numéroter – compter

nutrir **03** *vt* nourrir

▪ **nutrirse** **03** *vp* se nourrir

O

obcecar **13** *vt* aveugler

▪ **obcecarse** **13** *vp* s'obstiner

obedecer **45** *vt* obéir à ; *vi* obéir

objetar **01** *vt* objecter

objetivar **01** *vt* objectiver

objetivizar **16** *vt* objectiver

objetualizar **16** *vt* chosifier

oblar **01** *vt RP* payer une dette en argent liquide

oblicuar **10** *vt* obliquer

obligar **19** *vt* obliger – forcer sur

obliterar **01** *vt* oblitérer

obnubilar **01** *vt* obnubiler – fasciner

▪ **obnubilarse** **01** *vp* être obnubilé – être fasciné

obrar **01** *vi* agir ; *vt* faire

obsequiar **08** *vt* offrir – honorer de/par

observar **01** *vt* observer

obsesionar **01** *vt* obséder

obstaculizar **16** *vt* entraver

obstar **01** *vi* empêcher

obstinarse **01** *vp* s'obstiner – s'entêter

obstruir **52** *vt* obstruer – entraver

▪ **obstruirse** **52** *vp* se boucher – s'obstruer

obtemperar **01** *vt* obtempérer à

obtener **72** *vt* obtenir

obturar **01** *vt* obturer – bloquer

obviar **08** *vt* omettre *(information)* - pallier *(empêchement, difficulté)*

ocasionar **01** *vt* occasionner – causer

occidentalizar **16** *vt* occidentaliser

▪ **occidentalizarse** **16** *vp* s'occidentaliser

ocluir **52** *vt* occlure

▪ **ocluirse** **52** *vp* MÉD se fermer

octavar **01** *vi* octavier

ocultar **01** *vt* cacher – occulter

▪ **ocultarse** **01** *vp* se cacher

ocupar **01** *vt* occuper – employer

▪ **ocuparse** **01** *vp* s'occuper

ocurrir **03** *vi* arriver – *Mex* aller

▪ **ocurrirse** **03** *vp* s'aviser

odiar **08** *vt* détester – haïr

ofender **02** *vt/vi* offenser

▪ **ofenderse** **02** *vp* s'offusquer – s'offenser

ofertar **01** *vt* proposer

oficializar **16** *vt* officialiser

oficiar **08** *vt* notifier ; *vi* officier

ofrecer **45** *vt* offrir – présenter

▪ **ofrecerse** **45** *vp* se proposer – s'offrir

ofrendar **01** *vt* dédier – offrir

ofuscar **13** *vt* aveugler

▪ **ofuscarse** **13** *vp* être aveuglé - être troublé

oír **58** *vt/vi* entendre

ojear **01** *vt* parcourir – rabattre

ojetear **01** *vt* faire des œillets

okupar **01** *vt* squatter

olear **01** *vt* donner l'extrême-onction

oler **37** *vt/vi* sentir

▪ **olerse** **37** *vp* flairer

oletear **01** *vt Pérou* chercher à découvrir

olfatear **01** *vt* sentir – flairer

oliscar **13** *vt* sentir ; *vi* sentir mauvais

olisquear **01** *vt* sentir – pressentir

olivar **01** *vt* couper les basses branches

olorizar **16** *vt* embaumer – parfumer

olvidar **01** *vt* oublier

▪ **olvidarse** **01** *vp* oublier – s'oublier

omitir **03** *vt* omettre

ondear **01** *vi* flotter ; *vt* brandir

ondular **01** *vt/vi* onduler

opacar **13** *vt Am* gâcher – ternir

opalizar **16** *vt* opaliser

opar **01** *vt* lancer une OPA

operar **01** *vt/vi* opérer

▪ **operarse** **01** *vp* se faire opérer – s'opérer

opilarse **01** *vp* souffrir d'aménorrhée

opinar **01** *vt* penser ; *vi* donner son avis

oponer **69** *vt* opposer

▪ **oponerse** **69** *vp* s'opposer – être face à face

opositar **01** *vi* préparer *ou* passer un concours

oprimir **03** *vt* appuyer sur – opprimer

oprobiar **08** *vt* déshonorer – couvrir d'opprobre

optar **01** *vi* choisir

optimalizar **16** *vt* optimiser – optimaliser

optimar **01** *vt* optimiser – optimaliser

optimizar **16** *vt* optimiser – optimaliser

opugnar **01** *vt* s'opposer à – assaillir

orar **01** *vi* prier – parler en public

orbitar **01** *vi* orbiter – tourner en orbite

ordenar **01** *vt* ranger ; *vi* commander

▪ **ordenarse** **01** *vp* se faire ordonner

ordeñar **01** *vt* traire – cueillir à la main

orear **01** *vt* aérer – mettre à l'air

▪ **orearse** **01** *vp* s'aérer – prendre l'air

orejear **01** *vi* remuer les oreilles ; *vt Am* prêter l'oreille à

organizar **16** *vt* organiser

▪ **organizarse** **16** *vp* s'organiser

orientalizar **16** *vt* orientaliser

orientar **01** *vt* orienter – indiquer la direction

▪ **orientarse** **01** *vp* s'orienter

orificar **13** *vt* aurifier

originar **01** *vt* causer – provoquer

▪ **originarse** **01** *vp* naître – prendre naissance

orillar **01** *vt* éviter ; *vi* se rapprocher du bord

▪ **orillarse** **01** *vp* s'écarter – *Esp,Mex* se ranger

orinar **01** *vi/vt* uriner

▪ **orinarse** **01** *vp* uriner

orlar **01** *vt* border – encadrer

ornamentar **01** *vt* ornementer

ornar **01** *vt* orner

orquestar **01** *vt* orchestrer

ortografiar **07** *vt* orthographier

orvallar **01** *v impers* bruiner

orzar **16** *vi* lofer

osar **01** *vi* oser

oscilar **01** *vi* osciller – varier

oscurecer **45** *vt* obscurcir ; *vi* faire nuit
▪ **oscurecerse** **45** *vp* s'obscurcir – s'assombrir
osificar **13** *vi* ossifier
▪ **osificarse** **13** *vp* s'ossifier
ostentar **01** *vt* faire étalage de – arborer
otear **01** *vt* scruter – examiner de près
otoñar **01** *vi* passer l'automne
▪ **otoñarse** **01** *vp* se ramollir sous la pluie
otorgar **19** *vt* octroyer – accorder
ovacionar **01** *vt* ovationner
ovalar **01** *vt* donner une forme ovale
ovalizar **16** *vt* ovaliser
ovar **01** *vi* pondre
ovillar **01** *vt* mettre en pelote
▪ **ovillarse** **01** *vp* se pelotonner
ovular **01** *vi* ovuler
oxidar **01** *vt* oxyder
▪ **oxidarse** **01** *vp* se rouiller – s'oxyder
oxigenar **01** *vt* oxygéner
▪ **oxigenarse** **01** *vp* s'oxygéner
ozonizar **16** *vt* ozoniser

P

pacer **44** *vt/vi* paître
pachanguear **01** *vi RP* faire la fête
pacificar **13** *vt* pacifier
▪ **pacificarse** **13** *vp* s'apaiser
pactar **01** *vi* pactiser ; *vt* convenir de
padecer **45** *vt/vi* souffrir
padrotear **01** *vt Mex* maquereauter
paganizar **16** *vt* paganiser
pagar **19** *vt* payer ; *vi Am* valoir la peine
▪ **pagarse (de sí mismo)** **19** *vp* être imbu de soi-même
paginar **01** *vt* paginer – folioter
pairar **01** *vi* mettre en panne
pajarear **01** *vi* faire la chasse aux oiseaux – flâner
pajear **01** *vulg vt Andes, RP* branler
▪ **pajearse** **01** *vulg vp Andes, RP* se branler
palabrear **01** *vi* palabrer ; *vt Am* s'entendre sur
paladear **01** *vt* déguster ; *vi* remuer les lèvres *(nouveau-né)*
palanganear **01** *vi Andes* se vanter
palanquear **01** *vt CSud, Ven fam* pistonner
palatalizar **16** *vt* palataliser
palear **01** *vt* pelleter
paletear **01** *vi* donner des coups de pelle
paletizar **16** *vt* palettiser
paliar **08** *vt* pallier
palidecer **45** *vi* pâlir
paliquear **01** *vi* papoter – causer
pallar **01** *vt* MIN trier
palmar **01** *vi fam* casser sa pipe
palmear **01** *vi* battre des mains – smasher
palmotear **01** *vi* battre des mains – tapoter
palotear **01** *vi* discuter le bout de gras
palpar **01** *vt* palper – être palpable
palpitar **01** *vi* battre ; *v impers RP* avoir l'impression que
pandear **01** *vi* ployer – bomber
▪ **pandearse** **01** *vp* s'infléchir – se bomber
panderetear **01** *vi* jouer du tambourin
panegirizar **16** *vt* faire le panégyrique de
panificar **13** *vt* panifier
papachar **01** *vt Mex* câliner
papar **01** *vt/vi fam* bouffer
papear **01** *vt fam* bouffer ; *vi* bégayer
papelear **01** *vi* paperasser – *fam* se la jouer
papelonear **01** *vi fam* se la jouer
paquear **01** *vi* tirailler
paquetear **01** *vi RP* être tiré à quatre épingles
parabolizar **16** *vt* présenter sous forme de parabole
parafinar **01** *vt* paraffiner
parafrasear **01** *vt* paraphraser
parahusar **05** *vt* forer
paralizar **16** *vt* paralyser
paralogizar **16** *vt* user de paralogismes
paramentar **01** *vt* parementer
parametrizar **16** *vt* paramétrer
parangonar **01** *vt* comparer – parangonner
parapetar **01** *vt* abriter – protéger
▪ **parapetarse** **01** *vp* se mettre à l'abri – se protéger
parar **01** *vi/vt* arrêter
▪ **pararse** **01** *vp* s'arrêter – *Am* se lever
parcelar **01** *vt* parcelliser – diviser
parchar **01** *vt Am* rapiécer – rafistoler
parchear **01** *vt* rapiécer – mettre une rustine sur
pardear **01** *vi* tirer sur le brun
parear **01** *vt* appareiller – comparer
parecer **45** *vi* ressembler ; *v attr* avoir l'air
▪ **parecerse** **45** *vp* se ressembler
parir **03** *vi* accoucher ; *vt* accoucher de
parlamentar **01** *vi* parlementer – bavarder
parlar **01** *vi* jacasser – bavarder
parlotear **01** *vi* papoter
parodiar **08** *vt* parodier
parpadear **01** *vi* ciller – clignoter
parpar **01** *vi* nasiller
parquear **01** *vt Bol, Car, Col* garer – ranger
parrafear **01** *vi* causer – bavarder
parrandear **01** *vi fam* faire la noce *ou* la foire
partear **01** *vt* accoucher
participar **01** *vi* participer ; *vt* faire part de
particularizar **16** *vt* caractériser ; *vi* entrer dans les détails
▪ **particularizarse** **16** *vp* se caractériser
partir **03** *vt* diviser ; *vi* partir
▪ **partirse** **03** *vp* se casser – être divisé
pasamanar **01** *vt* passementer
pasaportar **01** *vt* délivrer un passeport à – *fam* virer
pasar **01** *vt/vi* passer
▪ **pasarse** **01** *vp* passer – aller trop loin
pasear **01** *vi* se promener ; *vt* promener
▪ **pasearse** **01** *vp* se promener – se balader
pasmar **01** *vt* stupéfier – sidérer
▪ **pasmarse** **01** *vp* être stupéfait - être sidéré
pasparse **01** *vp Andes, RP* se gercer – *RP fam* en avoir marre
pasquinar **01** *vt* satiriser
pastar **01** *vt/vi* paître
pastear **01** *vt RP* épier
pastelear **01** *fam vi* s'écraser – faire de la lèche
pasterizar **16** *vt* pasteuriser
pasteurizar **16** *vt* pasteuriser
pastorear **01** *vt* mener paître – guider
patalear **01** *vi* gigoter – trépigner
patear **01** *vt* donner des coups de pied à *ou* dans ; *vi* gigoter
▪ **patearse** **01** *fam vp* arpenter de long en large – claquer *(argent)*
patentar **01** *vt* breveter – déposer
patentizar **16** *vt* mettre en évidence
patinar **01** *vi/vt* patiner
patiquebrar **01** *vt* casser la patte de
patrimonializar **16** *vt* patrimonialiser

patrocinar **01** *vt* parrainer – sponsoriser
patronear **01** *vt* commander
patrullar **01** *vt* surveiller ; *vi* patrouiller
patullar **01** *vi* marcher bruyamment – se démener
paular **01** *vi* parler
pausar **01** *vt* interrompre – arrêter
pautar **01** *vt* régir – tracer des lignes sur
pavear **01** *vi RP* faire des bêtises – *Chili, Pérou* se moquer
pavimentar **01** *vt* revêtir – paver
pavonar **01** *vt* brunir
pavonear **01** *vt* berner ; *vi* se pavaner
▪ **pavonearse** **01** *vp* se pavaner
payar **01** *vi CSud* chanter – *CSud fam* baratiner
payasear **01** *vi Am* faire *ou* dire des clowneries
pealar **01** *vt Am* prendre au lasso
pecar **13** *vi* pécher
pechar **01** *vt* payer un impôt – *Andes, RP* bousculer
pedalear **01** *vi* pédaler
pedantear **01** *vi* faire le pédant
pedir **39** *vt* demander ; *vi* mendier
▪ **pedirse** **39** *vp* choisir
peer **02** *vi vulg* péter
▪ **peerse** **02** *vp vulg* péter
pegar **19** *vt/vi* coller
▪ **pegarse** **19** *vp* se coller – se battre
pegotear **01** *vt CSud* rendre collant
▪ **pegotearse** **01** *vp CSud* se coller
peguntar **01** *vt* marquer à la poix
peinar **01** *vt* peigner – coiffer
▪ **peinarse** **01** *vp* se coiffer – *RP* s'emballer
pelambrar **01** *vt* pelaner
pelar **01** *vt* tondre – peler
▪ **pelarse** **01** *vp* ratiboiser – peler
pelear **01** *vi* se battre – se disputer
▪ **pelearse** **01** *vp* se battre – se disputer
pelechar **01** *vi* se couvrir de poils – se couvrir de plumes
peligrar **01** *vi* être en danger – courir un danger
pellizcar **13** *vt* pincer – prendre un peu de
pelotear **01** *vt* vérifier ; *vi* échanger des balles
pelotudear **01** *vi RP* lambiner
peluquearse **01** *vp Am* aller chez le coiffeur
penalizar **16** *vt* pénaliser
penar **01** *vt* condamner à une peine ; *vi* souffrir
pencar **13** *vi* trimer
pendejear **01** *vi Mex tfam* faire le con
pendenciar **08** *vi* se disputer – se bagarrer
pender **02** *vi* pendre – être en instance
pendonear **01** *vi* vadrouiller
penetrar **01** *vt/vi* pénétrer
penitenciar **08** *vt* imposer une pénitence
pensar **22** *vt/vi* penser
▪ **pensarse** **22** *vp* y penser – y réfléchir
pensionar **01** *vt* pensionner
pepenar **01** *vt AmC, Mex* ramasser – rassembler
peraltar **01** *vt* relever – surhausser
percatarse **01** *vp* s'apercevoir – se rendre compte de
perchar **01** *vt* carder *(drap)*
percibir **03** *vt* percevoir – toucher
percudir **03** *vt* salir – tacher
percutir **03** *vt* percuter
perder **26** *vt/vi* perdre
▪ **perderse** **26** *vp* se perdre – perdre
perdonar **01** *vt/vi* pardonner
perdurar **01** *vi* persister – subsister
perecer **45** *vi* périr
peregrinar **01** *vi* aller en pèlerinage
perfeccionar **01** *vt* perfectionner
perfilar **01** *vt* dessiner – parachever
▪ **perfilarse** **01** *vp* se profiler – se découper
perforar **01** *vt* perforer – percer
▪ **perforarse** **01** *vp* se perforer – se faire percer
perfumar **01** *vt* parfumer
▪ **perfumarse** **01** *vp* se parfumer
pergeñar **01** *vt* échafauder – concrétiser
periclitar **01** *vi* péricliter
perifrasear **01** *vi* périphraser
peritar **01** *vt* expertiser
perjudicar **13** *vt* léser – nuire à
perjurar **01** *vi* parjurer
perlongar **19** *vi* longer la côte
permanecer **45** *vi* rester – demeurer
permitir **03** *vt* permettre
▪ **permitirse** **03** *vp* se permettre ; *v impers* être permis
permutar **01** *vt* échanger – permuter
pernear **01** *vi* gigoter
perniquebrar **22** *vt* casser une *ou* les jambes
▪ **perniquebrarse** **22** *vp* se casser une *ou* les jambes
pernoctar **01** *vi* passer la nuit
perorar **01** *vi* prononcer un discours – pérorer
peroxidar **01** *vt* péroxyder
perpetrar **01** *vt* perpétrer
perpetuar **09** *vt* perpétuer
▪ **perpetuarse** **09** *vp* se maintenir
perquirir **38** *vt* rechercher
perseguir **41** *vt* poursuivre – persécuter
perseverar **01** *vi* persévérer
persignar **01** *vt* signer
▪ **persignarse** **01** *vp* se signer
persistir **03** *vi* persister
personalizar **16** *vt* personnaliser ; *vi* donner des noms
personarse **01** *vp* se présenter – comparaître
personificar **13** *vt* personnifier – incarner
persuadir **03** *vt* persuader
▪ **persuadirse** **03** *vp* se persuader
pertrechar **01** *vt* équiper – approvisionner
▪ **pertrecharse** **01** *vp* s'équiper
perturbar **01** *vt* troubler – perturber
pervertir **55** *vt* pervertir – dénaturer
▪ **pervertirse** **55** *vp* se pervertir
pervivir **03** *vi* survivre
pesar **01** *vt/vi* peser
▪ **pesarse** **01** *vp* se peser
pescar **13** *vt/vi* pêcher
pespuntar **01** *vt* piquer *ou* coudre au point arrière
pespuntear **01** *vt* piquer *ou* coudre au point arrière
pesquisar **01** *vt* rechercher – enquêter
pestañear **01** *vi* cligner des yeux – ciller
petardear **01** *vt* lancer des pétards sur ; *vi* pétarader
petatearse **01** *vp AmC, Mex fam* casser sa pipe
peticionar **01** *vt Am* faire une réclamation
petrificar **13** *vt* pétrifier – figer
▪ **petrificarse** **13** *vp* se pétrifier – se figer
petrolear **01** *vt* pulvériser *ou* baigner avec du pétrole
piafar **01** *vi* piaffer
pialar **01** *vt Andes, RP* entraver
piar **07** *vi* piailler – glousser

picanear **01** *vt Am* aiguillonner – torturer à la gégène
picar **13** *vt* mordre ; *vi* démanger
▪ **picarse** **13** *vp* se miter – s'altérer
picardear **01** *vt* corrompre ; *vi* faire des bêtises
▪ **picardearse** **01** *vp* se pervertir
pichear **01** *vt/vi* lancer
pichicatear **01** *vt Andes, RP fam* droguer
▪ **pichicatearse** **01** *vp fam* se camer
pichulear **01** *vi RP* marchander – mégoter
picotear **01** *vt* picoter ; *vi* hocher la tête
pifiar **08** *vt fam* louper ; *vi* canarder
pigmentar **01** *vt* pigmenter
pignorar **01** *vt* engager
pijotear **01** *vi* retarder un paiement
pilar **01** *vt* broyer – piler
pillar **01** *vt* attraper ; *vi* être *(se trouver)*
▪ **pillarse** **01** *vp* se coincer – *CSud fam* pisser
pillear **01** *vi tfam* faire des conneries – mener une vie de lascar *ou* de fripouille
pilotar **01** *vt* piloter
pilotear **01** *vt Am* piloter
pimentar **01** *vt* poivrer
pimplar **01** *vi* picoler
▪ **pimplarse** **01** *vp* descendre *(boisson)*
pincelar **01** *vt* peindre
pinchar **01** *vt* piquer ; *vi* crever
▪ **pincharse** **01** *vp* se piquer – crever
pindonguear **01** *vi* vadrouiller
pingonear **01** *vi* vadrouiller
pintar **01** *vt* peindre ; *vi* écrire
▪ **pintarse** **01** *vp* se maquiller – se peindre
pintarrajar **01** *vt* barbouiller – peinturlurer
pintarrajear **01** *vt* barbouiller – peinturlurer
pintear **01** *vi* bruiner
pintiparar **01** *vt* comparer – rendre semblable
pintonear **01** *vi* mûrir
pintorrear **01** *vt* peinturlurer – barbouiller
piñonear **01** *vi* cacaber – se comporter comme un gamin
piolar **01** *vi* piailler
pipiar **07** *vi* pépier
pirar **01** *vi RP* perdre la tête – devenir fou
pirarse **01** *vp fam* se tirer – se tailler
piratear **01** *vi* se livrer à la piraterie ; *vt* pirater
pirograbar **01** *vt* pyrograver
piropear **01** *vt* lancer des compliments
pirrar **01** *vi* adorer
piruetear **01** *vi* pirouetter
pisar **01** *vt* marcher sur ; *vi* marcher
piscar **, pizcar** **13** *vt Mex* récolter – cueillir
pisonear **01** *vt* damer
pisotear **01** *vt* piétiner – rabaisser
pispar **01** *vt* chiper
pistear **01** *vt Mex* boire *(un coup)*
pitar **01** *vi* siffler *(dans un sifflet)* ; *vt* siffler
pitorrearse **01** *vp* blaguer
piular **01** *vi* pépier – piauler
pivotar **01** *vi* pivoter
pizcar **13** *vt* pincer
placar **13** *vt* plaquer *(au rugby)*
placear **01** *vt* vendre au marché – divulguer
placer **61** *vt* plaire
plagar **19** *vt* remplir – couvrir
plagiar **08** *vt* plagier – *AmC, Col, Pérou, Ven* kidnapper
planchar **01** *vt* repasser ; *vi RP* s'étaler de tout son long
planear **01** *vt* projeter ; *vi* prévoir
planificar **13** *vt* planifier
plantar **01** *vt* planter – flanquer *(coup)*
▪ **plantarse** **01** *vp* se planter *(quelque part)* - *fam* se pointer
plantear **01** *vt* poser *(problème, question)* - envisager
▪ **plantearse** **01** *vp fam* se demander – envisager
plantificar **13** *fam vt* foutre *(quelque part)* – flanquer *(coup)*
▪ **plantificarse** **13** *vp* débarquer
plañir **03** *vt* pleurer ; *vi* gémir
plasmar **01** *vt* refléter – former
▪ **plasmarse** **01** *vp* se concrétiser – prendre forme
plastificar **13** *vt* plastifier
platear **01** *vt* argenter
platicar **13** *vi AmC, Mex* parler ; *vt AmC, Mex* dire
platinar **01** *vt* platiner
plebiscitar **01** *vt* plébisciter
plegar **24** *vt* plier – plisser
pleitear **01** *vi* plaider
plisar **01** *vt* plisser
plomar **01** *vt* sceller – plomber
plomear **01** *vi* faire mouche
plumear **01** *vt* hachurer – hacher
pluralizar **16** *vt* mettre au pluriel ; *vi* généraliser
poblar **28** *vt* peupler
▪ **poblarse** **28** *vp* se couvrir de feuilles
podar **01** *vt* élaguer – tailler
poder **71** *vt/vi* pouvoir
podrir **43** *vt* pourrir – putréfier
poetizar **16** *vt/vi* poétiser
polarizar **16** *vt* polariser
▪ **polarizarse** **16** *vp* se polariser
polemizar **16** *vi* polémiquer
polentear **01** *vt RP* nourrir
polimerizar **16** *vt* polymériser
polinizar **16** *vt* polliniser
politiquear **01** *vi* politiquer
politizar **16** *vt* politiser
▪ **politizarse** **16** *vp* se politiser
pollear **01** *vi* jouer au grand
pololear **01** *vt Am* ennuyer – *Chili* faire la cour à
poltronear **01** *vi* flemmarder
polucionar **01** *vt* polluer
polvorear **01** *vt* saupoudrer
pompearse **01** *vp* se pavaner – parader
pomponearse **01** *vp* se pavaner – parader
ponchar **01** *vt AmC, Car, Mex* crever *(pneu)*
▪ **poncharse** **01** *vp AmC, Car, Mex* se crever *(pneu)*
ponderar **01** *vt* vanter – examiner
poner **69** *vt* mettre ; *vi* pondre
▪ **ponerse** **69** *vp* se mettre – mettre
pontear **01** *vt* jeter un pont
pontificar **13** *vi* pontifier
popularizar **16** *vt* populariser
▪ **popularizarse** **16** *vp* se populariser
pordiosear **01** *vi* mendier
porfiar **07** *vi* se disputer – insister
porfirizar **16** *vt* porphyriser
pormenorizar **16** *vt* détailler – passer en revue
portar **01** *vi* porter
▪ **portarse** **01** *vp* se conduire – se comporter
portear **01** *vt* porter ; *vi* claquer *(porte, fenêtre)*
posar **01** *vi* poser
▪ **posarse** **01** *vp* se poser – se déposer

poseer **12** *vt* posséder – détenir
▪ **poseerse** **12** *vp* se dominer – se posséder
posesionar **01** *vt* mettre en possession
posibilitar **01** *vt* rendre possible – faciliter
posicionarse **01** *vp* prendre position
positivar **01** *vt* tirer
posponer **69** *vt* reporter – postposer
postergar **19** *vt* reporter – se désintéresser de
postinear **01** *vi* poser
postrar **01** *vt* affaiblir
▪ **postrarse** **01** *vp* se prosterner
postsincronizar **16** *vt* postsynchroniser
postular **01** *vt* prôner ; *vi* quêter
potabilizar **16** *vt* potabiliser
potar **01** *vi tfam* gerber
potenciar **08** *vt* accroître les possibilités de – donner de la puissance à
potrear **01** *vt* embêter
practicar **13** *vt* pratiquer – s'entraîner
prebendar **01** *vt* conférer une prébende à
precalentar **22** *vt* préchauffer ; *vi* s'échauffer
precaucionarse **01** *vp* se précautionner
precautelar **01** *vt* précautionner
precaver **02** *vt* prévenir – prévoir
▪ **precaverse** **02** *vp* se prémunir
preceder **02** *vt* précéder
preceptuar **09** *vt* établir *ou* dicter des préceptes
preciar **08** *vt* apprécier – estimer
precintar **01** *vt* sceller – mettre sous scellés
precipitar **01** *vt/vi* précipiter
▪ **precipitarse** **01** *vp* se précipiter
precisar **01** *vt* indiquer – avoir besoin de
preconcebir **39** *vt* préméditer
preconizar **16** *vt* préconiser
preconocer **46** *vt* anticiper – prévoir
predecir **74** *vt* prédire
predestinar **01** *vt* prédestiner
predeterminar **01** *vt* prédéterminer
predicar **13** *vt* prêcher – sermonner
predisponer **69** *vt* prédisposer
predominar **01** *vi* prédominer
preelegir **40** *vt* élire avec anticipation
preestablecer **45** *vt* préétablir
preestrenar **01** *vt* présenter en avant-première
preexistir **03** *vi* préexister
prefabricar **13** *vt* préfabriquer
preferir **55** *vt* préférer
prefigurar **01** *vt* préfigurer
prefijar **01** *vt* préfixer
prefinir **03** *vt* préfixer
preformar **01** *vt* préformer
pregonar **01** *vt* claironner – annoncer publiquement
pregrabar **01** *vt* préenregistrer
preguntar **01** *vt* demander – interroger
▪ **preguntarse** **01** *vp* se demander
prejubilar **01** *vt* mettre en préretraite
▪ **prejubilarse** **01** *vp* partir en préretraite
prejuzgar **19** *vt* préjuger
preludiar **08** *vt* préluder à ; *vi* préluder
premeditar **01** *vt* préméditer
premiar **08** *vt* récompenser – décerner un prix à
premorir **57** *vi* prédécéder
prender **02** *vt* attacher ; *vi* prendre *(bois, plante, opinion)*
▪ **prenderse** **02** *vp* se parer – *Am* s'allumer
prensar **01** *vt* presser – pressurer
prenunciar **08** *vt* présager
preñar **01** *vt* féconder – engrosser
preocupar **01** *vt* inquiéter – intéresser
▪ **preocuparse** **01** *vp* s'inquiéter – s'en faire
preparar **01** *vt* préparer
▪ **prepararse** **01** *vp* se préparer
preponderar **01** *vi* prédominer – prévaloir
preponer **69** *vt* préférer – faire passer avant
presagiar **08** *vt* présager
prescribir **03** *vt* prescrire ; *vi* s'éteindre
preseleccionar **01** *vt* présélectionner
presenciar **08** *vt* assister à – être témoin de
presentar **01** *vt* présenter – déposer
▪ **presentarse** **01** *vp* se présenter – comparaître
presentir **55** *vt* pressentir
preservar **01** *vt* préserver – *Am* conserver
presidir **03** *vt* présider – dominer
presionar **01** *vt* appuyer sur – faire pression sur
prestar **01** *vt* prêter
prestigiar **08** *vt* donner de l'éclat à – rehausser le prestige de
presumir **03** *vt* présumer ; *vi* se donner de grands airs
presuponer **69** *vt* présupposer
presupuestar **01** *vi* budgéter ; *vt* estimer
presurizar **16** *vt* pressuriser
pretender **02** *vt* chercher à – faire semblant de
pretensar **01** *vt* précontraindre
preterir **79** *vt* omettre
pretextar **01** *vt* prétexter
prevalecer **45** *vi* perdurer – prévaloir
prevaler **62** *vi* prévaloir
prevaricar **13** *vi* dérailler – prévariquer
prevenir **73** *vt* prévenir – préparer
prever **75** *vt* prévoir
primar **01** *vt* privilégier ; *vi* primer
primorear **01** *vi* jouer avec virtuosité
principiar **08** *vt/vi* commencer
pringar **19** *vt* tacher de graisse ; *vi* porter le chapeau ; *v impers AmC, Mex, Ven* bruiner
▪ **pringarse** **19** *vp* se mouiller
priorizar **16** *vt* donner la priorité à
privar **01** *vt* interdire ; *vi* adorer
privatizar **16** *vt* privatiser
privilegiar **08** *vt* privilégier
probar **28** *vt* prouver ; *vi* essayer
▪ **probarse** **28** *vp* essayer
proceder **02** *vi* agir – convenir
procesar **01** *vt* transformer – inculper
proclamar **01** *vt* proclamer
▪ **proclamarse** **01** *vp* se proclamer – être sacré
procrear **01** *vi* procréer ; *vt* engendrer
procurar **01** *vt* essayer de – fournir
▪ **procurarse** **01** *vp* se procurer – obtenir
prodigar **19** *vt* prodiguer
▪ **prodigarse** **19** *vp* se prodiguer
producir **59** *vt* produire – engendrer
▪ **producirse** **59** *vp* se produire – s'exprimer
profanar **01** *vt* profaner
proferir **55** *vt* proférer
profesar **01** *vt* exercer – vouer
profesionalizar **16** *vt* professionnaliser
▪ **profesionalizarse** **16** *vp* se professionnaliser
profetizar **16** *vt* prophétiser
profundizar **16** *vt* approfondir ; *vi* s'enfoncer
programar **01** *vt/vi* programmer

progresar **01** *vi* progresser – faire des progrès
prohibir **03** *vt* interdire
prohijar **04** *vt* adopter
proletarizar **16** *vt* prolétariser
proliferar **01** *vi* proliférer
prologar **19** *vt* préfacer
prolongar **19** *vt* prolonger
■ **prolongarse** **19** *vp* se prolonger – continuer
promediar **08** *vt* faire la moyenne ; *vi* servir de médiateur
prometer **02** *vt/vi* promettre
■ **prometerse** **02** *vp* se promettre – se fiancer
promiscuar **10** *vi* ne pas faire maigre
promocionar **01** *vt* promouvoir ; *vi* monter dans la hiérarchie
■ **promocionarse** **01** *vp* se vendre – faire sa promotion
promover **35** *vt* lancer – promouvoir
promulgar **19** *vt* promulguer – dévoiler
pronosticar **13** *vt* prévoir – pronostiquer
prontuariar **08** *vt Andes, RP* ouvrir un dossier à
pronunciar **08** *vt/vi* prononcer
■ **pronunciarse** **08** *vp* se prononcer – se soulever
propagar **19** *vt* répandre – propager
■ **propagarse** **19** *vp* se répandre – se propager
propalar **01** *vt* divulguer – ébruiter
propasar **01** *vt* dépasser
■ **propasarse** **01** *vp* dépasser les bornes – aller trop loin
propiciar **08** *vt* favoriser – provoquer
propinar **01** *vt* donner *(coups, raclée)*
proponer **69** *vt* proposer
■ **proponerse** **69** *vp* avoir l'intention de
proporcionar **01** *vt* fournir – proportionner
propugnar **01** *vt* défendre
propulsar **01** *vt* propulser – promouvoir
prorratear **01** *vt* partager au prorata
prorrogar **19** *vt* proroger
prorrumpir **03** *vi* jaillir – fuser
proscribir **03** *vt* interdire – proscrire
proseguir **41** *vt* poursuivre ; *vi* continuer
prosificar **13** *vt* mettre en prose
prospectar **01** *vt* prospecter
prosperar **01** *vi* prospérer – progresser
prosternarse **01** *vp* se prosterner
prostituir **52** *vt* prostituer
■ **prostituirse** **52** *vp* se prostituer
protagonizar **16** *vt* jouer dans
proteger **17** *vt* protéger
■ **protegerse** **17** *vp* se protéger
protestar **01** *vi/vt* protester
protocolar **01** *vt* faire figurer au protocole
protocolizar **16** *vt* faire figurer au protocole
proveer **12** *vt/vi* pourvoir
providenciar **08** *vt* prendre *(des mesures)* – dicter
provocar **13** *vt* provoquer ; *vi Car, Col, Mex* avoir envie de
proyectar **01** *vt* projeter – envoyer
■ **proyectarse** **01** *vp* être projeté
prudenciarse **08** *vp AmC, Col, Mex* se modérer – se maîtriser
psicoanalizar **16** *vt* psychanalyser
■ **psicoanalizarse** **16** *vp* suivre une psychanalyse, être en analyse
publicar **13** *vt* publier – faire paraître
■ **publicarse** **13** *vp* paraître – être publié
pudelar **01** *vt* puddler
pudrir **43** *vt* pourrir – putréfier
■ **pudrirse** **43** *vp* pourrir – moisir
pujar **01** *vi* enchérir ; *vt* enchérir de
pulimentar **01** *vt* polir
pulir **03** *vt* polir – parfaire
■ **pulirse** **03** *vp fam* claquer - se payer
pulsar **01** *vt* appuyer sur ; *vi* battre *(cœur, pouls)*
pulsear **01** *vi* faire un bras de fer
pulular **01** *vi* pulluler
pulverizar **16** *vt* pulvériser – anéantir
puncionar **01** *vt* ponctionner
pungir **18** *vt* élancer – lanciner
punir **03** *vt* punir
puntear **01** *vt* tracer en pointillé – pointer
puntualizar **16** *vt* préciser – détailler
puntuar **09** *vt* évaluer ; *vi* noter
punzar **16** *vt* piquer – élancer
purgar **19** *vt* nettoyer – purger
■ **purgarse** **19** *vp* se purger – prendre un purgatif
purificar **13** *vt* purifier – épurer
■ **purificarse** **13** *vp* se purifier
purpurar **01** *vt* empourprer – habiller de pourpre
purpurear **01** *vi* tirer sur le pourpre
putear **01** *vulg vt* être pénible
puyar **01** *vt AmC* blesser avec un aiguillon – *Chili, Col, Pana* travailler dur

Q

quebrajar **01** *vt* briser
quebrantar **01** *vt* briser – violer *(loi)*
■ **quebrantarse** **01** *vp* se briser – être ébranlé
quebrar **22** *vt/vi* casser
■ **quebrarse** **22** *vp* se casser – se briser
quedar **01** *vi* rester
■ **quedarse** **01** *vp* rester – devenir
quejarse **01** *vp* se plaindre – gémir
quemar **01** *vt* brûler ; *vi* être brûlant
■ **quemarse** **01** *vp* se brûler – fondre
queratinizarse **16** *vp* se kératiniser
querellarse **01** *vp* porter plainte
querenciarse **08** *vp* prendre querencia
querer **70** *vt* aimer ; *vi* vouloir
■ **quererse** **70** *vp* s'aimer
querochar **01** *vi* pondre
quimbar **01** *vi Andes* se dandiner
quintaesenciar **08** *vt* quintessencier
quintar **01** *vt* donner le cinquième labour
quintuplicar **13** *vt* quintupler
■ **quintuplicarse** **13** *vp* quintupler
quitar **01** *vt* ôter ; *vi* se pousser
■ **quitarse** **01** *vp* ôter – se débarrasser de

R

rabear **01** *vi* remuer la queue – osciller de l'arrière
rabiar **08** *vi* être furieux – avoir la rage
rabiatar **01** *vt* attacher par la queue
rabotear **01** *vt* couper la queue
racanear **01** *vt* lésiner sur ; *vi* être radin
rachear **01** *v impers* faire des rafales ; *vi* souffler en rafales
■ **rachearse** **01** *vp* souffler en rafales
racimar **01** *vt* cueillir les grappes de raisin tombées lors de la vendange
■ **racimarse** **01** *vp* se disposer en grappe
raciocinar **01** *vi* raisonner
racionalizar **16** *vt* rationaliser
racionar **01** *vt* rationner
radiar **07** *vt* retransmettre – émettre
radicalizar **16** *vt* radicaliser
■ **radicalizarse** **16** *vp* se radicaliser

radicar **13** *vi* résider – se trouver
radiodifundir **03** *vt* radiodiffuser
radiodirigir **18** *vt* radioguider
radiofotografiar **07** *vt* faire une radiophotographie de
radiografiar **07** *vt* radiographier
radiotelefonear **01** *vi* radiotéléphoner
radiotelegrafiar **07** *vt* communiquer par radiotélégraphie
radiotelevisar **01** *vt* radiodiffuser et téléviser en même temps
radiotransmitir **03** *vt* radiodiffuser
raer **49** *vt* racler – râper
rajar **01** *vt* fendre ; *vi* papoter
▪ **rajarse** **01** *vp* se fendre – se déchirer
ralear **01** *vi* s'éclaircir
ralentizar **16** *vt* ralentir
▪ **ralentizarse** **16** *vp* se ralentir
rallar **01** *vt* râper – raser
ramear **01** *vt* orner de ramages
ramificarse **13** *vp* se ramifier
ramonear **01** *vt* tailler ; *vi* brouter *(feuilles d'arbre)*
ranciar **08** *vt* rancir
▪ **ranciarse** **08** *vp* rancir
rapar **01** *vt* tondre – raser
▪ **raparse** **01** *vp* se faire tondre *ou* raser – se raser
rapiñar **01** *vt* rapiner
raposear **01** *vi* ruser
raptar **01** *vt* enlever
raquear **01** *vi* piller des épaves
rarefacer **68** *vt* raréfier
rarificar **13** *vt* raréfier
▪ **rarificarse** **13** *vp* se raréfier
rasar **01** *vt* raser
rascar **13** *vt/vi* gratter
▪ **rascarse** **13** *vp* se gratter
rasear **01** *vt* garder la balle à ras de terre – raser
rasgar **19** *vt* déchirer
▪ **rasgarse** **19** *vp* se déchirer
rasguear **01** *vi* faire des traits de plume
rasguñar **01** *vt* égratigner – esquisser
▪ **rasguñarse** **01** *vp* s'égratigner
raspar **01** *vt* racler ; *vi* racler la gorge
▪ **rasparse** **01** *vp* s'égratigner – s'écorcher
rasquetear **01** *vt* *Andes, RP* gratter – *Am* étriller
rastrear **01** *vt* fouiller ; *vi* raser le sol
rastrillar **01** *vt* râteler – ratisser
rastrojar **01** *vt* chaumer
rasurar **01** *vt* raser
▪ **rasurarse** **01** *vp* se raser
ratear **01** *vt* filouter ; *vi* être radin
ratificar **13** *vt* ratifier – récoler
rayar **01** *vt* rayer ; *vi* poindre
▪ **rayarse** **01** *vp* *fam* se faire de la bile – *CSud tfam* devenir dingue
razonar **01** *vt* justifier ; *vi* raisonner
reabastecer **45** *vt* réapprovisionner
reabrir **03** *vt* rouvrir
reabsorber **02** *vt* résorber – réabsorber
▪ **reabsorberse** **02** *vp* se résorber
reaccionar **01** *vi* réagir
reaclimatar **01** *vt* réadapter
▪ **reaclimatarse** **01** *vp* se réadapter
reactivar **01** *vt* réactiver – relancer
reactualizar **16** *vt* réactualiser
reacuñar **01** *vt* frapper de nouveau une monnaie
readaptar **01** *vt* réadapter
readmitir **03** *vt* réadmettre – réembaucher
reafirmar **01** *vt* réaffirmer – affermir
reagravar **01** *vt* aggraver de nouveau
▪ **reagravarse** **01** *vp* s'aggraver de nouveau
reagrupar **01** *vt* regrouper
reajustar **01** *vt* rajuster – remanier
realegrarse **01** *vp* se réjouir énormément
realizar **16** *vt* réaliser – faire
▪ **realizarse** **16** *vp* se réaliser – avoir lieu
realojar **01** *vt* reloger
realquilar **01** *vt* sous-louer
realzar **16** *vt* rehausser – surélever
reanimar **01** *vt* encourager – ranimer
reanudar **01** *vt* renouer – reprendre
▪ **reanudarse** **01** *vp* reprendre
reaparecer **45** *vi* réapparaître – revenir
reargüir **53** *vt* rétorquer
rearmar **01** *vt* réarmer
reasegurar **01** *vt* réassurer
reasentar **01** *vt* réinstaller
reasignar **01** *vt* réassigner
reasumir **03** *vt* assumer à nouveau
reatar **01** *vt* rattacher – atteler en file
reavivar **01** *vt* raviver
rebajar **01** *vt* baisser – faire une réduction *ou* un rabais de
▪ **rebajarse** **01** *vp* s'abaisser – diminuer
rebalsar **01** *vt* faire un barrage
rebanar **01** *vt* couper en tranches – couper
rebanear **01** *vt* couper en tranches – couper
rebañar **01** *vt* racler les restes *(plat)*
rebasar **01** *vt* dépasser – doubler
rebatir **03** *vt* réfuter – repousser
rebautizar **16** *vt* rebaptiser
rebelar **01** *vt* soulever *(rebelles)*
▪ **rebelarse** **01** *vp* se rebeller – se révolter
rebinar **01** *vt* tercer – tiercer
reblandecer **45** *vt* ramollir
▪ **reblandecerse** **45** *vp* se ramollir
rebobinar **01** *vt* rembobiner – rebobiner
rebordear **01** *vt* faire *ou* former un rebord
rebosar **01** *vi* déborder
rebotar **01** *vt* repousser ; *vi* rebondir
▪ **rebotarse** **01** *vp* se mettre en rogne
rebotear **01** *vi* prendre le rebond
rebozar **16** *vt* enrober
▪ **rebozarse** **16** *vp* se couvrir le visage avec son manteau *ou* sa cape
rebrincar **13** *vi* faire des bonds répétés
rebrotar **01** *vi* repousser
rebudiar **08** *vi* grommeler
rebufar **01** *vi* s'ébrouer
rebujar **01** *vt* chiffonner – envelopper
▪ **rebujarse** **01** *vp* s'emmitoufler – s'envelopper
rebullir **03** *vi* commencer à s'agiter *ou* à remuer
▪ **rebullirse** **03** *vp* commencer à s'agiter *ou* à remuer
reburujar **01** *vt* envelopper pêle-mêle
rebuscar **13** *vt* rechercher – glaner
rebuznar **01** *vi* braire
recabar **01** *vt* obtenir – demander
recaer **49** *vi* retomber – rechuter
recalar **01** *vt* imbiber petit à petit ; *vi* apparaître
recalcar **13** *vt* souligner ; *vi* donner de la bande
▪ **recalcarse** **13** *vp* s'affaler
recalcitrar **01** *vi* regimber – reculer
recalentar **22** *vt* surchauffer – réchauffer
▪ **recalentarse** **22** *vp* se réchauffer – être en chaleur
recalificar **13** *vt* requalifier

recalzar **16** *vt* AGRIC butter – ARCHIT rechausser
recamar **01** *vt* broder en relief
recambiar **08** *vt* échanger – rechanger
recapacitar **01** *vi* réfléchir à *ou* sur
recapitular **01** *vt* récapituler
recargar **19** *vt* surcharger – recharger
recatar **01** *vt* cacher
■ **recatarse** **01** *vp* se dérober
recauchutar **01** *vt* rechaper
recaudar **01** *vt* collecter – recouvrer
recebar **01** *vt* caillouter – recharger
recelar **01** *vt* soupçonner ; *vi* se méfier
recentar **22** *vt* mettre le levain dans la pâte
■ **recentarse** **22** *vp* se renouveler
recepcionar **01** *vt* recevoir – réceptionner
recetar **01** *vt* prescrire – ordonner
rechazar **16** *vt* repousser – rejeter
rechiflar **01** *vt* siffler longuement
■ **rechiflarse** **01** *vp* se moquer
rechinar **01** *vi* grincer – crisser
■ **rechinarse** **01** *vp AmC, Mex* brûler
rechistar **01** *vi* chuchoter
recibir **03** *vt* recevoir – accueillir
■ **recibirse** **03** *vp* obtenir un titre *ou* un diplôme
reciclar **01** *vt* recycler
recidivar **01** *vi* récidiver
reciprocarse **13** *vp* payer de retour
recitar **01** *vt* réciter – dire
reclamar **01** *vt* réclamer – appeler
reclinar **01** *vt* appuyer – incliner
■ **reclinarse** **01** *vp* s'appuyer – s'incliner
recluir **52** *vt* incarcérer – enfermer
■ **recluirse** **52** *vp* s'enfermer
reclutar **01** *vt* recruter
recobrar **01** *vt* recouvrer – reprendre
■ **recobrarse** **01** *vp* revenir à soi
recocer **36** *vt* recuire – mitonner
■ **recocerse** **36** *vp* mitonner – trop cuire
recodar **01** *vi* former un coude
■ **recodarse** **01** *vp* s'accouder
recoger **17** *vt* ranger – ramasser
■ **recogerse** **17** *vp* rentrer chez soi – retrousser
recolar **28** *vt* filtrer à nouveau
recolectar **01** *vt* récolter – collecter
recolocar **13** *vt* réinstaller – reclasser
recomendar **22** *vt* recommander – confier
recomenzar **23** *vt* recommencer
recomerse **02** *vp* se ronger
recompensar **01** *vt* récompenser
recomponer **69** *vt* recomposer – reconstruire
recomprar **01** *vt* racheter
reconcentrar **01** *vt* concentrer
■ **reconcentrarse** **01** *vp* se concentrer – rentrer en soi-même
reconciliar **08** *vt* réconcilier
■ **reconciliarse** **08** *vp* se réconcilier
reconcomer **02** *vt* ronger
recondenar **01** *vt* condamner à nouveau
reconducir **59** *vt* reconduire
reconfigurar **01** *vt* reconfigurer
reconfortar **01** *vt* réconforter
reconocer **46** *vt* reconnaître – examiner
■ **reconocerse** **46** *vp* se reconnaître
reconquistar **01** *vt* reconquérir
reconsiderar **01** *vt* reconsidérer
reconstituir **52** *vt* reconstituer
reconstruir **52** *vt* reconstruire
recontar **28** *vt* recompter – recenser
reconvalecer **45** *vi* entrer de nouveau en convalescence
reconvenir **73** *vt* reprocher – faire des reproches
reconvertir **55** *vt* reconvertir – recycler
■ **reconvertirse** **55** *vp* se reconvertir
recopilar **01** *vt* compiler
recordar **28** *vt* se rappeler de ; *vi Mex* s'éveiller
■ **recordarse** **28** *vp Mex* s'éveiller
recorrer **02** *vt* parcourir – traverser
recortar **01** *vt* découper – réduire
■ **recortarse** **01** *vp* se découper – se profiler
recoser **02** *vt* recoudre – raccommoder
recostar **28** *vt* appuyer
■ **recostarse** **28** *vp* s'allonger un court instant
recovar **01** *vi* acheter des œufs *ou* des volailles pour les revendre
recrear **01** *vt* recréer – reproduire
■ **recrearse** **01** *vp* passer de très bons moments – se délasser
recrecer **45** *vi* augmenter
■ **recrecerse** **45** *vp* reprendre courage
recriar **07** *vt* élever
recriminar **01** *vt* reprocher
■ **recriminarse** **01** *vp* s'incriminer – s'accuser
recrudecer **45** *vi* être en recrudescence – redoubler
rectificar **13** *vt* rectifier – redresser
recuadrar **01** *vt* encadrer – quadriller
recubrir **03** *vt* couvrir – recouvrir
recular **01** *vi* reculer
recuñar **01** *vt* MIN creuser avec un coin
recuperar **01** *vt* retrouver – récupérer
■ **recuperarse** **01** *vp* se remettre – récupérer
recurrir **03** *vi* appeler – faire appel
recusar **01** *vt* récuser – rejeter
redactar **01** *vt* rédiger – établir
redar **01** *vt* jeter le filet *(de pêche)*
redargüir **53** *vt* rétorquer – contester
redecir **74** *vt* redire
redefinir **03** *vt* redéfinir
redescubrir **03** *vt* redécouvrir
redhibir **03** *vt* annuler la vente
redilear **01** *vt* parquer
redimir **03** *vt* racheter – effacer
■ **redimirse** **03** *vp* se racheter
redireccionar **01** *vt* rediriger
rediseñar **01** *vt* reconcevoir
redistribuir **52** *vt* redistribuer
redituar **09** *vt* rapporter
redoblar **01** *vt* redoubler ; *vi* battre le tambour
redondear **01** *vt* arrondir – parachever
redorar **01** *vt* redorer
reducir **59** *vt* réduire ; *vi* rétrograder
■ **reducirse** **59** *vp* se réduire
redundar **01** *vi* déborder
reduplicar **13** *vt* redoubler
reedificar **13** *vt* réédifier – rebâtir
reeditar **01** *vt* rééditer
reeducar **13** *vt* rééduquer
reelaborar **01** *vt* réélaborer
reelegir **40** *vt* réélire
reembarcar **13** *vt* rembarquer – réembarquer
■ **reembarcarse** **13** *vp* se rembarquer – se réembarquer
reembargar **19** *vt* ressaisir
reembolsar **01** *vt* rembourser
rembolsar **01** *vt* rembourser
reemplazar **16** *vt* remplacer
remplazar **16** *vt* remplacer
reemprender **02** *vt* reprendre
reencarnarse **01** *vp* se réincarner

reencontrar **28** *vt* retrouver
■ **reencontrarse** **28** *vp* se retrouver
reencuadernar **01** *vt* remboîter – relier de nouveau
reenganchar **01** *vt* rengager – réengager
■ **reengancharse** **01** *vp* se rengager – se réengager
reengendrar **01** *vt* engendrer de nouveau
reensayar **01** *vt* réessayer – répéter
reenviar **07** *vt* renvoyer
reenvidar **01** *vt* relancer – renchérir
reequilibrar **01** *vt* rééquilibrer
■ **reequilibrarse** **01** *vp* se rééquilibrer
reescribir **03** *vt* réécrire – récrire
reestrenar **01** *vt* reprendre
reestructurar **01** *vt* restructurer – réorganiser
reexaminar **01** *vt* réexaminer – revoir
reexpedir **39** *vt* réexpédier – renvoyer
reexportar **01** *vt* réexporter
refaccionar **01** *vt AmC, Andes, Ven* réaménager – réparer
refanfinflársela **01** *tfam vt* s'en taper – s'en balancer
referenciar **08** *vt* indexer
referir **55** *vt* rapporter – raconter
refilar **01** *vt* rogner
refinanciar **08** *vt* refinancer
refinar **01** *vt* raffiner – affiner
■ **refinarse** **01** *vp* apprendre les bonnes manières – se dégrossir
reflectar **01** *vt* réfléchir
reflejar **01** *vt* réfléchir – refléter
■ **reflejarse** **01** *vp* se refléter
reflexionar **01** *vi* réfléchir
reflorecer **45** *vi* refleurir
reflotar **01** *vt* renflouer – remettre à flot
refluir **52** *vi* refluer
refocilar **01** *vt* réjouir – combler d'aise
■ **refocilarse** **01** *vp* se réjouir – se délecter
reforestar **01** *vt* reboiser
reformar **01** *vt* réformer – rénover
■ **reformarse** **01** *vp* se transformer
reformular **01** *vt* reformuler
reforzar **33** *vt* renforcer
■ **reforzarse** **33** *vp* se renforcer
refractar **01** *vt* réfracter
refregar **24** *vt* frotter
■ **refregarse** **24** *vp* se frotter
refreír **42** *vt* refrire – trop faire frire
refrenar **01** *vt* réfréner – serrer la bride
■ **refrenarse** **01** *vp* se réfréner
refrendar **01** *vt* ratifier – contresigner
refrentar **01** *vt* surfacer
refrescar **13** *vt* rafraîchir ; *vi* fraîchir
■ **refrescarse** **13** *vp* se rafraîchir – prendre le frais
refrigerar **01** *vt* réfrigérer – refroidir
■ **refrigerarse** **01** *vp* se restaurer – se réfrigérer
refringir **18** *vt* réfracter
■ **refringirse** **18** *vp* se réfracter
refugiar **08** *vt* réfugier
■ **refugiarse** **08** *vp* se réfugier
refulgir **18** *vi* resplendir – briller
refundar **01** *vt* refonder
refundir **03** *vt* refondre
refunfuñar **01** *vi* bougonner – ronchonner
refutar **01** *vt* réfuter
regalar **01** *vt* offrir – faire cadeau de
■ **regalarse** **01** *vp* s'offrir
regalonear **01** *vt CSud* gâter *(les enfants)*
regañar **01** *vt* gronder ; *vi* se disputer
regar **24** *vt* arroser – parsemer
regatear **01** *vt/vi* marchander
regatonear **01** *vt* vendre au détail
regenerar **01** *vt* régénérer
■ **regenerarse** **01** *vp* se régénérer
regentar **01** *vt* diriger – tenir
regimentar **22** *vt* enrégimenter
regionalizar **16** *vt* régionaliser
regir **40** *vt* régir ; *vi* être en vigueur
registrar **01** *vt/vi* fouiller
■ **registrarse** **01** *vp* fouiller – s'inscrire
reglamentar **01** *vt* réglementer
reglar **01** *vt* régler
regletear **01** *vt* interligner – blanchir
regocijar **01** *vt* réjouir
■ **regocijarse** **01** *vp* se réjouir – s'en donner à cœur joie
regodearse **01** *vp* se délecter
regoldar **31** *fam vi* éructer – roter
regresar **01** *vi* revenir – rentrer
regruñir **03** *vi* grogner avec force
regular **01** *vt* contrôler *(traffic, prix)* - régler *(mécanisme, température)*
regularizar **16** *vt* régulariser
■ **regularizarse** **16** *vp* se régulariser
regurgitar **01** *vt/vi* régurgiter
rehabilitar **01** *vt* rénover – rééduquer
rehacer **68** *vt* refaire
■ **rehacerse** **68** *vp* se remettre
rehenchir **39** *vt* remplir – rembourrer
rehervir **55** *vi* rebouillir – bouillir
■ **rehervirse** **55** *vp* fermenter
rehidratar **04** *vt* réhydrater
rehilar **04** *vt* retordre *(fil)* - sonoriser
rehogar **19** *vt* faire revenir
rehollar **28** *vt* fouler aux pieds
rehuir **52** *vt* refuser *(travail)* - fuir *(obligations)*
■ **rehuirse** **52** *vp* fuir – s'esquiver
rehumedecer **45** *vt* tremper
rehusar **05** *vt* refuser – décliner
reimplantar **01** *vt* réimplanter
reimportar **01** *vt* réimporter
reimprimir **03** *vt* réimprimer
reimpulsar **01** *vt* relancer
reinar **01** *vi* régner
reincidir **03** *vi* récidiver – retomber *(dans le vice, l'erreur)*
reincorporar **01** *vt* réincorporer
■ **reincorporarse** **01** *vp* reprendre – MIL rejoindre son corps
reingresar **01** *vi* revenir
reinicializar **16** *vt* réinitialiser
reiniciar **08** *vt* reprendre – réinitialiser
■ **reiniciarse** **08** *vp* reprendre – se réinitialiser
reinscribir **03** *vt* réinscrire
reinsertar **01** *vt* réinsérer
■ **reinsertarse** **01** *vp* se réinsérer
reinstalar **01** *vt* rétablir – réinstaller
reinstaurar **01** *vt* réinstaurer
reintegrar **01** *vt* réintégrer – rejoindre
■ **reintegrarse** **01** *vp* être réintégré – reprendre
reinterpretar **01** *vt* réinterpréter
reintroducir **59** *vt* réintroduire
reinventar **01** *vt* réinventer
reinvertir **55** *vt* réinvestir
reír **42** *vi* rire
■ **reírse** **42** *vp* rire – se moquer
reiterar **01** *vt* réitérer
reivindicar **13** *vt* revendiquer
rejonear **01** *vt* blesser avec un rejón
rejuntarse **01** *vp* vivre en couple *ou* en concubinage
rejuvenecer **45** *vt/vi* rajeunir
■ **rejuvenecerse** **45** *vp* rajeunir

relacionar 01 *vt* établir *ou* faire un rapport
▫ **relacionarse 01** *vp* être lié - se rattacher
relajar 01 *vt* relaxer ; *vi* détendre
▫ **relajarse 01** *vp* se relâcher – se détendre
relamer 02 *vt* pourlécher
▫ **relamerse 02** *vp* se pourlécher – se pourlécher *ou* se lécher les babines (à l'idée)
relampaguear 01 *vi* lancer des éclairs ; *v impers* y avoir des éclairs
relanzar 16 *vt* relancer
relatar 01 *vt* raconter – rapporter
relativizar 16 *vt* relativiser
releer 12 *vt* relire
relegar 19 *vt* reléguer
relevar 01 *vt* prendre la relève de – relayer
▫ **relevarse 01** *vp* se relayer
religar 19 *vt* rattacher – allier de nouveau
relinchar 01 *vi* hennir
relingar 19 *vt/vi* ralinguer
rellanar 01 *vt* aplanir de nouveau
▫ **rellanarse 01** *vp* se carrer – s'asseoir commodément
rellenar 01 *vt* remplir – farcir
relucir 47 *vi* briller – miroiter
relumbrar 01 *vi* briller – étinceler
remachar 01 *vt* rabattre – river
remallar 01 *vt* remailler
remangar 19 *vt* relever – retrousser
▫ **remangarse 19** *vp* se retrousser – décider résolument
remansarse 01 *vp* former une nappe – stagner
remar 01 *vi* ramer
remarcar 13 *vt* remarquer
rematar 01 *vt* achever ; *vi* se terminer
rembolsar 01 *vt* rembourser
remecer 14 *vt* secouer – agiter
remedar 01 *vt* imiter
remediar 08 *vt* remédier à
remedir 39 *vt* remesurer
remellar 01 *vt* remailler – remmailler
rememorar 01 *vt* remémorer
remendar 22 *vt* raccommoder – rapiécer
remesar 01 *vt* envoyer – expédier
remeter 02 *vt* remettre – border
▫ **remeterse 02** *vp* se réintroduire

remilgarse 19 *vp* minauder – faire des manières
remilitarizar 16 *vt* remilitariser
remirar 01 *vt* regarder à plusieurs reprises – examiner attentivement
remitir 03 *vt* remettre *(lettre, dossier)* ; *vi* faiblir *(désir, attaque)*
remodelar 01 *vt* rénover – remanier
remojar 01 *vt* faire tremper – tremper
▫ **remojarse 01** *vp* se tremper
remolcar 13 *vt* remorquer
remoler 35 *vi Chili, Pérou* faire la fête
remolinar 01 *vi* tourbillonner – s'attrouper
▫ **remolinarse 01** *vp* tourbillonner – s'attrouper
remolinear 01 *vt* faire tournoyer ; *vi* tourbillonner
remolonear 01 *fam vi* glander – traînasser
remontar 01 *vt* remonter ; *vi* NAUT remonter au vent *ou* dans le vent
▫ **remontarse 01** *vp* s'envoler – remonter *(dans le temps)*
remorder 35 *vt* tourmenter – mordre
remosquearse 01 *vp* s'effaroucher – se mâchurer
remostar 01 *vt* ajouter du moût dans
▫ **remostarse 01** *vp* s'écraser *(raisin, fruit)*
remover 35 *vt* remuer *(salade, café)* – retourner *(terre)*
▫ **removerse 35** *vp* s'agiter
remozar 16 *vt* rénover – rajeunir *(image, équipe)*
rempujar 01 *vt fam* pousser
remullir 03 *vt* rendre moelleux
remunerar 01 *vt* rémunérer – récompenser
renacer 44 *vi* renaître *(fleurs, sentiments, intérêt)*
rendir 39 *vt* soumettre ; *vi* rapporter *(investissement, affaire)*
▫ **rendirse 39** *vp* se rendre – abandonner
renegar 24 *vt* nier ; *vi* dire des jurons
renegociar 08 *vt* renégocier
renguear 01 *vi Andes, RP* boiter
renombrar 01 *vt* renommer
renovar 28 *vt* rénover ; *vi* renouveler un contrat
▫ **renovarse 28** *vp* se renouveler
renquear 01 *vi* boiter – chanceler
rentabilizar 16 *vt* rentabiliser

rentar 01 *vt/vi* rapporter
renunciar 08 *vi* renoncer – démissionner
▫ **renunciarse 08** *vp* renoncer *(à soi-même)*
renvalsar 01 *vt* faire une feuillure
reñir 39 *vt* gronder ; *vi* se disputer
reobrar 01 *vi* réagir
reordenar 01 *vt* réaménager – réordonner
reorganizar 16 *vt* réorganiser – remanier
reorientar 01 *vt* réorienter
▫ **reorientarse 01** *vp* se réorienter – être réorienté
repacer 14 *vt* brouter toute l'herbe d'un pré
repagar 19 *vt* surpayer
repampinflársela 01 *vt* s'en taper – s'en balancer
repanchigarse 19 *vp fam* s'étaler
repanchingarse 19 *vp fam* s'étaler
repantigarse 19 *vp fam* s'étaler
repantingarse 19 *vp fam* s'étaler
repapilarse 01 *vp* se gorger – se gaver
reparar 01 *vt/vi* réparer
repartir 03 *vt* répartir ; *vi* distribuer
▫ **repartirse 03** *vp* se partager – se disperser
repasar 01 *vt* revoir – réviser
repatear 01 *vt fam* débecter
repatriar 07 *vt* rapatrier
▫ **repatriarse 07** *vp* être rapatrié
repechar 01 *vi* gravir une côte
repeinar 01 *vt* recoiffer
repelar 01 *vt* peler ; *vi Mex* maugréer
repeler 02 *vt* repousser – répugner
▫ **repelerse 02** *vp* se repousser
repellar 01 *vt* replâtrer
repensar 22 *vt* repenser
repentizar 16 *vi* déchiffrer
repercutir 03 *vi* se répercuter ; *vt* répercuter
repesar 01 *vt* repeser
repescar 13 *vt* repêcher
repetir 39 *vt* refaire ; *vi* en reprendre
▫ **repetirse 39** *vp* se reproduire – se répéter
repicar 13 *vt/vi* sonner
repintar 01 *vt* repeindre
▫ **repintarse 01** *vp* se maquiller soigneusement – maculer
repiquetear 01 *vt* sonner ; *vi* carillonner
replantar 01 *vt* replanter – transplanter

replantear 01 *vt* poser à nouveau
■ **replantearse** 01 *vp* revoir – remettre en question

replegar 24 *vt* replier – escamoter
■ **replegarse** 24 *vp* se renfermer – se replier

replicar 13 *vt* répliquer ; *vi* broncher
■ **replicarse** 13 *vp* se répliquer

repoblar 28 *vt* repeupler – reboiser

repodar 01 *vt* retailler

repollar 01 *vi* pommer

reponer 69 *vt* remettre – remplacer
■ **reponerse** 69 *vp* se remettre – se rétablir

reportar 01 *vt* apporter – refréner
■ **reportarse** 01 *vp* se maîtriser – *AmC, Mex, Ven* signaler sa position

reportear 01 *Chili, Mex vt* couvrir ; *vi* être reporter/journaliste

reposar 01 *vi* se reposer ; *vt* reposer

repostar 01 *vi* se ravitailler ; *vt* se réapprovisionner en

reprender 02 *vt* réprimander – blâmer

represaliar 08 *vt* user de représailles – exercer des représailles

represar 01 *vt* endiguer – réprimer

representar 01 *vt* représenter – faire *(son âge)*

reprimir 03 *vt* réprimer – refouler
■ **reprimirse** 03 *vp* se retenir

reprivatizar 16 *vt* reprivatiser

reprobar 28 *vt* réprouver – *Am* échouer à *(examen)*

reprochar 01 *vt* reprocher
■ **reprocharse** 01 *vp* se reprocher

reproducir 59 *vt* reproduire
■ **reproducirse** 59 *vp* se reproduire – MÉD récidiver

reprogramar 01 *vt* reprogrammer

reptar 01 *vi* ramper

republicanizar 16 *vt* républicaniser
■ **republicanizarse** 16 *vp* se républicaniser

repudiar 08 *vt* répudier – désavouer

repudrir 43 *vt* moisir
■ **repudrirse** 43 *vp* moisir

repugnar 01 *vi* répugner

repujar 01 *vt* repousser

repulgar 19 *vt* ourler

repulir 03 *vt* repolir – pomponner
■ **repulirse** 03 *vp* se pomponner

repulsar 01 *vt* rejeter

repuntar 01 *vi* surgir ; *vt Chili* rassembler *(animaux)*
■ **repuntarse** 01 *vp* se piquer *(vin)* - se faire la tête

repurgar 19 *vt* nettoyer *ou* purifier de nouveau

reputar 01 *vt* avoir la réputation de

requebrar 22 *vt* faire la cour à – flatter

requemar 01 *vt* brûler – dessécher
■ **requemarse** 01 *vp* brûler – souffrir en silence

requerir 55 *vt* requérir – exiger
■ **requerirse** 55 *vp* être nécessaire

requintar 01 *vt* surenchérir – surpasser

requisar 01 *vt* réquisitionner

resabiar 08 *vt* faire prendre de mauvaises habitudes – rendre vicieux *(animal)*
■ **resabiarse** 08 *vp* prendre de mauvaises habitudes – se fâcher

resacar 13 *vt* NAUT haler

resalir 65 *vi* saillir

resallar 01 *vt* sarcler de nouveau

resaltar 01 *vi* ressortir ; *vt* souligner

resanar 01 *vt* redorer – restaurer

resarcir 15 *vt* dédommager – indemniser

resbalar 01 *vi* glisser
■ **resbalarse** 01 *vp* glisser

rescaldar 01 *vt* échauder

rescatar 01 *vt* sauver – libérer

rescindir 03 *vt* résilier

resecar 13 *vt* dessécher – réséquer
■ **resecarse** 13 *vp* se dessécher

resellar 01 *vt* refrapper *(monnaie)*

resembrar 22 *vt* ressemer

resentirse 55 *vp* se ressentir – diminuer

reseñar 01 *vt* faire le compte rendu de – rapporter

reservar 01 *vt* réserver
■ **reservarse** 01 *vp* garder pour soi

resfriar 07 *vt/vi* refroidir
■ **resfriarse** 07 *vp* s'enrhumer

resguardar 01 *vt* abriter
■ **resguardarse** 01 *vp* s'abriter

residenciar 08 *vt* demander des comptes à

residir 03 *vi* habiter – résider

resignar 01 *vt* céder
■ **resignarse** 01 *vp* se résigner

resinar 01 *vt* résiner

resistir 03 *vt* supporter ; *vi* résister
■ **resistirse** 03 *vp* résister

resollar 28 *vi* souffler – s'ébrouer

resolver 35 *vt* résoudre – régler
■ **resolverse** 35 *vp* être résolu – se résoudre

resonar 28 *vi* résonner

resoplar 01 *vi* souffler – renâcler

resorber 02 *vt* résorber
■ **resorberse** 02 *vp* se résorber

respaldar 01 *vt* appuyer – corroborer

respectar 01 *v impers* concerner

respetar 01 *vt* respecter
■ **respetarse** 01 *vp* se respecter

respigar 19 *vt* glaner

respingar 19 *vi* regimber – se relever

respirar 01 *vt/vi* respirer

resplandecer 45 *vi* resplendir – rayonner

responder 02 *vt/vi* répondre

responsabilizar 16 *vt* responsabiliser
■ **responsabilizarse** 16 *vp* devenir responsable

responsar 01 *vi* chanter des répons *(pour les morts)*

responsear 01 *vi* chanter des répons *(pour les morts)*

resquebrajar 01 *vt* fendiller – fissurer
■ **resquebrajarse** 01 *vp* se fendiller – se fissurer

resquemar 01 *vt/vi* brûler

restablecer 45 *vt* rétablir
■ **restablecerse** 45 *vp* se rétablir

restallar 01 *vi* claquer – crépiter

restañar 01 *vt* étancher ; *vi* s'étancher

restar 01 *vt* enlever *(importance, mérites)* ; *vi* faire une soustraction

restaurar 01 *vt* restaurer

restituir 52 *vt* restituer – rétablir

restregar 24 *vt* frotter – asticoter
■ **restregarse** 24 *vp* se frotter

restringir 18 *vt* restreindre – limiter
■ **restringirse** 18 *vp* se restreindre

restriñir 03 *vt* resserrer

resucitar 01 *vt/vi* ressusciter

resudar 01 *vi* suer légèrement – exsuder

resultar 01 *vi* résulter

resumir 03 *vt* résumer
■ **resumirse** 03 *vp* se résumer

resurgir 18 *vi* resurgir – ressurgir

retacar 13 *vt* queuter – *Mex* envahir

retacear 01 *vt RP* faire des coupes dans – lésiner sur

retachar **01** *vt Mex* rendre
▪ **retacharse** **01** *vp Mex* retourner – retomber dessus
retajar **01** *vt* tailler en rond
retallar **01** *vt* retoucher
retallecer **45** *vi* pousser des rejetons
retar **01** *vt* défier – *RP* gronder
retardar **01** *vt* retarder
retasar **01** *vt* réévaluer
retejar **01** *vt* retisser
retemblar **22** *vi* trembler fortement
retener **72** *vt* retenir
▪ **retenerse** **72** *vp* se retenir
retesar **01** *vt* tendre
retirar **01** *vt* retirer – récupérer
▪ **retirarse** **01** *vp* prendre sa retraite – se retirer
retobar **01** *vt Am* recouvrir de cuir – envelopper
▪ **retobarse** **01** *vp Am* se rebiffer
retocar **13** *vt* retoucher
retomar **01** *vt* reprendre
retoñar **01** *vi* pousser des rejetons – se reproduire *(situation, problème)*
retoñecer **45** *vi* pousser des rejetons – se reproduire *(situation, problème)*
retorcer **36** *vt* tordre – déformer *(argument, sens)*
retornar **01** *vt* rendre ; *vi* retourner
retostar **28** *vt* griller de nouveau *ou* longuement
retozar **16** *vi* folâtrer – s'ébattre
retractar **01** *vt* rétracter
▪ **retractarse** **01** *vp* se rétracter
retraer **60** *vt* dissuader – reprocher
▪ **retraerse** **60** *vp* se rétracter – se retirer
retranquear **01** *vt* bornoyer – construire en retrait
retransmitir **03** *vt* retransmettre
retrasar **01** *vt* retarder ; *vi* retarder de
▪ **retrasarse** **01** *vp* être *ou* arriver en retard – prendre du retard
retratar **01** *vt* photographier – faire le portrait de
▪ **retratarse** **01** *vp* se faire photographier – se refléter
retrechar **01** *vi* reculer
retreparse **01** *vp* se renverser *(en arrière)*
retribuir **52** *vt* rétribuer – *Am* payer de retour
retrillar **01** *vt* AGRIC rebattre

retroalimentar **01** *vt* alimenter en retour
retroceder **02** *vi* reculer – remonter
retrodatar **01** *vt* antidater
retrogradar **01** *vi* rétrograder
retronar **28** *vi* retentir avec fracas
retrotraer **60** *vt* ramener – fixer rétroactivement
retrovender **02** *vt* vendre à réméré
retrucar **13** *vi* faire un contre *(au billard)* – renvier *(au jeu de truque)*
▪ **retrucarse** **13** *vp Pérou, RP, Ven* répondre
retumbar **01** *vi* retentir – résonner
retundir **03** *vt* ragréer – répercuter
reubicar **13** *vt Am* déplacer
reunificar **13** *vt* réunifier
reunir **09** *vt* réunir – rassembler
▪ **reunirse** **09** *vp* se réunir – rejoindre
reuntar **01** *vt* enduire de nouveau
reutilizar **16** *vt* réutiliser
revacunar **01** *vt* revacciner
revalidar **01** *vt Esp* SPORT revalider – *Am* valider *(diplôme, études)*
▪ **revalidarse** **01** *vp* passer l'examen de fin d'études
revalorar **01** *vt* revaloriser
revalorizar **16** *vt* revaloriser
revaluar **09** *vt* réévaluer
revejecer **45** *vi* vieillir prématurément
revelar **01** *vt* révéler – témoigner de
▪ **revelarse** **01** *vp* se révéler
reveler **02** *vt* révulser
revenar **01** *vi* produire de jeunes pousses
revender **02** *vt* revendre
revenir **73** *vi* retourner à son état primitif
▪ **revenirse** **73** *vp* se ramollir – s'aigrir
reventar **22** *vt* faire éclater ; *vi* éclater
▪ **reventarse** **22** *vp* éclater – se crever
reverberar **01** *vi* réverbérer
reverdecer **45** *vi* reverdir
reverenciar **08** *vt* révérer
reverter **26** *vi* déborder
revertir **55** *vi* tourner – DR retourner
revestir **39** *vt* recouvrir – tapisser
revigorizar **16** *vt* revigorer
revirarse **01** *vp RP* s'emporter
revisar **01** *vt* réviser – vérifier
revistar **01** *vt* passer en revue
revitalizar **16** *vt* revitaliser
revivificar **13** *vt* revivifier
revivir **03** *vi* revivre ; *vt* se remémorer
revocar **13** *vt* révoquer – ravaler

revolcar **29** *vt* renverser
▪ **revolcarse** **29** *vp* se rouler
revolear **01** *vi* voleter ; *vt Mex, RP* faire tournoyer
revolotear **01** *vi* voltiger
revolucionar **01** *vt* révolutionner
revolver **35** *vt* remuer – mettre sens dessus dessous
▪ **revolverse** **35** *vp* remuer – se retourner
rezagar **19** *vt* laisser en arrière – retarder
▪ **rezagarse** **19** *vp* rester en arrière – prendre du retard
rezar **16** *vt* dire ; *vi* prier
rezongar **19** *vi* ronchonner
rezumar **01** *vt* laisser passer *ou* s'écouler ; *vi* suinter
ribetear **01** *vt* border – poser un liséré à
ridiculizar **16** *vt* ridiculiser
rielar **01** *vi* scintiller
rifar **01** *vt* tirer au sort – *RP fam* claquer *(argent)*
▪ **rifarse** **01** *vp* se disputer – NAUT se déchirer
rilar **01** *vi* trembler
rimar **01** *vi* faire des rimes – rimer
ripiar **08** *vt Andes, RP* remplir de gravier – *Car, Col* déchirer
ritmar **01** *vt* rythmer
rizar **16** *vt* friser – plisser *(tissu, papier)*
▪ **rizarse** **16** *vp* se faire friser – se rider *(mer)*
robar **01** *vt/vi* voler
roblar **01** *vt* river
roblonar **01** *vt* riveter
robotizar **16** *vt* robotiser
robustecer **45** *vt* fortifier
▪ **robustecerse** **45** *vp* prendre des forces
rociar **07** *vt* asperger
rodar **28** *vi* rouler ; *vt* tourner *(cinéma)*
rodear **01** *vt* entourer – cerner *(troupes, police)*
▪ **rodearse** **01** *vp* s'entourer
rodrigar **19** *vt* tuteurer
roer **50** *vt* ronger
▪ **roerse** **50** *vp* se ronger
rogar **30** *vt* supplier – prier
rojear **01** *vi* tirer sur le rouge – rougeoyer
rolar **01** *vi* tourner *(vent)* - *Chili, Pérou* être sociable
romancear **01** *vt* écrire en langue vulgaire – *Chili* faire la cour à

romanizar **16** *vt* romaniser
romper **02** *vt* casser ; *vi* déferler *(vague)*
▪ **romperse** **02** *vp* casser – se casser
roncar **13** *vi* ronfler – mugir
roncear **01** *vi* lambiner – cajoler
rondar **01** *vi* rôder ; *vt* tourner autour
ronear **01** *vi* faire des messes basses
ronquear **01** *vi* être enroué
ronronear **01** *vi* ronronner
ronzar **16** *vt* croquer – voguer
roscar **13** *vt* fileter
rostizar **16** *vt Mex* griller
rotar **01** *vi* tourner ; *vt* faire tourner
▪ **rotarse** **01** *vp* se relayer – faire à tour de rôle
rotular **01** *vt* dessiner des lettres – mettre la légende à
roturar **01** *vt* défricher – défoncer
rozar **16** *vt* frôler – raser
▪ **rozarse** **16** *vp* se frotter – raguer
rubificar **13** *vt* rougir – rubéfier
ruborizar **16** *vt* faire rougir
▪ **ruborizarse** **16** *vp* rougir – devenir rouge
rubricar **13** *vt* signer – terminer
rufianear **01** *vi* servir d'entremetteur
rugir **18** *vi* rugir – hurler
rular **01** *vi* marcher
ruletear **01** *vi AmC, Mex* conduire un taxi
rumbear **01** *vi* danser la rumba – *Am* s'orienter
rumiar **08** *vt* ruminer – remâcher
rumorear **01** *vi* murmurer
▪ **rumorearse** **01** *vp* courir *(bruit)*
runrunearse **01** *vp* courir *(bruit)*
ruñar **01** *vt* jabler
ruralizar **16** *vt* ruraliser
▪ **ruralizarse** **16** *vp* se ruraliser
rusificar **13** *vt* russifier
rutilar **01** *vi* rutiler

S

sabanear **01** *vi* parcourir la savane à la recherche d'un troupeau
saber **67** *vt* savoir ; *vi* avoir du goût
▪ **saberse** **67** *vp* se savoir – savoir
sablear **01** *vi* taxer
saborear **01** *vt* savourer – goûter
sabotear **01** *vt* saboter
sacar **13** *vt* sortir ; *vi* servir *(au tennis)*
▪ **sacarse** **13** *vp* se faire faire *(photo)* - *Am* enlever
sacarificar **13** *vt* saccharifier
sachar **01** *vt* sarcler
saciar **08** *vt* rassasier – assouvir
▪ **saciarse** **08** *vp* se rassasier – se satisfaire
sacralizar **16** *vt* sacraliser
sacramentar **01** *vt* consacrer – administrer les derniers sacrements
sacrificar **13** *vt* sacrifier – abattre
▪ **sacrificarse** **13** *vp* se sacrifier – se dévouer
sacudir **03** *vt* secouer ; *vi RP* se secouer
▪ **sacudirse** **03** *vp* se secouer – se libérer de
saetear **01** *vt* percer de flèches
sahornarse **01** *vp* s'écorcher
sahumar **05** *vt* répandre des fumées d'aromates *ou* de parfums
▪ **sahumarse** **05** *vp* répandre des fumées d'aromates *ou* de parfums
sainar **04** *vt* engraisser
sainetear **01** *vi* jouer des saynètes
sajar **01** *vt MÉD* inciser – couper
salar **01** *vt* saler – *AmC, Car, Mex* gâter
salariar **08** *vt* salarier
salcochar **01** *vt* cuire à l'eau salée
saldar **01** *vt* solder
salgar **19** *vt* donner du sel *(aux bestiaux)*
salificar **13** *vt* salifier
salinizar **16** *vt* saliniser
▪ **salinizarse** **16** *vp* se saliniser
salir **65** *vi* sortir – partir
▪ **salirse** **65** *vp* quitter – s'échapper
salivar **01** *vi* saliver – *Am* cracher
salmear **01** *vt* psalmodier
salmodiar **08** *vi/vt* psalmodier
salpicar **13** *vt/vi* éclabousser
salpimentar **22** *vt* , saupoudrer de sel *ou* de poivre – agrémenter
salpresar **01** *vt* conserver dans le sel
saltar **01** *vi/vt* sauter
▪ **saltarse** **01** *vp* sauter – ignorer
saltear **01** *vt* attaquer – espacer
▪ **saltearse** **01** *vp RP* éviter – oublier
saludar **01** *vt* saluer – dire bonjour
salvaguardar **01** *vt* sauvegarder
salvar **01** *vt* sauver – surmonter
▪ **salvarse** **01** *vp* être sauvé
sanar **01** *vt* guérir ; *vi* se guérir
sancionar **01** *vt* sanctionner
sancochar **01** *vt* cuisiner peu épicé
sanear **01** *vt* assainir – garantir
sangrar **01** *vt/vi* saigner
santificar **13** *vt* sanctifier
santiguar **11** *vt* faire le signe de croix sur
▪ **santiguarse** **11** *vp* se signer
saponificar **13** *vt* saponifier
saquear **01** *vt* piller – faire une razzia sur
sargentear **01** *vt* régenter
satelizar **16** *vt* satelliser
satinar **01** *vt* satiner
satirizar **16** *vt* satiriser
satisfacer **68** *vt* satisfaire – remplir *(exigences)*
▪ **satisfacerse** **68** *vp* se satisfaire – se venger
saturar **01** *vt CHIM* saturer
▪ **saturarse** **01** *vp* CHIM être saturé – saturer *(marché, espace aérien)*
sazonar **01** *vt* assaisonner ; *vi* mûrir
secar **13** *vt/vi* sécher
▪ **secarse** **13** *vp* se sécher – sécher
seccionar **01** *vt* disséquer – sectionner
secretar **01** *vt* sécréter
secretear **01** *vi* faire des messes basses
secuenciar **08** *vt* ordonner
secuestrar **01** *vt* enlever – détourner
secularizar **16** *vt* séculariser
▪ **secularizarse** **16** *vp* se séculariser
secundar **01** *vt* soutenir – assister
sedar **01** *vt* calmer
sedear **01** *vt* saietter – brosser
sedimentar **01** *vt* déposer
▪ **sedimentarse** **01** *vp* se déposer
seducir **59** *vt* séduire
segar **24** *vt* couper – faucher
segmentar **01** *vt* segmenter
segregar **19** *vt* séparer – exclure
seguir **41** *vt* suivre ; *vi* continuer
▪ **seguirse** **41** *v impers* s'ensuivre – découler
segundar **01** *vt* recommencer ; *vi* venir en second lieu
seleccionar **01** *vt* sélectionner – choisir
sellar **01** *vt* sceller – mettre un cachet sur
semblantear **01** *vt Arg* évaluer – *Mex* dévisager
sembrar **22** *vt* semer – parsemer

semejar **01** *v attr* ressembler à
■ **semejarse** **01** *vp* se ressembler
semidestruir **52** *vt* détruire quasiment
semillar **01** *vt* semer
senderear **01** *vt* conduire par un sentier ; *vi* prendre des moyens *ou* des chemins détournés
sensibilizar **16** *vt* sensibiliser
sentar **22** *vt* asseoir ; *vi* aller *(vêtement, coiffure, couleur)*
■ **sentarse** **22** *vp* s'asseoir – se déposer
sentenciar **08** *vt* condamner – dire d'un ton sentencieux
sentir **55** *vt* ressentir ; *vi* se faire sentir
■ **sentirse** **55** *vp* se sentir – *Am* être offensé
señalar **01** *vt* indiquer – montrer
■ **señalarse** **01** *vp* se signaler – se dessiner
señalizar **16** *vt* signaliser
señar **01** *vt RP* laisser un acompte
señorear **01** *vt* dominer – commander
■ **señorearse** **01** *vp* s'emparer
separar **01** *vt* séparer – écarter
■ **separarse** **01** *vp* s'éloigner – se séparer
septuplicar **13** *vt* septupler
■ **septuplicarse** **13** *vp* septupler
sepultar **01** *vt* enterrer – ensevelir
ser **78** *v attr/vi* être
serenar **01** *vt* rasséréner – calmer
■ **serenarse** **01** *vp* se calmer – s'adoucir
serializar **16** *vt* sérialiser – transformer en feuilleton
seriar **08** *vt* sérier
serigrafiar **07** *vt* sérigraphier
sermonear **01** *vi* faire un sermon ; *vt* sermonner
serpentear **01** *vt* serpenter
serpollar **01** *vi* pousser des rejetons
serrar **22** *vt* scier
serruchar **01** *vt Am* scier *(à la scie égoïne)*
servir **39** *vt/vi* servir
■ **servirse** **39** *vp* se servir – vouloir
sesear **01** *vi*, prononcer les «c» les «z» comme des «s»
sesgar **19** *vt* couper en biais – biaiser
sesionar **01** *vi* tenir séance – siéger
sestear **01** *vi* faire la sieste
sexar **01** *vt* sexer – procéder au sexage
sextuplicar **13** *vt* sextupler
■ **sextuplicarse** **13** *vp* sextupler
sexualizar **16** *vt* sexualiser
shuntar **01** *vt* shunter
sigilar **01** *vt* sceller – taire
signar **01** *vt* signer
■ **signarse** **01** *vp* se signer
significar **13** *vt* signifier ; *vi* représenter
silabar **01** *vi* détacher les syllabes ; *vt* scander
silabear **01** *vt* détacher les syllabes ; *vi* scander
silbar **01** *vt/vi* siffler
silenciar **08** *vt* étouffer – faire taire
silogizar **16** *vi* syllogiser
siluetear **01** *vt* silhouetter
simbolizar **16** *vt* symboliser
simplificar **13** *vt* simplifier
simular **01** *vt* simuler ; *vi* faire semblant
simultanear **01** *vt* mener de front
■ **simultanearse** **01** *vp* coïncider
sincerarse **01** *vp* ouvrir son cœur
sincopar **01** *vt* abréger – syncoper
sincopizar **16** *vt* provoquer une syncope
■ **sincopizarse** **16** *vp* tomber en syncope
sincronizar **16** *vt* synchroniser
sindicalizar **16** *vt* syndiquer
■ **sindicalizarse** **16** *vp* se syndiquer
sindicar **13** *vt* syndiquer
■ **sindicarse** **13** *vp* se syndiquer
singar **19** *vi* godiller
singlar **01** *vi* cingler
singularizar **16** *vt* singulariser – employer au singulier
sintetizar **16** *vt* synthétiser
sintonizar **16** *vt* syntoniser ; *vi* se connecter
sirgar **19** *vt* haler
sirlar **01** *vt* braquer à l'arme blanche
sisar **01** *vt* chaparder ; *vi fam* faire danser l'anse du panier
sisear **01** *vt/vi* siffler – huer
sistematizar **16** *vt* systématiser
sitiar **08** *vt* assiéger – cerner
situar **09** *vt* situer
■ **situarse** **09** *vp* se placer – se situer
soasar **01** *vt* griller légèrement
sobajar **01** *vt AmC, Andes, Mex, Ven* froisser – *AmC, Andes, Mex, Ven* tripoter
sobajear **01** *vt* pétrir
sobar **01** *vt* pétrir ; *vi fam* pioncer
soberanear **01** *vi* agir en souverain
sobetear **01** *vt* tripoter
sobornar **01** *vt* soudoyer
sobrar **01** *vi* rester – être de trop
■ **sobrarse** **01** *vp* être largement capable de
sobrasar **01** *vt* placer sur la braise
sobreabundar **01** *vi* surabonder
sobreactuar **09** *vi* surjouer – cabotiner
sobrealimentar **01** *vt* suralimenter
■ **sobrealimentarse** **01** *vp* se suralimenter
sobrealzar **16** *vt* surélever
sobreañadir **03** *vt* surajouter
sobreasar **01** *vt* faire griller qqch qui a déjà été cuit
sobrecalentar **22** *vt* surchauffer
sobrecargar **19** *vt* surcharger – rabattre une couture
■ **sobrecargarse** **19** *vp* être surchargé
sobrecoger **17** *vt* saisir *(de froid, de peur)* - surprendre
■ **sobrecogerse** **17** *vp* être saisi *(de froid, de peur)*
sobrecomprimir **03** *vt* pressuriser
sobrecurar **01** *vt* soigner superficiellement
sobredimensionar **01** *vt* surdimensionner
sobredorar **01** *vt* dorer
sobreedificar **13** *vt* surélever
sobreentender **26** *vt* sous-entendre
sobrentender **26** *vt* sous-entendre
■ **sobreentenderse** **26** *vp* être sous-entendu
■ **sobrentenderse** **26** *vp* être sous-entendu
sobreentrenar **01** *vt* surentraîner
sobreexceder **02** *vt* surpasser
sobreexcitar **01** *vt* surexciter
sobreexplotar **01** *vt* surexploiter
sobreexponer **69** *vt* surexposer
sobregirar **01** *vt* dépasser le plafond d'un crédit
sobrehilar **04** *vt* surfiler
sobreimprimir **03** *vt* surimprimer
sobrellenar **01** *vt* trop remplir
sobrellevar **01** *vt* supporter – endurer
sobrenadar **01** *vi* surnager
sobrepasar **01** *vt* dépasser – surpasser
■ **sobrepasarse** **01** *vp* dépasser – aller trop loin
sobreponer **69** *vt* superposer
■ **sobreponerse** **69** *vp* surmonter

sobreproteger 17 *vt* surprotéger
sobrepujar 01 *vt* surpasser – dépasser
sobresalir 65 *vi* dépasser – se distinguer
sobresaltar 01 *vt* faire sursauter ; *vi* se détacher
■ **sobresaltarse 01** *vp* sursauter – s'effrayer
sobresanar 01 *vi* mal cicatriser – dissimuler
sobresaturar 01 *vt* sursaturer
sobrescribir 03 *vt* écraser
sobreseer 12 *vt* surseoir à
sobresellar 01 *vt* apposer un second sceau *ou* cachet
sobresembrar 22 *vt* semer dans une terre déjà ensemencée
sobresolar 28 *vt* recharger
sobreestimar 01 *vt* surestimer
sobrestimar 01 *vt* surestimer
sobrevalorar 01 *vt* surestimer – surévaluer
sobrevenir 73 *vi* survenir
sobreverterse 26 *vp* se répandre abondamment
sobrevestir 39 *vt* revêtir par-dessus
sobrevirar 01 *vi* survirer
sobrevivir 03 *vi* survivre
sobrevolar 28 *vt* survoler
sobrexceder 02 *vt* surpasser
sobrexcitar 01 *vt* surexciter
■ **sobrexcitarse 01** *vp* être surexcité
socaliñar 01 *vt* soutirer
socalzar 16 *vt* reprendre en sous-œuvre
socarrar 01 *vt* roussir
socavar 01 *vt* creuser – saper
socializar 16 *vt* socialiser
socorrer 02 *vt* secourir
sodomizar 16 *vt* sodomiser
sofaldar 01 *vt* retrousser – soulever
sofisticar 13 *vt* sophistiquer – falsifier
■ **sofisticarse 13** *vp* se sophistiquer
soflamar 01 *vt* duper – tromper
■ **soflamarse 01** *vp* brûler – griller
sofocar 13 *vt* suffoquer – éteindre
■ **sofocarse 13** *vp* étouffer – rougir
sofreír 42 *vt* faire revenir – passer à la poêle
sofrenar 01 *vt* saccader – réprimander
soguear 01 *vt Équat* corder – *Col* se moquer de
sojuzgar 19 *vt* subjuguer – dominer
solapar 01 *vt* cacher – recouvrir
solar 01 *vt* ressemeler – parqueter
solazar 16 *vt* divertir – soulager
■ **solazarse 16** *vp* se distraire – se divertir
soldar 28 *vt/vi* souder
■ **soldarse 28** *vp* se souder
solear 01 *vt* exposer au soleil
solemnizar 16 *vt* célébrer – solenniser
soler 82 *vt* avoir l'habitude de – avoir coutume de
solevantar 01 *vt* soulever
solfear 01 *vt* battre – solfier
solicitar 01 *vt* demander – solliciter
solidar 01 *vt* consolider – appuyer sur des preuves
solidarizar 16 *vt* solidariser
■ **solidarizarse 16** *vp* se solidariser
solidificar 13 *vt* solidifier
■ **solidificarse 13** *vp* se solidifier
soliloquiar 08 *vi* monologuer – soliloquer
soliviantar 01 *vt* inciter à la révolte – indigner
■ **soliviantarse 01** *vp* s'indigner
■ **soliviantarse** ■ **contra 01** *vp* se révolter contre – se rebeller contre
soliviar 08 *vt* soulever
sollamar 01 *vt* brûler – griller
sollozar 16 *vi* sangloter
soltar 28 *vt* lâcher – libérer
■ **soltarse 28** *vp* se lâcher – se détacher
solubilizar 16 *vt* solubiliser – rendre soluble
solucionar 01 *vt* résoudre
■ **solucionarse 01** *vp* se résoudre
solventar 01 *vt* payer – résoudre
somatizar 16 *vt* somatiser
sombrar 01 *vt* faire de l'ombre
sombrear 01 *vt* faire de l'ombre – ombrer
someter 02 *vt* soumettre
■ **someterse 02** *vp* se soumettre – se rendre
somorgujar 01 *vt* plonger ; *vi* nager sous l'eau
■ **somorgujarse 01** *vp* plonger
somormujar 01 *vt* plonger ; *vi* nager sous l'eau
■ **somormujarse 01** *vp* plonger
sonar 28 *vi* sonner ; *vt* moucher
■ **sonarse 28** *vp* se moucher
sondar 01 *vt* sonder – forer
sonorizar 16 *vt* sonoriser
sonreír 42 *vi* sourire
■ **sonreírse 42** *vp* sourire – se sourire
sonrojar 01 *vt* faire rougir
■ **sonrojarse 01** *vp* rougir
sonrosar 01 *vt* rosir
■ **sonrosarse 01** *vp* rougir
sonrosear 01 *vt* rosir
■ **sonrosearse 01** *vp* rougir
sonsacar 13 *vt* soutirer
sonsear 01 *vi Am* faire l'imbécile
soñar 28 *vt/vi* rêver
sopapear 01 *vt* gifler – donner une claque
sopar 01 *vt* tremper
sopear 01 *vt* tremper
sopesar 01 *vt* soupeser – évaluer
sopetear 01 *vt* saucer – malmener
soplar 01 *vt* souffler sur ; *vi* souffler
■ **soplarse 01** *fam vp* s'envoyer – se taper *(manger,boire)*
soplonear 01 *fam vi* cafter – moucharder
soportar 01 *vt* soutenir – supporter
■ **soportarse 01** *vp* se supporter
sorber 02 *vt* boire en aspirant – renifler
■ **sorberse 02** *vp* renifler
sorocharse 01 *vp Andes, Arg* avoir le mal des montagnes – *Chili* se troubler
sorprender 02 *vt* surprendre
■ **sorprenderse 02** *vp* s'étonner – être surpris
sortear 01 *vt* tirer au sort – éviter
■ **sortearse 01** *vp* tirer au sort
sosegar 24 *vt* calmer – tranquilliser
■ **sosegarse 24** *vp* se calmer
soslayar 01 *vt* éviter – éluder
sospechar 01 *vt* soupçonner
sostener 72 *vt* entretenir – soutenir
■ **sostenerse 72** *vp* se tenir – subsister
sotaventarse 01 *vp* NAUT se mettre sous le vent
soterrar 22 *vt* enfouir – enterrer
sovietizar 16 *vt* soviétiser
sprintar 01 *vi* sprinter
suavizar 16 *vt* adoucir – atténuer
■ **suavizarse 16** *vp* s'atténuer – s'adoucir
subalimentar 01 *vt* sous-alimenter
subalquilar 01 *vt* sous-louer
subarrendar 22 *vt* sous-louer – céder par bail
subastar 01 *vt* mettre *ou* vendre aux enchères – lancer un appel d'offres pour
subcontratar 01 *vt* sous-traiter

subdelegar 19 *vt* subdéléguer
subdividir 03 *vt* subdiviser
subemplear 01 *vt* sous-employer – sous-exploiter
subestimar 01 *vt* sous-estimer
subestimarse 01 *vp* se sous-estimer
subexponer 69 *vt* sous-exposer
subintrar 01 *vi* se chevaucher
subir 03 *vt/vi* monter
subirse 03 *vp* monter sur – monter dans
sublevar 01 *vt* soulever – révolter
sublevarse 01 *vp* se soulever – se révolter
sublimar 01 *vt* sublimer
subordinar 01 *vt* subordonner
subrayar 01 *vt* souligner
subrogar 19 *vt* subroger
subsanar 01 *vt* résoudre – réparer
subseguir 41 *vi* se succéder
subsidiar 08 *vt* subventionner
subsistir 03 *vi* subsister
substanciar 08 *vt* résumer – instruire
substantivar 01 *vt* substantiver
substituir 52 *vt* remplacer
substraer 60 *vt* soustraire – dérober
substraerse 60 *vp* se soustraire
subtender 26 *vt* sous-tendre
subtitular 01 *vt* sous-titrer
subvalorar 01 *vt* sous-évaluer – sous-estimer
subvalorarse 01 *vp* se sous-estimer
subvencionar 01 *vt* subventionner
subvenir 73 *vi* subvenir
subvertir 55 *vt* troubler – saper
subyacer 48 *vi* être sous-jacent
subyugar 19 *vt* soumettre – subjuguer
succionar 01 *vt* absorber – sucer
suceder 02 *v impers* arriver ; *vt* succéder à
sucumbir 03 *vi* se rendre – succomber
sudar 01 *vi* suer ; *vt* tremper de sueur
sufragar 19 *vt* supporter ; *vi Am* voter
sufrir 03 *vt* souffrir de ; *vi* souffrir
sugerir 55 *vt* suggérer
sugestionar 01 *vt* persuader – faire peur à
sugestionarse 01 *vp* prendre peur – faire de l'autosuggestion
suicidarse 01 *vp* se suicider
sujetar 01 *vt* fixer – attacher
sujetarse 01 *vp* se tenir – tenir
sulfatar 01 *vt* sulfater
sulfatarse 01 *vp* couler
sulfurar 01 *vt* mettre en colère – sulfurer
sulfurarse 01 *vp* se mettre en colère
sulfurizar 16 *vt* sulfuriser
sumar 01 *vt* additionner – ajouter
sumarse 01 *vp* être réuni
sumariar 08 *vt* instruire un procès
sumergir 18 *vt* submerger – plonger
sumergirse 18 *vp* plonger
suministrar 01 *vt* approvisionner – fournir
sumir 03 *vt* plonger – enfoncer
supeditar 01 *vt* faire passer après – subordonner
supeditarse a 01 *vp* passer après – se soumettre
superabundar 01 *vi* surabonder
superalimentar 01 *vt* suralimenter
superar 01 *vt* surpasser – dépasser
superarse 01 *vp* se surpasser
superoxidar 01 *vt* suroxyder
superponer 69 *vt* superposer
superponerse 69 *vp* se superposer
supersaturar 01 *vt* sursaturer
supervalorar 01 *vt* surestimer – surévaluer
supervenir 73 *vi* survenir
supervisar 01 *vt* superviser – contrôler
supervivir 03 *vi* survivre
suplantar 01 *vt* se faire passer pour – supplanter
suplicar 13 *vt* supplier – solliciter
suplir 03 *vt* remplacer – suppléer à
suponer 69 *vt* supposer – impliquer
suponerse 69 *vp* être censé
suprimir 03 *vt* supprimer
supurar 01 *vi* suppurer
suputar 01 *vt* supputer
surcar 13 *vt* creuser des sillons dans – sillonner
surfear 01 *vi* surfer ; *vt* surfer sur
surgir 18 *vi* jaillir – surgir
surtir 03 *vt* fournir ; *vi* jaillir
surtirse 03 *vp* se fournir
suscitar 01 *vt* susciter
suscribir 03 *vt* souscrire – abonner
suscribirse 03 *vp* s'abonner – s'inscrire
suspender 02 *vt* suspendre ; *vi* échouer aux examens
suspirar 01 *vi* soupirer
sustanciar 08 *vt* résumer – instruire
sustantivar 01 *vt* substantiver
sustentar 01 *vt* soutenir – subvenir à
sustentarse 01 *vp* se nourrir – s'appuyer
sustituir 52 *vt* remplacer
sustraer 60 *vt* voler – soustraire
susurrar 01 *vt/vi* chuchoter
sutilizar 16 *vt* amincir – polir
suturar 01 *vt* suturer

T

tabalear 01 *vt* balancer ; *vi* tambouriner
tabalearse 01 *vp* se balancer
tabellar 01 *vt* plier – marquer
tabicar 13 *vt* cloisonner – boucher
tabicarse 13 *vp* se boucher
tablear 01 *vt* débiter en planches – laminer
tabletear 01 *vi* produire un claquement avec des planches
tabular 01 *vt* tabuler ; *vi* mettre des tabulations
tacañear 01 *vi* lésiner
tachar 01 *vt* rayer – *fam* taxer
tachonar 01 *vt* clouter – parsemer
taconear 01 *vi* faire des claquettes – faire claquer ses talons
tafiletear 01 *vt* maroquiner
tajar 01 *vt* trancher – couper
tajarse 01 *vp fam* se cuiter
taladrar 01 *vt* percer – perforer
talar 01 *vt* tailler – détruire
tallar 01 *vt* tailler – sculpter
tallecer 45 *vi* germer – pousser des rejetons
talonar 01 *vt* talonner
talonear 01 *vi* marcher vite ; *vt Am* talonner
tambalear 01 *vi* chanceler – tituber
tambalearse 01 *vp* tituber – être branlant
tamborear 01 *vi* tambouriner
tamborilear 01 *vi* tambouriner ; *vt* louer
tamizar 16 *vt* tamiser – filtrer
tangar 19 *vt fam* truander – entuber
tanguear 01 *vi* danser le tango
tantear 01 *vt* tâter ; *vi* tâtonner
tañer 02 *vi* sonner
tapar 01 *vt* boucher – fermer
taparse 01 *vp* se couvrir – se boucher
tapear 01 *vi* manger des tapas

tapiar **08** *vt* murer – élever un mur de clôture autour de
tapiscar **13** *vt AmC, Mex* récolter le maïs
tapizar **16** *vt* couvrir – tapisser
taponar **01** *vt* boucher – obstruer
taquear **01** *vt Col, Ven* bourrer ; *vi Am* jouer au billard
taquigrafiar **07** *vt* sténographier
taracear **01** *vt* marqueter
tarar **01** *vt* tarer – indiquer la tare
tararear **01** *vt* fredonner
tarascar **13** *vt* mordre
tardar **01** *vi* mettre *(du temps)* - mettre longtemps
tardecer **45** *vi* tomber *(le jour)* – décliner *(le jour)*
tarifar **01** *vt* tarifer
tarificar **13** *vt* fixer les prix – tarifer
tarjar **01** *vt* marquer sur la taille avec un bâton
tartajear **01** *vi* bégayer
tartamudear **01** *vi* bégayer
tasar **01** *vt* estimer – restreindre
tascar **13** *vt* brouter avec bruit
tasquear **01** *vi* faire la tournée des bistrots
tatuar **09** *vt* tatouer
teatralizar **16** *vt* théâtraliser
techar **01** *vt* couvrir – poser la toiture
teclear **01** *vi* appuyer sur ; *vt* sonder
tecnificar **13** *vt* techniciser
tecnocratizar **16** *vt* technocratiser
tediar **08** *vt* haïr – détester
tejar **01** *vt* couvrir de tuiles
tejer **02** *vt* tisser – tresser
teledirigir **18** *vt* téléguider
telefonear **01** *vt/vi* téléphoner
telegrafiar **07** *vt/vi* télégraphier
teleguiar **07** *vt* téléguider
teleprocesar **01** *vt* traiter *ou* gérer des données à distance
teletrabajar **01** *vi* faire du télétravail
teletransportar **01** *vt* téléporter
televisar **01** *vt* téléviser
temblar **22** *vi* trembler
tembloquear **01** *vi* trembler
temer **02** *vt* craindre ; *vi* avoir peur
▪ **temerse** **02** *vp* craindre – avoir peur
temperar **01** *vt* tempérer ; *vi Col, Ven* changer d'air
▪ **temperarse** **01** *vp* se radoucir
templar **01** *vt* faire tiédir ; *vi* s'adoucir
▪ **templarse** **01** *vp* tiédir – se calmer
temporalizar **16** *vt* rendre temporel
temporizar **16** *vi* temporiser
tender **26** *vt* étendre – tendre
▪ **tenderse** **26** *vp* s'allonger
tener **72** *vt* avoir
▪ **tenerse** **72** *vp* se tenir
tensar **01** *vt* tendre – bander
▪ **tensarse** **01** *vp* se tendre – se bander
tensionar **01** *vt* soumettre à une tension
tentar **22** *vt* tenter – forcer
▪ **tentarse** **22** *vp* tâter
teñir **39** *vt* teindre – teinter
▪ **teñirse** **39** *vp* se teindre
teologizar **16** *vi* théologiser
teorizar **16** *vi* théoriser
terciar **08** *vt* mettre en travers ; *vi* intervenir
▪ **terciarse** **08** *vp* se présenter
tergiversar **01** *vt* déformer
terminar **01** *vt* terminer ; *vi* se terminer
▪ **terminarse** **01** *vp* finir
terraplenar **01** *vt* remblayer
terrear **01** *vi* être clairsemé
territorializar **16** *vt* territorialiser
tersar **01** *vt* rendre lisse
tertuliar **08** *vi Am* débattre
tesar **01** *vt* NAUT embraquer
testar **01** *vi* écrire son testament ; *vt* tester
testificar **13** *vt/vi* témoigner
testimoniar **08** *vt* témoigner
texturar **01** *vt* texturer
texturizar **16** *vt* texturer
tijeretear **01** *vt* découper – disposer à sa guise
tildar **01** *vt* mettre le tilde sur – *fig fam* taxer
tillar **01** *vt* planchéier
timar **01** *vt* escroquer de – rouler
timbrar **01** *vt* timbrer
timonear **01** *vi* NAUT barrer
tincar **13** *vi Am* pressentir
tintar **01** *vt* teindre
tinterillar **01** *vi Am* plaider
tintinear **01** *vi* tinter
tipear **01** *vt/vi Am* taper à la machine
tipificar **13** *vt* classer – normaliser
tiramollar **01** *vi* affaler
tiranizar **16** *vt* tyranniser
tirar **01** *vt* lancer ; *vi* tirer
▪ **tirarse** **01** *vp* se jeter – s'allonger
tiritar **01** *vi* grelotter
tironear **01** *vi/vt* tirailler
tirotear **01** *vt* tirer sur ; *vi* tirailler
▪ **tirotearse** **01** *vp* échanger des coups de feu
titear **01** *vt Am* se moquer de
titilar **01** *vi* scintiller – trembloter
titilear **01** *vi* scintiller – trembloter
titiritar **01** *vi* grelotter
titubear **01** *vi* hésiter – bredouiller
titular **01** *vt* intituler – titrer
▪ **titularse** **01** *vp* s'intituler – obtenir un diplôme
titularizar **16** *vt* titulariser
titulizar **16** *vt* titriser
tiznar **01** *vt* tacher de noir – noircir
▪ **tiznarse** **01** *vp* se tacher de noir – *Arg* s'enivrer
tizonear **01** *vi* tisonner
toar **01** *vt* touer
tocar **13** *vt* toucher ; *vi* frapper
▪ **tocarse** **13** *vp* se toucher – se coiffer
tolerar **01** *vt* tolérer – supporter
tomar **01** *vt/vi* prendre
▪ **tomarse** **01** *vp* prendre – *RP* filer
tonar **01** *vi* tonner
tongonearse **01** *vp Am* se dandiner
tonificar **13** *vt* tonifier
tonsurar **01** *vt* tondre – tonsurer
tontear **01** *vi* faire l'idiot - flirter
topar **01** *vi* se cogner – tomber sur
topear **01** *vt* se cogner
topetear **01** *vi* donner des coups de corne
toquetear **01** *vt* tripoter ; *vi* farfouiller
torcer **36** *vt* tordre ; *vi* tourner
▪ **torcerse** **36** *vp* se tordre – tourner mal
torear **01** *vt/vi* toréer
tornar **01** *vt* rendre ; *vi* retourner
▪ **tornarse** **01** *vp* devenir
tornasolar **01** *vt* faire chatoyer
▪ **tornasolarse** **01** *vp* chatoyer
tornear **01** *vt* tourner ; *vi* participer à un tournoi
torpedear **01** *vt* torpiller
torrar **01** *vt* griller
▪ **torrarse** **01** *vp* se griller
torrear **01** *vt* flanquer de tours
torrefactar **01** *vt* torréfier
tortear **01** *vt Mex tfam* peloter

torturar **01** *vt* torturer – tourmenter
■ **torturarse** **01** *vp* se torturer
toser **02** *vi* tousser
tosiquear **01** *vi* toussoter
tostar **28** *vt* faire griller – torréfier
■ **tostarse** **28** *vp* se faire bronzer – étouffer
totalizar **16** *vt* totaliser
trabajar **01** *vi/vt* travailler
■ **trabajarse** **01** *vp* se donner du mal – travailler
trabar **01** *vt* bloquer – assembler
■ **trabarse** **01** *vp* s'emmêler – s'empêtrer
trabucar **13** *vt* renverser – mélanger
■ **trabucarse** **13** *vp* s'embrouiller – se tromper
traducir **59** *vt* traduire
■ **traducirse** **59** *vp* se traduire
traer **60** *vt* apporter – amener
■ **traerse** **60** *vp* apporter – amener
traficar **13** *vi* trafiquer – faire du trafic
tragar **19** *vt/vi* avaler
■ **tragarse** **19** *vp* avaler – engloutir
traicionar **01** *vt* trahir
traillar **04** *vt* aplanir – niveler
trajear **01** *vt* habiller
■ **trajearse** **01** *vp* s'habiller
trajinar **01** *vt* transporter ; *vi,* aller venir
■ **trajinarse** **01** *vp vulg* se faire avoir
tramar **01** *vt* tramer ; *vi* fleurir
tramitar **01** *vt* faire des démarches pour obtenir – s'occuper de
tramontar **01** *vi* franchir une montagne – se coucher derrière une montagne *(soleil)*
trasmontar **01** *vi* franchir une montagne – se coucher derrière une montagne *(soleil)*
trampear **01** *vi* escroquer – vivre d'expédients
trancar **13** *vt* barrer – barricader
tranquilizar **16** *vt* tranquilliser – calmer
■ **tranquilizarse** **16** *vp* se tranquilliser – être rassuré
transar **01** *vi Am* céder – parvenir à un accord
transbordar **01** *vt* transborder ; *vi* changer
trasbordar **01** *vt* transborder ; *vi* changer
transcender **02** *vi* s'ébruiter ; *vt* dépasser
trascender **26** *vi* s'ébruiter ; *vt* dépasser
transcodificar **13** *vt* transcoder
trascodificar **13** *vt* transcoder
transcribir **03** *vt* transcrire – translittérer
trascribir **03** *vt* transcrire – translittérer
transcurrir **03** *vi* s'écouler – se passer
trascurrir **03** *vi* s'écouler – se passer
transferir **55** *vt* transférer – virer
trasferir **55** *vt* transférer – virer
transfigurar **01** *vt* transfigurer
■ **transfigurarse** **01** *vp* se transfigurer
trasfigurar **01** *vt* transfigurer
■ **trasfigurarse** **01** *vp* se transfigurer
transformar **01** *vt* transformer
■ **transformarse** **01** *vp* se transformer – évoluer
trasformar **01** *vt* transformer
transfundir **03** *vt* transfuser – propager
■ **transfundirse** **03** *vp* se propager
trasfundir **03** *vt* transfuser – propager
■ **trasfundirse** **03** *vp* se propager
transgredir **79** *vt* transgresser
trasgredir **03** *vt* transgresser
transigir **18** *vi* transiger
transistorizar **16** *vt* transistoriser
transitar **01** *vi* passer – circuler
translimitar **01** *vt* outrepasser – franchir
transliterar **01** *vt* translittérer
■ **translucir** **47** *vp* manifester *(révéler)*
■ **translucirse** **47** *vp* être translucide – être transparent
transmigrar **01** *vi* transmigrer
trasmigrar **01** *vi* transmigrer
transmitir **03** *vt* transmettre – retransmettre
■ **transmitirse** **03** *vp* se transmettre
transmudar **01** *vt* transférer – transmuer
trasmitir **03** *vt* transmettre – retransmettre
trasmudar **01** *vt* transférer – transmuer
transmutar **01** *vt* transmuer – transmuter
trasmutar **01** *vt* transmuer transmuter
transparentar **01** *vt* laisser transparaître
■ **transparentarse** **01** *vp* être transparent – transparaître
trasparentar **01** *vt* laisser transparaître
■ **trasparentarse** **01** *vp* être transparent – transparaître
transpirar **01** *vi/vt* transpirer
traspirar **01** *vi/vt* transpirer
transponer **69** *vt* transposer – traverser
■ **transponerse** **69** *vp* s'assoupir – disparaître
trasponer **69** *vt* transposer – traverser
■ **trasponerse** **69** *vp* s'assoupir – disparaître
transportar **01** *vt* transporter – transposer
■ **transportarse** **01** *vp* être transporté
trasportar **01** *vt* transporter – transposer
■ **trasportarse** **01** *vp* être transporté
transvasar **01** *vt* transvaser
trasvasar **01** *vt* transvaser
transverberar **01** *vt* transverbérer
trasverberar **01** *vt* transverbérer
tranzar **16** *vt* trancher
trapacear **01** *vi* jouer des tours – frauder
trapalear **01** *vi* jaser – mentir
trapear **01** *vt AmC, Andes, Mex* laver
trapichear **01** *fam vi* chercher des trucs – trafiquer
trapisondear **01** *fam vi* chahuter – trafiquer
traquetear **01** *vi* cahoter ; *vt* secouer
trascolar **28** *vt* filtrer – franchir
trasconejarse **01** *vp* se cacher – s'égarer
trascordarse **28** *vp* oublier
trasdosear **01** *vt* renforcer
trasegar **24** *vt* déranger ; *vi* écluser
trasguear **01** *vi* faire le lutin
trashumar **01** *vi* transhumer
trasladar **01** *vt* déplacer – transporter
■ **trasladarse** **01** *vp* se déplacer – être transféré
traslapar **01** *vt* recouvrir – chevaucher
traslucir **47** *vt* manifester
■ **traslucirse** **47** *vp* être translucide – être transparent
traslumbrar **01** *vt* éblouir
trasminar **01** *vt* percer – traverser
trasnombrar **01** *vt* changer les noms
trasoñar **28** *vt* rêver tout éveillé
traspalar **01** *vt* pelleter – changer de place
traspalear **01** *vt* pelleter – changer de place
traspapelar **01** *vt* égarer
■ **traspapelarse** **01** *vp* s'égarer
traspasar **01** *vt* transpercer – traverser
traspintarse **01** *vp* transparaître
trasplantar **01** *vt* transplanter – implanter
trasquilar **01** *vt* tondre – mal couper les cheveux
trastabillar **01** *vi* trébucher – bafouiller
trastabillear **01** *vi* trébucher – bafouiller

trastear **01** *vi* fouiller ; *vt* remuer
trastejar **01** *vt* couvrir un toit – réparer
trastocar **13** *vt* bouleverser – mettre sens dessus dessous
■ **trastocarse** **13** *vp* perdre la tête
trastornar **01** *vt* perturber – bouleverser
■ **trastornarse** **01** *vp* perdre la tête
trastrocar **29** *vt* bouleverser – chambouler
trasudar **01** *vt* transsuder
trasuntar **01** *vt* refléter
trasvasar **01** *vt* transvaser – transférer
trasvenarse **01** *vp* s'extravaser – se répandre
trasver **75** *vt* distinguer – se tromper
trasverter **26** *vi* déborder
trasvinarse **01** *vp* suinter – transpirer
trasvolar **28** *vt* traverser – voler au-dessus de
tratar **01** *vt* traiter – fréquenter
■ **tratarse** **01** *vp* se fréquenter – se comporter
traumatizar **16** *vt* traumatiser
■ **traumatizarse** **16** *vp* être traumatisé
travesear **01** *vi* faire des espiègleries
travestir **39** *vt* travestir
■ **travestirse** **39** *vp* se travestir
trazar **16** *vt* tracer – dresser
trazumar **01** *vi* suinter
trechear **01** *vt* transporter à la chaîne
trefilar **01** *vt* tréfiler
tremolar **01** *vt* déployer ; *vi* ondoyer
trencillar **01** *vt* soutacher – galonner
trenzar **16** *vt* tresser ; *vi* faire des entrechats
■ **trenzarse** **16** *vp* se faire une tresse *ou* des nattes
trepanar **01** *vt* trépaner
trepar **01** *vi* grimper ; *vt* percer
trepidar **01** *vi* trembler – *Chili* hésiter
tresdoblar **01** *vt* tripler – plier en trois
triangular **01** *vi* effectuer une triangulation ; *vt* trianguler
triar **07** *vt* trier ; *vi* s'activer
■ **triarse** **07** *vp* être transparent
tributar **01** *vt* témoigner ; *vi* payer des impôts
tricotar **01** *vt/vi* tricoter
trifurcarse **13** *vp* se diviser en trois
trillar **01** *vt* battre – rebattre
trinar **01** *vi* faire des roulades – faire des trilles
trincar **13** *vt* attacher
■ **trincarse** **13** *vp* s'enfiler *(boisson)*
trinchar **01** *vt* découper – couper
tripartir **03** *vt* diviser en trois
tripear **01** *fam vi* bâfrer – s'empiffrer
triplicar **13** *vt* tripler
■ **triplicarse** **13** *vp* tripler
triptongar **19** *vt* former une triphtongue
tripular **01** *vt* piloter – *Chili* mélanger
trisar **01** *vi* trisser
triscar **13** *vt* mêler ; *vi* s'ébattre
trisecar **13** *vt* triséquer – diviser en trois
triturar **01** *vt* broyer – triturer
triunfar **01** *vi* triompher – réussir
trivializar **16** *vt* banaliser
trizar **16** *vt CSud* mettre en pièces – réduire en miettes
trocar **29** *vt* troquer – transformer
■ **trocarse** **29** *vp* être échangé – changer
trocear **01** *vt* diviser en morceaux
trompear **01** *vt Am* frapper
■ **trompearse** **01** *vp Am* se bagarrer
trompetear **01** *vi* trompeter
trompicar **13** *vt* faire trébucher ; *vi* trébucher
tronar **28** *v impers/vi* tonner
troncar **13** *vt* tronquer
tronchar **01** *vt* casser – briser
■ **troncharse** **01** *vp* se casser – se briser
tronzar **16** *vt* briser – couper en morceaux
tropezar **23** *vi* trébucher – broncher
■ **tropezarse** **23** *vp* tomber l'un sur l'autre – s'entretailler
troquelar **01** *vt* frapper – couper
trotar **01** *vi* trotter
trovar **01** *vi* faire des vers
trozar **16** *vt* mettre en pièces – débiter
trucar **13** *vt* truquer
trucidar **01** *vt* trucider
trufar **01** *vt* truffer ; *vi* blaguer
truhanear **01** *vi* mener une vie de truand – blaguer
truncar **13** *vt* tronquer
■ **truncarse** **13** *vp* se briser
tuberculinizar **16** *vt* tuberculiniser
tuberculizar **16** *vt* tuberculiser
tullir **03** *vt* estropier ; *vi* fienter
■ **tullirse** **03** *vp* être estropié – se paralyser
tumbar **01** *vt* renverser ; *vi* étourdir
■ **tumbarse** **01** *vp* s'étendre – se coucher
tunantear **01** *vi* se comporter comme une fripouille
tunar **01** *vi* mener une vie de vagabond
tundir **03** *vt* frapper – fouetter
tunear **01** *vi* faire des bêtises
tupir **03** *vt* resserrer – serrer
■ **tupirse** **03** *vp* se serrer – se resserrer
turbar **01** *vt* troubler
■ **turbarse** **01** *vp* se troubler
turboalimentar **01** *vt* turbocompresser
turificar **13** *vt* encenser
turistear **01** *vi Am* faire du tourisme
turnar **01** *Mex* ; *vi* faire à tour de rôle ; *vt* expédier
■ **turnarse** **01** *vp* se relayer
turrar **01** *vt* griller sur la braise
tusar **01** *vt Col, RP, Ven* tondre
tutear **01** *vt* tutoyer
■ **tutearse** **01** *vp* se tutoyer

U

ubicar **13** *vt* établir – *Am* placer
■ **ubicarse** **13** *vp* se trouver – *Am* trouver ses marques
ufanarse **01** *vp* se montrer fier – s'enorgueillir
ulcerar **01** *vt* ulcérer
ultimar **01** *vt* conclure – *Am* achever
ultrajar **01** *vt* outrager
ultrapasar **01** *vi* outrepasser
ulular **01** *vi* ululer – hululer
uncir **15** *vt* atteler
undular **01** *vi* onduler
ungir **18** *vt* oindre
unificar **13** *vt* unifier
uniformar **01** *vt* uniformiser – donner un uniforme
uniformizar **16** *vt* uniformiser
unir **03** *vt* joindre – rattacher
■ **unirse** **03** *vp* se réunir – s'unir
unisonar **01** *vi* jouer *ou* chanter à l'unisson
universalizar **16** *vt* universaliser
untar **01** *vt* graisser – enduire
■ **untarse** **01** *vp* passer – se tacher
upar **01** *vt* lever – hisser
uperisar **01** *vt* upériser

uperizar **16** *vt* upériser
urbanizar **16** *vt* aménager – dégrossir
urdir **03** *vt* ourdir – machiner
urgir **18** *vt* presser ; *vi* être urgent
usar **01** *vt* utiliser ; *vi* user de
▫ **usarse** **01** *vp* s'employer – se porter
usucapir **03** *vt* acquérir par usucapion
usufructuar **09** *vt* avoir l'usufruit de
usurpar **01** *vt* usurper
utilizar **16** *vt* utiliser – se servir de

V

vacacionar **01** *vi Am* passer des vacances
vacar **13** *vi* vaquer
vaciar **07** *vt* vider ; *vi* se jeter
▫ **vaciarse** **07** *vp* se vider – s'épancher
vacilar **01** *vt* charrier ; *vi* vaciller
vacunar **01** *vt* vacciner
▫ **vacunarse** **01** *vp* se faire vacciner
vadear **01** *vt* passer à gué – vaincre
vagabundear **01** *vi* vagabonder
vagar **19** *vi* errer – flâner
vaguear **01** *vi* vagabonder
vahear **01** *vi* exhaler de la vapeur
valer **62** *vt* valoir ; *vi* avoir de la valeur
▫ **valerse** **62** *vp* se débrouiller
validar **01** *vt* valider – *Am* marquer
vallar **01** *vt* clôturer
valorar **01** *vt* estimer – apprécier
valorizar **16** *vt* évaluer – estimer
▫ **valorizarse** **16** *vp* prendre de la valeur
valsar **01** *vi* valser
valuar **09** *vt* estimer – évaluer
vaporizar **16** *vt* vaporiser
▫ **vaporizarse** **16** *vp* se vaporiser
vapulear **01** *vt* rosser – éreinter
varar **01** *vt* mettre à sec ; *vi* échouer
▫ **vararse** **01** *vp Am* tomber en panne
varear **01** *vt* gauler – battre
variar **07** *vt* varier ; *vi* changer
vascularizar **16** *vt* vasculariser
vaticinar **01** *vt* prédire
vedar **01** *vt* défendre – interdire
vegetar **01** *vi* végéter
vejar **01** *vt* vexer
velar **01** *vi/vt* veiller
▫ **velarse** **01** *vp* se voiler
velicar **13** *vt* ponctionner
vencer **14** *vt/vi* vaincre
▫ **vencerse** **14** *vp* s'affaisser
vendar **01** *vt* bander
▫ **vendarse** **01** *vp* se bander
vender **02** *vt/vi* vendre
▫ **venderse** **02** *vp* se vendre
vendimiar **08** *vt* vendanger
venerar **01** *vt* vénérer
vengar **19** *vt* venger
▫ **vengarse** **19** *vp* se venger
venir **73** *vi* venir ; *v aux* avoir
▫ **venirse** **73** *vp* venir – *Cuba, Mex tfam* prendre son pied
ventear **01** *v impers* venter ; *vt* éventer
▫ **ventearse** **01** *vp* se souffler – s'éventer
ventilar **01** *vt* ventiler – répandre
▫ **ventilarse** **01** *vp* prendre l'air – s'enfiler
ventiscar **13** *v impers* y avoir des bourrasques
ventisquear **01** *v impers* y avoir des bourrasques
ventosear **01** *vi* lâcher des vents
ver **75** *vt/vi* voir
▫ **verse** **75** *vp* se voir – se revoir
veranear **01** *vi* passer ses vacances d'été
verbalizar **16** *vt* verbaliser – donner une forme verbale
▫ **verbalizarse** **16** *vp* prendre une forme verbale
verdear **01** *vi* verdir
verdecer **45** *vi* reverdir
verguear **01** *vt* gauler
verificar **13** *vt* vérifier – réaliser
▫ **verificarse** **13** *vp* avoir lieu – se vérifier
verilear **01** *vi* suivre l'accore
verraquear **01** *vi* grogner – brailler
versar **01** *vi* traiter de
versificar **13** *vi* faire des vers ; *vt* mettre en vers
versionar **01** *vt* faire une nouvelle version de
versionear **01** *vt* faire une nouvelle version de
vertebrar **01** *vt* structurer – organiser
verter **26** *vt* verser ; *vi* se jeter
vestir **39** *vt* habiller ; *vi* s'habiller
▫ **vestirse** **39** *vp* s'habiller – se couvrir
vetar **01** *vt* mettre son veto à
vetear **01** *vt* veiner
viabilizar **16** *vt* rendre viable
viajar **01** *vi* voyager
viaticar **13** *vt* administrer le viatique
viborear **01** *vi Mex fam* descendre
vibrar **01** *vi* vibrer
viciar **08** *vt* pervertir ; *vi* rendre dépendant
▫ **viciarse** **08** *vp* devenir dépendant – se vicier
victimar **01** *vt Am* tuer – assassiner
victimizar **16** *vt* victimiser
vidriar **08** *vt* vernisser
▫ **vidriarse** **08** *vp* devenir vitreux
vigilar **01** *vt* surveiller ; *vi* veiller
vigorar **01** *vt* fortifier
vigorizar **16** *vt* fortifier – stimuler
▫ **vigorizarse** **16** *vp* se fortifier
vilipendiar **08** *vt* dénigrer
vincular **01** *vt* lier – attacher
▫ **vincularse** **01** *vp* se lier
vindicar **13** *vt* défendre – revendiquer
vinificar **13** *vt* vinifier
violar **01** *vt* violer
violentar **01** *vt* violenter – violer
▫ **violentarse** **01** *vp* devenir violent – se sentir gêné *ou* mal à l'aise
virar **01** *vt/vi* tourner
virilizar **16** *vt* viriliser
visar **01** *vt* viser
visionar **01** *vt* visionner
visitar **01** *vt* visiter ; *vi* faire des visites
▫ **visitarse** **01** *vp* passer une visite
vislumbrar **01** *vt* apercevoir – pressentir
▫ **vislumbrarse** **01** *vp* se distinguer – se dessiner
visualizar **16** *vt* visualiser – imaginer
vitalizar **16** *vt* vitaliser
vitorear **01** *vt* acclamer – lancer des vivats
vitrificar **13** *vt* vitrifier
▫ **vitrificarse** **13** *vp* se vitrifier
vitriolar **01** *vt* vitrioler
vituallar **01** *vt* ravitailler
vituperar **01** *vt* critiquer – reprocher
vivaquear **01** *vi* bivouaquer
vivar **01** *vt Andes, RP, Ven* acclamer – lancer des vivats
vivificar **13** *vt* vivifier
vivir **03** *vi/vt* vivre
viviseccionar **01** *vt* vivisecter – pratiquer la vivisection
vocalizar **16** *vi* articuler – vocaliser
▫ **vocalizarse** **16** *vp* se vocaliser
vocear **01** *vt/vi* crier *(à tue-tête)*

vociferar **01** *vt/vi* vociférer
volar **28** *vi* voler ; *vt* faire sauter
▪ **volarse** **28** *vp* s'envoler
volatilizar **16** *vt* volatiliser
▪ **volatilizarse** **16** *vp* se volatiliser
volcar **29** *vt* renverser ; *vi* capoter
▪ **volcarse** **29** *vp* se renverser – se retourner
volear **01** *vt* rattraper à la volée ; *vi* frapper de volée
volitar **01** *vi* voleter – voltiger
voltear **01** *vt* faire tourner *ou* voltiger ; *vi* culbuter
▪ **voltearse** **01** *vp AmC, Andes, Car, Mex fam* retourner sa veste – se retourner contre
voltejear **01** *vi* louvoyer
volver **35** *vt* retourner ; *vi* revenir
▪ **volverse** **35** *vp* se retourner – rentrer
vomitar **01** *vt/vi* vomir
vosear **01** *vt* vouvoyer
votar **01** *vt/vi* voter
vulcanizar **16** *vt* vulcaniser
vulgarizar **16** *vt* vulgariser
▪ **vulgarizarse** **16** *vp* devenir vulgaire
vulnerar **01** *vt* porter atteinte à – violer

W

whiskear **01** *vi fam* se taper un whisky

X

xerocopiar **08** *vt* reproduire par Xérocopie®
xerografiar **07** *vt* xérographier

Y

yacer **48** *vi* gésir – être étendu
yantar **01** *vt* manger
yodar **01** *vt* ioder
yugular **01** *vt* juguler
yuxtaponer **69** *vt* juxtaposer
▪ **yuxtaponerse** **69** *vp* se juxtaposer

Z

zabordar **01** *vi* échouer
zafar **01** *vt* défaire – orner
▪ **zafarse** **01** *vp* se sauver – se dérober
zaherir **55** *vt* blesser – railler
zahondar **01** *vt* creuser ; *vi* enfoncer
zalear **01** *vt* secouer
zamarrear **01** *vt* secouer – bousculer
zambullir **03** *vt* plonger
▪ **zambullirse** **03** *vp* se baigner – plonger
zampar **01** *fam vt* engloutir – *Am* ficher
▪ **zamparse** **01** *fam vp* s'enfiler – se prendre
zampear **01** *vt* CONSTR piloter
zancadillear **01** *vt* faire un croche-pied à – tirer dans les jambes de
zancajear **01** *vi* se démener
zanganear **01** *fam vi* vagabonder – glander
zangolotear **01** *fam vi* gigoter – se dandiner
▪ **zangolotearse** **01** *vp fam* branler *(porte, fenêtre)*
zanjar **01** *vt* trancher ; *vi* creuser un fossé
zapar **01** *vt* saper
zapatear **01** *vt* fouler aux pieds ; *vi* frapper du pied
zapear **01** *vi fam* zapper ; *vt* chasser *(un chat)*
zarandear **01** *vt* secouer – cribler
▪ **zarandearse** **01** *vp* se balancer – *Am* se dandiner
zarcear **01** *vt* nettoyer ; *vi* battre les buissons
zarpar **01** *vi* lever l'ancre
zarpear **01** *vt AmC, Mex* salir *(de boue)*
zascandilear **01** *vi* fouiner – musarder
zigzaguear **01** *vi* zigzaguer – faire des zigzags
zollipar **01** *vi* sangloter en hoquetant
zoncear **01** *vi Am* faire l'idiot
zonificar **13** *vt* diviser en zones
zorrear **01** *vi* ruser – mener une vie de débauche
zozobrar **01** *vi* sombrer – couler
zulacar **13** *vt* luter
zumbar **01** *vt fam* flanquer ; *vi* bourdonner
▪ **zumbarse** **01** *fam vp* se taper dessus – se donner des coups
zunchar **01** *vt* fretter
zurcir **15** *vt* raccommoder – repriser
zurear **01** *vi* roucouler
zurrar **01** *fam vt* tabasser – malmener
▪ **zurrarse** **01** *fam vp* se taper dessus – faire dans sa culotte
zurriagar **19** *vt* fouetter

Imprimé en Espagne par Mateu Cromo
Dépôt légal : Mai 2006
N° de projet : 11003651